芷蘭齋
書跋三集

Zhilanzhai
Shuba Sanji

一 修订版 一

韦力 撰

国家图书馆出版社

图书在版编目（CIP）数据

芷兰斋书跋三集 / 韦力撰. -- 北京 : 国家图书馆出版社, 2014.7（2018.9重印）

ISBN 978-7-5013-5363-7

Ⅰ.①芷… Ⅱ.①韦… Ⅲ.①题跋—作品集—中国—当代 Ⅳ.①I267

中国版本图书馆CIP数据核字（2014）第085988号

书　　名　**芷兰斋书跋三集**

编　　者　韦力　撰
责任编辑　王燕来　南江涛
特约审校　艾俊川
装帧设计　奇文云海
内文设计　九雅工作室

出　　版　国家图书馆出版社（100034北京市西城区文津街7号）
　　　　　　（原北京图书馆出版社）

发　　行　（010）66114536　66126153　66151313　66175620
　　　　　　66121706（传真），66126156（门市部）

E-mail　　cbs@nlc.gov.cn（邮购）

Website　　www.nlcpress.com→投稿中心

经　　销　新华书店
印　　刷　北京联兴盛业印刷股份有限公司
开　　本　880×1230毫米　1/16
印　　张　17.5
字　　数　300千字
印　　数　1-1000册
版　　次　2014年7月第1版　2018年9月第2次印刷

书　　号　ISBN 978-7-5013-5363-7
定　　价　128.00元

目　录

罗振玉稿本及铅字排印本《毛诗草木鸟兽虫鱼疏新校正》二卷

《毛诗草木鸟兽虫鱼疏新校正》二卷　（三国吴）陆玑
撰　（民国）罗振玉校
　　清光绪十二年（1886）罗振玉稿本　民国上海聚珍仿宋印
书局铅字排印本
　　钤印：叔蕴（朱方）

《毛诗草木鸟兽虫鱼疏》为专门训释
《诗经》中动植物名词之书，其体例为首先
摘录《诗经》中动物或植物名称，再按草、
木、鸟、兽、虫、鱼分类训释，先释植物，
后释动物，其作者有说陆玑者，亦有说陆机
者。《四库全书总目提要》卷十五著录该
书，评价曰："虫鱼草木，今昔异名。年代
迢遥，传疑弥甚。玑去古未远，所言犹不甚
失真。《诗正义》全用其说，陈启源作《毛
诗稽古编》，其驳正诸家，亦多以玑说为
据。讲多识之学者，固当以此为最古焉。"

《提要》著录该书作者为三国时吴陆
玑，又称明北监本《诗正义》全部所引皆作
陆机，《隋书·经籍志》《经典释文》皆作
陆玑，《资暇集》亦辨玑字从玉，则监本
"陆机"为误。《提要》还提及毛晋所刻
《津逮秘书》本有误，其文如下："毛晋

罗振玉像

罗振玉稿本《毛诗草木鸟兽虫鱼疏新校正》序言

《津逮秘书》所刻，援陈振孙之言，谓其书引《尔雅》郭璞注，当在郭后，未必吴人，因而题曰唐陆玑。夫唐代之书，《隋志》乌能著录？且书中所引《尔雅注》，仅及汉犍为文学樊光，实无一字涉郭璞，不知陈氏何以云然。"清代校勘家丁晏曾校正是书，亦指作者当为陆玑，称"世或以玑为机，非也，机本不治《诗》，今应以玑为正"。

今案上所陈为罗振玉校正《毛诗草木鸟兽虫鱼疏》稿本，卷前有序言一页，

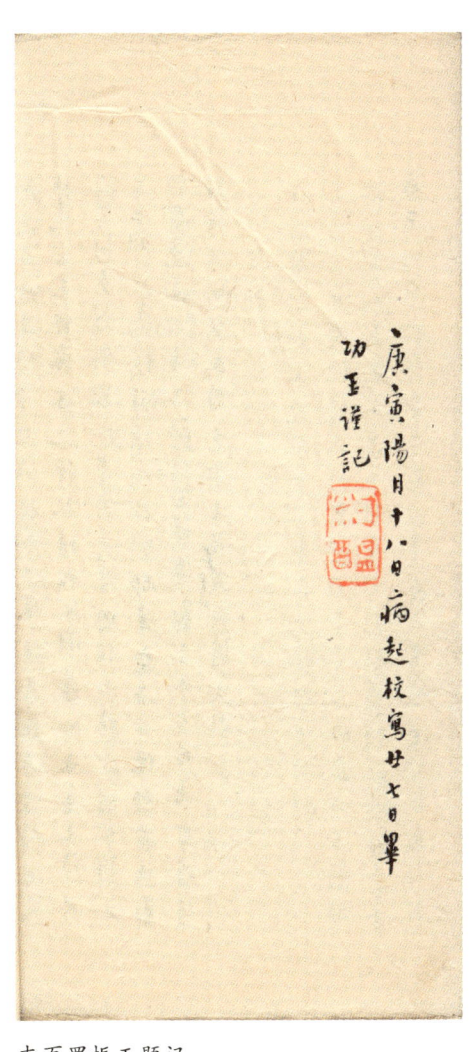

末页罗振玉题记

略述撰书缘由："儿时学治《诗》，毛、郑外，兼受陆机《毛诗草木鸟兽虫鱼疏》。（小字双行注：'陆机'各本作'陆玑'，段氏玉裁、阮氏元均考订作'机'，今证之古籍，如倭刻唐释慧琳《一切经音义》、隋杜台卿《玉烛宝典》等书，所引并作'陆机'，与段、元说正合）。机生于三国，去古不远，两汉以来先师古说略见于此。顾世鲜善本，近习见者，明毛晋《陆疏广要》本、国朝王谟《汉魏丛书》重刻《说郛》本，均纰缪触目。山阳丁氏晏以二本不便学者，援据古籍，作《陆疏校正》二卷，讹文夺字均有匡补，而淆别仍复错出。如'宛彼鸣鸠'条，讹夺多至十数字；'言采其蕢'条，《齐民要术》引'一名蕢，根正白'，其文'一名蕢'绝句、'根正白'绝句，丁本云'《要术》引作一名蕢根'，误以'根'字属上读，此其失之大者。其余淆别，亦略与毛、王二本埒。玉爰以暑暇，不揣荒劣，鸠诸经疏，裒诸类书，凡所征引，为比量异同，刊补讹佚，弥月以来，匡订数百十处，有显然讹误而古籍无征引者，谨阙所疑，不敢凭臆擅改，……校毕，颜之曰《新校正》，用宋林亿校《素问》例，且别于丁本也。光绪丙戌夏，上虞罗振玉"。稿本末页又有罗氏墨笔题记："庚寅阳月十八日病起校写，廿七日毕功。玉谨记。"并钤以"叔蕴"长朱方。

此稿为十年前购于文化遗产书店，戋戋小册不足四十页，难怪毛晋当年读到陆疏时叹曰"阶前梧影未移，而卷帙已告竣矣"。丙戌春，天津一家拍场以无底价上拍民国铅字排印本《毛诗草木鸟兽虫鱼疏》，为上海聚珍仿宋印书局所印，前有罗振玉序言，恰与吾藏稿本合，遂欣然拍回，与稿本并为一处藏之。归来细读内文，稿本中修改之处皆现于排印本中，更可证此稿本确为排印本之底本。关于是书作者，稿本及排印本皆作"陆机"，罗振玉还于序言中以小字双行作注，强调以段玉裁、阮元所考为确，并举《一切经音义》《玉烛宝典》等古籍为证，此与《四库提要》恰好相左，而《四库提要》中所提及《隋书》《经典释文》《资暇集》又未被罗振玉所举。此种情形不禁令吾猜测，罗振玉撰写此稿时，是否尚未读到《四库提要》，

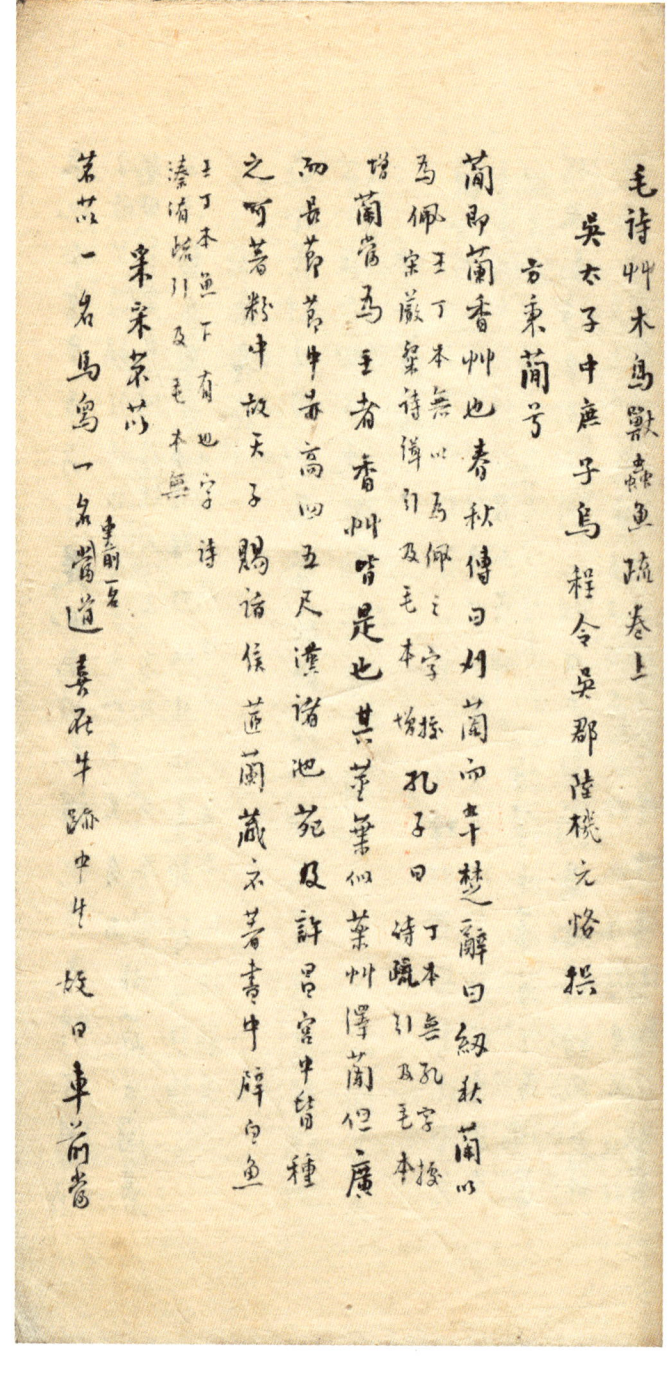

罗振玉稿本《毛诗草木鸟兽虫鱼疏新校正》卷首

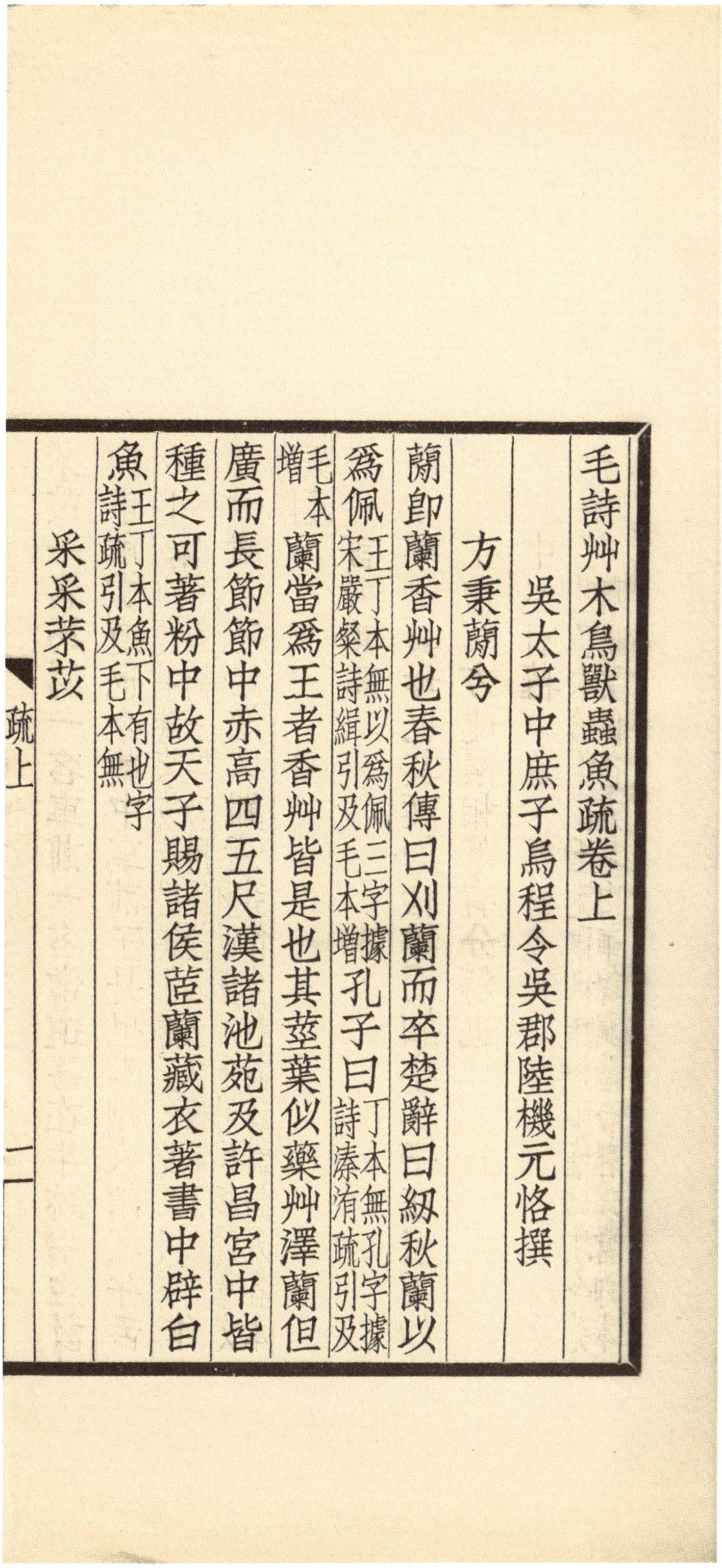

毛詩艸木鳥獸蟲魚疏卷上

吳太子中庶子烏程令吳郡陸機元恪撰

方秉蕑兮

蕑即蘭香艸也春秋傳曰刈蘭而卒楚辭曰紉秋蘭以爲佩（王丁本無以爲佩三字據宋嚴粲詩緝引及毛本增）孔子曰（丁本無孔字據詩溱洧疏引及毛本增）蘭當爲王者香艸皆是也其莖葉似藥艸澤蘭但廣而長節節中赤高四五尺漢諸池苑及許昌宮中皆種之可著粉中故天子賜諸侯茝蘭藏衣著書中辟白魚（王丁本魚下有也字詩疏引及毛本無）

采采芣苡

疏上　一

上海聚珍仿宋印书局排印本《毛诗草木鸟兽虫鱼疏》卷首

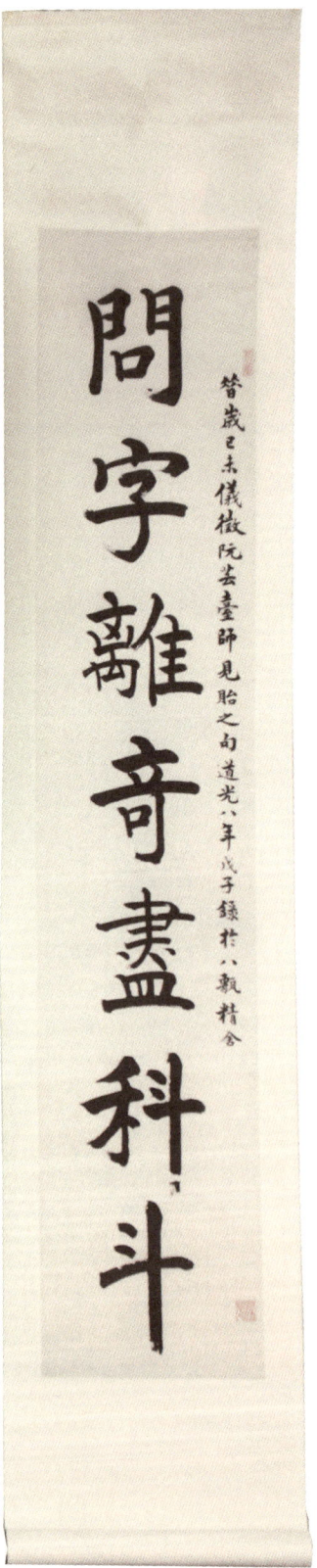

张廷济楷书对联

或者已经读过《四库提要》，却与其见不合。

由序言可知，罗振玉撰此稿时为光绪丙戌年，亦即光绪十二年（1886），该年罗振玉虚龄二十一岁，如此年少，即治虫鱼之书若此，实令吾等汗颜。然而或许正是因为年少，所读未广，才有此一说。《永丰乡人行年录》中光绪十二年（1886）载有其著此书事："八月，长兄佩南病殁，年廿四。时贫甚无以为殓，范淑人出金饰易六万钱乃得襄事。无子，以乡人长子福成嗣之，范淑人命也。本年乡人撰《毛诗草木鸟兽虫鱼疏新校正》二卷。"然而此书并非罗振玉所撰的第一部书，其所著第一部书当在光绪十年（1884），此年其虚岁十九，《行年录》记载："本年记校碑所得为《读碑小笺》，又取小小考订为

《存拙斋札疏》，范淑人脱簪珥刻之，为乡人著书之始。后德清俞曲园樾采《札疏》语入所著《茶香室笔记》中。俞当世经师，海内遂亦疑乡人为老宿，而不知时未冠也。"

据《行年录》所载，可知罗振玉少年时家境并不富裕，常需其母范淑人变卖首饰渡过难关，购书之资自然拮据，多少会影响其读书之广。光绪八年（1882）永丰乡人十七岁，开始治经史考订之学，以余力兼及金石文字，然而家中并无藏碑，只好以一碑二十钱之资，向山东碑贾刘金科处租碑帖读之。此年罗振玉还同长兄一起同应乡试，归而至江宁省父，于书肆中见到阮元所刻《皇清经解》，其父以三十千购下相赠，其如获异宝，一年读之三周，何其用力之深也。然而或许正是因为《皇清经解》之故，罗振玉相信阮元所考订"陆机"之说，而认"陆玑"为误。

《毛诗草木鸟兽虫鱼疏新校正》撰完后四年，罗振玉将之再校一过，是故卷末题有"庚寅阳月十八日病起校写"。《行年录》载该年所著尚有《毛郑诗校议》一卷，颇疑为罗振玉著是书时，因内容相关，故取旧著再次校改。如今此稿本与排印本一并陈于案前，不禁又令吾想前几年收得张廷济楷书七言联，"问字离奇尽科斗，解经宛转注虫鱼"，该联上款为"昔岁己未仪征阮芸台师见贻之句。道光八年戊子录于八砖精舍"，下款为"叔未廷济时年六十又一"。如果时空改换，将此对联转赠给罗振玉，想来他当再次如获异宝，一来对联内容为其终生所喜之事"注虫鱼"，二来此为阮元见贻之句，而阮元正是其钦慕之人。

罗振玉藏书印"叔蕴"

罗振玉、罗继祖跋唐风楼钞本《金石文》七卷

《金石文》七卷　（明）徐献忠撰

　　清光绪三十四年（1908）罗振玉唐风楼钞本　罗振玉跋、罗继祖跋　唐风楼绿格钞书纸　一函一册

　　钤印：大云烬余（朱方）、甘孺（朱白相间印）、罗继祖（朱方）、唐风楼（白方）、罗（朱方）、继祖读过（白方）、臣玉之印（白方）、继祖印（白方）、叔言（朱方）等

　　《金石文》七卷，明代徐献忠撰。徐献忠字伯臣，号长谷，上海松江人。曾任奉化知县，弃官归吴兴，时棹小舟扣舷而吟，卒年七十，私谥贞宪。此书辑录三代至汉金石之文，内容分为商一卷、周一卷、秦一卷、汉四卷，分别集掇于《博古图》《考古图》《集古录》《金石录》及《钟鼎款识》等书，间杂以议论，但于内容而言并无考证，《四库全书》将之列入存目。《中国古籍善本总目》著录该书刻本仅一部，为明嘉靖十九年（1540）刻本，现藏中国社会科学院历史研究所，另外三部皆清钞本，其中一部为雍正十三年（1735）施礼耕钞本，今藏国图。

　　吾藏之本丁亥年现于沪上拍场，

唐风楼钞本《金石文》封面

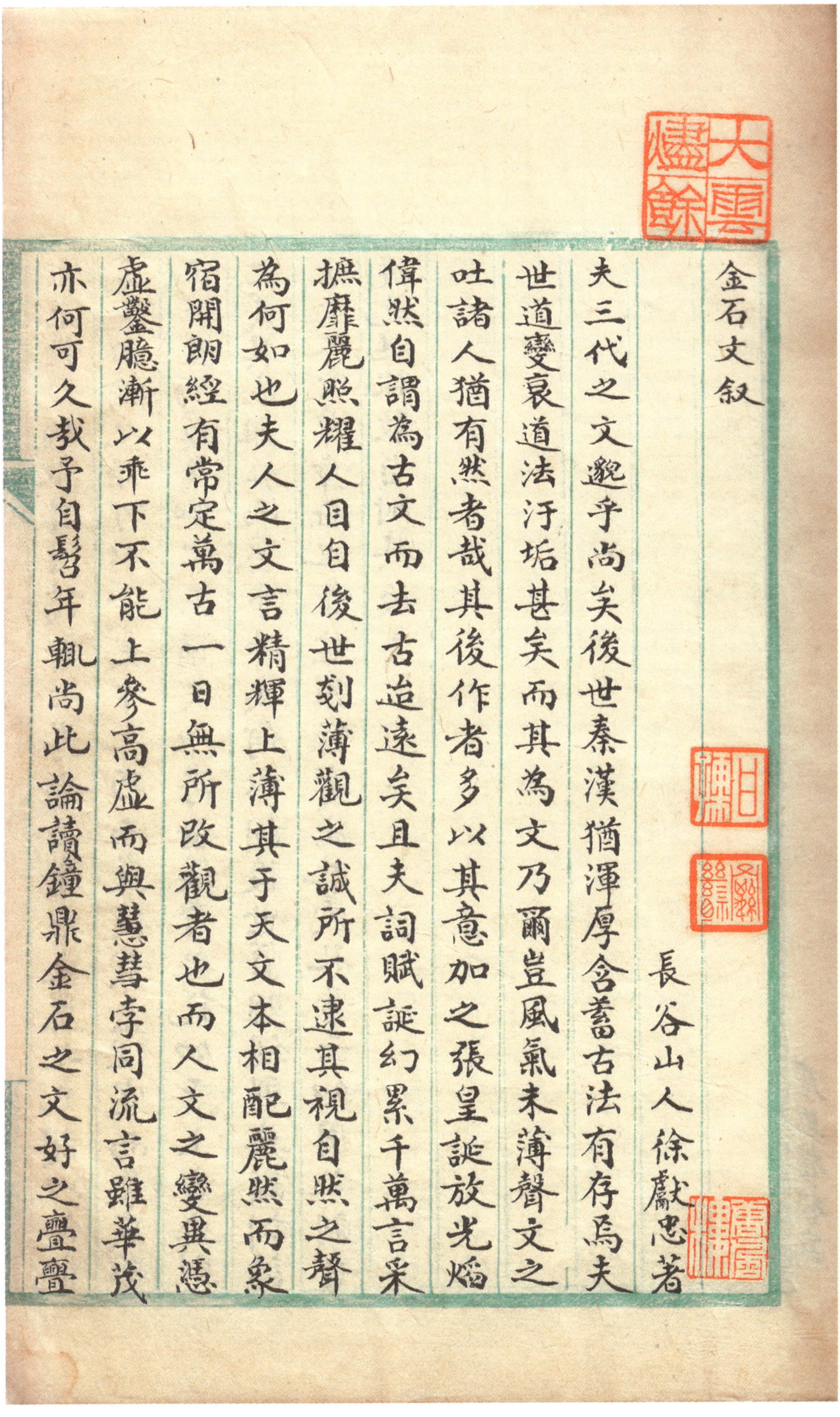

金石文叙

夫三代之文邈乎尚矣後世秦漢猶渾厚含蓄古法有存焉夫

世道變衰道法汙垢甚矣而其為文乃爾豈風氣未薄聲文之

吐諸人猶有然者哉其後作者多以其意加之張皇誕放光焰

偉然自謂為古文而去古逾遠矣且夫詞賦誕幻累千萬言采

摛靡麗照耀人目自後世刻薄觀之誠所不逮其視自然之聲

為何如也夫人之文言精輝上薄其于天文本相配麗然而象

宿開朗經有常定萬古一日無所政觀者也而人文之變異憑

虛鑒臆漸以乘下不能上參高虛而與慧彗字同流言雖華茂

亦何可久哉予自髫年輒尚此論讀鐘鼎金石之文好之彌彌

長谷山人徐獻忠著

唐风楼钞本《金石文》卷首

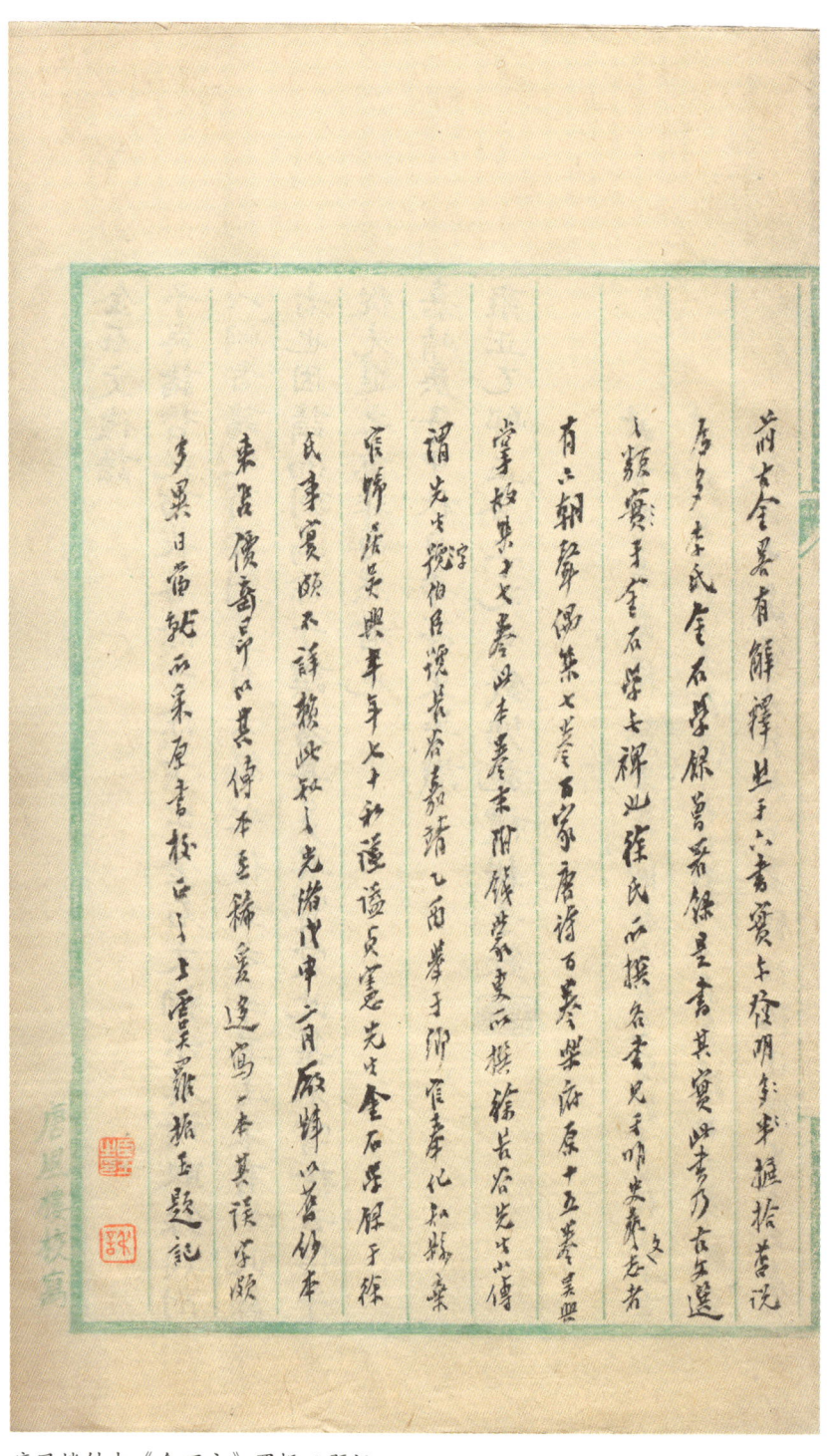

唐风楼钞本《金石文》罗振玉题记

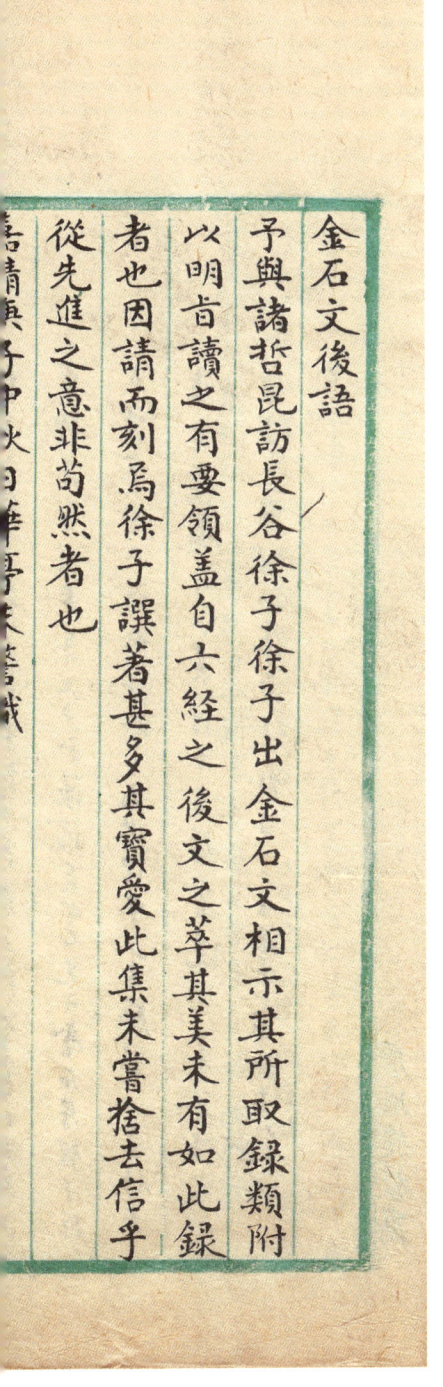

底价仅一万五，中意者颇多，几番轮流叫价，最后以近十万元方得携归，可谓不菲。此本能够得到数位书友同时青睐，自然有其妙处——乃唐风楼旧物也。该书以唐风楼绿格钞书纸抄写，书纸内侧有"唐风楼校写"五字，封面有罗振玉题签，书名下以小字注"上虞罗氏唐风楼从旧钞本转录"，并钤以"罗"字朱方。从字迹看，此书当为唐风楼书胥所抄，并非罗振玉亲笔，然而虽出自书胥，却字迹工整，力度均衡。卷末又有罗振玉及罗继祖跋语各一，详述此书渊源。其中罗振玉跋语写于光绪三十四年（1908），其文如下：

> 此书明华亭徐献忠撰，编录金石文字，始于三代，迄于东汉。观其自序，意在选其文辞，不在考据，故大率据前人记录中迻写，非就拓本著录，故讹误错出。于先秦以前古金略有解释，然于六书实无发明，摭拾旧说居多。李氏《金石学录》曾著录是书，其实此书乃《古文选》之类，于金石学无裨也。徐氏所撰各书见于《明史·艺文志》者，有《六朝声偶集》七卷，《百家唐诗》百卷，《乐府原》十五卷，《吴兴掌故集》十七卷。此本卷末附钱蒙叟所撰徐长谷先生小传，谓先生字伯臣，号长谷，嘉靖乙酉举于乡，官奉化知县，弃官归居吴兴，卒年七十，私谥贞宪先生。《金石学录》于徐氏事实颇不详，赖此知之。光绪戊申二月厂肆以旧钞本来售，价奇昂，以其传本至稀，爰迻写一本，其误字颇多，异日当就所采原书校正之。上虞罗振玉题记。

罗振玉于封面题签上所称"旧钞本"当即《中国古籍善本总目》著录之施礼耕钞本，盖因是书末页为嘉靖庚子年朱警跋语，跋语后又接有"雍正乙卯孟春上元日钱塘施礼耕手录"，下以墨笔手绘"广根"小印，此句

11

与正文笔迹一致，当为抄书者自原本一并抄来。《群碧楼善本书录》著录有孔继涵日藏钞本《金石文》七卷，卷末亦有"雍正乙卯孟春上元日钱塘施礼耕手录"一行，可为一证。然施礼耕为何人，查无所得。罗振玉跋语中称"卷末附钱蒙叟所撰徐长谷先生小传"，于此钞本中徐长谷小传已移至卷前徐献忠自序之后。乾隆年间为修四库广查禁书，凡有钱谦益序言者，按例一律抽毁，然查各种禁毁书目，却未见有将此书列入抽毁者，或正因其流传稀少，此序才成为漏网之鱼，未被禁书者所见。

此段跋语后尚钤有白方"臣玉之印"及朱方"叔言"。从跋语内容看，罗振玉似乎对徐献忠编撰是书略有失望：该书名为《金石文》，实际却与金石文字本身并无关系，不过一本古代散文选而已。罗振玉一生于金石甲骨文字上成就卓著，尤其致力于古文字研究，言辞之美与否在其看来，实非关键，难怪其叹曰"于六书实无发明"。但该书又的确与金石相关，且仅刊刻过一次，传本至稀，故其虽未购下此书，仍请书胥迻录一本。然而徐献忠撰是书时，于序言中说得极明白："予自髫年辄尚此论，读钟鼎金石之文，好之亹亹不能倦，乃类取其可读者七卷，题曰《金石文》，置之几间，以便观览"，望书名而生意，乃罗振玉自己之事，实于徐献忠无关。

迻录此书之年，罗振玉虚龄四十三岁，此年所著有《俑庐日札》《昭陵碑录》，所辑有《戊申碑录》，皆与金石文字碑刻相关，可见其用力之所在，亦可想见其望金石而来，读文辞而去之败兴。此年罗振玉亲家刘鹗因"私售仓粟"罪名流放新疆，不久即于乌鲁木齐去世。刘鹗亦喜金石甲骨，刻有《铁云藏龟》，被戍新疆前，罗振玉曾多次劝戒，刘鹗听而不用，私下却对其子季缨（罗振玉长婿）说："汝师为我甚至，我岂不自知。"罗振玉亦私下语季缨："而翁不听人言，今何世乎？奈何甘蹈危机。"因处事不同，一对兴趣相投的亲家，晚年几至避面而交，可谓憾事。

江苏省淮安市至今仍有罗振玉及刘鹗故居，壬辰年夏吾曾前往寻访。刘鹗故居如今院落仅剩一进，然拾掇颇整洁，正屋内展示着一些与刘鹗相关的介绍资料，门口有老妇收取十元门票。吾购票入内后，见所剩院落如此之小，有些诧异，售票老妇以一口淮安话解释："以前很大的，开马路都开掉了！"刘鹗故居虽小，却毕竟保留至今，并辟为纪念馆向世人展示，罗振玉故居却颇让人意外。

淮安的罗氏故居位于罗家巷，巷极窄，只可两人并行，巷尾最后一间屋子外墙上贴有淮安市政府2003年所颁布文物保护标牌"罗振玉故居"，以及市文物管理委员会颁布的名人故居标牌，然全无民国建筑风格，于是猜想此处大约是罗宅故居遗址。方徘徊间，听得门内有人声，小叩而开，问此即罗振玉故居否？女主人手指对面称："那个才是！"回头看其手指处，为一堵红砖墙。正拍照间，又有几位邻居围上来，有说"又来个拍照的"，又有说"又来个上当的"。闻此言极怪，再问，一位老伯说："那是政府随便挂的牌，他总得拿个东西向上级交待。真正的罗振玉故居是这一间，早就拆得什么都没有了。现在围起来了。"老伯所指为罗家巷尾与挂牌罗宅相对的一间，以红砖简单围起一道院墙，看不见里面。经过同意后，吾站在小巷另一家门前的矮桌上向围墙内窥视，内为几近荒芜之小院，院中一堆旧砖瓦边上有小径一条，小径尽头即刚才女主人所指处。

罗氏故居虽已荒芜，好在故书尚存，并且流传有序，也算幸事。此唐风楼旧钞卷末尚有衬页两张，其中一页有罗振玉之孙罗继祖跋语一段："此为吾家唐风楼钞本。六三年入都携之行箧，会守拙舅氏作《郭有道碑考》，予以书中有郭碑录文，出借参考。六六年夏，匆匆北返，遂留舅氏许，顷始还瓿。因丐许君奇亮重为装治，遂整旧如新，为之一快。七零年八月晦，甘孺识。"下钤白方"继祖印"。罗继祖跋语中"守拙舅氏"乃何宝善（1896—1979），其字楚候，亦字守拙，喜藏文物字画，曾募资办起江北慈幼院，收养孤儿。江北慈幼院因资金问题停办后，何宝善又于原址创办"淮安私立集一图书馆"，意为读书人每人集资一文钱，以解贫苦学子欲读书而无力购书之困境。图书馆于民国十九年（1930）正式对外开放，新书古籍兼备，何宝善还为此专门编成《淮安集一图书馆分类法》。《郭有道碑》原为何宝善家藏之物，据云为海内外唯一拓本，读此跋语之前，吾从未曾闻此碑，见识之浅令吾惭愧。

该书虽经装池，却仍然为毛装，只是较为齐整，表面并未包角与钉线，且未做函套。或许在罗继祖看来，装成如此模样即可称之为"整旧如新"，在吾看来，此种装帧则略类似西书的精装毛边本：整齐中见参差。书至寒斋后，因心爱之，特为定做六合锦套，为其安身。

江苏淮安罗振玉故居

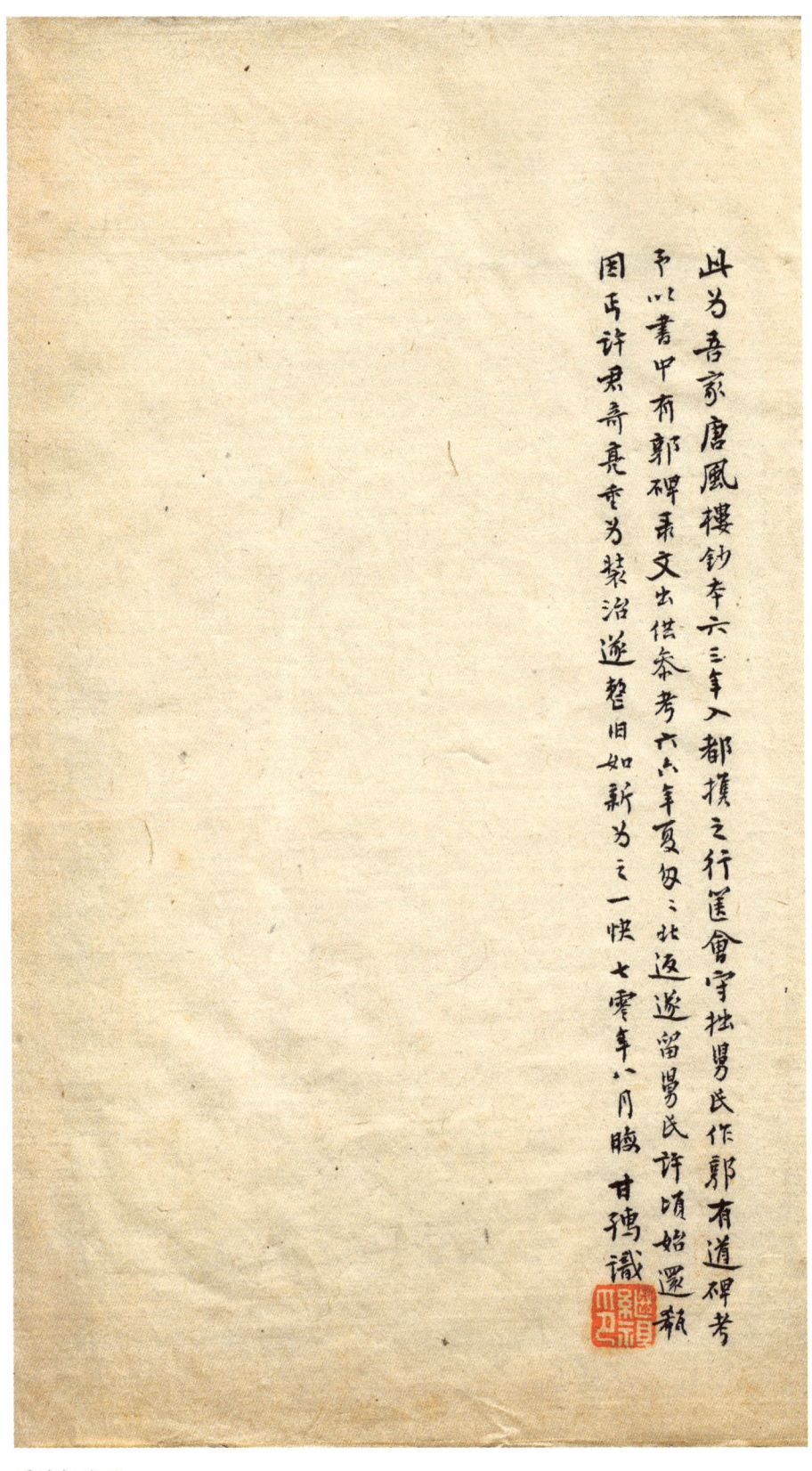

此为吾家唐风楼钞本六三年入都携之行箧会守拙舅氏作郭有道碑考予以书中有郭碑录文出供参考六六年夏复之北返遂留舅氏许顷始还赖困马许君寄亮雯为装治遂碧旧如新为之一快七零年八月晦 甘孺识

罗继祖藏书印"大云烬余"

罗继祖藏书印"甘孺""罗继祖"

罗继祖

附：钱谦益所撰徐长谷小传，因《初学集》《有学集》《投笔集》等皆未载，可称为牧斋佚文，特录全文如下，或有益研究者。

徐长谷先生小传

徐献忠字伯臣，号长谷，华亭人，嘉靖乙酉举于乡，再试不第，授奉化知县，约己惠民，殊有民誉。故人为宁波守，用手版相临，伯臣笑曰："若以我不能为陶彭泽耶？"即日弃官归。乐吴兴山水，遂徙居焉。时棹小舟扣舷吟弄，以天随、玄真自况。生平著述外无他嗜好，《白莲》《羽扇》《芦汀》《灵泉》诸赋皆为时人传诵。悯松民解布之苦，作《布赋》一篇，读者咸酸鼻焉。论诗，法初唐六朝，杂组成章，工真草书。有《长谷集》，所著书数百卷，《乐府原》《吴兴掌故》皆行于世。卒年七十，私谥贞宪先生。虞山蒙叟钱谦益撰。

吴锡麒批校《翠微南征录》十一卷

《翠微南征录》十一卷　（宋）华岳撰

清初钞本　吴锡麒过录鲍廷博校跋　一函六册

钤印：太平苏氏（朱方）、安定胡氏留白轩藏书（朱方）、吴锡麒印（白方）、毂人（朱方）

《翠微南征录》为南宋华岳诗集。华岳字子西，贵池人，因所居之处近翠微坡，故号翠微，曾登南宋嘉定武科第一，任殿前司官，后因谋划除去奸相史弥远，遭杖刑死于市。此集为其被贬建宁时作，故其中声调豪放，多悲愤语。所著除《翠微南征录》十一卷，尚有《翠微北征录》十二卷。《翠微南征录》曾有明代王崇志刻本，然此本经纂改删削，失其本真。康熙二十八年（1689）黄虞稷将此集自史馆秘书抄出后，赠予吴应筵。吴应筵又嘱弟子郎遂刻之，此即康熙三十年（1691）郎遂还朴堂刻本。吴应筵字山宾，号涩斋，为吴应箕之弟。郎遂字赵客，号西樵子，与吴应筵皆为贵池人。至光绪十五年（1889），贵池又有好事者以郎本为底本，以活字刊行是书，然此本亦有讹误，光绪二十六年（1900）刘世珩以文澜阁

吴锡麒

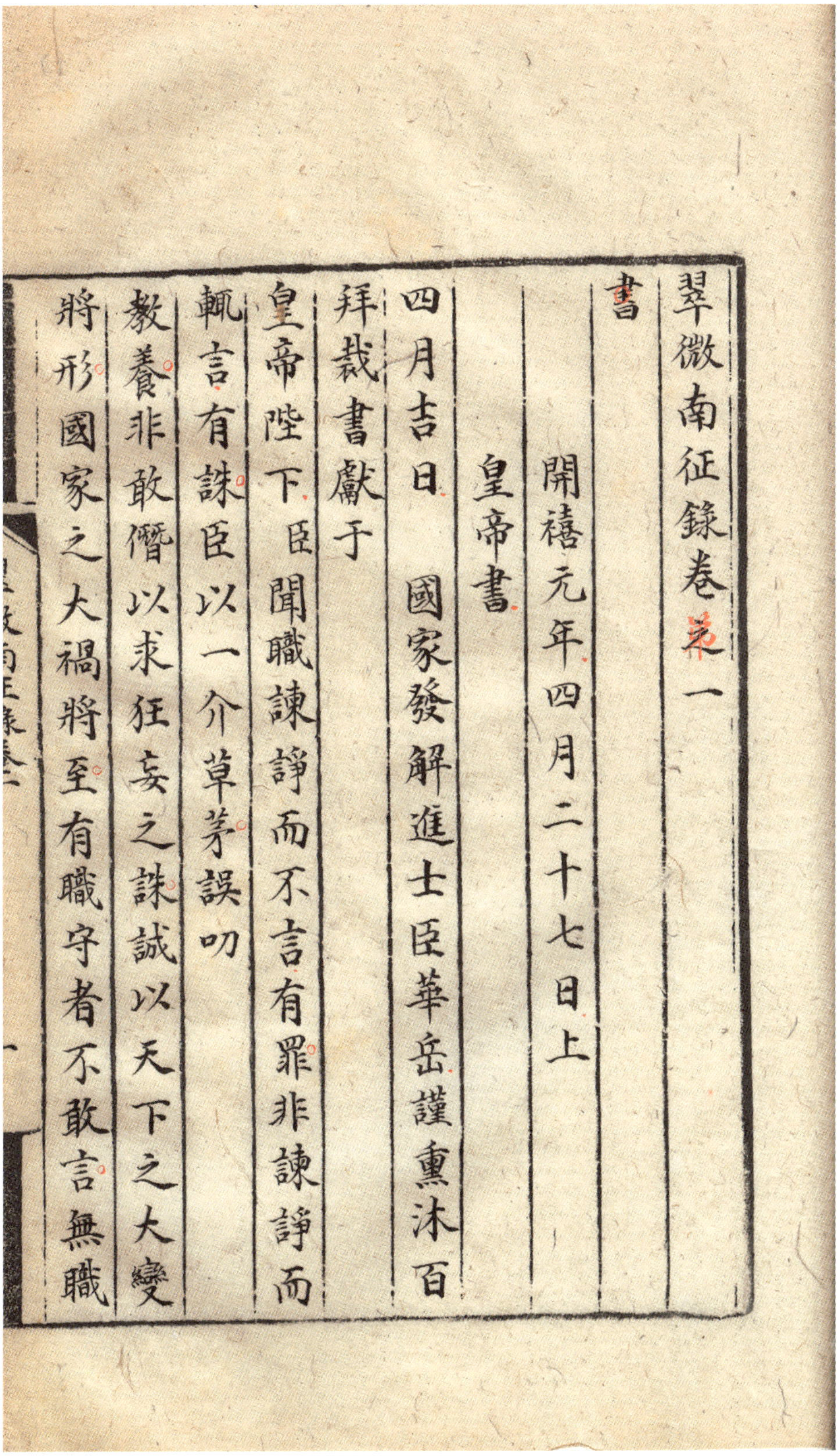

翠微南征錄卷第一

書

開禧元年四月二十七日上

皇帝書

四月吉日 國家發解進士臣華岳謹薰沐百

拜裁書獻于

皇帝陛下臣聞職諫諍而不言有罪非諫諍而

輒言有誅臣以一介草茅誤叨

教養非敢儳以求狂妄之誅誠以天下之大變

將形國家之大禍將至有職守者不敢言無職

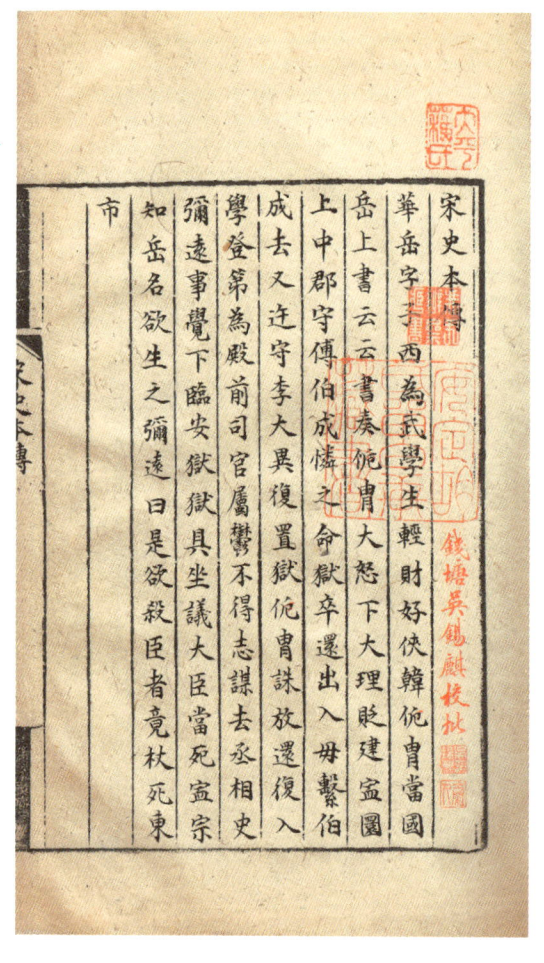

清初钞本《翠微南征录》首页有"钱塘吴锡麒批校"七字

本为底本，复据鲍廷博、黄丕烈、劳权等数家校勘复雠，重加编次，刊入《贵池先哲遗书》，世得以复有善本流行。

寒斋所藏为旧精钞本，一函六册，字迹极工整，未知抄者何人。开卷首页为宋史本传，钤有"太平苏氏"朱方、"安定胡氏留白轩藏书"朱方、"吴锡麒印"白方及"縠人"朱方，可知其曾归吴锡麒及苏贞昌架上。此本尚有吴锡麒朱笔批校，并过录鲍廷博跋语。吴锡麒（1746—1818）字圣征，号縠人，别号东皋生，钱塘人，乾隆四十年（1775）进士，官至国子监祭酒，充上书房师傅，曾主讲安定书院。其人生平不趋权贵，却名满公卿。在扬州时，常与江藩等兴文会，以诗酒自娱，今有诸多诗篇可考。《清史列传》载其入《文苑传》，称其"嗜饮无下酒物，以书代之。自少至老，未尝离笔砚。"又云："尤工骈体文，吴鼒选四六，与邵齐焘、王太岳、刘星炜、袁枚、洪亮吉、孙星衍、孔广森称八家。晚养疴江上，四方乞诗文者，屦户外满。著有《有正味斋集》七十三卷，艺林奉为圭臬。高丽使至，出饼金购之。兼工诗余，论者谓可与吴伟业、厉鹗抗衡。"

诚如《清史列传》所载，其人工骈体文及诗余，今人多将之列入文学家，研究浙西词派者，尤不得不提及吴锡麒，然鲜有见其藏书记录，故此书有其批校，可为吴锡麒亦喜藏书之旁证。此钞本首页首行有其朱笔题"钱塘吴锡麒校批"七字，下钤朱、白方章各一，卷中则眉批处处，皆以小楷书就，卷末有朱笔长跋一篇，现逐录如下：

"宋华子西先生《翠微南征录》，凡十一卷，元明以来，世抄传本。国朝康熙间，温陵黄俞邰始于史馆钞得之。池州郎遂字赵客，重以乡里文献久失其传，重加编次，刻以行世。此则其原本也，第一卷为《上皇帝书》，二卷以下为古今体诗，古诗先七言后五言，律诗亦然，终之以绝句。赵刻析《上书》为首卷，而于皇帝上加'宁宗'二字，则似后人追述之辞矣。原本于当时宵小姓氏颇有空缺，宋时刊行尚有避忌，因而讳之。而郎以明嘉靖间王崇志本改窜填补，又大加删削，竟至失其本真。编诗为十卷，古、律俱以五言冠七言，此似可也。然原本七古中《伤春》一首，《柴氏》一首，通体五字，末结以七字，前人多有此体，郎以入之五古，遂删去末句四字，以合其格，重失作者本意，是则不免截鹤之讥焉。且于题下注，往往删繁就简，时又撺入他书以乱之，爱古者似不应尔也。索居无事，偶出旧本，就郎本雠比以消岁月。乃得其谬误，肆加涂抹，后有得吾书者，勿以有刊本而废弃之，则此书之大幸也夫！"

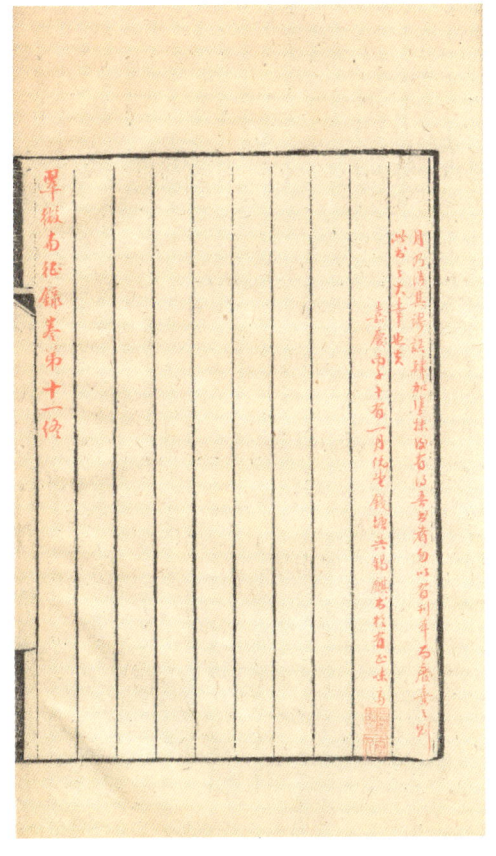
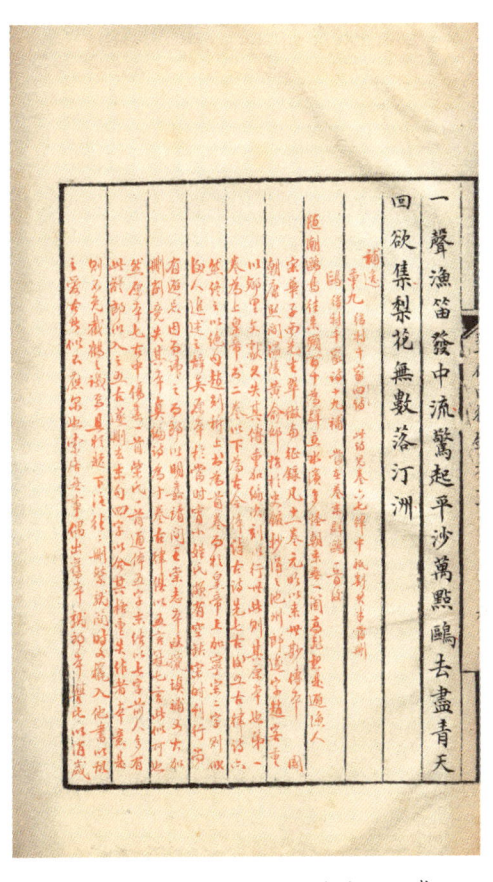

吴锡麒过录鲍廷博跋语

此跋末尾虽换行署"嘉庆丙子十有一月既望，钱塘吴锡麒书于有正味斋"，下钤"吴锡麒印"及"穀人"，然该跋内容实际上并非出自吴锡麒，而是过录鲍廷博者。鲍氏曾经先后两次校勘《翠微南征录》，劳权曾过录其校跋，并记此事云："道光乙巳冬，见知不足斋校本此集，摘其校改，冀得郎本传度。去年得此帙于鲍氏，亦渌钦先生手勘本，盖前所未见者，乃转抄净本，而此其底本也。以勘一过，识于下方，颇有补初校之漏略。据《后村千家诗》补逸七首，此本未经增补，按目据棟亭曹氏刻本写入。鲍氏覆校在嘉庆壬申、癸酉，今并其卷后题识传之。"鲍廷博还于卷后题有校记，分别注明某日校某卷毕，以及"呵冻了之"云云。鲍廷博原跋后有"嘉庆十八年（1813）正月杪，八十六叟书于知不足斋"，吴锡麒署款在嘉庆丙子年（1816），故当为吴锡麒过录鲍廷博者。

关于批校内容，劳权称鲍廷博还曾据《后村千家诗》补逸诗七首，然实为六首。此本亦有补逸诗六首，分别位于卷三、卷八、卷九及卷十一，另有一首补逸仅录诗题而未录全诗，与前人著录相合，故此本之批校，不仅卷末跋语为吴锡麒过录鲍廷博者，其中点勘增补处亦当出自鲍廷博。卷中又多有"刻本作"及"郎本作"等语，可知鲍廷博是以郎刻校此钞本。细读批校文字，多为字句校勘，以及版本异同，甚少涉及诗意与感慨，此乃刻书家校勘之特点。吾自醉心稿抄校本至今，阅各家批校跋语而后知，校勘家、藏书家、读书家之校跋各有其特点，往往读批校之语而各人面目尽出，此亦一趣也。

此外卷六又有七律《三衢道

清初钞本《翠微南征录》卷中吴锡麒批语

中》，诗中有云："见说近来书籍贵，监唐川汉莫论钱"，上有朱批云："监唐川汉，监本唐书，蜀本汉书，未知是否。"旁署"锡麒"，此为该书除卷首之外，吴锡麒惟一署名处，亦可理解作其余皆过录鲍廷博者，仅此为其吴锡麒所批。然而虽仅此一句，却可为吴锡麒喜藏书，且通版本之又一例证。

囊昔张元济曾见黄荛圃旧藏钞本《翠微南征录》，不详自何本抄出，然就卷一《上皇帝书》中"陛下"二字均提行视之，士礼居藏旧钞本当抄自宋刻。今审寒斋所藏之本，《上皇帝书》一篇中亦有遇"陛下"提行，卷中第三页内文中遇某某之阿谀仆隶、某某之奴事奸恶、某某之私立异议等处，"某某"皆为空格，与鲍氏跋语中"原本于当时宵小姓氏颇有空缺，宋时刊行尚避忌，因而讳之"合，以此所见，寒斋此本当为与士礼居旧钞本、鲍廷博所见之本同出一源，自宋本抄出，当远较郎氏刻本为上矣。

吴锡麒藏书印"吴锡麒印"

傅增湘题记
《掌故丛编》第一辑

《掌故丛编》第一辑 （民国）许宝蘅编

民国十七年（1928）铅字排印本 傅增湘题记 一函
一册

钤印：藏园居士（朱方）

是书为民国铅字排印本，为早年所得，虽非刻本，然一者封面有傅增湘题字，二者其外观为线装书样式，卷中又有珂罗版照片插页，从印刷方式来讲，此为从传统到现代之过渡产品，亦可称标本，故携归寒斋。

该书为民国年间故宫博物院图书馆掌故部所出，类似今日之杂志，每月出版一册，外埠读者可以邮购，当时定价每册五角，若订阅半年，则盛惠二元七角，若订阅一年，则折扣至五元二角。故宫于1925年成立博物院，其中设有文献部，1927年随故宫博物院改组而易名为掌故部，又于1929年改名文献馆，其主要职能为管理散存于故宫各处的档案。《掌故丛编》即为当年整理出版的首批档案，最初印量仅数百册，流传面亦非广。此册为第一辑，自第十一辑后，《掌故丛编》易名为《文献丛编》，并增加篇幅，至

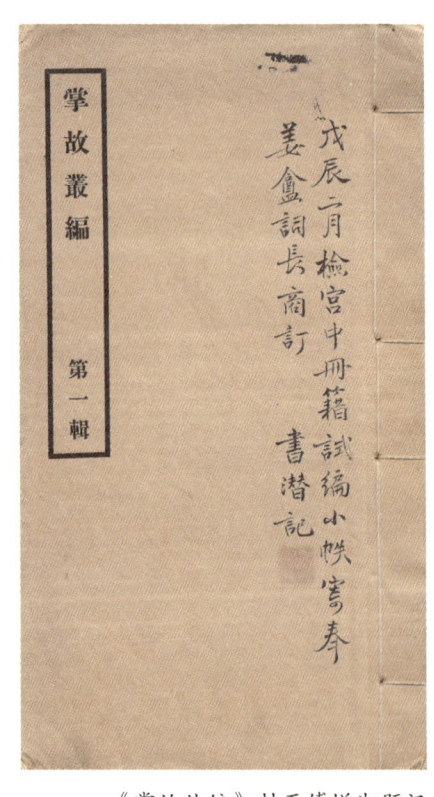

《掌故丛编》封面傅增湘题记

1943年止，共出版有六十二辑。

傅增湘于1927年11月4日致张元济信中，告知自己被推举为故宫图书馆馆长，并于该日到馆上任。又称故宫图书馆支绌异常，拟印书以资贴补，或与商务合办，有待酌定。信中有"拟排印各书为一集。以世无刻本或关清史掌故档案文件之类。如馆中可合办。当开种类奉告。"此"集"当即后来之《掌故丛编》，但未知何故，并未与商务合办。《丛编》首辑印出之后，傅增湘曾分赠数册与好友，其中赠于王同愈、朱祖谋、陈夔龙、刘承幹及董康五人者，皆托张元济转赠。此册为其赠友人徐沅之本，封面有其墨笔题："戊辰二月检宫中册籍试编小帙，寄奉姜盦词长商订。书潜记。"下钤"藏园居士"朱方。姜盦为民国官员徐沅（1880－？），字芷生，江苏吴县人，光绪二十九年（1903）经济特科进士，曾任山东聊城县知事，宣统三

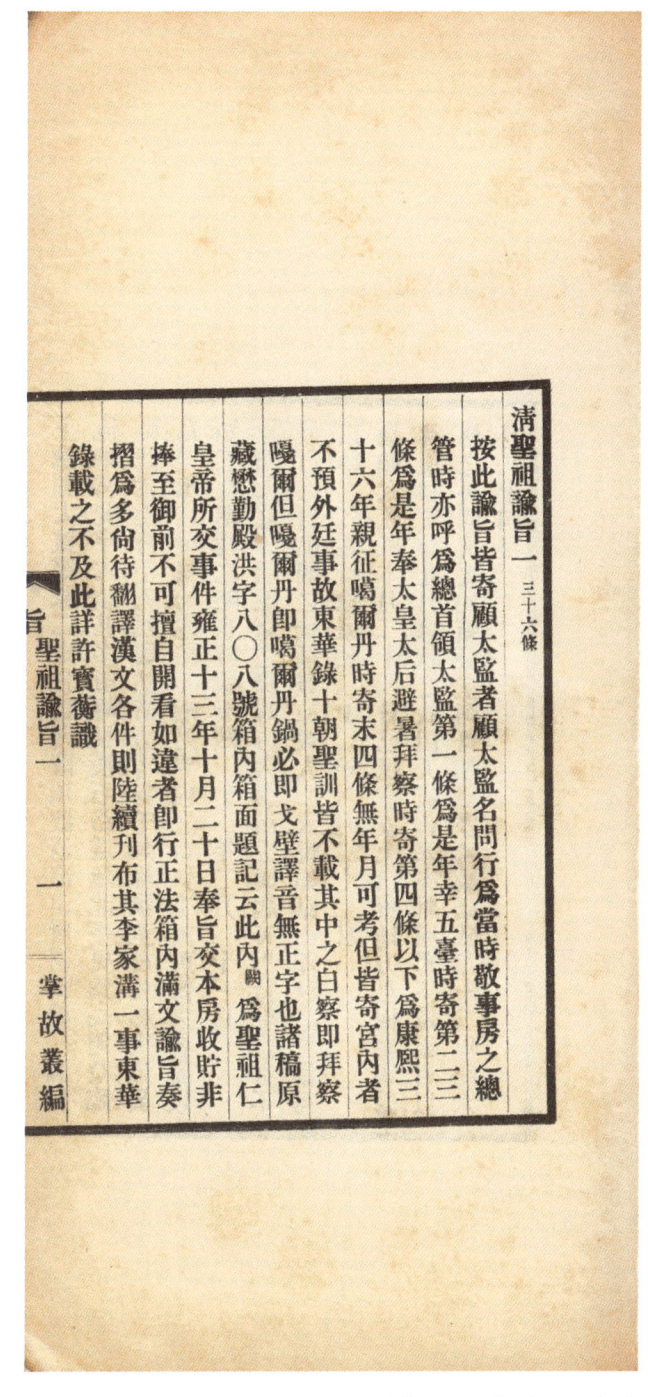

《掌故丛编》第一辑卷首

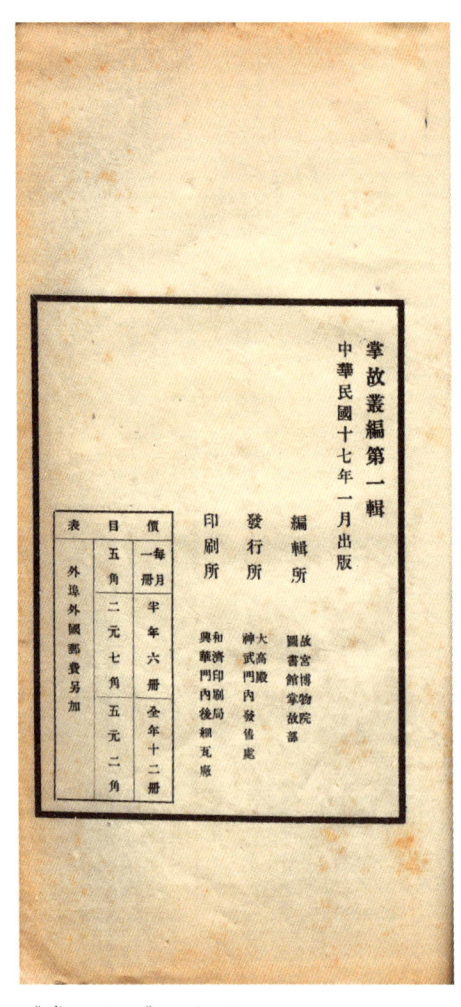

《掌故丛编》版权页

年（1911）任津海关监督，入民国后兼任外交部直隶交涉员，著有《珊村语业》《珊村笔记》《云到闲房笔记》及《小薜荔园词钞》等，喜吟咏，工书法。

此书前有傅增湘序言，然实际编辑者为许宝蘅。寒斋亦藏有多部许宝蘅题跋之书，其人喜作篆书，可见兴趣所在。傅增湘序言之后为许宝蘅序，称："宝蘅寡陋，承事其间，爰就理董所及，甄录行世，其为官私各书已详始末者，不复重出，或以为单词剩语，无当宏规，断楮零缣，何关世教。然饮水一勺，足测巨川，窥豹一斑，可揣全体，以小喻大，见微知显，不在君子善用之乎？此编者，所以资史材，征实录，广轶闻也。"

该书开卷第一篇为《清圣祖谕旨》。此册所载之谕旨，其实质为康熙外出时寄给宫内首领太监之"家书"耳，若忽视"朕"字及相关宫庭专用名称，其内容口吻与平常家书无二，甚出人意料。康熙每至一处，其书必报平安，晓以当地天气景物，并叮嘱用何布料做何衣服，又问候宫中眷属，如："朕来时德妃有些恙，如今全好了么？阿哥们出疹的相比都有好了，宫中自然清吉。"又如："再问宫里妃嫔公主阿哥都好么？"其描述乡间日常所见及生活，亦俨然小品散文，与首领太监说话之口吻，与家人无二，所谓帝王，亦有常人之情，与影视剧中之帝王森严绝然两类。可见人之千面，观者只看有兴趣那面而已。

之后又有数篇与王锡侯《字贯》案相关之奏折，此吾兴趣所在也。《字贯》一书，吾多年求之未得，查《中国古籍善本总目》亦无著录，可见当年查禁之森严，然吾总冀望民间尚有流传，或于某日横空出世。《字贯》为清代乾隆年间王锡侯所编，其因《康熙字典》收字太多，卷帙浩繁，检阅不便，为便于后学者查找，故将之删改，以义贯字，将意义相同、相近之字汇集一处，分天文、地理、人事及物类四大类，自行雕版，传于民间。该书并无反清之意，然《康熙字典》为御制，王锡侯云其"穿贯之难"，明显有贬低钦定之意，被视为对康熙之大不敬，故被定为悖逆。王锡侯又于《字贯》凡例中，将康熙、雍正之庙讳依样开列，此于当时而言可谓触犯天条，除王锡侯本人处斩外，三子四孙亦一并斩监候。

《掌故丛编》中载奏折及廷寄、上谕六篇，详述《字贯》案始末，有云查抄王锡侯家宅时，称："先后查获各书，公同细看，计旧书三百一十九种，除经史诗文杂集三百一十种各发交局员再加勘校外，尚有应毁书九种，查禁已久，未经呈缴。"又详列查禁王锡侯所著书板清单，其中《字贯》板片一千三百九十二片。《四库全书》编纂过程中，清廷所禁图书多达三千余种，十五万余部，销毁书板八万块以上，此一千三百余块书板，不过冰山一角。

《字贯》案之后，又摘有汪景祺《西征随笔》数篇，多写狎妓及艳遇，读之满纸酸腐意淫。此数篇与之前谕旨、《字贯》等汇为一书，感觉极为怪异，颇不解许宝蘅编辑该书之思路。《西征随笔》前有许宝蘅识语，介绍汪景祺之人后，称："乃身罹重辟，祸及宗亲，君子其亦知所鉴乎？至于游狎之作，更不足论，兹汇为一卷刊之。"既不足论，为何又汇而刊之？

傅增湘藏书印"藏园"

屺田摘钞本
《史评小品》三卷

《史评小品》三卷　（明）江用世撰

清初屺田摘钞本　一函两册

钤印：汪士鋐印（白方）、南昌彭氏（朱方）、吴□

咸字际虞号子渔（朱方）、我斋（朱方）

　　此钞本一函两册，原函旧装，乃早年所得，因遭遇水火，书角有损，故曾经人修补，从修补痕迹看，亦非近世俗手所为。卷前钤有"汪士鋐印"白方、"南昌彭氏"朱方以及"吴□咸字际虞号子渔"，其中吴印已模糊难辨。此为彭元瑞旧藏，以其钤有"南昌彭氏"。寒斋藏有彭元瑞旧藏及带批校者多部，其中亦有此印，故知此"南昌彭氏"为彭元瑞也。彭元瑞曾为四库馆副总裁，与纪昀并称为南北两才子，藏书处为知圣道斋，取唐代藏书家杜兼诗句："清俸购来手自校，子孙读之知圣道"之意。彭氏藏书多手校手跋，尤其喜收旧钞本，著有《知圣道斋书目》，所藏散后多数归入结一庐。

　　该书曾有明刻本，《中国古籍善本总目》著录有《史评小品》二十二卷，江

钞本《外史小品》原装函套

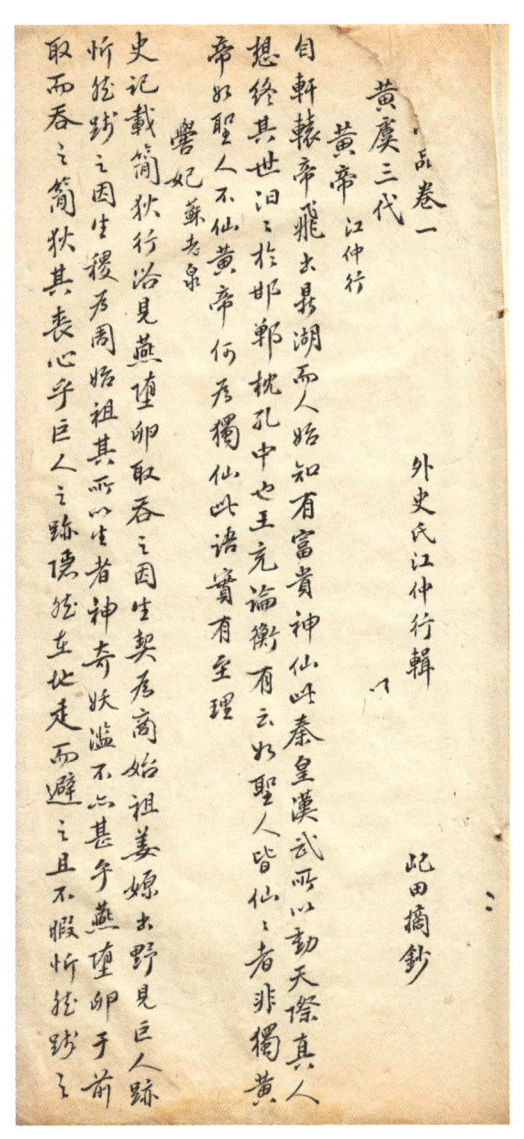

清初钞本《史评小品》卷首

用世撰，明崇祯刻本，八行十八字，四周双边，白口。此本原题残损，修补后题为《外史小品》，卷首首行题"外史氏江仲行辑"，下空数格题："屺田摘钞"。其题"外史小品"，或因作者江用世号"外史氏"之故。然《史评小品》原书有二十二卷之多，吾藏之本仅两册，厘为三卷，不明屺田何以仅抄至此。

江用世资料甚稀，仅知其明天启二年（1622）二甲进士。此钞本前有伍瑞隆崇祯九年（1636）丙子上元日序言，伍瑞隆（1585－1666）字国开，号铁山，别署鸠艾山人，其人兼擅诗、书、画、酒，今时拍场时有其字画出现，价均不菲，因其为广东香山人，故此序署名为"香山山人伍瑞隆"。由伍氏序言可知，江用世为伍瑞隆之师，其字仲行，号鼎寰，为政之暇喜读史书，遂裒集古今人之善案善翻者，折衷之，游戏之，谓之史评小品。江氏尝云："文人铁笔铮铮，于翻案不难，贵乎翻之有理有趣，令人一览而赏心动魄，故足述耳。夫案不翻则死，翻则新，各视其人之所见何如。"此话可当写作指南矣，古今一也。伍瑞隆又称："其事本出公余，暇以陶情绘景，不复作著书观。乙亥除夕刻事竣，命隆引其首。时崇祯九年丙子上元日香山人伍瑞隆薰沐撰。"可知《中国古籍善本总目》著录之"明刻本"，当确切为"明崇祯九年序刻本"。

是书所辑，以时代分卷，每人一条，人名下注何人所评，有江用世自评者，亦有其摘录他人或他书所评者，所引他书有《弋说》《论衡》《史怀》及《韩非子》等，所引他说则有杨升庵、王世贞及陈继儒等。所评第一人为黄帝，引王充语称："如圣人皆仙，仙者非独黄帝；如圣人不仙，黄帝何为独仙。"此书中引王充语甚

27

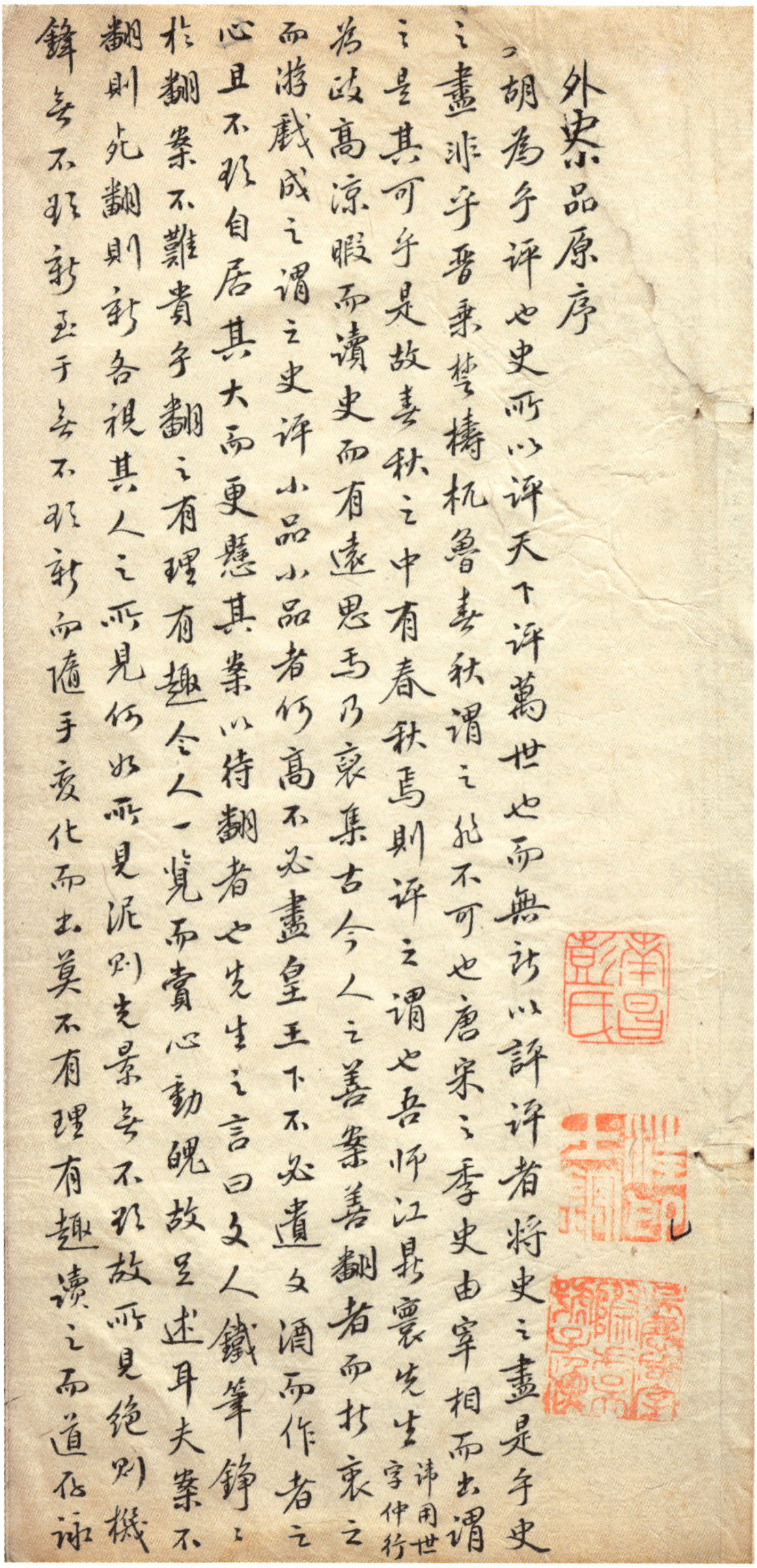

外史品原序

胡為乎評也史所以評天下評萬世也而無訪以評評者將史之盡是乎史

之盡非乎晉秉楚檮杌魯春秋謂之㤗不可也唐宋之季史由宰相而出謂

之是其可乎是故春秋之中有春秋焉則評之謂也吾師江昆寰先生字仲行

為政高涼暇而讀史而有遠思焉乃裒集古今人之善業善翻者而抄裒之

而游戲成之謂之史評小品者竹高不必盡皇王下不必遺文酒而作者之

心且不祇自居其大而更懸其業以待翻者也先生之言曰文人鐵筆鋒之

於翻案不難貴乎翻之有理有趣令人一覽而賣心動魄故呈述耳夫案不

翻則宛翻則新各視其人之所見泥則先景㤗不祇故所見絕則機

翻則苑翻則新玉于㤗不祇新而隨手變化而出莫不有理有趣讀之而道在詠

鋒㤗不祇新

多，可见江用世亦为无神论者。卷二有论王充者，引其《物势篇》，称："充之立言如此，自不肖者闻之，于报本返始之情薄矣。"可见江用世认同王充之观点，又怕于世道人心反为害。

其评昭明太子曰："太史公曰：虞卿非穷愁，亦不能著书以自见云……昭明生而富贵，百城南面，其所自有，乃犹拥书万卷，日与鲍庾辈结骚坛翰墨缘，其意念远矣。"又言昭明太子"一代较雠，能令千秋纸贵，此不特公子公孙中所少有，即古来好文之主恐未多与方驾也"。吾病书日久，见"校雠"二字即为之注目，盈卷小字中，惟此二字跳将出来，不免多看两眼。萧统于读书人心目中地位，由多地均建有昭明读书台纪念，可见一二。旧年几乎全年奔波于各省，寻访古人墓冢及旧居、遗迹，为纪念昭明而建之读书台已登过三处，卷中所载孔、孟、老、庄、韩非等墓冢皆曾到访，又有吕不韦、李斯、贾谊、严子陵、王充、谢灵运、陶靖节等，是故今读此书，人物九州，历历在目。

该书仅于明代一刻，故流传非多，或为屺田手抄是书之因由，然此"小品"明显为闲书，非关治史，故屺田抄是书，更多为消日月，送流年。其字迹工整流畅，未见有避讳，或抄于清初。卷中又偶见有朱笔校字，未知是否出自彭元瑞之手。

彭元瑞藏书印"南昌彭氏"

明钞彩绘本
《天元玉历祥异赋》七卷

《天元玉历祥异赋》七卷　（明）朱高炽撰

明钞彩绘本　一函三册

钤印：谀闻斋（白方）、臣顾锡麒（朱方）、开卷有益（白方）、谀闻斋百字藏书印（朱方）、若露记（白方）等

明钞彩绘本《天元玉历祥异赋》七卷，明仁宗朱高炽（1378—1425）撰，前有朱高炽洪熙元年正月十五日御制序一篇，说明以该书赐群臣。内文自卷一"天地雨霜"篇讫卷七"旋风占"篇，共计五十五篇，以天象显现用以占验，如天雨石占大战而君凶、天雨黄尘占天下大饥，兽畜作人言占盗贼中兴，亦有极浅白者，如地震于屋占有瓦落地，此不用占亦妇孺皆知也。所引占文或摘自《汉书》《唐书》《宋志》等，或出自朱熹、京房诸人。该书于明代洪熙元年曾有内府刻本，然多以钞本形式流传民间，清乾隆年间由军机处奏准全部销毁，故《四库全书》不曾收录该书，之后胡玉缙所撰《续四库提要三种》中录有该书。

禁书一事，历代有之，最早有商鞅禁《诗》《书》，继而有始皇焚书，北魏禁毁

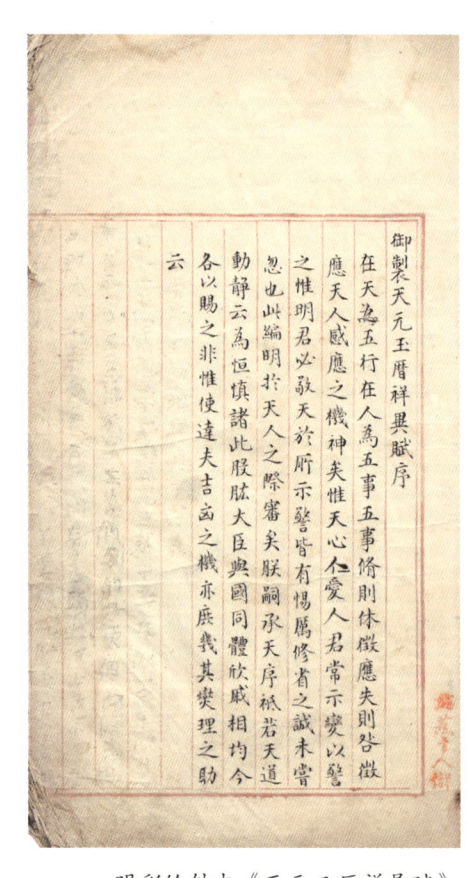

明彩绘钞本《天元玉历祥异赋》

佛经，盛唐禁阴阳，宋代有"乌台诗案"以及毁《论语讲解》书版等事，元代略有松驰，明代再次开始整肃思想，最典型案例为李贽事件，同时大范围禁止小说、时文及妖书和天文书。明洪武六年（1373）所制《大明律》明确规定："凡私家收藏玄象器物、天文图谶应禁之书及历代帝王图像、金玉符玺等物者，杖一百；若私习天文者，罪亦如之，并于犯人名下追银一十两，给付告人充赏。"又有："凡造谶讳、妖书、妖言及传用惑众者，皆斩。若私有妖书、隐藏不送官者，杖一百，徒三年。"天文、天象之书虽然与自然科学相关，然而在中国特有之"天人相应"文化背景下，天象同时被赋予占卜之效，常被人加以利用。不过明仁宗显然不以为然，对杨士奇等云："此律自为民间设耳，卿等安得有禁。"遂制是书以颁群臣。

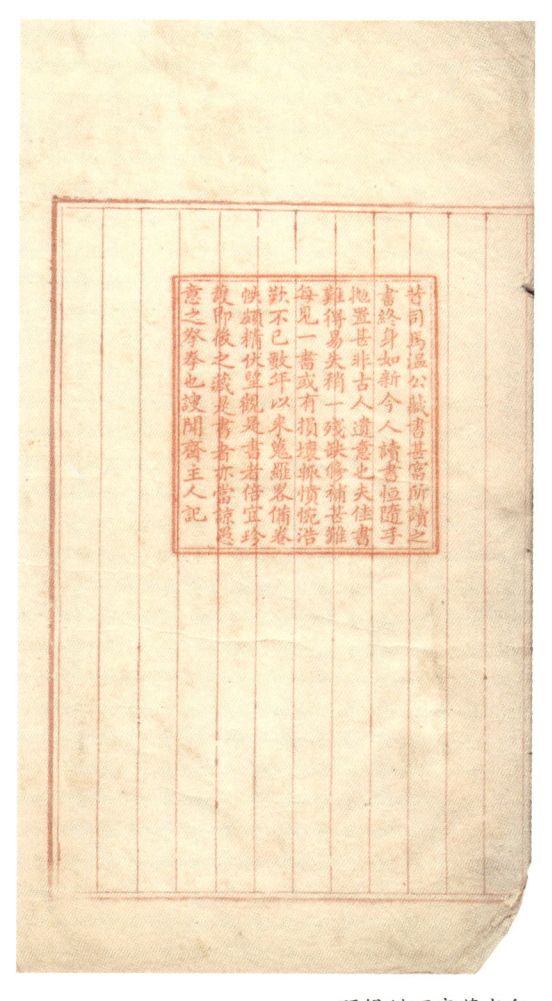

顾锡麒百字藏书印

该书因为曾于清代被禁，故刻本稀见，《中国古籍善本总目》著录该书十余部，仅两部为刻本，余皆明钞本。寒斋所藏亦明钞本，上图下文，皆手绘也。所用书纸为红格，版心刻有"祥异赋"三字，字迹工整，图画精细，当非坊间俗物，卷前钤有顾锡麒藏印"谀闻斋""臣顾锡麒"以及"开卷有益"，又有顾锡麒最著名之百字藏书印，长宽八公分，望之如玺，其印文曰："昔司马温公藏书甚富，所读之书终身如新。今人读书恒随手抛置，甚非古人遗意也。夫佳书难得易失，稍一残缺修补甚难，每见一书有损坏，辄愤惋浩叹不已。数年以来，搜罗略备，卷帙颇精，伏望观是书者倍宜珍护，即后之藏是书者，亦当谅愚者之拳拳也。谀闻斋主人记。"寒斋尚藏有另一钤此百字印者，为明钞批校本《汪氏珊瑚网古今名画录》，亦顾锡麒旧藏，同时钤有毛晋、卢文弨诸印，可见顾锡麒所藏多有得自旧家者。

顾锡麒字竹泉，一字敦淳，生卒年不详，活动于嘉道年间，曾撰有《谀闻斋随

31

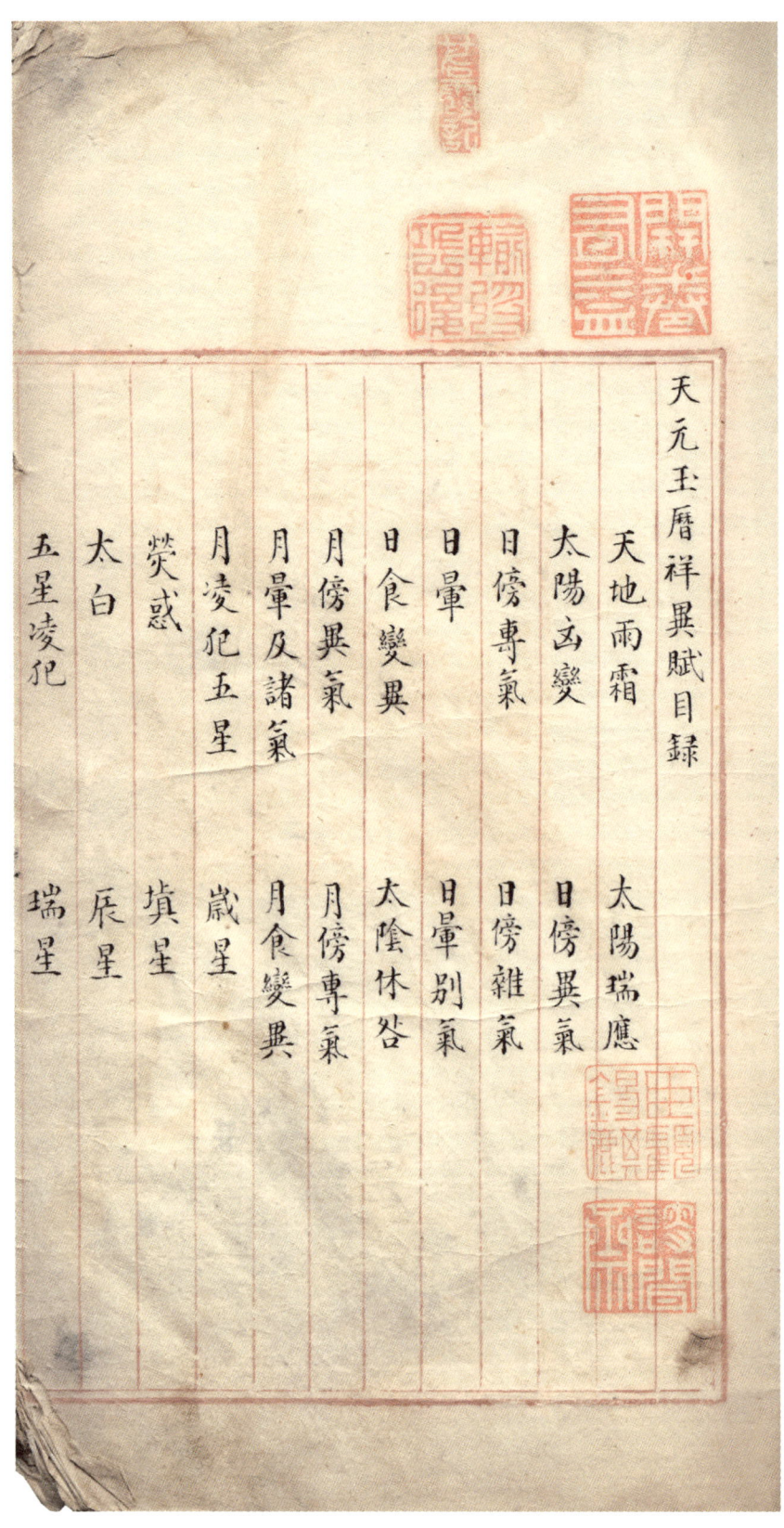

明彩绘钞本《天元玉历祥异赋》目录

地震洪水占

晉書曰
地震洪水出陰道盛陽
之應

地震於屋占

班固漢書曰
地震於屋則尾落
劉向曰
臣下强盛將動而為害

明彩绘钞本《天元玉历祥异赋》内页彩绘

笔》及《续笔》，想当年亦藏书大家，所藏可与钱曾述古堂抗衡，于今湮没如此，
甚是遗憾。其虽撰有《謏闻斋书目》，惜经小绿天孙毓修收藏之后，不知下落，无
以窥知其藏书全貌。然而从历代藏书家序跋集以及近年所出版图录中，依然可以拼
凑出謏闻斋主人当年藏书之喜好及大致生活时代。潘景郑先生曾得顾氏手校本《读
书敏求记》，其跋语称："余少有书癖，于宋椠尤酷好焉。"又有自题"太仓人，
今寓古高昌乡"，故知其喜好宋本，原籍太仓而晚年寓居沪上。

　　台湾出版《"国立中央图书馆"善本题跋真迹》中著录有《平圃遗稿》，为謏
闻斋钞本，其书影末附顾锡麒手跋一则，由此跋语可推知顾氏资料甚多，其跋语内
容为："《平圃集》刻本甚少，板亦散失无存，历有年数矣。陆耳山先生少君暨紫
珊诸人为之搜罗遗佚，辑为是本，然已什去其三四。余旧藏竹纸抄本亦出陆氏，为
嘉兴人购去，余又从嘉兴得来。因借紫珊所抄藏本，思欲校勘，孰知两本不合，此
有而彼无，彼有而此无，不可对核。因重录一本，与旧抄本并藏诸箧。装毕识。"

此跋虽亦无年款，但仍可推知其大致生活年代及交游，又可见其精于校雠。跋语中陆耳山即与纪晓岚同纂《四库全书》之陆锡熊，此处紫珊当为徐渭仁，其字文台，号紫珊，生年不详，卒于咸丰五年（1855）。另有一清代藏书家亦称徐紫珊，然早于陆锡熊近百年，不可能与陆锡熊之子为伍，故此紫珊当为徐渭仁。陆锡熊生于清中期，其子与徐渭仁大致同一年代，可知顾锡麒之藏书活动亦当大致为嘉庆、道光年间。寒斋另有其旧藏《绝妙好词笺》，为道光八年（1828）刻本，可为此添一物证耳。

此外，《铁琴铜剑楼藏书目录》中载《周易象义》一书，瞿氏称该书不全，"余则假借太仓顾竹泉藏文澜阁传录本钞补"。《嘉业堂藏书志》著录《蹇斋琐缀录》，亦为谀闻斋钞本。著砚楼又记载所藏顾氏旧藏尚有钞本《清江碧嶂集》。张元济《涵芬楼烬余书录》序言中称，民国年间太仓顾氏后裔邀其至家，观顾氏所藏，大都为黄荛圃、汪阆源两家之物，既谐价矣，主人谓尚有钞本数百册。综而观之，或可谓顾锡麒喜嗜宋本之外，钞本亦为其藏书特点之一。

寒斋收有谀闻斋旧藏十余部，然钤有此百字印者，惟该书与《汪氏珊瑚网》两部，可见顾氏于该书之喜爱，冀望后得者珍之护之，然该书经历并未如其所愿，虽然大致完备，但封面与末页已失，卷中又偶见有小儿以铅笔学字，如美人黥面，睹者为之惋惜。曾有藏书家为古籍钤以佛像印章，以期为书消业障，免遭水火兵厄，亦仅为愿望而已。身后事，多有期望之外者，此千古无奈事也。

吴静轩探梅山房写本
《历代传国世次》不分卷

《历代传国世次》不分卷　佚名撰

清探梅山房蓝格写本　一函一册

钤印：璜川吴氏探梅山房珍藏图书（朱方）、刘明阳王静宜夫妇读书之印（白方）、天津刘明阳静远父藏书（朱方）、宝静簃主王静宜所得秘笈记（朱方）、研理楼刘氏藏（白方）、刘天授（朱方）、刘准（朱方），有书真富贵，无病则神仙（白方）、研理楼刘氏倭劫余藏（白方）、双静阁（朱方）、吴志恭印（白方）、静轩（朱方）等

《历代传国世次》唯见《持静斋书目》有过著录，其云："《历代传国世次》，有'璜川吴氏探梅山房；又《东莱集》，有'乐意轩吴氏藏书'印。"《中国古籍善本总目》《四库全书总目提要》及其他诸书吾皆未见著录。该书前无序言后无跋语，未知作者是谁，其内容，自太古十七氏、三皇、五帝、三代、夏十七王、商三十三王、周三十七王、春秋十二国、五霸、七国、秦二世，继而汉、晋、隋、唐、宋、元、明，明结束后有："以上七朝皆能统一天下，故为正统，而先叙之，以下再系以列国"。之后为列国、藩镇，藩镇内包括日本及朝鲜，藩镇之后为年号分类汇总，又列国霸统总目下注："不能统一天下而不相臣者。"藩镇传国总目下注"不称帝而传国者。"该书自始至终未涉及清代，亦未认清朝为正统，而认

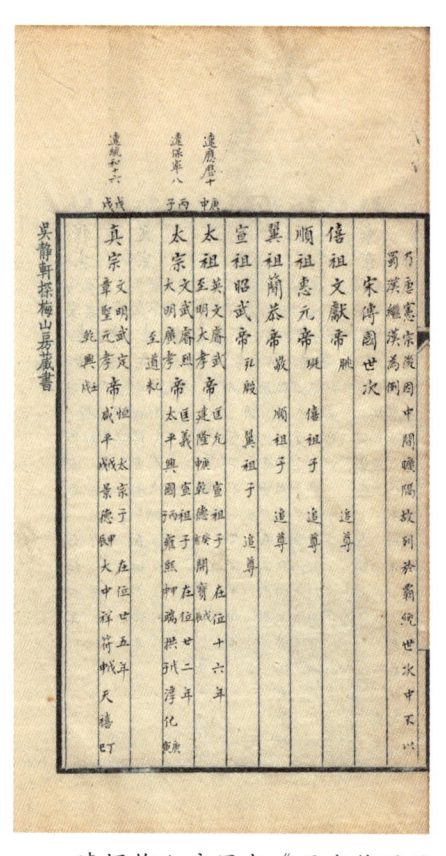

清探梅山房写本《历代传国世次》赵匡胤之"胤"字避为"允"字

吴静轩藏书印"璜川吴氏探梅山房珍藏图书"

日本及朝鲜为吾国藩镇。然其于卷中又避有清讳，宋太祖赵匡胤之"胤"字此处为"允"，乃避雍正讳。

此本为蓝格写本，一册，抄书用纸书耳处刻有"吴静轩探梅山房藏书"，字迹工整隽逸，首尾一致，不似某些钞本前工整而后潦草，亦不见匠气，当非一般抄胥所为。卷首钤印累累，有"璜川吴氏探梅山房珍藏图书""刘明阳王静宜夫妇读书之印""双静阁""天津刘明阳静远父藏书""宝静簃主王静宜所得秘笈记""研理楼刘氏藏""刘天授""刘準"，卷末又有"有书真富贵，无病则神仙""研理楼刘氏倭劫余藏"及"吴志恭印""静轩"。可知其出自璜川吴氏，民国年间曾为天津刘明阳所藏，然此本究竟最初出自何人，令吾颇为困惑。

初睹是书，吾当即认为此乃吴铨故物，以其钤有"璜川吴氏探梅山房珍藏图书"朱方大方印。吴铨字容斋，号璜川，原籍安徽歙县，生卒年不详，雍正年间曾任江西吉安太守，老而归隐于苏州，以故里之名颜其堂曰璜川书屋，以抒怀乡之情。吴氏一门四代皆有人藏书，其曾孙吴志忠《璜川吴氏经学丛书缘起》云："璜川者，吾曾祖容斋先生自题其书屋之名也。曾祖于雍正年守吉安。归田后居溇川遂初园，读书其中。架上万卷，皆秘笈也。所以题书屋曰'璜川'者，以我曾祖生于新安之璜源，随我高祖乡贤公侨居松江之上海。老而自松迁苏，以故里题其读书处，怀旧之思也。是时载酒问奇而来者，如惠松崖征君辈，尽吴下知名士，而我家遂以'璜川吴氏'著矣。曾祖殁后，我祖最幼，故无如书籍之散逸。若北宋本《礼记单疏》，今归曲阜孔氏者，其最显者耳。我祖嬾庵先生，重自搜罗，书楼三楹，环列四周。有《乐意轩书目》四卷、《嬾庵偶存稿》八卷、《读史小论》二卷行于世。昔人论藏书有二，一则聚书者之藏书，一则读书者之藏书。如我祖非所谓读书者之藏书欤！然乐意轩所藏书，至今又分析遗散矣。家君独好甲部书，著有《经句说》二十余卷，其续者正未央也。"

吴铨虽以璜川书屋著名，但其堂号尚有探梅山房、遂初园等，所用藏书印则有"璜川吴氏收藏图书""璜川吴氏探梅山房""璜川吴氏"等。该书因卷首钤有"璜川吴氏探梅山房珍藏图书"，故吾视其为吴铨故物，然其书耳处所刻之"吴静轩"三字，令吾颇为疑惑：从未闻知吴铨尚有别字称静轩者。该书末页又钤有"吴志恭印"白方及"静轩"朱方，可知此书曾为吴志恭收藏，则钤"静轩"印者与书耳处之"吴静轩"有何关联呢？继而检索，知确曾有吴志恭其人，字寅伯，号静轩，苏州人氏，其生卒年亦不详，但与吴让之、杨龙石等人友善，

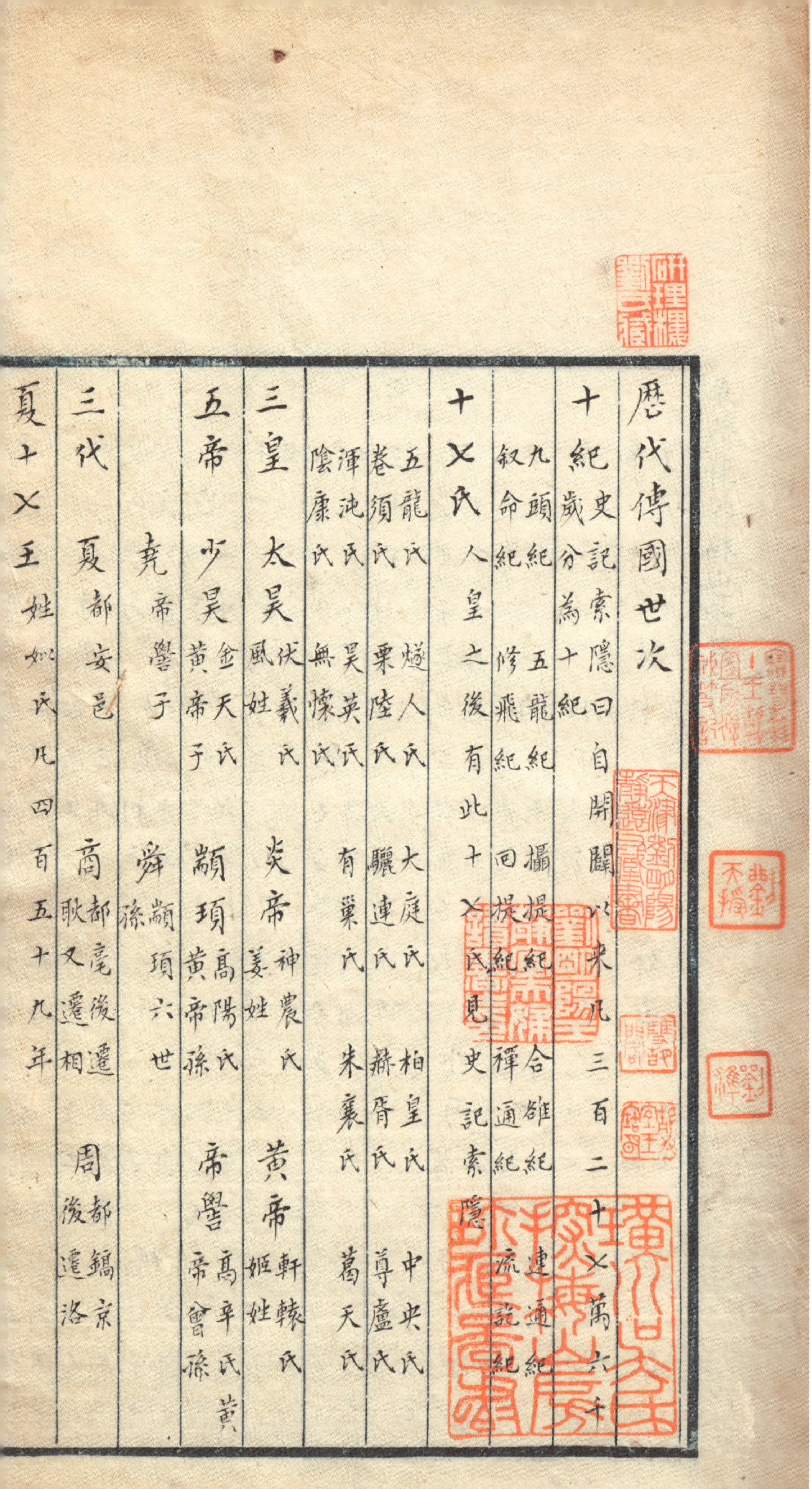

歷代傳國世次

十紀　史記索隱曰自開闢以來凡三百二十
歲分為十紀

九頭紀
叙命紀
修飛紀
回提紀
禪通紀
流訖紀

五龍紀攝提紀合雄紀連通紀

十七氏　人皇之後有此十七氏見史記索隱

五龍氏
卷須氏
渾沌氏
陰康氏

燧人氏
栗陸氏
昊英氏
無懷氏

大庭氏
驪連氏
有巢氏

柏皇氏
赫胥氏
朱襄氏

中央氏
尊盧氏
葛天氏
萬天氏

三皇

太昊伏羲氏風姓
炎帝神農氏姜姓
黃帝軒轅氏姬姓

五帝

少昊黃帝子
顓頊黃帝孫
帝嚳高辛氏黃帝曾孫

金天氏
顓頊高陽氏
帝嚳高辛氏

堯帝嚳子
舜顓頊六世孫

三代

夏都安邑
商都亳又遷相
周都鎬京

商歌又遷相
周後遷洛

夏

夏十七王　姓姒氏凡四百五十九年

刘明阳藏书印"研　　　闲章"有书真富贵，　　　刘明阳藏书印"刘明
理楼刘氏倭劫余藏"　　无病则神仙"　　　　阳王静宜夫妇读书之印"

则当为同时人物。

检得吴志恭其人后，吾又生怀疑，此书或有可能并非吴铨之物，而是吴志恭重抄之本。吴志恭与吴志忠皆苏州人氏，二者名字仅一字之别，又皆从"心"字，生活年代相当，或有可能为从兄弟。后人藏书沿用其祖堂号者素来有之，如张元济沿用其十世祖张奇龄涉园斋名，姚慰祖延用姚觐元堂号晋石斋等，如果吴志恭为吴铨曾孙辈，延用探梅山房之堂号则极有可能。持静斋著录之本所钤为"璜川吴氏探梅山房"，而吾藏之本所钤为"璜川吴氏探梅山房珍藏图书"，多出"珍藏图书"四字，检各书记载，未见有载吴铨此印，当然亦有可能只是未载而已。存疑之处综合观之，吾颇疑此本为吴志恭于吴铨旧藏中过录而来，并特意于书耳及钤章处留下自己印记。然而吾毕竟只是揣测而已，并未寻得更多线索，若有方家知此中详情，还望指点迷津。

此书于民国年间一度归于天津藏书家刘明阳。刘明阳（1892—1959）字静远，民国初年就读于天津法政大学，后于报馆任职，薪俸皆用于购书，其职业生涯中最著名事件乃民国八年（1919）为周恩来等进步学生辩护。其堂号有研理楼、双静阁等，研理楼之名取自诸葛亮精研理性之意，双静阁则与其夫人相关。其夫人王静宜亦喜藏书，曾典钗助夫购书，传为美谈。刘明阳字静远，与夫人名字中静字相合，故颜其斋为"双静阁"，与清代藏书家张蓉镜、姚畹真夫妇取堂号为"双芙阁"同出一脉。刘氏夫妇所用藏书印亦多有体现其琴瑟合鸣之意，如"刘明阳王静宜夫妇读书之印"等。其最有名之藏章除此印外，尚有"研理楼刘氏藏"，此印为竖白方，多钤于卷首栏外右上方。

研理楼藏书以明版居多，不甚看重宋元，而重稿钞校本。其另一特点为藏书品相大都极好，品相较差之书多经其精心修补，且修旧如旧，非如当今修书者，使其焕然一新。尤其封面用纸，多数为宫中库磁青，然亦有将古代磁青纸揭为两层后，一分为二使用者。今日之修书者，极少有能够达到刘明阳水准者。寒斋所藏此册亦经其修补，倘不细看极不易发觉，所用封面即宫中库磁青。刘氏藏书虽于战乱中遗失一批，但仍有部分为其后人持有。其藏书中最著名者为明蓝格钞本《册府元龟》，凡一千卷，两百四十册，上世纪七八十年代，李致忠先生带同事至天津访得其后人，将其收购，至今仍在国图架上。

黄彭年删校并题记清钞本
《论语论文》一卷
《孟子论文》一卷

《论语论文》一卷《孟子论文》一卷　（清）毛士撰
清钞本　黄彭年批校、题记　佚名批校　一函一册

　　该书为清乾隆年间经学家毛士所著，先后曾经三人删、校及评定，兼有黄彭年题记一篇，清案展读，又消得一夏。毛士（1728—1799）字誉斯，号梦蝶，因曾历艰苦，日持一瓢沿街乞讨，故别号一瓢子，诗集亦以《一瓢子诗草》名之。其人九岁能诗，十三岁应童子试，登榜首，后因重学问轻名利，游学于正定、灵寿、无极、深泽等地，著有《四书语录》《五经注疏》《三传驳语》《梦蝶集》《说陶》及《手批班范两汉书》等，然皆流传未广。

　　此本誊写工整，竹纸一册，读其内容，似未等毛士写定，即为人迫不及待而抄出流行者。该书正文前有"第一文祖论语"，所述类似今日之前言自序，次为卷首，首行题写书名为"文祖论语"，下空数格题"静海毛士批点"，卷末有"书所批孟子后"，从头至尾并

黄彭年小像

文祖論語論文

静海毛 士批點

為政篇第五章

孟懿子問孝子曰無違、且不説樊遲御子告之曰孟
孫問孝于我我對曰無違破妙不説樊遲曰何謂也呼
一子曰生事之以禮死葬之以禮祭之以禮黙睛總
華無違句虛籠以禮三句實發一虛一實恒境耳何
妙馬有中段承前起後搖曳頓挫如鳥盤空欲下
不下境斯妙矣
虛後再虛兩層虛局後層即用前層語更不換詞

未分卷。然读其内容，明显为两部分，前半部分"文祖论语"为毛士批点《论语》者，正文结束后空一页，并未另题书名及篇名，直接转而点评《孟子》。黄彭年有鉴于篇目不清，于此两部分首行以朱笔另题书名，分别为《论语论文》及《孟子论文》。

黄彭年（1823—1891）字子寿，号陶楼，道光二十七年（1847）进士，曾任武英殿协修、国史馆协修及功臣馆纂修，两度主讲保定莲池书院，为莲池书院自建立直至改为新式学堂，唯一一位两任山长者，又曾于陕西、江苏、湖北等地任职，有官声，与其父黄辅辰一起入《清史列传》之循吏传。黄彭年每到一处任职，皆于当地建立书院，并为书院置书，以便学子有所借读，今有记载者，曾为保定莲池书院购书三万三千卷，为湖北鹿门书院置书一万八千卷，为陕西味经书院置书六千余卷，又于苏州学古堂建起书楼五楹，储书八万余卷，时人莫不知有"黄先生"也。然而壬辰秋月，吾至莲池书院访法式善自尽处，甫入书院即见西式藏书楼一座，藏书楼门口有关于藏书楼之详细介绍，文中提及多人对莲池藏书楼之贡献，独不见有黄彭年之名。黄彭年不仅为书院储书，自己亦藏书，且富而精，殁后家人编有《贵筑黄氏书目》用以售书，其中著录宋本十七部、元本十三部。邵懿辰曾赋诗咏之："归来堆叠满箧几，论价不惜酬兼金。俸钱到手便倾付，清茶展对喜溢襟。"

黄彭年之子黄国瑾，字再同，亦嗜书极深，其咏雪楼、训真书屋所藏宋元本亦富，他如旧钞、明刻皆精，邵懿辰《四库简明目录标注》未刊行前，黄国瑾曾过录该书并予以流布，其手抄之本后又为缪荃孙过录，并予以增补。光绪十六年（1891）冬，黄彭年卒于湖北任所，黄国瑾闻讯悲痛呕血，奔至湖北伏棺恸哭，六日后伤心气绝，侍父于黄泉。黄彭年门生叶昌炽与黄国瑾亦为好友，闻此凶信后大为悲痛，于日记中记曰："骇极欲涕，海内知己，雕零尽矣。"又于《藏书纪事诗》卷六记黄氏父子云："师开藩吾吴，奖掖寒俊，惟恐不及，昌炽受知最深。戊子之冬，公子再同编修相约至京，馆于其邸，得尽见所藏书。再同孤介违俗，顾独于余有水乳之契。病肺误服温剂，致失音，骤罹大故，一恸几绝。正月南旋，朋辈往送别，皆忧其不起，乃未几而讣至矣。余此稿再同曾录副，而文勤师欲为付梓，不意数月间，师友沦丧，泚笔赋此，不胜梁木之感云。"

黄彭年以朱笔批校此本之前，该书曾经另一人以墨笔删定，卷中又有另笔朱批，以字迹与朱砂颜色视之，非出自黄彭年之手，故此书曾经三人审定，且各人之思想、喜好表露无疑。清代经学昌盛，点评、议论、研究《论语》和《孟子》二书者大有人在，然而多从经学角度入手，阐述大义，辨章学术，毛士此书却纯以文采及文学角度点评二书，完全不涉及经术，此于清代经学研究中可谓另辟蹊径。其于首页"第一文祖论语"中阐述论文观点："文章瘦为贵，瘦非憔悴之谓"；又称："《论语》态美，《左传》亦态美。《左传》是做出态，《论语》是天然之态。《左传》俗，《论语》雅。《左传》亦未尝俗，有《论语》之雅，则《左传》为俗耳。"此篇中虽亦有提及《孟子》，但皆为与《论语》相比较而言，主题仍然为《论语》，篇末之《书所批孟子后》则专谈《孟子》，故黄彭年于首页改篇题为"通论"，注曰："或改题'通论'二字，或移置篇末，题'书所批论语后'，以归一律。俟酌。彭年。或将'书所批孟子后'一段去注附入通论之末，似尤妥。"

　　毛士于二书之点评方式，多为取书中段落或短句于前，再加分析于后，间附

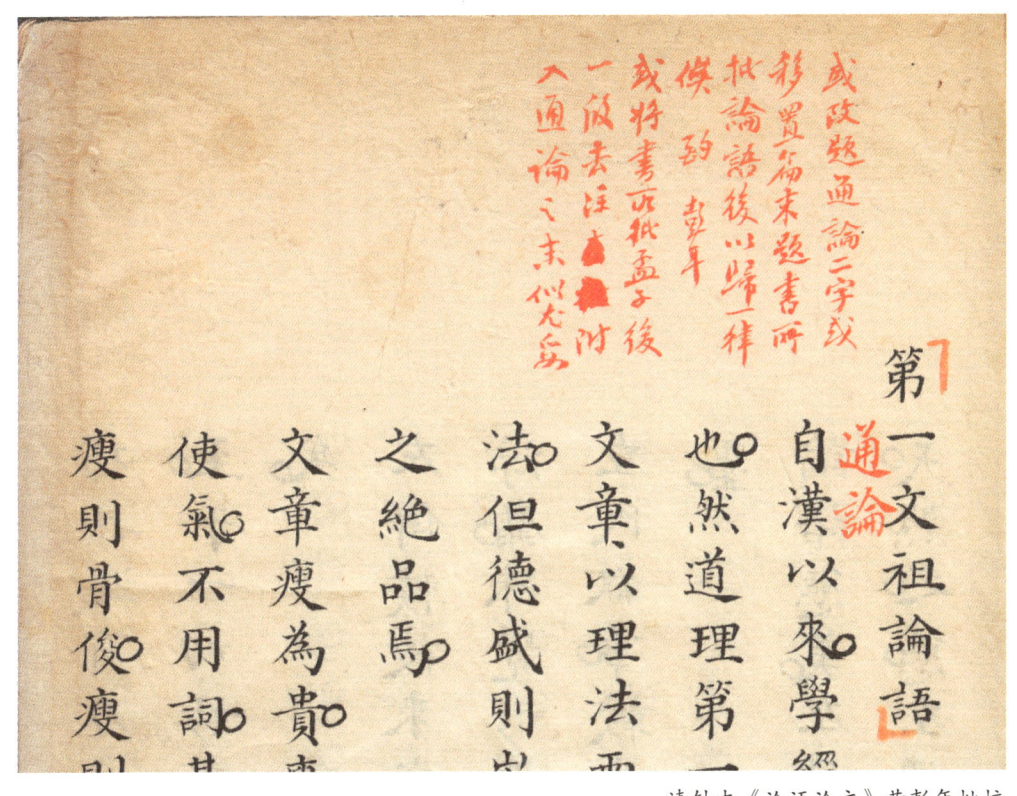

清钞本《论语论文》黄彭年批校

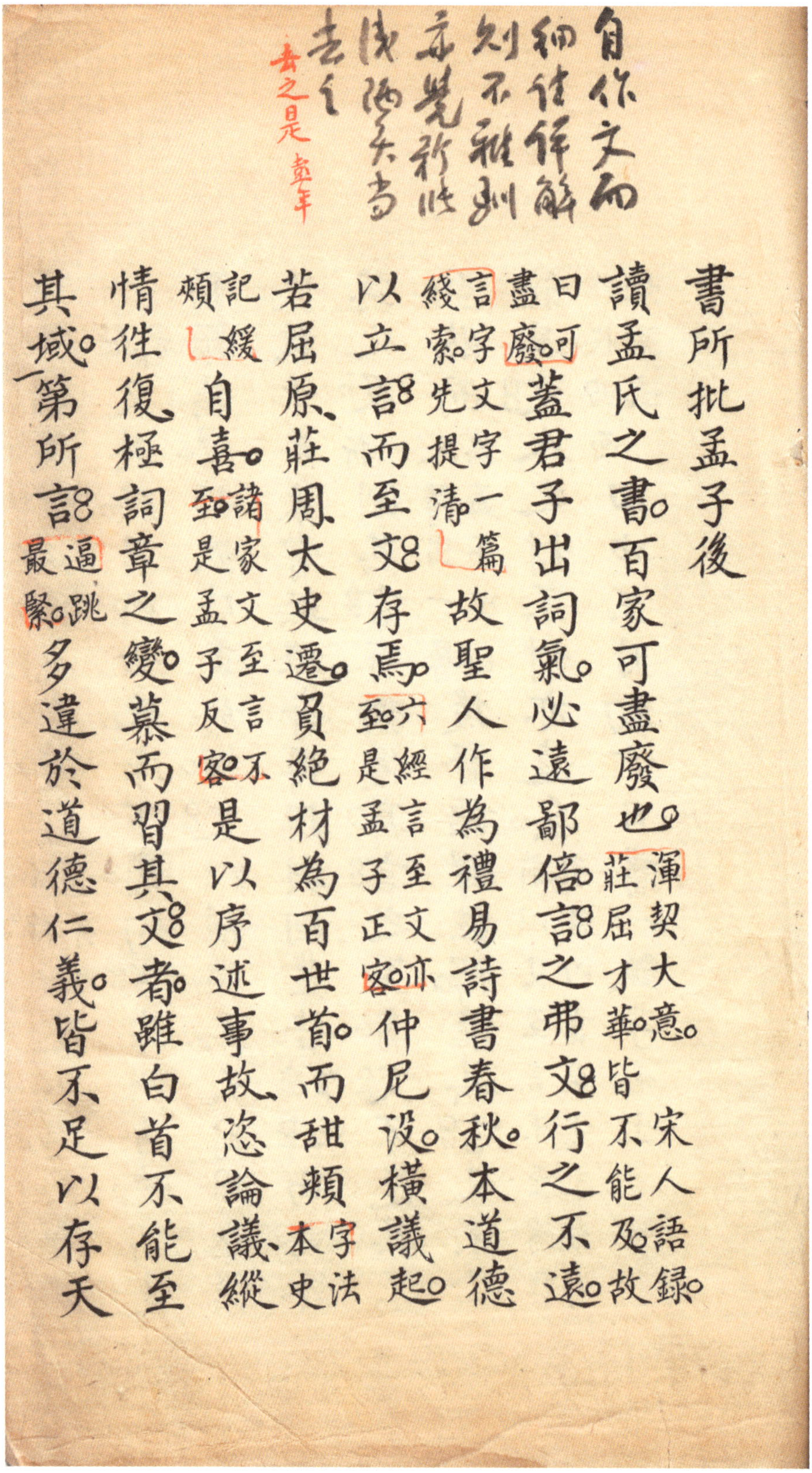

自作文而
細往往解
剡不雅剂
亦覓所此
後海失高
云云 吾之是 壹年

書所批孟子後

讀孟氏之書百家可盡廢也〔渾契大意。宋人語録。〕
日可廢〔莊屈才華皆不能及故也。〕
盖君子出詞氣必遠鄙倍記之弗文行之不遠。
綫索先提清〔言字文字一篇。〕故聖人作為禮易詩書春秋本道德
言字〔六經言至文亦仲尼設橫議起。〕
以立詔而至文存焉〔至是孟子正容字法〕
若屈原莊周太史遷員絶材為百世首而甜頬本史
記緩自喜〔諸家文至言不容是以序述事故恣論議縱
情性復極詞章之變慕而習其文者雖白首不能至
其域第所詔最緊過跳多違於道德仁義皆不足以存天

清钞本《孟子论文》书后

个人议论，所论多有可取之处。如评《不见诸侯》篇，分析章法言辞之后，其云："并无他妙，一松一紧，文章之能事毕矣。前一擒之后，转出一层辨驳；后一擒之后，也转出一层辨驳，局势变对，片段见矣。更妙在前一层辨驳已是明畅痛利，不意后一层辨驳，愈发明畅痛利，读之如哀梨入口，越嚼越脆。"他如"文字不用转折，不立间架，一气直述，沛然有余，最是难事"等等。然文章一事，既能表达思想性情，亦可从中窥见品性格调，如郊寒岛瘦，皆为日常生活之淫浸。毛士一生未曾显达，游学四方，所交虽有权贵，但更多为布衣学子，其长期生活于寻常百姓间，故所举例、引用之语，多带俚俗，此为黄彭年及墨笔批者极为不喜，每每于俚俗处作删去标记。墨笔批语虽不多，却尽指俚俗处，一如："'犹抱琵琶半遮面'似此等处皆小说体，宜删去。"又如："'大众们'句俚俗小说气，如此类皆宜删。"卷末《书所批孟子后》又有其眉批："自作文而细注评解则不雅训，亦觉矜张浅陋矣。当去之。"毛士也的确喜欢点评，月旦他人不止，连带自己文章亦点评解说一番，读其文，恍然若见一乡塾先生沾沾自喜、洋洋得意之态，饶有趣也。《书所批孟子后》文末有记年月，为"甲申正月初十日书，一瓢子毛士"，此"甲申"为乾隆二十九年（1764），时毛士三十六岁，正当自信之年，其出言若此，则可以理解矣。

毛士又于文中多引金圣叹语以及《西厢记》，以其第二十三章评"子曰：觚不觚，觚哉，觚哉"处最为明显，开篇即为"圣叹云：七字作三句，碎得趣；又七字中，重四'觚'字，余一'不'两'哉'而已，异文。"文中又有"历来论诸经之文，但举《诗》《书》《孟子》，无及《论语》者，圣叹首发之。于《西厢记》批中赞'何哉，尔所谓达者'，笔势跳脱。于《水浒》批中论此章，又论全部俱洁净精微。仆年十六七时，因圣叹所论，推究是书，茫无入处，过三十乃渐解晓，故略点数章，以贻爱古好文之士，然未知有当于圣叹之心否也。"此语或可视为毛士点评二书之因由。然金圣叹因哭庙案一事问斩，四库馆开之后更名列焚毁，故凡遇"圣叹"之名处，皆被墨笔圈去，换以"某氏"，《西厢记》作为"淫书"之一种，更是一禁再禁，该书凡引用《西厢记》处，皆被注以删去标记，且标记旁无一解释。毛士著此书为乾隆二十九年（1764），时文网尚未严密，故有此大胆之语不足为怪。

黄彭年于该书之删校极为谦虚，语带斟酌，似与某人商量，又颇认同墨笔圈点者之意见，常于墨笔删处注以"删是"或"去之是"，以表明认同，其自己决定删去处则注以"拟删"字样。又于卷前书有朱笔题记一篇，读之似为刊刻此书而撰序言。其内容为：

　　《苏评孟子》，四库存目提要断为后人依托，谓其评语圈点之法近时文也。嗣是锦江赵氏、大光王氏复有《孟子评》本，明方时化又有《中庸点缀》之本，然未有敢施之《论语》者。今毛氏乃有批点《语》《孟》之本，得毋慎欤？而深泽王子爱而存之，且将刊而传之。夫古之圣人，述事物之理以明道也，于是乎有文。圣不可见，可得而见者，文尔。今将学圣人之道而不求之事理，所谓道者何物？今将明乎事理而不求之文，则事理之精粗本末，安能详且尽。孔子圣之至，孔孟之文文之至，今将学文而不于其至者，是言水而不观于海也。论文之至而不由浅且近，是不由江河而欲至海也。故《语》《孟》不可以文论也，而无不可以文论也。毛氏之书以言乎道，则远矣。欲启童蒙，则文章之局鏑，而闻道之楷梯也。故王子不以类时文之法而弃之也。同治十二年九月九日，贵筑黄彭年删校毕因题。

　　今检《东北联合目录》及《贩书偶记》，毛士所撰《春秋诸家解》《春秋三子传》皆有同治十一年（1872）深泽王氏刻本，此二书刊刻时间与地点皆与黄彭年删校此书相合，故黄彭年题记中所称之"深泽王子"当与刊刻二书之"深泽王氏"为同一人。深泽旧属直隶定州，吾颇疑此"王氏"即直隶定州之王灏。王灏（1823—1888）字文泉，号坦甫，直隶定州人，毛士曾游学于深泽，于王灏而言，亦可称为乡贤。王灏家资雄厚，独喜收书，其藏书处曰括斋，聚书十三万余卷。癸巳年初春，吾趁春节放假，至河北再次访藏书楼，于定州几经周折找到王灏故宅，其规模之大令人咋舌。步入旧居，但见院落层层套进，穿越十余座独立小院，仍未走到庄园尽头。据现居于此之老者介绍，王灏当年所拥有之庄园几乎为整个定州城的一半，今日所余，不及当年规模十分之一。

　　王灏藏书之一大特点，即致力于搜聚、刊刻乡邦文献，其中刊刻规模最大者当数《畿辅丛书》，事未竟而身先卒，后由其子延纶续刻而竣，共刊成一百八十四种，一千三百八十九卷，四百二十九巨册。而《畿辅丛书》之辑，正是黄彭年向王灏提议而起，卷前亦有黄彭年序言。兹事源于同治九年（1870），李鸿章继曾国藩任直隶总督，次年延聘黄彭年主纂《畿辅通志》，至光绪十二（1886）年告竣，凡三百卷，耗银十一万九千九百两有余。编纂《通志》期间，王灏为襄盛举，将所藏直隶乡邦文献尽供黄彭年遍览，有鉴文献如此之富，黄彭年遂建议王灏另为编辑丛

蘇評孟子 四庫存目提要斥為後人依託謂其評

語圈點之法近時文也酈是錦江趙氏大興王氏後有孟子評

本吥方時化又有中庸點綴之本然未有敢施之論語者

之毛氏乃有批點論孟之本得毋傎歟而深澤玉子愛而

存之且將刊而傳之夫古之聖人述事物之理以明道也於玉

乎有文聖不可見而見之文顧之將學聖人之道而不求

之事理所謂道者何物之將如乎事理而不求之文明乎理

之精底贋乎末安做詳且盡孔子之至孔孟之文之之至

之將之文而不於其玉古是言水而不觀於海也論文之至而不

由淺且近是不由江河而欲至於海也故語孟不可以文論也而

文章之高鏑而例道之楷梯也故玉子不以類時文之法

无不可以文論也毛氏之書以言乎道則遠矣以啓童蒙則

而棄之也同治十二年九月九日黃彭年刪校畢回題

书，王灏纳其言，嗣后始有《畿辅丛书》行世。

　　毛士著述中已刊行者，吾未曾寓目，未知卷前是否有序言详述始末，然以刊刻时间、刊刻地点以及当时人文环境、事件综合观之，吾极疑主事者即王灏是也。又疑此黄彭年删校、题记之本，即当年拟续前书而刊刻者，然该书嗣后是否付梓印行，则不得而知，以吾之寓目，未曾见此稿有刻本也。

袁克文、祁寯藻等跋姚元之稿本《竹叶亭编年剩录》不分卷

《竹叶亭编年膡录》一卷　（清）姚元之　撰

清道光年间姚元之稿本　祁寯藻、段晴川、袁克文题跋　吴昌硕、陶祖光题签　一函二册

钤印：陶北溟（朱方）、金轮精舍（白方）、春湖（朱方、两种）、锄经堂印（朱方）、俊（朱方）、缶（拉方）、袁（朱圆）、段晴川印（白方）、段晴川印（朱方）、桐城姚伯昂氏藏书记（朱方）、段氏春湖珍藏之印（朱方）、陶氏金石（白方）、翔鸾阁精鉴玺（朱方）、祁寯藻印（朱方）、子子孙孙保之（朱方）、霍邱（白方）、霍邱裴景福伯谦印（白方）、君实等

　　姚元之（1773—1852）字伯昂，自署竹叶亭生，安徽桐城人氏，早年曾问学于姚鼐，可谓系出名门，然其名为后世所多称者，并非以文，而是以书画名世。《履园丛话》直接载姚元之入"画学"类，称其"工于花果翎毛，落笔苍秀，如石田翁；亦画山水，近华秋岳，寥寥数笔，精妙入神。"清末震钧《天咫偶闻》亦曾载其绘事，云其花卉人物一时声满天下，家中书室有中槅扇心，皆为其手摹古人名作，落款亦为古人，常人见之不能辨真伪。

　　姚元之好蓄古书、彝器等，庋藏处有竹叶亭、小红鹅馆、听秋馆，其中竹叶亭为其致仕后，归老桐城所置，藏书印则有"姚氏收藏""小红鹅馆""黄伯山樵七世孙"等。其一生宦海起伏，与书事相关者有二：其一为嘉庆十七年（1812），姚元之任武英殿提调时，负责刊刻《高宗纯皇帝圣训》，因审核未细，

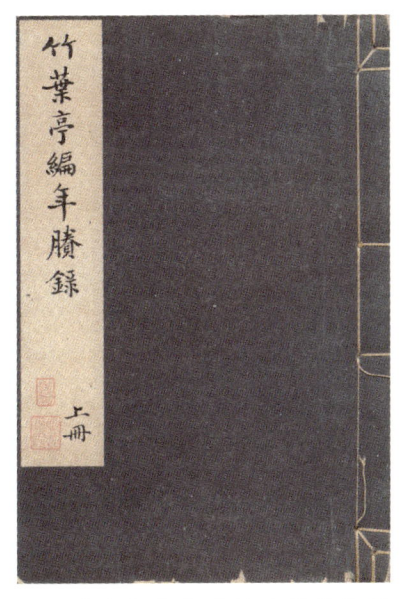

姚元之稿本《竹叶亭编年剩录》封面题签

姚元之藏书印"桐城姚伯昂氏藏书记"

导致庙号有误，降为编修，罚俸两年；其二为嘉庆二十年（1815），其奏请严禁民间刊刻类典等书，理由为士子们理应研经稽古，熟读五经三传，类典之类只会令士子们在科考时抄袭採摘，意存侥幸。并请责令学政随时查禁、销毁此类书籍，一旦发现仍有考生引用类典等书者，皆摈弃不用，冀以正文风而端士气。姚元之著述并不多，《清人别集总目》仅载有《使沈草》《荐青集》及《姚元之杂著文》。《姚元之杂著文》即《竹叶亭杂记》，由其孙刊于光绪年间，内容多记其亲身见闻，于众多清代笔记而言，《竹叶亭杂记》并无特别之处。

以所存史料看，姚元之性情多在书画之间，于经书、史籍等并无大好，读其《竹叶亭杂记》，论经史者亦鲜见，不似好研究之人，如今案头所陈《竹叶亭编年剩录》一部，却的确是姚元之整理史料而成。该书分为上下两册，用樟木夹板一副以衬上下，外复以四合套护之，四合套封面题有"竹叶亭编年剩录"，钤以朱方"春湖"及"锄经堂印"，此乃段晴川所书。木夹板上片有陶祖光题签"桐城姚氏竹叶亭隋唐以来名人谱录编年"，下以小字题"精绝"以及"北溟宝爱，壬戌重题。"钤以朱方"陶北溟"及白方"金轮精舍"。樟木夹板外尚有蓝布函套一个，函套上贴有金色签条，上题"竹叶亭谱录编年"，落款为"壬戌正月重制布套，因题。北溟"。此种装帧方式甚是少见，由此可窥北溟对此书之喜爱。

该书内容以年表形式，记载自隋唐至道光年间名人生卒以及生平大事，人选多以文人以及书画家为主，然其内容亦不仅仅如封面题签所云"名人谱"，年表内除甘露之变、泰山封禅、迁都洛阳等政治大事之外，尚有立崇文院、毁党人碑、《崇文总目》成、始置提调学政官等与文化相关之要事，虽寥寥数笔，亦可见其取舍。

谱中人物有仅记生卒年者，亦有详记某人某年某事者，其中最详者则有杜甫、苏轼、米芾、黄庭坚、欧阳修及姚鼐。后人论唐诗，常将李白、杜甫二人并提，此年表中却见姚元之于杜甫不仅记有生卒年，连某年在何处、去何处、任何职都记录在册，而于李白仅见生卒两笔，姚元之于李、杜二人之爱恶可见一斑。苏轼与黄庭坚、米芾同一时代，故年表中宋神宗至宋徽宗之间颇为热闹，大字为记，小字作注，三人于生卒年之外，上任、辞官、奔丧皆有记录，甚至连"东坡"之号启用于元丰五年（1082）亦有记录，是年壬戌，除记"东坡之号当在是春，有谓在四年者，未然也"，尚有"元章过金陵"。然而令吾奇怪者，姚元之素有书名，"蔡苏米黄"并称北宋四大家，却不知缘何详记苏、米、黄三家，独于蔡氏一略而过。此蔡历来有两种说法，一云蔡襄，一云蔡京，此年表于蔡襄仅记卒年，生年无载，于

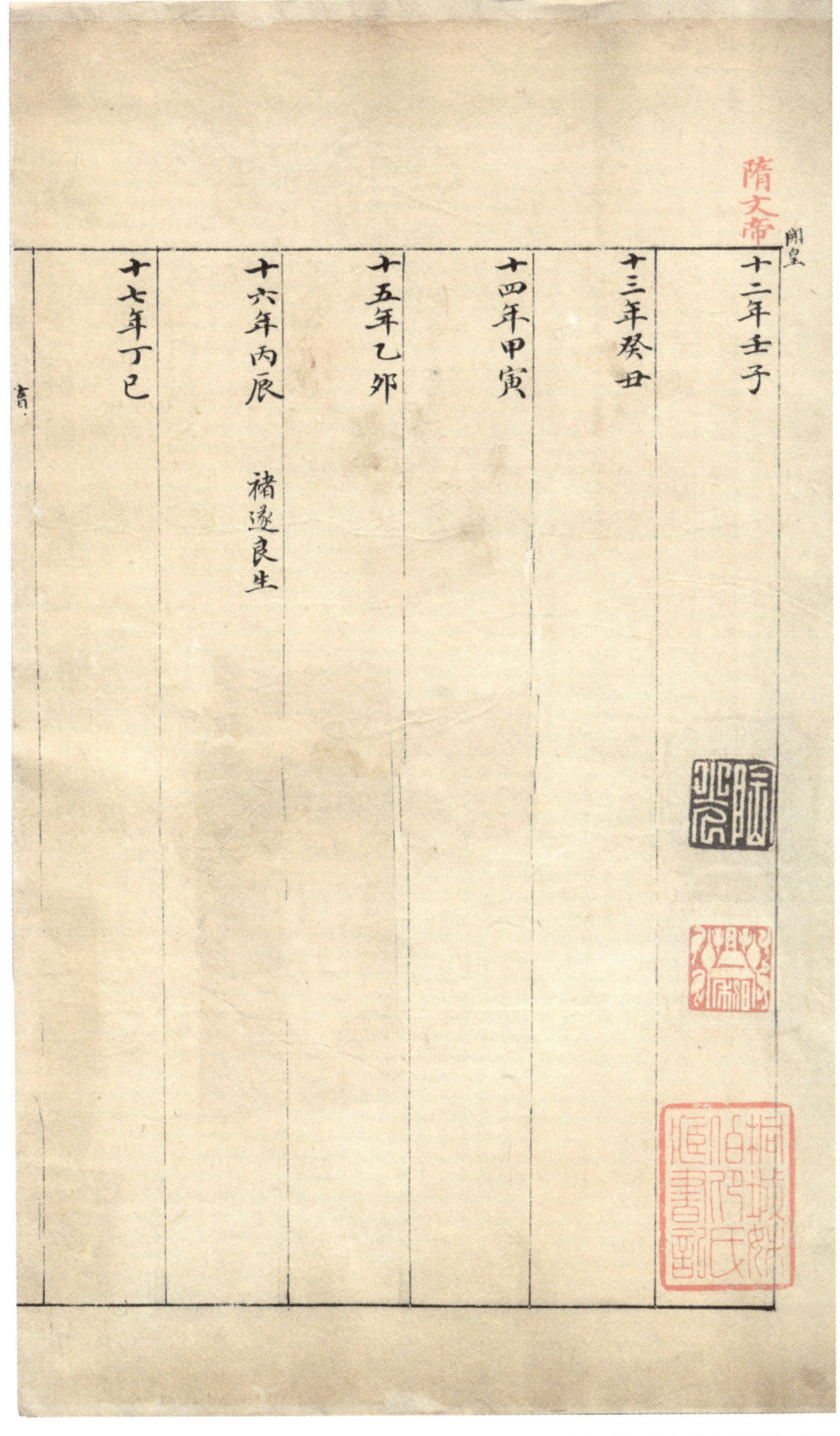

姚元之稿本《竹叶亭编年剩录》首页

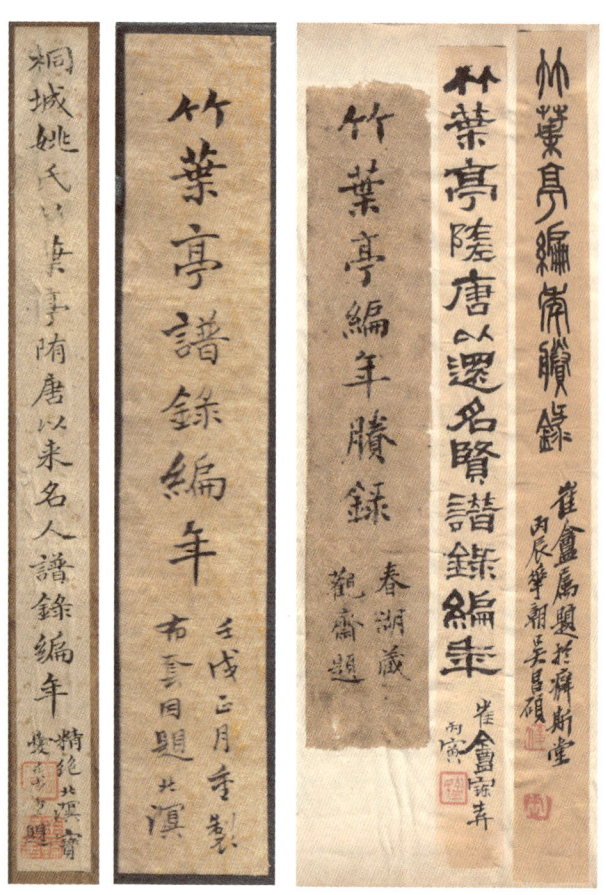

姚元之稿本《竹叶亭编年剩录》内有多家名人题签

蔡京更是生卒年皆不见记载，姚元之将蔡氏一略而过，个中原因耐人寻味。

略为可惜者，此本首页已佚，卷首首行自隋文帝十二年（592）壬子开始，每半页六行，每行记一年，两页合为十二行，刚好不见隋文帝开皇元年至十一年，以及卷首书名。从稿中人物之选取及详略看，此谱仅为姚元之个人编录消闲而作，并无传世之心，故虽略失公允，亦无伤大雅。此稿每行记一年，若此年无事，则整行为空，若六年无事，则整页为空，然遇苏轼、米芾等有事之年，以及乾嘉文坛兴盛之际，则满纸为记为注，读此年表之疏密，亦可见姚元之心目中文坛之兴衰矣。

是书前后皆有题跋或题签，上册封面背后并列贴有吴昌硕、崔庵及祁隽藻所题签条，吴昌硕与祁隽藻所题签名相同，皆为"竹叶亭编年剩录"，然字体相异，吴昌硕为篆书题签，下以行书署"崔盦属题于癖斯堂。丙辰花朝吴昌硕"，祁隽藻以楷书题签，下题"春湖藏，观斋题"。另有隶书题签"竹叶亭隋唐以还名贤谱录编年"，下题"崔盦宝奔"。此崔庵未知何人，以"属题"及"宝奔"两词之意看来，似乎为该书递藏者之一。是书前后贴有五篇题跋，共计六页，分别为祁隽藻两页、段晴川三页、袁克文一页，读此题跋，可知该书曾长期归段晴川所有。

祁隽藻为最先题跋者，其文两页，内容为："右桐城姚伯昂氏编年手记残稿，自隋开皇十二年壬子，至我朝道光二十四年甲辰。竹纸乌丝直阑，凡一百五叶，叶十二行，皆细字旁注，不分卷数。段春湖学士得之琉璃厂书肆故纸堆中，重装厘为二册。其书略仿陆、齐两家编年体例，独详载古今名人生卒年月，间及出处踪迹，而于时事记载颇略，盖意主识小，匪关史裁，开皇以前亦当有缺叶，非完本也。春湖属为署签，适有持天瓶居士书唐诗四册来看者，细字开拓，颇似真迹，疑其偶涉

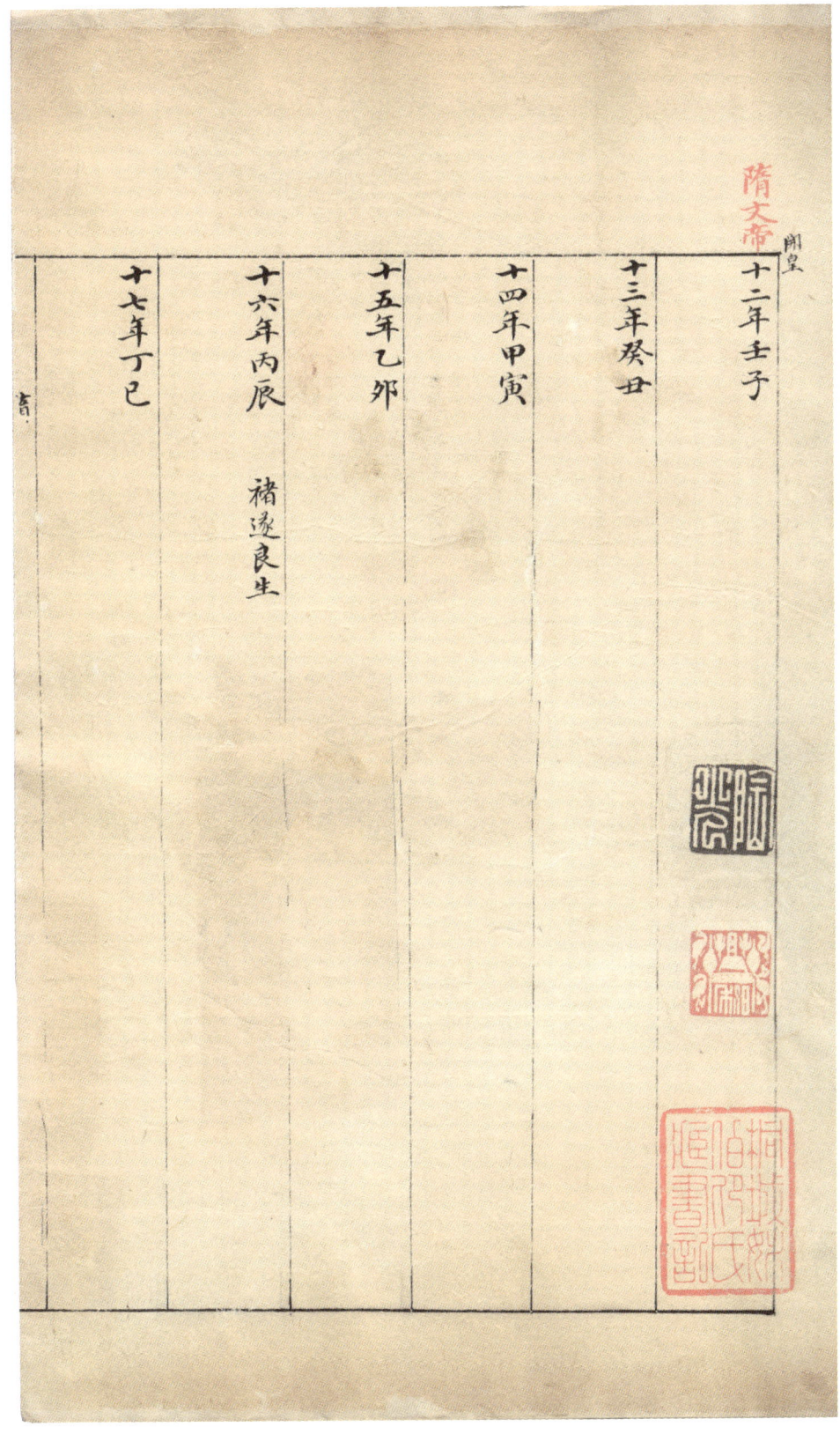

隋文帝 開皇
十二年壬子
十三年癸丑
十四年甲寅
十五年乙卯
十六年丙辰　褚遂良生
十七年丁巳

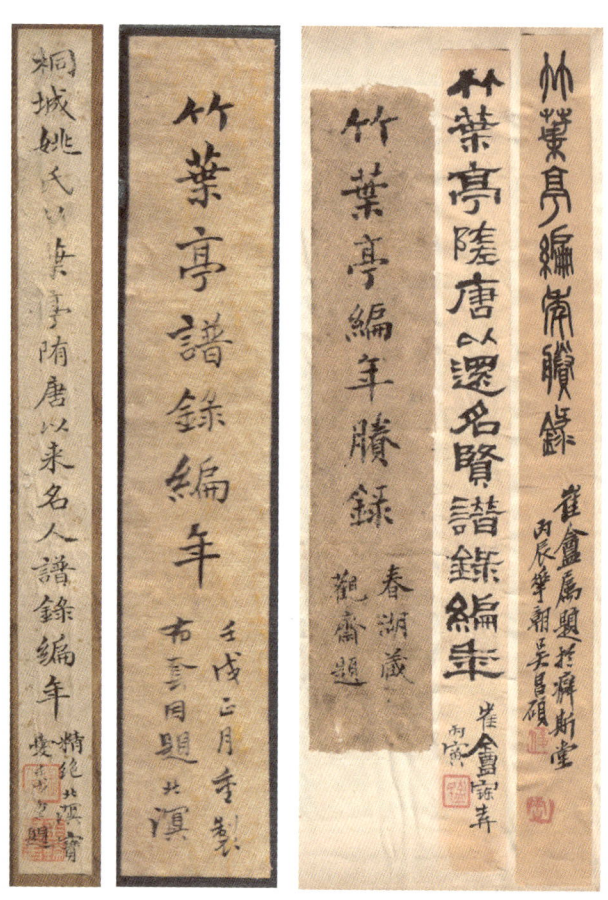

姚元之稿本《竹叶亭编年剩录》内有多家名人题签

蔡京更是生卒年皆不见记载，姚元之将蔡氏一略而过，个中原因耐人寻味。

略为可惜者，此本首页已佚，卷首首行自隋文帝十二年（592）壬子开始，每半页六行，每行记一年，两页合为十二行，刚好不见隋文帝开皇元年至十一年，以及卷首书名。从稿中人物之选取及详略看，此谱仅为姚元之个人编录消闲而作，并无传世之心，故虽略失公允，亦无伤大雅。此稿每行记一年，若此年无事，则整行为空，若六年无事，则整页为空，然遇苏轼、米芾等有事之年，以及乾嘉文坛兴盛之际，则满纸为记为注，读此年表之疏密，亦可见姚元之心目中文坛之兴衰矣。

是书前后皆有题跋或题签，上册封面背后并列贴有吴昌硕、崔庵及祁隽藻所题签条，吴昌硕与祁隽藻所题签名相同，皆为"竹叶亭编年剩录"，然字体相异，吴昌硕为篆书题签，下以行书署"崔盦属题于癖斯堂。丙辰花朝吴昌硕"，祁隽藻以楷书题签，下题"春湖藏，观斋题"。另有隶书题签"竹叶亭隋唐以还名贤谱录编年"，下题"崔盦宝弆"。此崔庵未知何人，以"属题"及"宝弆"两词之意看来，似乎为该书递藏者之一。是书前后贴有五篇题跋，共计六页，分别为祁隽藻两页、段晴川三页、袁克文一页，读此题跋，可知该书曾长期归段晴川所有。

祁隽藻为最先题跋者，其文两页，内容为："右桐城姚伯昂氏编年手记残稿，自隋开皇十二年壬子，至我朝道光二十四年甲辰。竹纸乌丝直阑，凡一百五叶，叶十二行，皆细字旁注，不分卷数。段春湖学士得之琉璃厂书肆故纸堆中，重装厘为二册。其书略仿陆、齐两家编年体例，独详载古今名人生卒年月，间及出处踪迹，而于时事记载颇略，盖意主识小，匪关史裁，开皇以前亦当有缺叶，非完本也。春湖属为署签，适有持天瓶居士书唐诗四册来看者，细字开拓，颇似真迹，疑其偶涉

俗笔，以此册文敏卒年考之，知其为赝。伯昂前辈生平鉴别书画，或亦有取于此耶？因以'竹叶亭编年剩录'名之，并记于册尾。咸丰八年十一月祁寯藻。"下钤以朱方"祁寯藻印"。

其次为段晴川题跋三篇，光绪二年（1876）题跋为："咸丰岁戊午于都市得姚伯昂先生编年残稿，厘为二册，质之寿阳相国，跋尾书签。此书但主记小，而载名人生卒綦详，可资考证。且字迹如豆如米而秀骨珊珊，珠圆玉润，宛似松雪现身。予归田后置之案头，晨夕与共十有余年，特书此，示我子孙世世守之，勿为巧者偷豪者夺也。丙子夏五麦秋春湖老人记。"文末钤以白方"段晴川印"及朱方"子子孙孙保之"。

另两篇题跋皆记于光绪十六年（1890），笔迹、用纸明显一致，其一为："早

姚元之稿本《竹叶亭编年剩录》祁寯藻题记

段晴川藏书印"段晴川印""子孙保之"

年宦京师，供职内廷，寿阳相国为首辅，予直枢台，颇以勤谨见知。后相国致仕，予亦洊陟京卿，遂师事之。一日持此二册往谒，师喜曰：'夙知有此本，欲假而未果也，肯假我三月否？'予唯唯从命，且笑曰，久留案头何妨，奚必限以三月乎？至三月果送还。后至博古斋，见师手钞此二册已装潢成帙，时在师予告之次年，年已七十矣。其自强不息、老而弥笃亦如此，后之学者可不有所取法乎？七十九老人春湖又记。"此页钤有多方印章，然除"段晴川印"及"春湖"两印之外，另外几方皆被裁去大半，甚是可惜。另一为："先生工绘事，善八分书，行书得松雪神髓。先生没后，收藏家尤珍秘。昔在京师求之多年不可得，忽于书肆得二册，仿史家编年，盖残本也。字形极小而笔势盘礴，有不尽之意，且字不下数万而圆秀严整，无一懈笔，足见先辈功力，庄敬日强，非后人所可企及也。晨夕与共数十年，迄今展阅犹爱不释手，汝曹其善守之，为传家之宝。庚寅七月廿三日七十九叟春湖

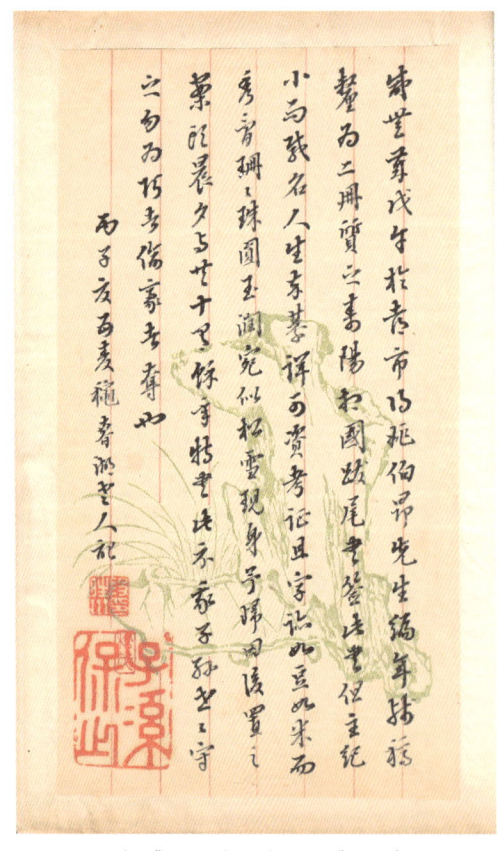 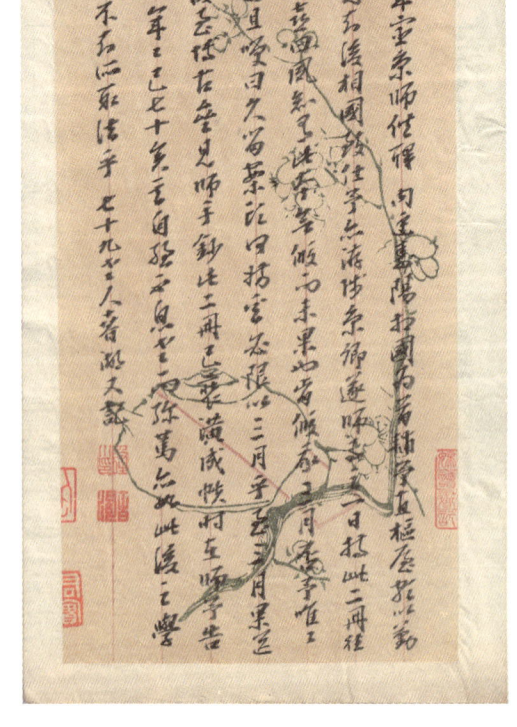

姚元之稿本《竹叶亭编年剩录》段晴川题记

主人再记。"

　　袁克文跋语一页，粘于上册卷首之前，所用笺纸为清秘阁木版水印，饾版拱花明晰可爱，其文为："《竹叶亭编年剩录》二册为祁文端所赏，洵为罕觏之品。客岁有贾者持来安阳求售，时予以其索价过昂，因使之持还，与原藏者磋商。未几闻为好者以重金夺去，予为之懊丧者累月。迨邀陶伯子君实下榻洹村，谈次发箧出所藏珍异见示，忽觐此册，惊喜交并，乃晤物之所归，殆有宿因，爰誌数语，以记古缘。中华民国纪元三月三十一日，项城袁克文。"下钤"袁"字朱文圆章。

　　几段跋语读毕，可大概知此书之原委：咸丰八年（1858）段晴川得姚元之残稿于琉璃厂，装为两册，见示于祁隽藻，祁隽藻爱不释手，假之而录以副本，并书跋语两页归之。光绪二年（1876）段晴川已致仕十余年，十余年间与此书朝夕与共，并寄望子子孙孙守之。至光绪十六年（1890），段晴川年近八旬，仍然宝爱是书，

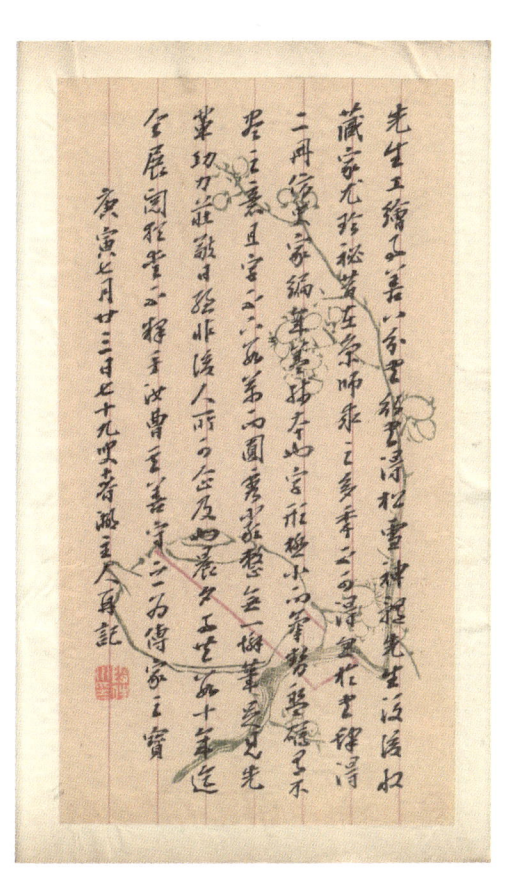

姚元之稿本《竹叶亭编年剩录》段晴川题记

一跋再跋，叮嘱子孙善守此书，冀为传家之宝。然段氏子孙并未如其所愿，段春湖去世不久，此书即流落厂肆，被书贾携至项城，欲售予袁克文，袁克文因嫌索价太昂，托书贾与原主磋商，未料转瞬即被大力者夺去，令其悔之不尽。民国元年（1912），袁克文请来好友陶君实叙旧聊天，没想到陶君实开箧出示所藏，此书赫然在其中。然此陶君实是否即吴昌硕所云之崔庵，实在无处可查。吴昌硕题签为民国五年，袁克文所记为民国元年，中间仅隔四年。此书价格之昂，以袁克文之资尚在犹豫，陶君实却能一举得之，可见陶氏颇为富裕，守书四年即出手，似乎不太可能，故颇疑陶君实即崔庵，乃有心掩饰踪迹者，又疑与陶湘为一脉，苦无证据。

　　此书当年售价昂至何等地步，而令袁克文犹豫不决，今无以知之，唯能知

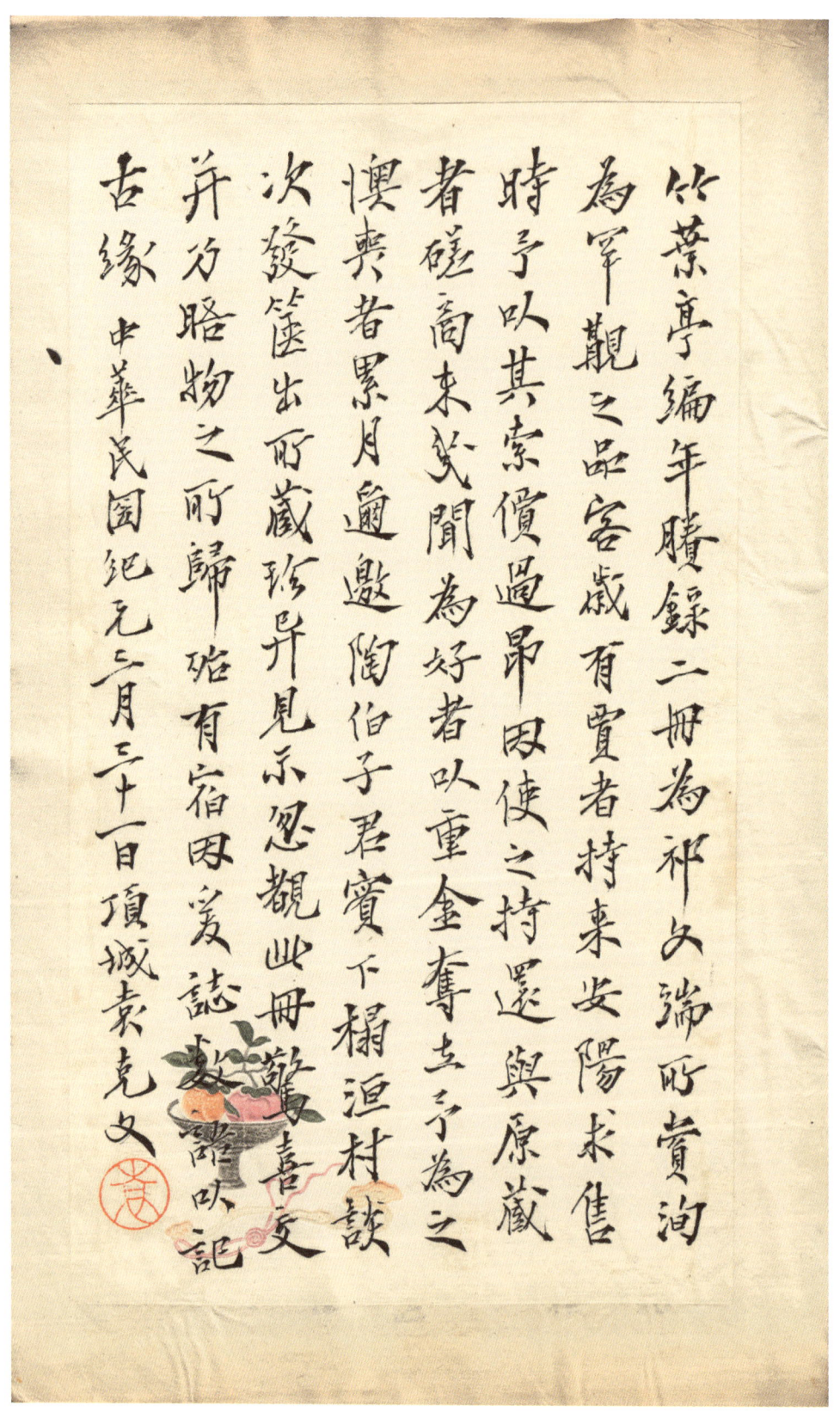

竹葉亭編年賸録二冊為祁文端所賞洵
為罕觀之品客歲有賣者持來安陽求售
時予以其索價過昂因使之持還與原藏
者磋商未幾聞為好者以重金奪去予為之
懷慄者累月邇邀陶伯子君寶下榻涇村談
次發篋出所藏珍異見示忽覩此冊驚喜交
并為昭物之所歸姑有宿因爰誌數語以記
古緣 中華民國紀元二月三十一日頃城袁克文

姚元之稿本《竹叶亭编年剩录》袁克文题记

袁克文藏书印"袁"

其贵。吾得此书，虽不便宜，但好在时机恰当，亦不算太贵。戊子年适逢金融危机，拍场一片萧条，此书现身保利，因有祁隽藻、段春湖、袁克文、陶祖光、吴昌硕等人题跋及题签、题识，且为姚元之未刊稿本，故起拍价颇高，为十一万元。吾颇欲得之，亦知定会有识货人相争，然拍卖当日大出意外，吾仅加价一次即落槌，几乎是唾手得之，大感意外。然而开心之余，亦惦念祁隽藻所录副本，未知今在谁家架上。

袁克文戏装照

归来细看，该书当在民国年间再经装池，且有明显动手作伪痕迹。是书所附题跋六页，分属祁隽藻、段晴川及袁克文，后装池者明显未曾细读跋文，既未按人物年代排序，亦未按作者归类，仅选取袁克文题跋装于上册首页，其次为段晴川光绪十六年之又记，余外四页，包括祁隽藻两页、段晴川光绪二年跋语及光绪十二年之再记，皆附于下册卷尾。段晴川于当时而言，或许亦算名人，但祁隽藻乃三代帝师，无论如何当重要过段晴川，再经装池者选取段晴川光绪十六年两篇跋语中的一篇附于袁克文之后，且此跋语中并无甚重要内容，可见其为随便选取，并未深读，亦未衡量三者之关系。而其选袁克文题跋装于首页，则多半取其"皇二子"之身份。综上观之，再装池者既非藏家，亦非行家，不过一贾人耳。

然此书还有更令吾奇怪之处，该书卷首及卷尾皆钤有陶祖光两枚藏章，四枚各不相同，然此四枚印信皆为将原书挖补后粘贴上者，并非原钤。陶祖光字北溟，堂号有金轮精舍及翔鸾阁，为当时著名鉴赏家，然其名声于当时而言即便再盛，亦盛不过袁克文，且此书原本身价已高，再加上袁克文题跋，更属贵重，何须造伪添上陶祖光印信，吾颇为不解。因此四枚钤章之故，连带木夹板与函套上之陶北溟题签，吾亦略疑真伪。然而无论如何，该书并不因此而减少魅力，有此本在，便可为研究姚元之增添一份真实的史料。

陶祖光藏书印

法式善、张问陶、吴嵩、潘重规等评裕瑞稿本《蒌香轩文稿》一卷

《蒌香轩文稿》一卷　（清）裕瑞撰

清嘉庆八年（1803）裕瑞稿本　法式善、杨芳灿、张问陶、吴嵩、谢振定评　潘重规序　一函一册

钤印：纕琴词客（白方）、石禅（朱方）、重规（白方）、潘重规印（白方）、梦曦主人藏佳书之印（朱方）、思元主人（朱方）、裕瑞之印（白方）、诗龛借观（白方）、芳灿（白方）、容裳（朱方）、吴嵩借读（白方）、艻泉（白方）等

《蒌香轩文稿》为清宗室裕瑞手稿，凡二十四篇，内容不一，游记有之，月旦古人有之，为友人作序亦有之，大约为随写随收。裕瑞（1771—1838）字思元，号枣窗，为清宗室豫良亲王修龄次子，历官镶白旗蒙古副都统、镶红旗满洲副都统、正白旗护军统领等职，嘉庆十八年（1813）因教党闯入禁城，防御不力革职，移居盛京，次年因买有夫之妇为妾事发，被宗人府永久圈禁，直至道光十八年（1838）去世。裕瑞工诗善画，所著有《思元斋集》，内含《蒌香轩吟草》《樊学斋诗集》《清艳堂近稿》及《枣窗文稿》等，自嘉庆七年至十七年间陆续自刻而成。《履园丛话》曾载裕瑞事，谓其自号思元主人，所居曰樊学斋，有亭台花木之胜，一时名士如杨蓉裳、吴兰雪辈皆与之游，并录其七律一首，确如时人所言清华幽艳。

此本为裕瑞手稿，所用稿纸颇为雅致，四周

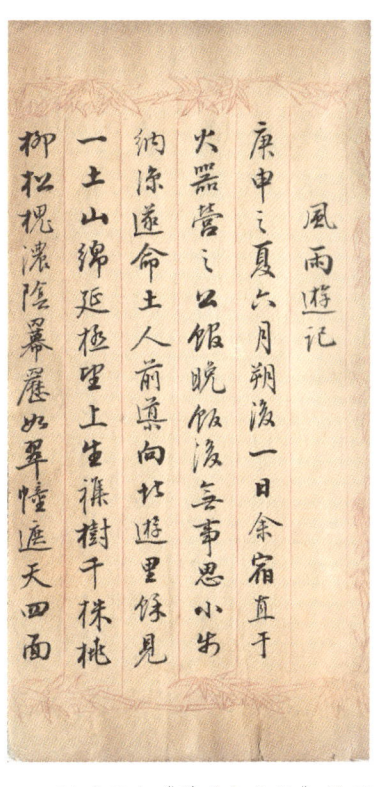

裕瑞稿本《蒌香轩文稿》首页

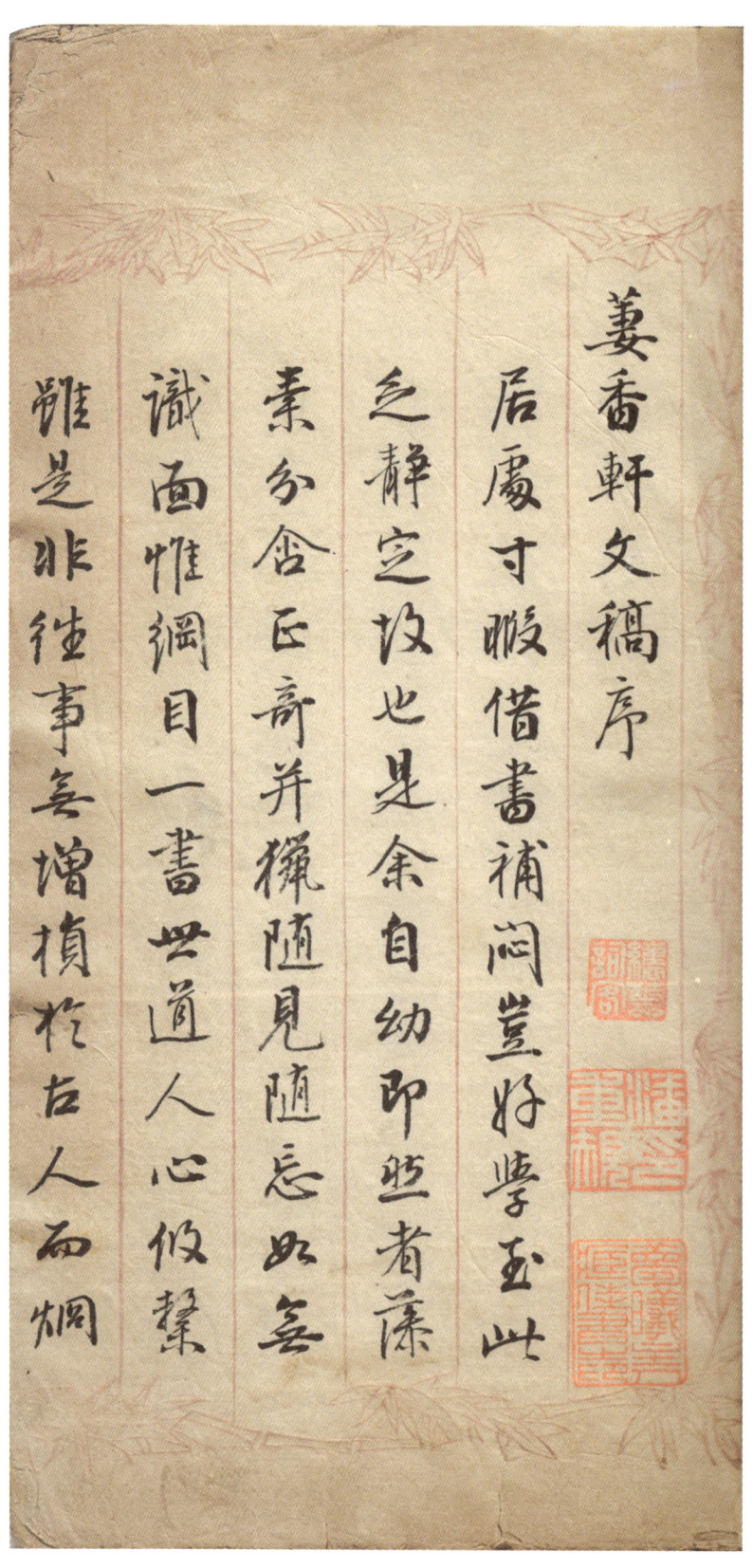

姜香軒文稿序

居廬寸暇借書補問豈好學玉山

乏静定攻也是余自幼即甚者藤

素分舍正齊并獵随見随忘如無

識面帷綱目一書世道人心收獲

雖是非往事無增槓於古人而烔

《姜香軒文稿》前裕瑞自序

60

裕瑞藏书印"思元主人""裕瑞之印"

以红色白描竹叶竹竿作为版框，开本较普通稿本略为窄小，每半叶仅六行，行十四字。卷前有裕瑞自序，文末钤朱方"思元主人"及白方"裕瑞之印"。此序作于嘉庆八年（1803）三月，自云："玩索之际，每有褊见，辄笔而集之，信手掂成，不次时代，非敢攘予夺之衡，特欲待高明之教云耳。"此亦可解文稿中忽而游记，忽而议论，忽而又为序言之故。此本特别之处，除为裕瑞手稿外，每篇文章之后大都有时人题跋，总共二十四篇，无题跋者仅三篇，题跋者有法式善、杨芳灿、张问陶、吴嵩及谢振定，皆一时俊彦。诸家题跋或长或短，皆针对单篇而言，除张问陶

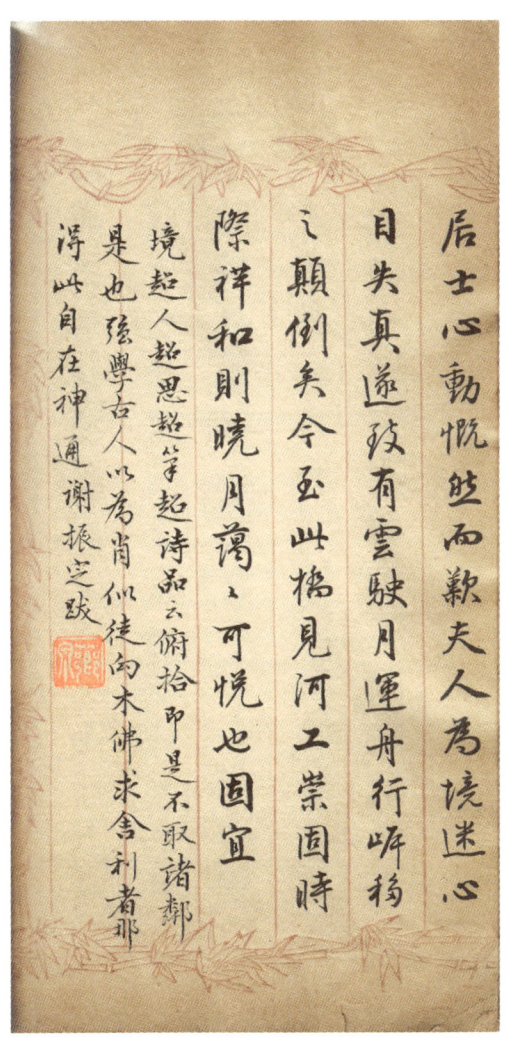

裕瑞稿本《蕶香轩文稿》谢振定跋语

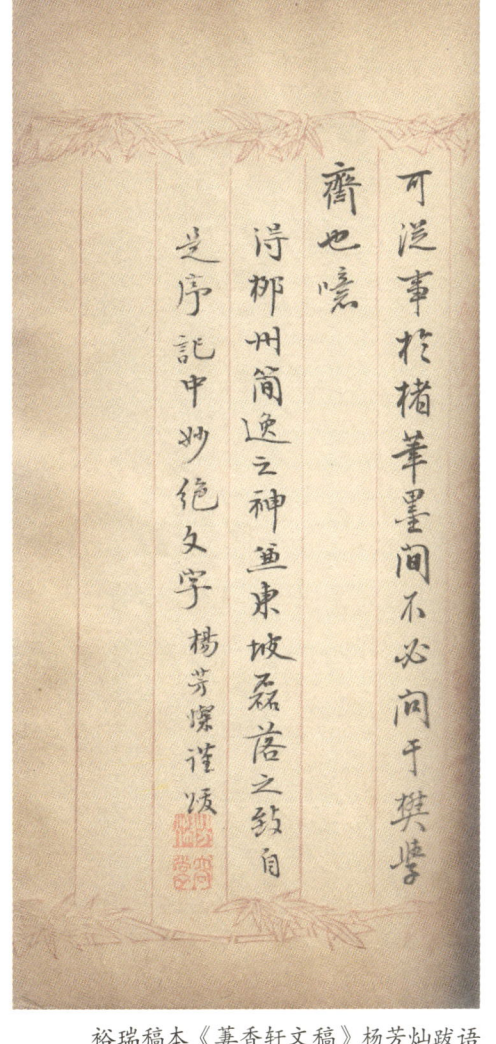

裕瑞稿本《蕶香轩文稿》杨芳灿跋语

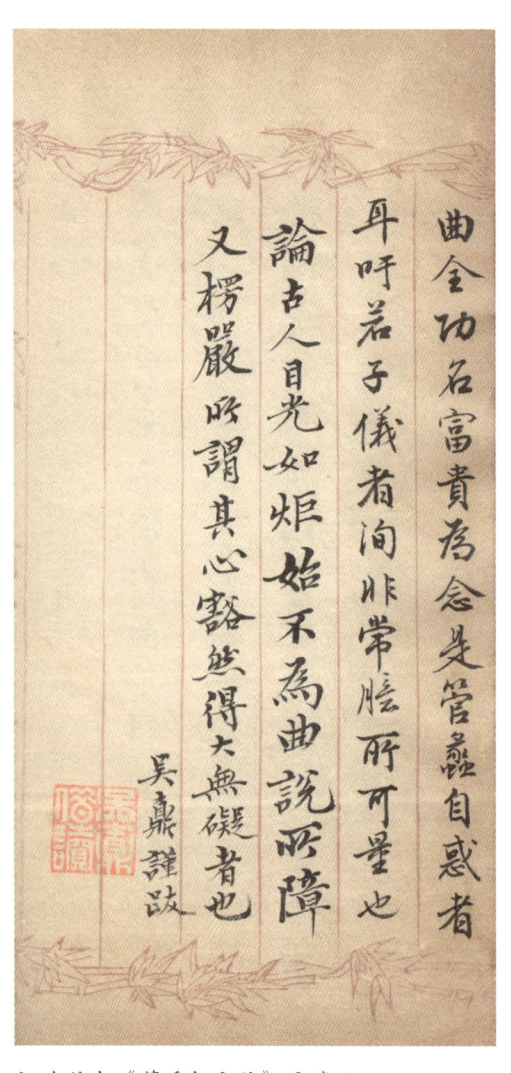

裕瑞稿本《蕚香轩文稿》吴鼒跋语

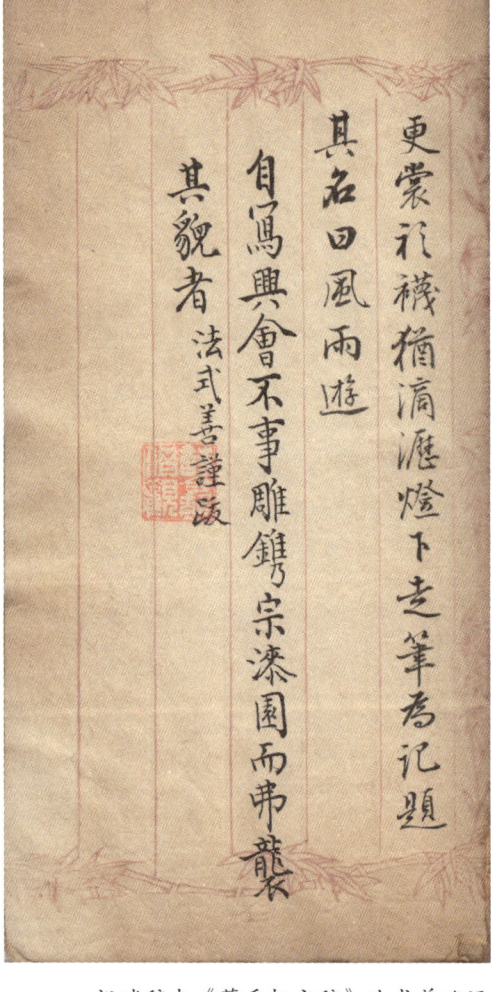

裕瑞稿本《蕚香轩文稿》法式善跋语

外，诸家于题跋之后皆钤有小印，张问陶不仅没有钤印，连题跋内容亦简而又简，最多者四字，最少者两字，落款反而为五个字"张问陶谨跋"。此署张问陶者，字体拙如儿童，运笔生涩，与日常拍场所见张问陶书法绝然两类，颇疑有别情。

新春避客，宅于家中将此稿闲翻一过，基本上都是小文闲笔，有史料价值者不多，然细处亦有可玩索处。书稿中第十二篇为《樊学斋记》，樊学斋为裕瑞斋名之一，位于其宅南隅，原为一所空院，后经布置，成为种瓜豆、莳野花之所，并制酒旗一竿，建松棚一个，俨然有野趣。读之令人想起《红楼梦》中李纨所居之稻香村，王公贵族精致日久，亦思体验田园之趣，遂人工造出充满乡趣之小院，以满足亲近自然之心。裕瑞另一部杂文集《枣窗文稿》为后世研究《红楼梦》重要依据之一，其中一段文字，据说是唯一对曹雪芹样貌的描述文字："其人身胖头广而色黑，善谈吐，风雅游戏，触境生春"。裕瑞出生时曹雪芹已去世将近十年，但其有数位亲戚皆与曹雪芹为好友，故曹雪芹之样貌当为裕瑞听家人转述而来。《枣窗文稿》所收仅八篇文章，其中七篇谈论《红楼梦》，另一篇评论《镜花缘》，可见裕瑞对《红楼梦》颇为喜爱，将樊学斋布置成酒旗松棚之所，很有可能即仿效稻香村而为之。

《樊学斋记》文后有杨芳灿跋语："得柳州简逸之神，兼东坡磊落之致，自是序记中妙绝文字"。杨芳灿（1753—1815）字才叔，号蓉裳，清代文学家，与张问陶、袁枚等往来颇多。此本中杨芳灿题跋者计有四篇，用印时常更换，"芳灿"有两枚，皆白方，另有"才叔""蓉裳"，所书题跋皆夸谀之词，裕瑞文章固然好，但将之比于柳宗元、苏东坡，却也太过。

此稿中有法式善题跋者五篇，法式善（1753—1813）原姓伍尧氏，名运昌，字开文，号梧门、陶庐、小西涯居士、诗龛等，乾隆爱其才，赐名法式善，满语为"奋勉有为"之意，曾参与编纂《四库全书》，且为四库馆中参与编纂之唯一蒙古人，所著《陶庐杂录》等亦保留有诸多清代史实。法式善尝云自束发即嗜藏书，三十余年来，一甔一裘，悉以易书，其书目有《存素堂书目》《诗龛藏书目录续编》及《诗龛书画录》，诸目皆未刊行，今以稿本归国家图书馆。《妾香轩文稿》中有裕瑞为法式善诗集所作序言，云其诗"梧门学士善为诗而尤长于五古，陶风铸雅，茹选涵骚，句律古艳，格调唐皇，直凌跨乎宋元，浸淫乎汉魏矣"，又云其人"至其襟怀恬适，蕴抱冲和，泠泠然花间琴韵，燿燿然天际霞辉，恍若青鞋布袜，乐水栖山，梦明月于罗浮，会飞仙于姑射，游泛物外逍遥，气无人间烟火。"读至此，忍不住想知道法式善见到如此吹捧自己之文，该作何感想，迫不及待翻至文末看题跋，却是谢振定所跋："超澹冲穆，东坡之后，惟归熙甫能之，青田尚嫌叫嚣也。琴韵霞鲜，即自道耶？"吾颇无语，又觉有趣，裕瑞夸法式善，谢振定再来夸裕瑞，彼此之间全是好话，全然不管是否与实际相符，看来文人间互相吹捧原是自古有之，众皆不能免俗。

稿中又有《乔知之论》，详论乔知之与美妾碧玉事，碧玉被武承嗣强夺之后，乔知之作《绿珠篇》以寄情，密送碧玉，碧玉读罢感愤而投井自尽，武承嗣于裙带中得到诗作，怒而罗织罪名，将乔氏诛其全族。裕瑞在此文中不仅详述经过，还反复评论碧玉、乔知之、武承嗣及武则天之间各种利害关系，读罢只觉满眼八卦，裕瑞乃天地间真闲人也。文末叹曰："世事不思远害，尚安然图宦达、畜美色，则感召不祥，应有自矣。"若以裕瑞自序视之，此文当作于嘉庆八年（1803）左右，未料至嘉庆十九年（1814）自己亦因小妾事发而遭永久圈禁，其言非谶欤？

潘重规先生

未知何故，此稿并未收入《思元斋集》，该集内含《姜香轩吟草》《樊学斋诗集》《清艳堂近稿》《眺松亭赋抄》《草檐即山集》以及被红学家们热衷之《枣窗文稿》，或者此稿中文章已散入各集亦未可知，唯一肯定的是此稿并未单独付梓，直到一百六十年后，潘重规先生通过香港中文大学将此稿影印出版，后人始得知之。

潘重规（1908—2003）先生字石禅，本名崇奎，由章太炎先生改为"重规"。其师从王伯沆及黄侃，而黄侃正是章太炎弟子，1930年潘重规与黄侃长女黄念容结婚，1935年黄侃去世后，潘重规不仅保存其遗书，还继续发扬黄侃之学。1949年潘重规赴台时，将黄侃藏书亦带到台湾，并先后在台湾和香港出版大量黄侃遗著及日记。嘉德公司曾于2008年征集到潘重规先生一批旧藏，并于秋拍举行专场拍卖，此场拍卖承书友相让，令吾小有所得，如胡适跋戴震《孟子私淑录》稿本、左墉《云根山馆诗集》稿本等。然此《姜香轩文稿》却并非得自此场，而是得自2010年嘉德春拍，此时古籍渐已成为艺术品市场之新宠，再无便宜可捡。

潘重规先生1966年在香港将此书影印出版时，曾书一序，详述此稿之价值，其序原件现附于此稿本之卷首，全文如下：

> 《姜香轩文稿》，清宗室裕瑞之所作也，晚近数十年来胡适之、俞平伯诸氏考证《红楼梦》，旁求博访，举凡有关红学资料，片言只字无不视同拱

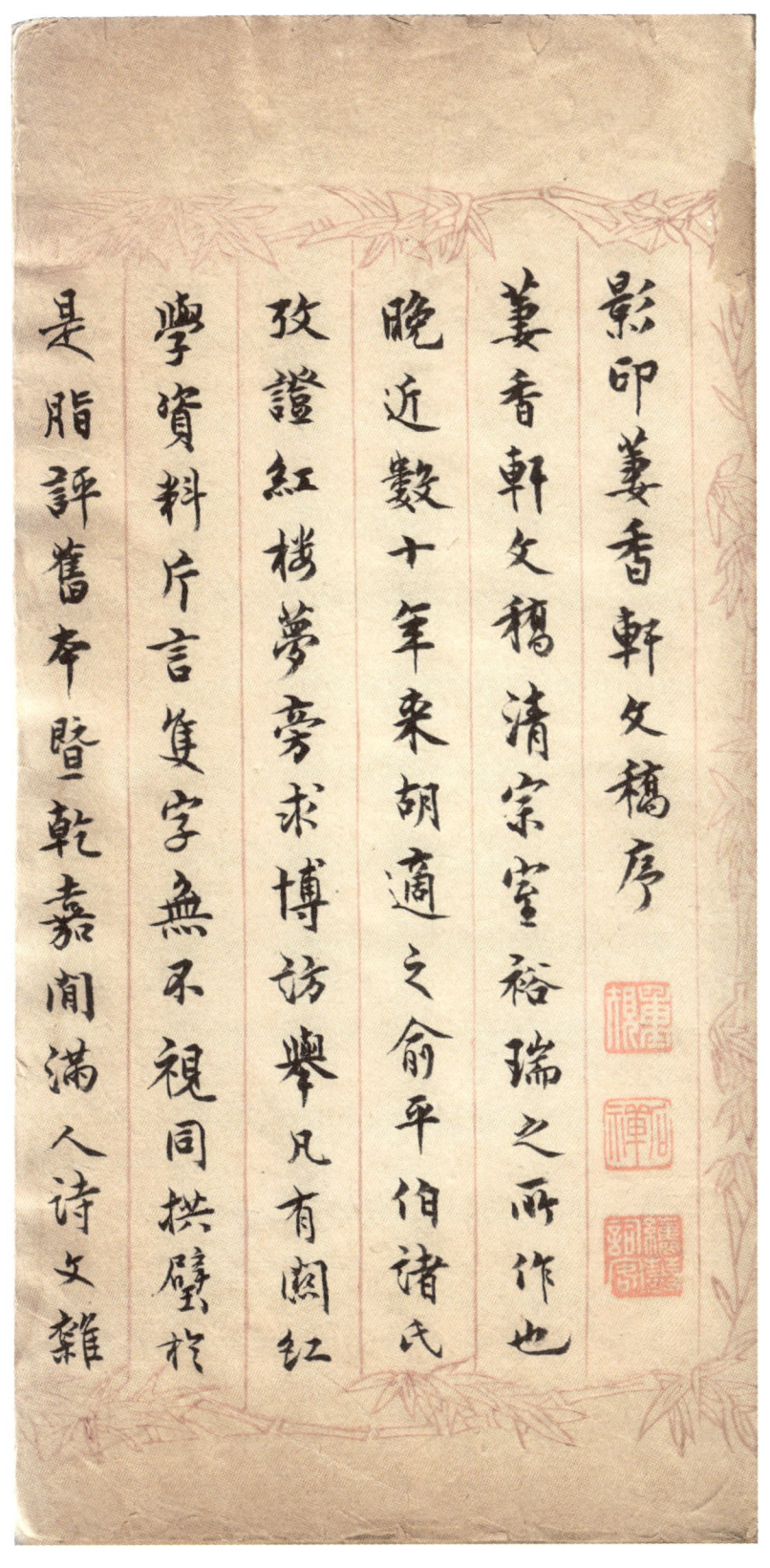

影印姜香轩文稿序

姜香轩文稿清宗室裕瑞之所作也

晚近数十年来胡适之俞平伯诸氏

攷證紅樓夢旁求博访举凡有關红

學資料片言隻字無不視同拱璧於

是脂評舊本暨乾嘉間满人诗文雜

潘重规《影印姜香轩文稿序》手迹

潘重规藏书印"潘重规印"、"䌽琴词客"、"石禅"、"重规"

璧，于是脂评旧本暨乾嘉间满人诗文杂记，如敦诚之《四松堂集》《鹪鹩庵笔
麈》、敦敏之《懋斋诗钞》、永忠之《延芬室集》、明义之《绿烟琐窗集诗
选》、裕瑞之《枣窗闲笔》相继校印行世，残编断简，尘封蠹蚀之余，竟得寰
宇风行，洛阳纸贵，可不谓诸人之厚幸耶。裕瑞闲笔论曹雪芹及《红楼梦》脂
批者尤多，顾独不闻有集传世。十余年来余羁海外，偶得裕瑞手书《姜香轩文
稿》一册，凡史论及游记杂文廿余篇，篇末多缀当时名士法式善、杨芳灿、张
问陶、吴鼐、谢振定诸家手评，自序成于嘉庆八年三月，盖裕瑞中年以前之作
也。近人吴恩裕《考稗小记》云："余于厂肆得裕瑞所书自作《风雨游记》，
瑛宝为绘《风雨游图》手卷一轴，当时题跋者不下数十家，如观保、法式善、
翁同龢（规案：同龢乃道光以后人，年代不相及，疑翁方纲之误）、钱樾、钱
载、成亲王等。"今观此稿首载《风雨游记》，复有书《风雨游记后》云：
"庚申夏，郊外散步遇雨，一时乘兴偶作《风雨游记》一画，友见之遂为作
图，前书此记。余复乞诸名家题跋，以光卷轴。后复为作图者，余思仍书前
记，不无重赘，故又作数语以志之。"知吴氏所见正与后记所言合，且瑛宝所
（绘）图外更别有一图也。此稿真行书，颇具晋唐人笔意，且所附评语亦均同
时名士手笔，则此稿殆亦裕瑞自书。文学古籍社影印《枣窗闲笔》原稿，字体
颇拙，且有怪谬笔误，如"服毒以狗"之"狗"，为"狗"，显出于抄胥之
手，谓为原稿，似尚可疑。读者试取二稿比对观之，当可得其真际也。余以为
裕瑞言辞出一时满人文士之上，今得其手稿，未忍任其湮没不彰，遂付影印，
并复制《风雨游图》弁其首，使与四松堂、延芬室诸集并留天壤间。欲觇满人
之文采风流者，亦将有取于斯。丙午人日婺源潘重规书于九龙鹪鹩一枝室。

香港中文大学新亚书院中文系1966年影印出版之《姜香轩文稿》封面有潘重规
题签，一如其所言，书中于文稿前增有《风雨游图》，以及潘重规序言，然而不同
者，中大影印本将原稿本中红色竹叶版框改成绿色，中间行格亦改红为绿，两下对
比，原稿古雅，新书清秀，一般可爱。得裕瑞稿本后，曾有心配回一部影印本，与
此稿一并收藏，后在孔夫子旧书网看到确有此书在售，然而标价居然为二十万元，
几乎怀疑自己看错。睹此标价吾不知该做何想，一本五十年前之影印本，标价居然
高出清嘉庆时期原稿本四倍之多，以吾沉浮书海近三十年之经验，颇迷茫，甚不
解。

秦更年跋《重刊校正笠泽丛书》四卷《补遗》一卷《续补遗》一卷

《重刊校正笠泽丛书》四卷《补遗》一卷《续补遗》
一卷 （唐）陆龟蒙撰
清顾氏碧筼草堂刻本 秦更年跋 开化纸 一函两册
钤印：盱眙吴氏藏书（朱方）

日前陪友人至国博看大都会艺术展，惊叹三千年前之艺术品造型优美、纹饰精良，立于展品面前几乎说不出话，想前人"妙不可言"大约就是此意。当晚回到书房，睹案头所陈《重刊校正笠泽丛书》，想起关于此书前人有着众多题跋，王士禛、黄丕烈、顾千里、吴寿旸、叶德辉、王大隆、潘景郑等于是书皆有考证，一时间亦感到无话可话，若强说，则佛头著粪矣。

《笠泽丛书》为唐代陆龟蒙自编诗文集，其字鲁望，号江湖散人、甫里先生、天随子，苏州人氏。是书以甲、乙、丙、丁为次，后有补遗一卷，内容则有诗、赋、颂、铭及记等，因其烦琐细碎，故曰"丛书"，此与后来将两种以上书籍汇刻于一集之"丛书"为两意。是书最早有北宋元符三年（1100）樊开题序七卷本，之后有吴江朱衮刻本。南宋宝祐五年（1257）由叶茵所编《甫里先生文集》问世，一直流行到明代，三百余年间无人重刻，直至清代始复有人刊刻，计有雍正初年顾櫰碧筼草堂本、雍正九年陆钟辉水云渔屋本、乾隆间东山草堂本、嘉庆二十四年（1819）许槤古韵阁本、光绪间姚觐元大叠山房本以及宣哲本，寒斋所收有碧筼草堂本及大叠山房本。

犹记十五年前，曾于上海某书友处经眼一部碧筼草堂本《笠泽丛书》，书极初印，吾并未觉得有何特别，盖因此书初印本固然稀见，但毕竟亦见过数回。书友从吾脸上未见到其预料中之喜色，知吾未看出妙处，缓缓将书翻开，此时吾始注意

重刊校正笠澤叢書

叢書甲

陸魯望文集序

唐賢陸龜蒙字魯望三吳人也幼而聰悟通六
籍尤長於春秋常體江謝賦事名振江右與顏
蕘皮日休羅隱吳融為友性高潔家貧親老屈
與張搏為湖藕二郡佐嘗至饒州三月無所詣
刺史率官屬就見之龜蒙不樂拂衣去居松江
甫里多所論譔著吳興實錄四十卷松陵集十

到牌记之前，有刻书者特意刊刻之广告语，单独印于一页纸上，并无边框，仅几行字，颇惜当时未将原文记下，其大意约为，此书刊刻精美，严禁翻刻，一旦坊间出现翻刻之本，必将千里追究云云。吾问书友肯否相让，书友合书而笑拒之，称已被京城某藏家所订，其须守信，无论吾加价多少，皆不能反口。吾敬其守信，但好书擦肩而过，仍不免耿耿于怀，故印象深刻至今。

黄永年先生曾称《笠泽丛书》以顾楗碧筠草堂覆元刊本为最精。不过亦有人与永年师意见相左，认为此本讹误过多，不及后之陆钟辉本，然陆本之刊刻纸墨均不及顾本精致，或许永年师所指亦有此意。此本品相颇佳，所用纸张为陶湘最爱之开化纸，惜牌记与目录已佚，后由秦更年补抄目录四页，重新装订于卷前，另书题签贴于函套之外，签条除书名外，尚有小字注："碧筠草堂刊本，婴闇购藏并题签"。秦更年（1885－1956）字曼青，又字曼卿，号婴闇，寒斋有其旧藏多部，其中《求古精舍金石图》钤有其藏章六枚，《笠泽丛书》却一枚也无。与此本一同归吾斋者，尚有秦更年所书跋语及抄录各家跋语计七页，订成毛装小册衬于书函底部。将此小册细读一过，不禁想起李白所云："眼前有景道不得，崔颢题诗在上头"。

此本曾经吴棠庋藏，以其卷首钤有"盱眙吴氏藏书"朱方，寒斋另有木活字本《安吴四种》，亦钤此章。近年又兴重访藏书楼之意，并付之行动。滁州吴棠旧居望三益斋至今仍有数间房屋尚存，然世事变迁，经过几次房改，如今产权已由几户居民分而享之，且多已成为出租屋，破败不堪。以近一年寻访所见，虽然大多数藏书楼都能找到当年痕迹，门楣、方砖、灰雕与木雕，总有零星旧迹在，但檐下一切已与书无关，除极少数仍归后人居住之外，大多都已分割成出租屋，令人感慨旧时深宅藏书地，都变成今日寻常百姓家。

顾楗故居亦曾前往。启程前于某书上查得其故居今址位于苏州谢衙前36号，当时

顾楗故居旧址

吴棠藏书印"盱眙吴氏藏书"

心中颇有怀疑，顾榰生活时代为清初，有关其人其事皆鲜于记载，故址又有何理由保存至今，何况两百数十年人事变迁，即便是当年旧址不断颓毁复重建，又如何能知今日此址一定是当年所居？后想到黄丕烈曾记顾榰所居为"东城骑龙巷"，附近又有善耕桥，其藏印"善耕顾氏"即来源于此，谢衙前36号或为方志研究者依此考证而来。

去岁仲夏寻访至苏州，尽管对此址存疑，还是前往一看究竟。其址外观极为寻常，临街一面为普通平房，仅门框为麻石围成，显示与普通民居略有不同之貌，大门半开，里面分割为几个极阴暗之小房间，中间一条过道。好奇心驱使之下，沿过道走到尽头，左边居然豁然开朗，原来是一小院，虽仅十余平方，然天光云影，与刚才之阴暗决然成对比。正对小院者当为清末民居，一排五扇木板门扉，上半部皆为玻璃，屋檐则由细椽排列而成，而檐下洗衣机正微微轰鸣，有幼猫蜷于角落，睹此吾不敢有所动静，拍完照片即轻轻退出。

附

秦更年跋语一

往岁收得仿元刊本《笠泽丛书》，因检叶奂份《郋园读书志》，凡载三本，本各一跋，都三千余言，略谓藏有碧筠草堂仿元本，分甲、乙、丙、丁四卷，《补遗》一卷，后有十一世孙德原跋，前书面题"碧筠草堂重雕"，然无重刊时序跋，不知何时何人所刻。后见光绪间姚觐元大叠山房重雕本，即影刊碧筠草堂本，是时以为余所藏碧筠草堂本即陆钟辉本，余本失其陆跋，固不知其详耳。己未春间在上海书友杨寿祺来青阁，见此书，书面题"碧筠草堂重雕"，卷首钤"中吴顾榰手校重刊"八字朱文篆书长方印；又在李子东寓所见一部，亦碧筠草堂本，其叙目下钤"碧筠草堂"四字朱文篆书大方印，知碧筠草堂本为顾榰刻本，以为如此论定矣。乃是冬回湘，持顾榰本与余藏碧筠草堂本相较，则全然是两刻：陆本字体秀逸，顾本字体肥大，于是始疑上海所见。书面题"碧筠草堂重雕"，中有顾榰印者，或是书估以顾本无书面，借碧筠草堂书面配之。既为碧筠草堂本作跋矣，仍将此跋撤去，以其审定未确，贻误后进也。项以重值获一陆钟辉本，书面题"水云渔屋刊本"，其书面为最初印，随取碧筠草堂逐字逐句两相勘证，则两本实出一板。水云渔屋为初刻成新印之书；碧筠草堂本似印在百册以外，字画失其锋芒；至于顾榰刻本，字与水云渔

笠泽丛书　中吴顾氏秘捷珝名药州堂刊本

往岁收得仿元刊本笠泽丛书，因检叶氏郋园读书志，凡载
三本：多一跋，都三千修言眄，谓藏有碧筠州堂仿元本分甲乙之本，
四卷补遗一卷，後有士世孙惠源、德有跋，前书面题碧筠州堂重雕板。
垂重刊时序跋，不知何时何人所刻。後见光绪桃观间，大梨山房
重雕本，即影刊碧筠州堂本、是时以唐金所藏碧筠州堂
奉即陆钟辉本，余头其陆跋，固不知甚详耳，无亦春间查
上海书友杨寿祺奉青阁见此书，二面题碧筠州堂重雕、卷首
铭吴硕捷手校重刊□□八字朱文篆书县方印，又卷末审府
见一部，有碧筠州堂本，其叙眉目下，铭碧筠州堂四字朱文篆书

屋、碧筠草堂两本相同，而字较大，又无陆跋"是经覆元至元本"云云。

时余箧中仅有一本，无从辨其说之然否。今年夏，吾乡方泽山家藏书散出，中有陆钟辉刻本，取校余旧藏本，截然两刻，知余本为顾氏本也。惟陆本板已微有漫漶，而书面仍题水云渔屋，则郎园所云水云渔屋印在前、碧筠草堂印在后者，乃意必之辞，不足置信。盖陆本书面始终未易水云渔屋之名也。顷又从吴门书估购得此本，书面题"碧筠草堂重雕"，首页边栏外，有"中吴顾楔手校重刊"八字长方印，与郎园见于杨、李两估者正合，则碧筠草堂自属顾氏无疑。若谓顾氏书面系以它本移来配合，安得三本尽同，又何来如许书面供其拈取耶。意者郎园自藏陆本有碧筠草堂书面者，或係估人偶从他本移配，较为近是。语云有三从二，固可执一以疑三乎？《黄荛圃藏书题识·学耕堂诗集跋》有"碧筠草堂顾氏"旧藏之语，荛圃耳目相接，必无舛误，郎园于此，盖考之未详耳。郎园博闻强识，目无余子，往往高睨大谈盖其坐人，特以转骋词锋，每多武断，其《读书志》中所述，不尽可信。惟此书则目验诸本，始为一跋，旋后志之，恐误后进，至为矜慎，且其所藏陆本，实有碧筠草堂书面，绝非妄言，宜有可信。顾终不然者，其失在不信所见之两本，独信自藏之一本，殆不善疑之过欤？今为正其说曰：碧筠草堂本，中吴顾楔所刻也；水云渔屋本，江都陆钟辉雍正辛亥所刻也。陆翻顾本，故笔画略瘦，然间有校正处，复增入甫里先生像一幅、《小名录序》一篇，又自为一跋。顾刻无年月，要先于陆刻，实在雍正辛亥前，爰详著之，以谂读者，非敢固翻郎园之短，犹彼恐误后进意也。九原可作，倘许余为诤友乎？辛未冬仲婴闇。

秦更年跋语二

曩得方子颖、许南友两家旧藏《笠泽丛书》，无重刻序跋，亦无书面印记，不辨为何本。今年夏获见吾乡陆南圻钟辉水云渔屋刊本，与此同为仿元至正本，而卷末十一世孙德原跋，此本提行，陆本则连写，又彼有南圻雍正辛亥一跋，固知此非陆刻矣。近顷吴门估人以一本来归，书面题"碧筠草堂重雕"，首页边栏外有"中吴顾楔手校重刊"八字朱文长方印，与此同一板刻，然后判定此为顾楔刻本。楔字肇声，吴县人，官陕西蒲城县知县，入为内阁中书，惟刊刻此书岁月，无从考见。叶奂份《郎园读书志》谓楔通籍在雍正末年，服官中外，安有闲暇为刻书之事，则是书之刻，必在归里以后。羌无佐

笠泽林版畫　中吳顧樓碧筠艸堂本

舊

襄濤方子穎許南友兩家藏笠泽叢書、無重刻序跋、亦無書

面印記、不辨為何本、今年夏獲見吾鄉陸南圻鍾輝水雲漁屋

刊本、與此同為仿元玉丑本、而卷末十二世孫惠原跋、今殘缺不存又云、

此字提行、陸本則連寫、又後有南圻雍正辛亥一跋、因知此非

陸刻、近頃吳門俟人以一本来歸、書面題碧筠艸堂重雕、

首頁邊欄外有中吳顧樓手校重刊八字朱文長方印、與此

同一板刻、始後判定此為顧樓刻本、樓字肇聲吳縣人官陵

西庸城縣知縣、入有兩閣中書、惟刊刻此書歲月、無從考見、葉

奥倫郎園讀書志、謂樓通籍在雍正末年、照宦中外、妻有閒

清碧筠草堂本《重刊校正笠泽丛书》秦更年跋语二

证，未免武断。余初以为两家刻此，时必甚近，若既知有传刻，必不为此骈枝。及今取陆本重加比勘，而孰知陆氏乃据顾本覆刻，稽其征验，约有数端。此本字画肥厚，陆本则较瘦，而每页板匡，又缩短分许，翻板书籍，大抵皆然，其证一；陆本与此刻虽有肥瘦之异，而点画之欹正，笔锋之往复，无一不同，若使各就元本影摹，决不能如是吻合，此证二；顾本间有脱误，当出于元本之旧，陆氏则依王渔洋写本加以补订，凡卷中补正之字，皆有痕迹可寻，知其所据者为顾本，补正者乃别一人所书也，其证三；续补遗《幽居赋》末尾六行，陆本与此迥异，盖彼因增入《小名录序》一篇，故併此六行，别缮上板，以前之悉同，与此之独异，互相印证，其为陆氏翻刻顾本，更无可疑，其证四。然则顾氏此刻，实先于陆本，在雍正辛亥前矣。《郘亭知见传本书目》称此为碧云草堂本，顾氏所为诗文名《碧云堂集》，顾千里跋丛书楼抄本《笠泽丛书》云，视吾家养拙斋依后至元书院本重刊者为胜，则顾氏斋堂，固不一其名矣。又吴兔床谓此本乃吴人王岐所写，顾于本书皆无明征，并志之，以资博闻云。辛亥十月婴闇居士识。（后附录王渔洋抄本各跋）

胡澍批校《苕溪渔隐丛话》一百卷

《苕溪渔隐丛话》一百卷　（宋）胡仔撰

清乾隆五至六年杨佑启耘经楼刻本　胡澍及佚名批校

钤印：宁静斋图书印（朱方）、匊古匋今（朱方）、胡氏长守阁藏书印（朱方）、胡澍校读（朱方）、胡澍壬戌年后所得（朱方）、西籀（葫芦印）、鬻及借人为不孝（朱方）、碧桃八十一番花（白方）、史元美（朱方）

　　《苕溪渔隐丛话》为宋代胡仔所著，与魏庆之《诗人玉屑》被称为宋代诗话总集之双璧。是书所录，以人为纲，以时代为序，共录诗人百余位，上起自《国风》，下迄南宋初年，评论唐代诗人以杜甫最详，宋代诗人以苏轼为最，兼采正史、野史、别集及佛经、笔记等，若引用他书，必言明出处，出于作者己见己闻者，则案"苕溪渔隐曰"以示区别。

　　作者胡仔（1110—1170）字元任，号苕溪渔隐，绩溪人，撰写是书之因由，缘自其早年所读阮阅之《诗话总龟》。《诗话总龟》撰于北宋宣和年间，当时党禁森严，由于蔡京等人专权，严厉打击苏轼、黄庭坚等人，故是书未收录元祐诸公之诗话，胡仔有见于此，遂取元祐以来各家诗话辑成是书，又因此书乃继《诗话总龟》而撰，故凡《诗话总龟》中已收者，《苕溪渔隐丛话》皆不录。该书分为《前集》

《胡氏家谱》中的胡仔像

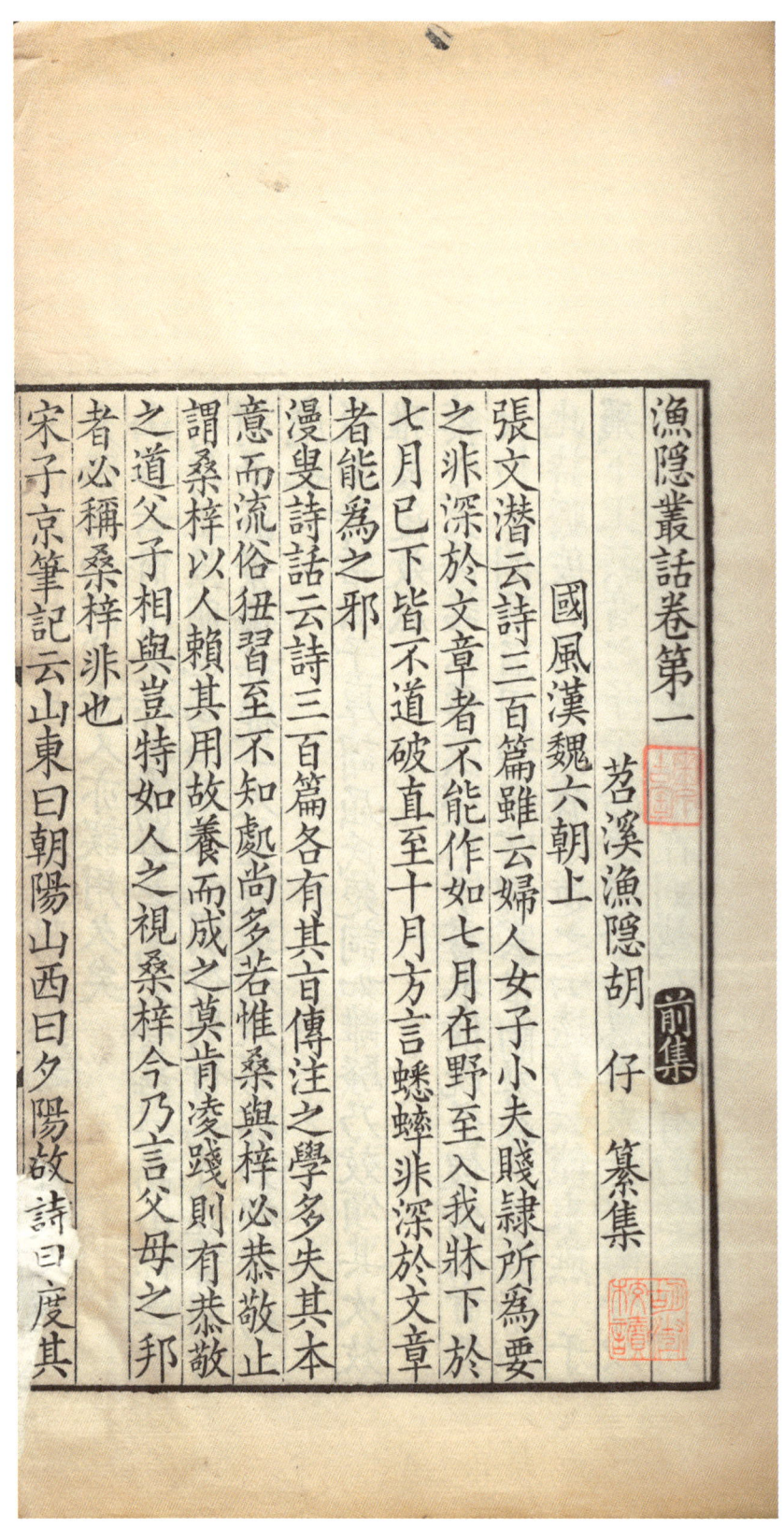

漁隱叢話卷第一　前集

茗溪漁隱胡　仔　纂集

國風漢魏六朝上

張文潛云詩三百篇雖云婦人女子小夫賤隸所爲要之非深於文章者不能作如七月在野至入我牀下於七月已下皆不道破直至十月方言蟋蟀非深於文章者能爲之邪

漫叟詩話云詩三百篇各有其音傳注之學多失其本意而流俗狃習至不知處尚多若惟桑與梓必恭敬止謂桑梓以人賴其用故養而成之莫肯凌踐則有恭敬之道父子相與豈特如人之視桑梓今乃言父母之邦者必稱桑梓非也

宋子京筆記云山東曰朝陽山西曰夕陽故詩曰度其

六十卷以及《后集》四十卷，《后集》于序言中有明确记载，始撰于宋乾道元年（1165），成书于乾道三年（1167）；《前集》之编撰年代则无确切记载，然学界多将成书时间定为绍兴十八年（1148），垂二十年光阴而成一书，此中心血可见。

　　该书著成未久即有刻本，且不止一刻，惜今已无全本存世。元代有翠岩精舍刻本，亦无全本存世。翠岩精舍为延祐间建阳刘君佐书坊，刘氏一门世代刻书，一直延至明代万历年间，前后将近三百年之久。明代未见有是书刻本传世，然钞本叠出。清代是书之刻有乾隆五年至六年（1740—1741）杨佑启耘经楼刻本，以及道光二十六年（1846）《海山仙馆丛书》本，其中耘经楼本为清代通行之本，今日多家图书馆有藏。

　　芷兰斋所藏之本为耘经楼本，早年购自天津古籍书店。该书前有牌记，中间大字题"苕溪渔隐丛话"，两侧小字分别题"依宋板重雕"及"前集六十卷、后集四十卷，耘经楼藏板"，然耘经楼本并非如其所言依宋版重雕，而是依元代翠岩精舍本重刻，不过杨佑启并非存心欺世，只是以为自己所依者为宋版耳。藏园曾考证杨佑启此误之因缘，称："其所得者为元代翠岩精舍本，估人去其牌子，而别加'绍兴甲寅'一行，以充宋椠。杨氏贸贸然收之，又贸贸然刻之，流传百余年，人皆视为善本，于其作伪牴牾之迹乃熟视而无睹，宁不大可叹喟也哉！"然而杨佑启所刻虽然所依非宋本，但亦有宋本误而杨本是者，可见其付梓时勘误颇为用心。

　　此本卷中钤有"宁静斋图书记""菊古匋今""胡氏长守阁藏

清耘经楼本《苕溪渔隐丛话》牌记

胡澍藏书印"胡氏长守阁藏书印"

胡澍藏书印"胡澍校读"

胡澍藏书印"胡澍壬戌年后所得"

书印""胡澍校读""鬻及借人为不孝""胡澍壬戌年后所得""西簃"诸印，曾为胡澍所藏，并有其批校。胡澍（1825—1872）字荄甫，又字甘伯，号石生，安徽绩溪人，堂号有长守阁及庸曼德室，其人通医理，工篆书，且深得秦人遗意，赵之谦对其篆书推崇备至，曾赞曰："我朝篆书以邓顽伯为第一。顽伯后，近人唯扬州吴熙载及吾友绩溪胡荄甫。"又称："荄甫尚在，吾不敢作篆书。"

胡澍长赵之谦四岁，终生与赵之谦深交。两人自咸丰初年起，即同在绍兴知府缪梓府中为幕，咸丰九年（1859）秋两人一同中举，次年因太平天国之乱，缪梓战死，赵之谦避居绍兴，胡澍绩溪家破，携眷寄居绍兴赵之谦家中，《悲盦居士诗剩》中载有《喜得胡荄甫书成六百字寄之》一诗，可见赵之谦与胡澍乱后重逢之喜悦："论交十余年，遭际几更换，可怜一着错，事坐读书半。……予家方播迁，且幸归来看。君家亦无恙，相见贺湖畔。乱离得欢喜，团聚从患难。寄居于我室，谈笑恒彻旦。僦屋更比邻，酒食互相唤。"同治二年（1863），两人同往京师欲赴春闱，在京师又与沈树镛、魏锡曾等结为金石之友，大家一同助赵之谦完成《二金蝶堂双钩汉刻十种》。为纪念此番合作，赵之谦还专门治印一方："绩溪胡澍川沙沈树镛仁和魏锡曾会稽赵之谦同时审定印"，其边款为："余与荄甫以癸亥入都，沈均初先一年至，其年八月稼孙复自闽来。四人者皆癖嗜金石，奇赏疑析，晨夕无间，刻此以志一时之乐。"

芳根下蕃本真接不空
朝暾下隔本真接不空

漁隱叢話卷第四　後集

李太白

六朝事迹云謝安墩在半山報寧寺之後基址尚存謝安與
王羲之常登此有超然高世之志太白將營園其上乃作詩
曰晉室昔橫潰永嘉遂南奔沙塵何茫茫龍虎鬪朝昏胡馬
風漢草天驕蹙中原哲匠感頹運雲鵬忽飛翻組練照楚國
旌旗連海門西秦百萬眾戈甲如雲屯投鞭可填江一掃不
足論皇運有反正醜虜無遺魂談笑過橫流蒼生望斯存冶
城訪古跡猶有謝安墩憑覽周地險高標絕人喧想像東山
姿緬懷右軍言梧桐識佳樹蕙草留芳根白鷺映春
洲青龍見朝暾地古雲物在臺傾禾黍繁我來酌清波
於此樹名園功成拂衣去歸入武陵源
曾子固云李白詩集二十卷舊七百若干篇今九百若干篇

吴让之刻"鬻及借人为不孝"

　　赵之谦曾多次为胡澍治印，据《篆刻年历》记载，最早为咸丰七年（1857）所刻"安定"朱方，七年后，两人京师重逢，赵之谦已妻女皆亡，前尘如梦，撝叔补刻边款曰："此丁巳四月在□山庐中作，迄今癸亥七年。千军万马之间，九死一生之后，故人无恙，旧作犹留，而家□漂□长□者，皆不返矣，愁哉！"赵之谦为胡澍所刻最后两方印为"胡澍甘伯"白方及"人书俱老"朱方，均作于同治十一年（1872）二月，其中"人书俱老"边款为"甘伯属刻过庭书谱中语，同治十二年二月十有四日，撝叔记。"嗣后两人再未相见。不久胡澍在京去世，身后萧条，由潘祖荫出资、王懿荣主持丧事，并送其灵柩及眷属返回绩溪。当时，赵多谦身在杭州，闻讯大为伤心，特设灵位焚香以奠。

　　赵之谦一生为他人治印，以沈树镛、潘祖荫、胡澍、魏锡曾为最多，寒斋所藏此本中有多方胡澍之印，然仅有"胡澍壬戌年后所得"有记载为赵之谦所治，余者虽亦有可能为其所治，惜未见记载。同治十年（1871），赵之谦还曾为胡澍治"绩溪翁"长方细朱文印，其边款为："三间小阁贾耘老，一首佳词沈会宗。无限当时好风月，如今总属绩溪翁。甘伯述其远祖苕溪君诗，属刻小印，并录原诗于上。同治十年五月十日，撝叔。"此年胡澍正多病潦倒，早萌退志，自称为"绩溪翁"，并于致友人信中称："年未五十，兴致索然，数年后便料理归休矣。人生能得数十卷书以传后，而有佳子孙以保守，胜于万户侯多多矣。某思之慕之，而东涂西抹，迄用无成，可惧也。"

　　"三间小阁"乃胡仔于《苕溪渔隐丛话》第五十九卷中，论及沈会宗词时所吟，其全文如下：

　　　　苕溪渔隐曰：贾耘老旧有水阁，在苕溪之上，景物清旷。东坡作守时，屡过之，题诗画竹于壁间。沈会宗又为赋小词云："景物因人成胜概，满目更无尘可碍。等闲帘幕小栏干，衣未解，心先快，明月清风如有待。　　谁信门前车马隘，别是人间闲世界。坐中无物不清凉，山一带，水一派，流水白云长自在。"其后水阁屡易主，今已摧毁久矣。遗址正与余水阁相近，同在一岸，景物悉如会宗之词。故余尝有鄙句云："三间小阁贾耘老，一首佳词沈会宗。无限当时好风月，如今总属绩溪翁。"盖谓此也。

　　"绩溪翁"原为胡仔自称，胡澍不仅为胡仔后裔，亦十分推崇这位先祖，故亦自称"绩溪翁"，并属治印以纪念先祖。寒斋所藏之《苕溪渔隐丛话》上不仅有胡澍钤印数方，更有其通篇批校，尤其前集六十卷，每卷首行皆钤有"胡澍校读"朱方，可见其对先祖著述之用心。耘经楼本《苕溪渔隐丛话》中论沈会宗一段，"如今总属绩溪翁"一句，"绩"字误刻为"续"字，胡澍于此行上栏注曰"'续'谨案当作'绩'"。如此校字之处，卷中比比皆是，且多以"潘本作"为案，可知其用以校勘之本为潘仕成《海山仙馆丛书》本。又因卷中钤有"胡澍壬戌年后所得"，故知其校此书当在同治元年（1862）年至同治十一年（1872）年之间。

卷中尚有"鬻及借人为不孝"朱方，钤于前、后集目录首页，此印亦见于《篆刻年历》，为咸丰九年（1859）吴让之为岑镕所刻，边款为："仲陶取唐杜湜句属刻以钤书，其子子孙孙永宝用。余之书悉寄尊家，乞代钤之，让之记。"岑镕字钟陶，一字铜士，号仲子、印叟，江苏江都人。家藏多金石，堂号有商周吉金之馆、晋唐镜馆、石寿斋及晋飞霜镜馆等，生卒年不详。吴让之连藏书都"悉寄尊家"，可见二人相交之深。岑镕资料颇稀，仅于《篆刻年历》上检得其简介数行，简介下详载吴让之为之某年治某印，由咸丰八年（1858）至咸丰十一年（1861）间，竟有百六十方之多。《篆刻年历》所载吴让之治印事至咸丰十一年为止，吾藏之本钤有"胡澍壬戌年后所得"，壬戌年为同治元年（1862），正好为吴让之停止为岑镕治印之次年，令吾猜测壬戌年岑镕书散，此本故为胡澍所得。

此书除胡澍校字之外，尚有批注甚多，皆另取一纸裁成窄条书之，然后夹于所批之处，从笔迹看，当非胡澍所为，然从行文内容、语气及纸色看，批注此书者当亦清代人物，唯不知何许人也。批、校之外，此书末页还夹有红栏素笺一张，上有楷书七律《整风二首》：

事逢矛盾本难齐，不辨分歧更易迷。
举动偏颇妨善政，语言悖戾误黔黎。
绳愆当自批语出，匡谬仍须团结提。
彼此沟墙形迹化，巍巍建设好同栖。

从来治国若耕田，苗莠不分孰尚贤。
土壤经年犹变易，人情逾月恐推迁。
侧倾昔已随时改，鸣放今仍逐日宣。
斯举洵堪融内外，党群合作比金坚。

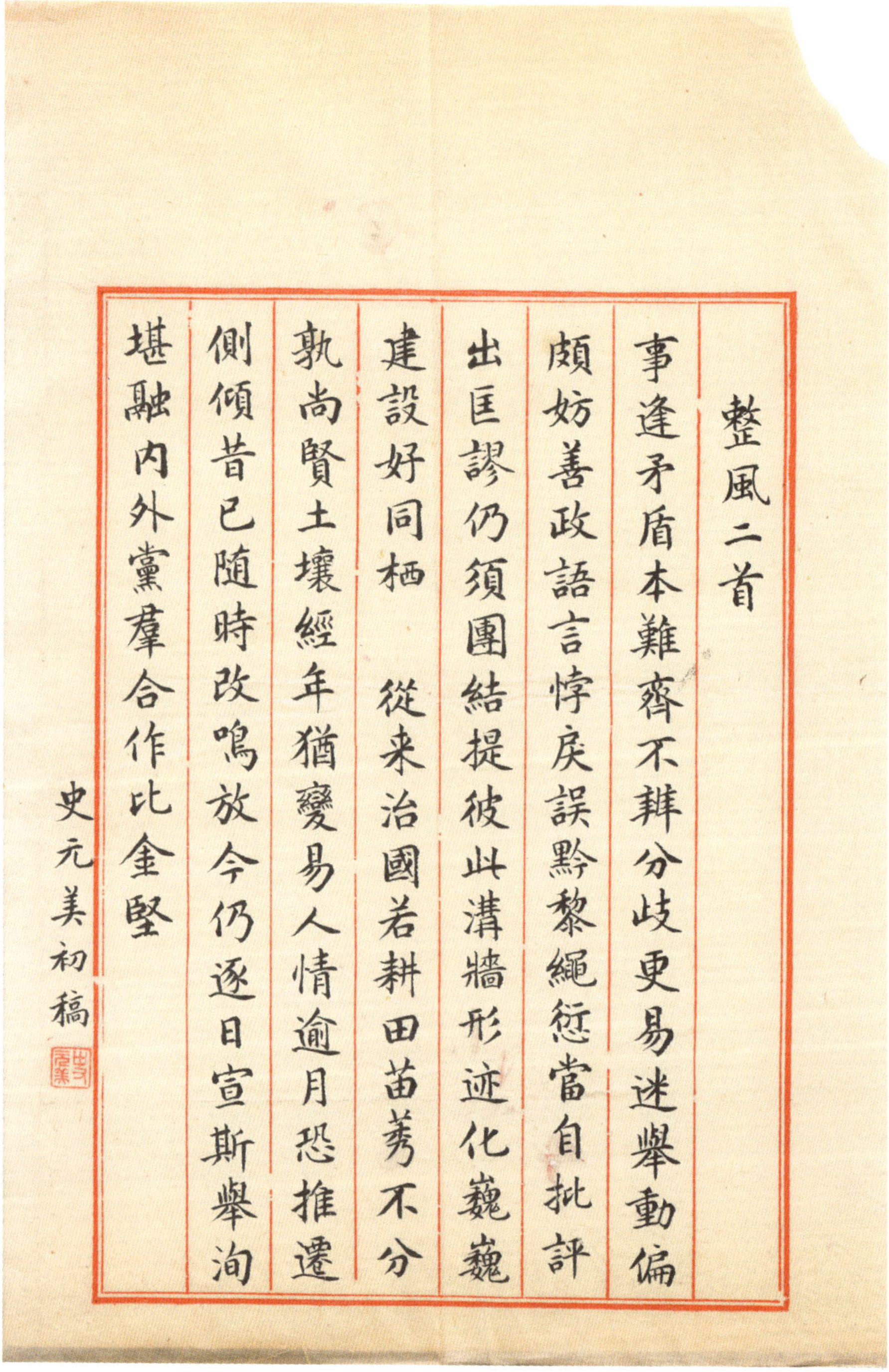

整风二首

事逢矛盾本難齊　不耕分歧更易迷　舉動偏
頗妨善政　語言悖戾誤黔黎　繩愆當自批評
出　匡謬仍須團結　提彼此溝牆形迹化巍巍
建設好同栖　從来治國若耕田　苗莠不分
孰尚賢　土壤經年猶變易　人情逾月恐推遷
側傾昔已隨時改　鳴放今仍逐日宣　斯舉洵
堪融内外　黨羣合作比金堅

史元美初稿

　　该诗署款为"史元美初稿"，钤以"史元美"小朱方。初睹此诗时，吾一度以为与批注者为同一人，然细读批注内容与此诗，用词、语气全然两类，笔迹亦不同，始知为胡澍之外又一人。再翻看卷中"西篠""碧桃八十一番花""匊古匋今"及"宁静斋图书记"诸方藏章，该书自杨佑启印成之日至今，两百七十年间不断在读书人手中流转，终于今日暂存芷兰斋，得一小憩。

书中钤有闲章数枚："匊古匋今""西篠""碧桃八十一番花"

吴观海跋《列仙酒牌》一卷

《列仙酒牌》 （清）任渭长绘 蔡照初刻

清咸丰四年（1854）刻本 吴观海跋

钤印：吴曼（朱方）、毘陵吴观海曼公审藏（白方）

　　酒牌亦称"叶子"或"酒筹"，起源于唐代叶子戏，为当时文人墨客所钟爱，并视为高雅时尚之嬉。多以窄长硬纸片、象牙或骨签制成，刻绘以戏曲、小说情节，或选诗、词、曲短句略作发挥，制成酒令，作为宴饮时佐酒娱乐之用。其玩法是先由客人随便抽取一张，读出叶子上所题诗句，然后与诗句相对应者饮酒。唐代诗人李洞曾有《龙州韦郎中先梦六赤后因打叶子以诗上》诗："红烛香烟扑画楹，梅花落尽庾楼清。光辉圆魄衔山冷，彩镂方牙着腕轻。宝帖牵来狮子镇，金盆引出凤凰倾。微黄喜兆庄周梦，六赤重新掷印成。"由此诗中看来，彼时叶子戏还需配以骰子，叶子上则绘有宝帖、狮子、金盆、凤凰等图案，嗣后叶子戏产生水浒叶子、马掉牌等变种，到清朝终于演变成今日流行之麻将。

　　今人提及叶子，往往最先想到明末清初陈洪绶所绘《水浒叶子》及《博古叶子》，二者乃中国版

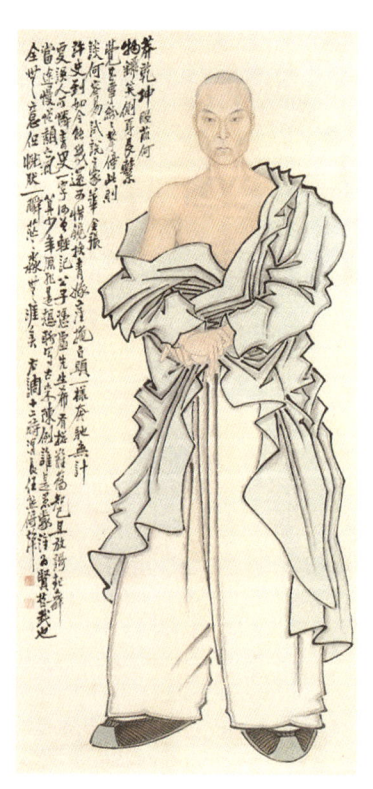

任渭长自画像

84

画作品中之上品，分别由黄一中、黄建中所刻。此二人皆出自安徽虬村，虬村黄姓刻工于明清两代共有四百余人从事刻书业，明代徽派版画之兴盛，极大程度上取决于黄姓刻工之技艺精湛。至清代，版画事业一度由盛转衰，尤其道、咸、同、光四朝，每况愈下，直至任渭长所绘、蔡照初镌刻之四套人物叶子梓行于世，沉寂已久之清代版画始再放异彩。

任渭长（1823－1857）名熊，一字不舍，号湘浦，浙江萧山人，幼从乡塾学画，画风以陈洪绶为宗，兼通诗词，其人则短小精悍，眉目间有英气。《海上墨林》称其真率不修边幅，画则颇近老莲，年未及壮，已名重大江南北，又称其"间作山水，沉思独往。忽然有得，疾起捉笔，淋漓挥洒，气象万千。书法亦参画意，奇警异常"。道光二十八年（1848），任渭长结识周闲，遂留于周闲范湖草堂三年。咸丰初年，周闲推荐任渭长入公府绘地图，久而得

清咸丰四年刻本《列仙酒牌》第一帧为广成子

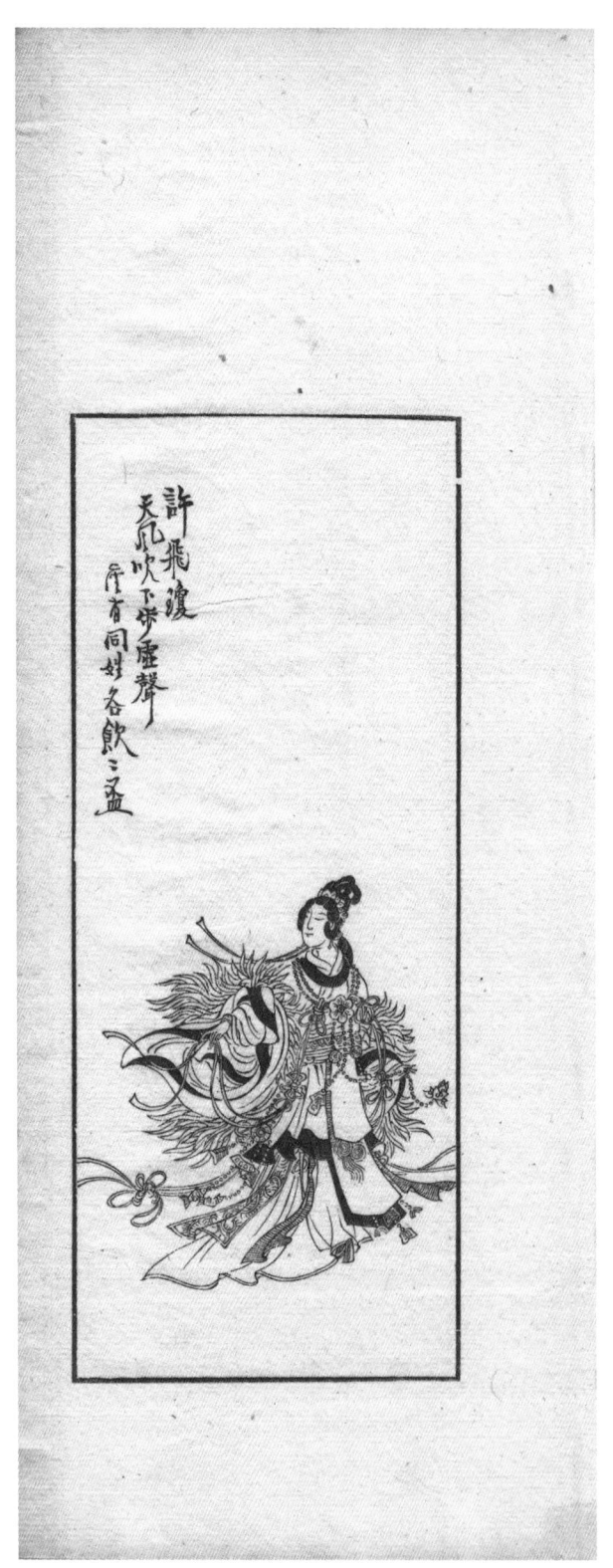

清咸丰四年刻本《列仙酒牌》中的版画

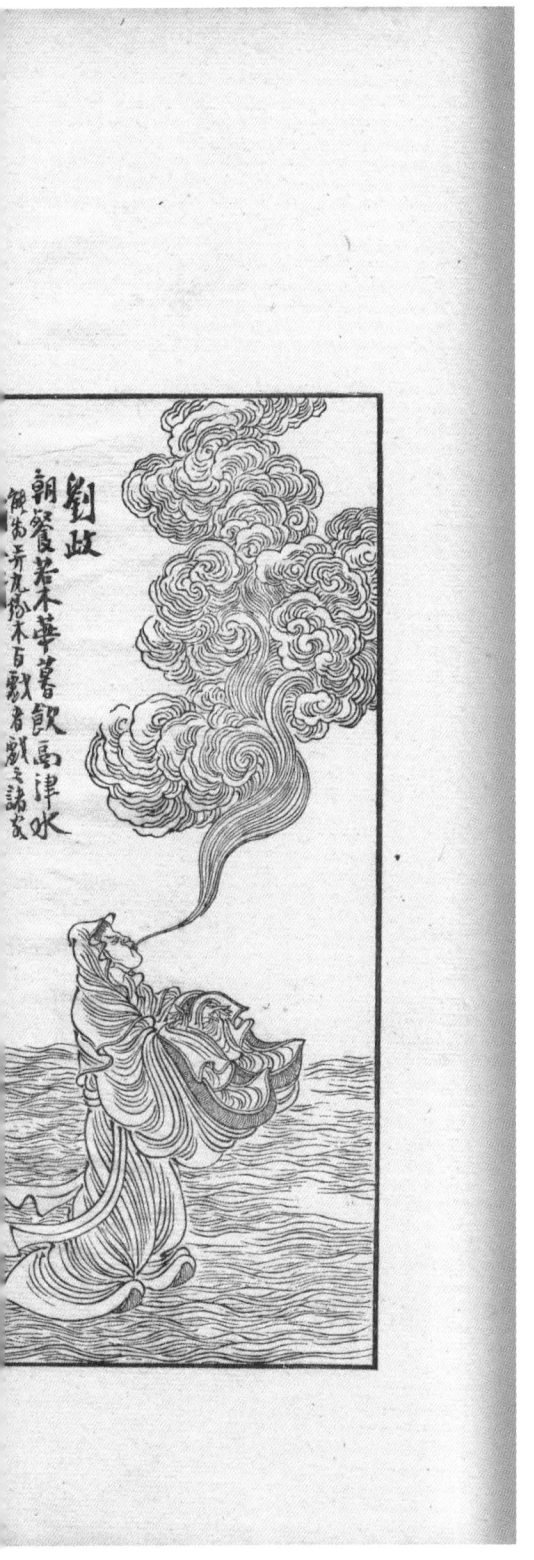

劉政
朝餐若木華暮飲高津水
佩偶并枝松木百戟者觀之諸峯

毛玉姜
青羊入井山之阿綠衣者誰

江山之助，笔法愈健。后又于范湖草堂结识姚燮，姚燮深爱其才，与订金石之交，任渭长转而客姚燮大梅山馆一年，其画名亦得姚燮推荐，声名日盛。任渭长曾跋《姚燮诗意图册》云："余爱复庄诗与复庄之爱余画，若水乳之交融也。"姚燮所著《复庄骈俪文榷二编》卷首有其五十岁小像，亦由任渭长所绘，蔡照初任剞劂。

齐学裘《见闻随笔》曾载任渭长逸事，云其尤精于人物写真，杭州某大家闺秀素称绝色，有少年暗慕之，欲请任渭长绘写真一幅，苦于无由得见，惆怅不已。任渭长笑请忘忧，称美人所住水阁临河，来日端午，必会在帘后静候，且速买定小舟纸笔等物，到时候泊在帘下，定能窥得芳容。少年甚喜，尽依其言。到端午正日，任渭长将小舟泊于美人帘下，待到龙船经过帘下时，特地装醉跌入水中，一时间观舟者争相救人，美人果然掀帘来看热闹，任渭长乘机扶住水底暗石细看娇容，事后凭着惊鸿一瞥绘下芳容，见者莫不称肖。

任渭长画风宗陈老莲，其性情亦相似，晚清笔记多家记载皆称其孤高自赏，不愿同流合污，以图画来寄托胸中不平之气，笔下人物多是列仙、剑侠、高士、先贤等。其一生共绘人物画谱四套，书界称之"任氏四种"，分别为《列仙酒牌》《於越先贤像传》《剑侠像传》及《高士传》。其中《列仙酒牌》刊于咸丰四年（1854），为四种人物画谱中最早刊成者；《於越先贤像传》刊于咸丰六年（1856），由萧山王氏养和堂付梓，既为四种中规模最大者，亦为最巧妙新颖者；《剑侠像传》亦于咸丰六年刊于养和堂，此时画风上追陈老莲而又别出己意，尽显成熟；《高士传》由养和堂刊于咸丰八年（1858），原分上、中、下三卷，就晋皇甫谧之书，任渭长配画。然而任渭长仅绘完计划中不足三分之一即突然去世，后世无人能继此事，故只好以残本形式刊出。

此即咸丰四年刻本《列仙酒牌》，共绘广成子、嫦娥、老子、关令尹等人物四十八帧，皆样貌高古，此乃任渭长受陈老莲启发而绘，原本为游戏笔墨之作，仅用于馈赠好友，并未对外发售。卷前有曹嶙所撰序言，称"渭长仿章侯叶子格画列仙书"，刻工蔡照初后记亦云"任子渭长仿老莲叶子格绘列仙"。与任渭长之游戏笔墨相反，蔡照初刻此书时极用心思，其于后记中云："昔黄子立、项南洲为陈章侯刻九歌、西厢、博古、水浒叶子格，雕镂精致，以九歌为第一，惜初拓本亦如昇元、淳化之不可数觏。国初萧尺木、金南陵暨上官竹庄、王安节所刻诸册，皆莫能出其右。吁！技虽小而思与黄、项齐之，若是易邪！"二者虽然一嬉戏一庄重，所同者却是心中皆有菩提：任渭长心存陈老莲，蔡容庄仰慕黄子立、项南洲，任何技

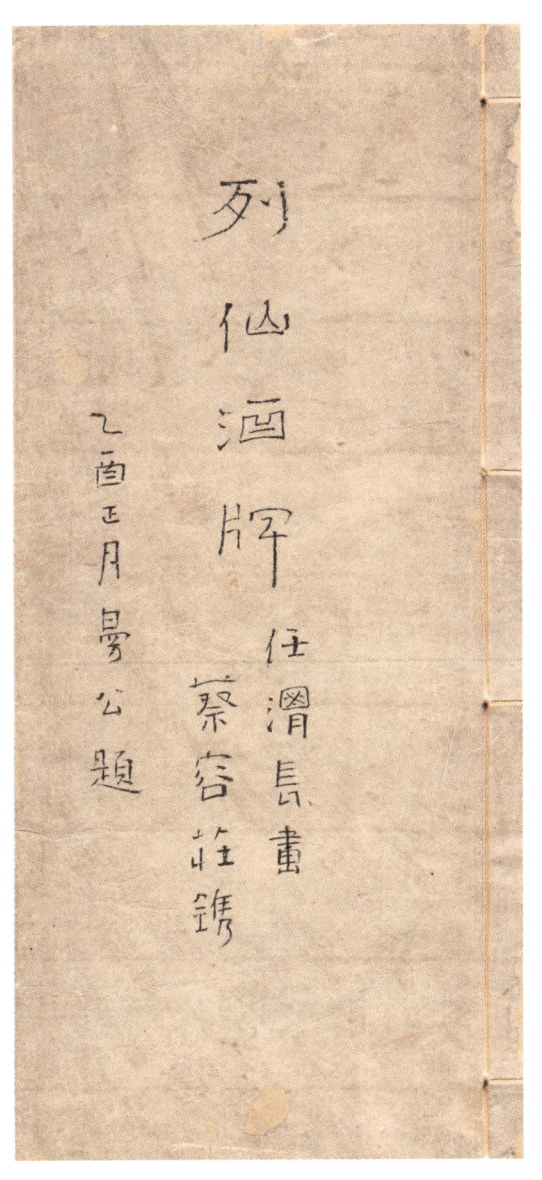

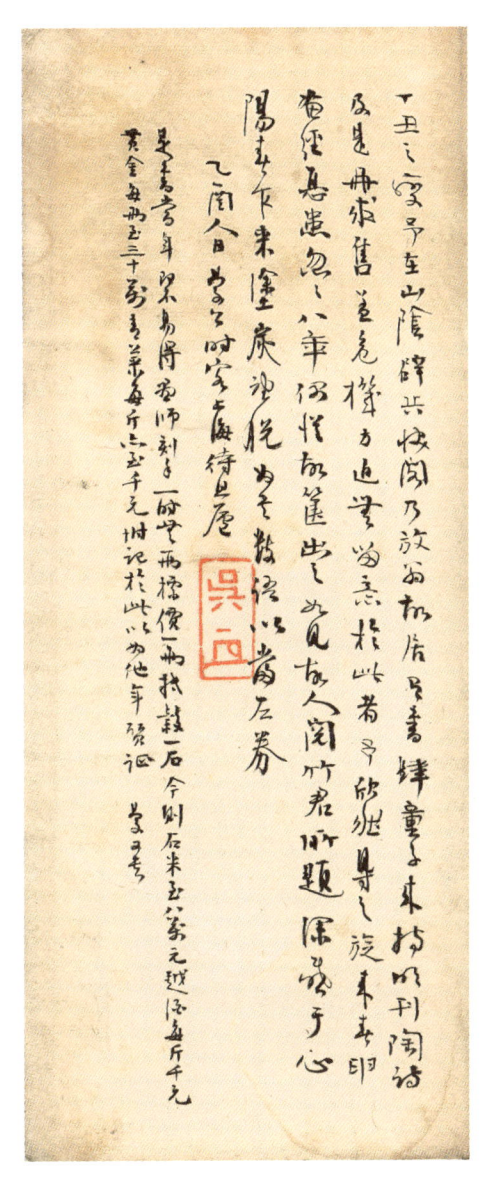

吴观海跋

艺精至极处，总想追前人至高者而上，若无此心，则难以登绝顶处。除却《列仙酒牌》，任渭长另外三部人物画谱，皆由蔡照初所刻，两位心存拿云者之合作，又能不令人见之忘俗。

寒斋藏《列仙酒牌》为初馈赠好友之后重新刷印者。咸丰四年二月，《列仙酒牌》刻成，任渭长招客飞觞，事后以初刷之四十部作为馈赠，众宾客各携一部而归，此四十册今时十分罕见，吾至今未曾寓目。寒斋所藏此本为馈赠之后重新刷印，特用以出售之本，卷前钤有"每册价银壹两"，此次刷印共计多少册，吾翻阅多篇资料，皆不见记载。此本封面尚有吴曼公手书书名及绘者、刻工姓名，卷前有

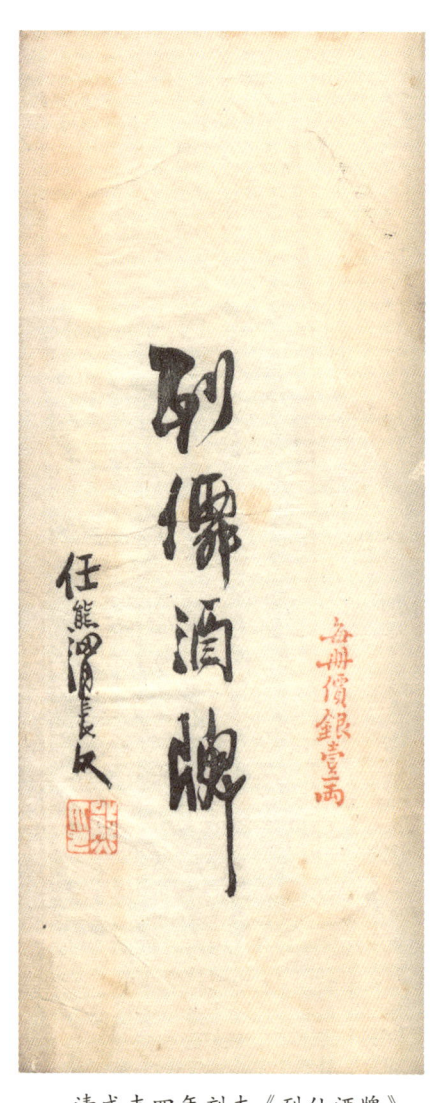

清咸丰四年刻本《列仙酒牌》
书牌页上钤有书价

其跋语一页："丁丑之变，予在山阴辟兵快阁，乃放翁故居，有书肆童子来，持明刊陶诗及是册求售。盖危机方迫，无留意于此者，予欣然得之。旋来春申，备经忧患，忽忽八年，偶从故箧出之，如见故人。阅竹君所题，深感于心，阳春乍来，涂炭望脱。为书数语，以当左券。乙酉人日曼公，时客上海待旦庵。"此段文字后又有小字两行："是书当年即不易得，画师刻手一时无两，标价一两，抵谷一石。今则石米至八万元，越酒每斤千元，黄金每两至三十万，青菜每斤亦至千元，附记于此，以为他年质证。"

带有售价之古籍并不稀见，寒斋有数十部古书皆钤有书贾发售章，除标价以外，往往还有钤"盗版必究"者，有趣者在于钤此章之书本身即为翻刻他人之版。但在书跋中如此详细录及当时物价者，寒斋却所收不多。钤印所称"价银壹两"换作今日当作多少钱，吾不得而知，仅知银元于上世纪90年代收购价为五元钱一块，而今最普通之民国三年版袁大头价钱也在五百元往上。90年代吾在古籍书店曾见另一部《列仙酒牌》，触手若新，品相较寒斋所藏更好，当时标价二十五元人民币，而今此书于拍场成交价早已是数万。时时有藏家感慨当年书价便宜，其实与当时物价相比，善本书价从来都不曾便宜。

此书为何时归来寒斋，吾已记忆模糊，卷中夹有售书签，上写售价四元，然此为购书之价，还是旧日所携之原签，吾皆想不起，然而可以肯定者，彼时当是以极廉值购得此书。时近清明，忙中偷闲，午后持此卷略翻一过，不禁效曼公之举，录字如下：

　　癸巳四月，北京米价每斤两元四角；53度飞天茅台售价九百元，较往年将近两千元之价近乎狂跌，乃中央限酒令之故；受国际金价暴跌影响，国内饰金降至每克三百六十二元，据闻金饰店内人头涌涌；新出现之H7N9禽流感病毒令人心惶惶，以及不久前群猪投江事件，多有市民改吃素食，蔬菜价格全线上涨，青菜每斤售至四元；某拍场上拍《幼学堂文集》，起拍价高达一百五十万元，流拍。

吴观海藏书印"毗陵吴观海曼公审藏"

吴兆璜过录俞樾、孙诒让、吴闿生批校《吕氏春秋》二十六卷

《吕氏春秋》二十六卷　（秦）吕不韦撰

民国十年（1921）莲池书社铅字排印《吴先生群书点勘》本　吴兆璜过录俞樾、孙诒让、吴闿生批校　一函三册

钤印：静虚堂金石书画收藏印（白方）

　　《吕氏春秋》历代版本极多，传世以元至正六年（1346）嘉兴路儒学刻本为最早，嗣后明、清至民国，刊刻者众，明代有李翰重刻本、许宗鲁刻本、张登云校刻本、姜璧资政左室刻本、宋邦父刻本、汪一鸾刻本、凌毓枬刻朱墨套印本等等，清代则有毕沅刻《二十二子》本等。寒斋藏有该书七部，最古者为元至正嘉兴路儒学刻明自敬庵补刻本，乃宋育德旧藏，另有凌毓枬刻朱墨套印本，带有泰昌年款，颇难得。此为民国十年（1921）河北莲池书社铅字排印《吴先生群书点勘》本，内有吴兆璜过录毕沅、俞樾、孙诒让、吴闿生及潘伯鹰等批校，细字遍满书眉，观之可喜。

　　莲池书社位于保定，始建于清雍正年间。雍正十一年（1733），朝廷命令各地兴建书院，直隶总督李卫遂于元代张柔莲花池

吴汝纶

故址修建讲堂，命名为莲池书院。光绪初年黄彭年曾主讲该院，倡导古学，建有万卷楼，藏书三万余卷。光绪九年（1883），张裕钊任山长，以小学声韵、金石考据、经今古文、典章制度授课。光绪十四年（1888），吴汝纶出任莲池书院山长，开始倡导新学，于书院内设东文、西文两所学堂，教授外国语言，为当时之一大创举。去年仲夏，吾重访藏书楼再次造访莲池书院，该院已辟为公园，游人如织，与十几年前大相异趣，后来又读到文章，有学者提议将此书院归入河北大学名下，未知结果如何。

吴汝纶（1840—1903）字挚甫，安徽桐城人，曾国藩四大弟子之一，桐城派殿军人物。曾国藩日记中记载初识吴汝纶时称："吴桐城人，本年进

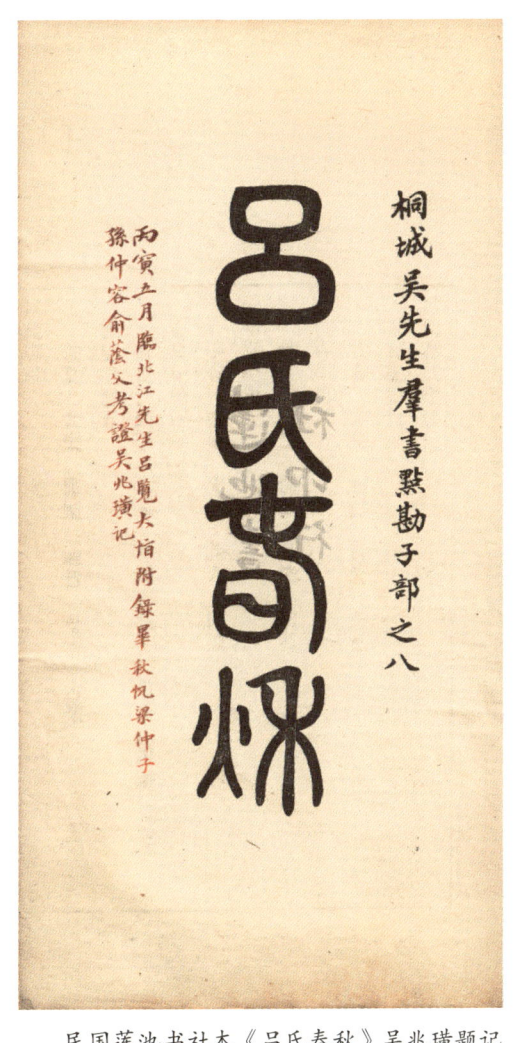

民国莲池书社本《吕氏春秋》吴兆璜题记

士，年仅二十六岁，而古文、经学、时文皆卓然不群，异材也。"之后又称："吾门人可期有成者，惟张（裕钊）、吴（汝纶）两生。"因欣赏其材，曾国藩将之留入幕内，还聘其为塾师，以教子辈。吴汝纶后又入李鸿章幕，与李、曾二人关系密切，二人奏议大抵出自其手。光绪七年（1881），吴汝纶补直隶州知州，光绪十五年（1889）辞官，出任莲池书院山长，直至光绪二十七年（1901）辞去教职，主讲莲池书院十二年之久，严修、周学熙、马其昶、姚永概、尚秉和、傅增湘等，皆为其执掌莲池书院时之门生。彼时中国正值数千年未有之大变局，面对西方文化不断入侵，吴汝纶痛心疾首同时，深感中国如风气不开，新学不出，与西东邻国交战，决无胜战之理，但同时又担心西学盛行，中国文学与周孔遗业将与希腊、巴比伦文学一般渐渐消亡。考量之后，吴汝纶还是选择提倡西学，尤其推崇西学中之医学、化学、矿物及机械制作等。光绪二十四年（1898），朝廷诏令各省书院一律改成学校，吴汝纶在校内办起东文、西文二学堂，分别聘请日本人中岛裁之、美国人贝格

呂氏春秋卷第一

孟春紀第一　本生　重已　貴公　去私

一曰孟春之月日在營室營室北昏參中旦尾中參西方宿尾東方宿是
月昏旦時皆中於南方　其日

甲乙其帝太暤其神句芒其蟲鱗其音角律中太蔟其數八太蔟陽其

味酸其臭羶其祀戶祭先脾東風解凍蟄蟲始振魚上冰獺祭魚候鴈

北天子居青陽左个東向堂北頭室也　乘鸞輅駕蒼龍載青旂衣青衣服青玉食

麥與羊其器疏以達疏鏤通達　是月也以立春先立春三日太史謁之天子

曰某日立春盛德在木天子乃齋立春之日天子親率三公九卿諸侯

大夫以迎春於東郊還乃賞卿諸侯大夫於朝命相布德和令行慶施

惠下及兆民慶賜遂行無有不當迺命太史守典奉法司天日月星辰

之行宿離不貸無失經紀以初為常星辰宿度司知其慝　是月也天子乃以元日祈

鼒为教习，教授日文、英文及欧美历史、政治宪法等课程。

　　光绪二十七年（1901），李鸿章病逝后，吴汝纶辞去莲池书院山长，欲南归故里。李鸿章去世前数月，曾有意荐吴汝纶进宫任内廷师傅，为储君授课，辗转问其意时，其拒受"帝师"之位，称："大阿哥恐终不得立，何用求师为？"洞观世事若此，可见权势地位在其眼中，视若粪土。离开莲池书院之后，吴汝纶前往日本考察学政，归来后写成《东游丛录》，并创办桐城学堂，亦即今日桐城中学之前身。去年访古至桐城，桐城中学是必去之所，内有吴汝纶当年创办桐城学堂之藏书楼半山阁，以及姚鼐手植银杏树，校园中尚有吴汝纶雕像。吴汝纶墓位于一极偏僻村庄之僻静处，第一日去寻访时遇上大雨，被村民带着在几个小山头间辗转数圈，然后村民坦白说想不起在哪座山，全身衣物内外尽湿，次日再去，终于找到。

　　吴汝纶之子吴闿生在为其父撰写的行状中写道："先君服御简落，生平于事物无所好，独好聚书，虽贫匮，辄出重金购书，藏书数万卷，皆手自厘定，居恒手一卷不释。所著书已刻者有《写定尚书》一卷、《深州风土记》二十卷、《东游丛录》四卷，其余经说诗文尺牍日记若干卷，厘定群书若干种，多为学经世之要。先君禁传播文字，故交游间罕得见者，不孝将谋刊刻行世，以俟后圣君子。"吴汝纶去世后第二年，吴闿生即将父亲著述编次付梓，是为光绪三十年吴氏家刻本，名曰《桐城吴先生文集》。之后数年，吴闿生又陆续将吴汝纶点勘诸书整理刊行，计有数十部之多。其中《桐城先生点勘诸子读本七种》宣统二年（1910）由衍星社铅字排印，分别为《老子》《管子》《墨子》《庄子》《荀子》《韩非子》及《太玄经》，时隔十一年后，吴汝纶点勘之《吕氏春秋》经莲池书社以铅字印行，附入点勘诸子读本之列，故书牌页印有"桐城吴先生群书点勘子部之八"。

　　吴闿生（1879—1950）字辟疆，号北江，学界尊称为北江先生。曾留学日本，北洋时期曾任教育部次长、国务院参议，对《左传》尤有研究，著有《北江先生诗集》《吴门弟子集》《左传微》《左传文法读本》《诗义会通》等等，多为经学著述。此《吕氏春秋》为吴闿生学生吴兆璜批校之本。吴兆璜（1903—1962）字稚鹤，满族人，师从吴闿生，精通经史、诗词及古籍金石等，尤擅隶书。抗日期间，其随国民政府迁往重庆，收集大量金石拓片，其中多有原拓精品，因其所藏中有四件旧拓《爨龙颜碑》，故颜其斋"四爨斋"。1960年，其经齐燕铭介绍任东北文史研究所研究员，1962年赴长春讲学。章士钊《柳文指要》有文记载其晚年事："吴兆璜，字稚鹤，与伯鹰同学于吴闿生之门，善分隶，最近在长春讲《左传》，未离

志在流水鍾子期又曰善哉乎鼓琴湯湯乎若流水鍾子期死伯牙破

琴絕絃終身不復鼓琴以爲世無足復爲鼓琴者非獨琴若此也賢者

亦然雖有賢者而無禮以接之賢奚由盡忠猶御之不善驥不自千里

也湯得伊尹祓之於廟爝以爟火釁以犧猳

設朝而見之說湯以至味湯曰可對而爲乎

足以具之爲天子然後可具夫三羣之蟲

獵者臊草食者羶臭惡猶美皆有所以凡味之本水最爲始五味三材

九沸九變火爲之紀時疾時徐滅腥去臊除羶必以其勝無失

其理得勝其中其臭適有以甘酸苦辛鹹先後多少其齊甚微皆有

自起分齊和鼎中之變精妙微纖口弗能言志不能喻若射御之微陰陽

之化四時之數故久而不弊熟而不爛甘而不噥

呂氏春秋卷十四　　　本味　　　三

讲席，骤中风殁。"

吴兆璜于此本卷前以朱笔题识曰："丙寅五月临北江先生《吕览》大旨，附录秋帆、梁仲子、孙仲容、俞荫父考证。吴兆璜记。"《吕览》即《吕氏春秋》别称，所临诸家考证中，以俞樾考证最多，其次为吴北江、毕沅、孙诒让二人考证并不多，偶尔亦见潘伯鹰考证，不过卷前题识中未点名耳。潘伯鹰与齐燕铭皆为吴兆璜早年问学于吴北江门下之同窗，少年情谊，延至白头，堪叹。

此卷虽为铅字印刷，但一依刻本样式，然天头颇阔，吴汝纶点勘之语以小号铅字印于正文之上，吴闿生、俞樾等人批校之语则以墨笔过录于评点之句上方。细读各家点评，不禁感慨俞樾的确学问精深，有论及吕氏本意者，如"俞云：'精'之言甚也。吕氏之意盖谓目耳心三者皆为私设，至其甚则无智无由公矣"；有从小学角度解释文义者，如"俞云：'止'疑'亡'字之误。'亡彼在己'言不在彼而在己也。古书每以'亡'与'在'相对，《庄子·田子方》篇曰'其在彼耶，亡乎我；在我邪，亡乎彼'，与此文之法正同"。又有从校勘角度点明某处误某字者，如"俞云：'五员过于吴'，'过'当为'适'"。吴兆璜尚过录其评高诱语云：

> 俞云：高注未得吕氏之旨。子路之释雉即关尹子之意。盖掩袭而取之，是未知所以取之也，犹射中而未知所以中也。虽足以得物，而于己未审，此子路之所以复释之，而吕氏引以证审己之义者也。

高诱为东汉训诂学家，所注《吕氏春秋》为今人所见最早注本，音义并重，兼采众说，历来为各家推崇，俞樾却敢下"高注未得吕氏之旨"之判断，足见其大胆与自信，而此大胆与自信背后赖以支撑者，恰是学问。

此本卷中尚有朱笔批校若干处，细读为吴兆璜所批，凡其过录者用墨笔，书己见则用朱笔，以示区别。其中一段云："论味忽生奇境，称引至博，一气贯注，不觉其烦，不觉其滞。周秦三代之文多如是，色泽烂漫，声光并茂，扬马之所本也。唐以后此等境界不复有矣。"吴兆璜之评语不脱桐城派本色矣。

于省吾跋
《北江先生文集》七卷

《北江先生文集》七卷　吴闿生撰

民国十三年（1924）文学社刻本　于省吾跋　一函六册

钤印：于省吾印（朱方）、双剑誃（白方）

　　《北江先生文集》七卷，吴闿生所著，由门人吴兆璜、贺培新编次付梓，民国十三年（1924）由文学社刊行，前有吴兆璜、贺培新、曾克耑序言，多叙其与桐城一脉之关系，并赞颂其父吴汝纶。吴兆璜序中详述此本付梓源起，称："闲尝以不得尽读先生诗文为恨，癸亥秋始取先生诗集印行。其后武强贺培新孔才与兆璜相约请刻先生之文，先生皇然谢绝，门人相继请者益多，而海内景仰先生者亦数以书问敦促，先生不获已，始以文集稿本授之，同人皆大喜过望，遂相与集资刊之。"此段话今时读来甚觉有趣，今人无论如何写不出来，然彼时却是极自然之语。吴闿生评论自己文集云："嗟乎！北江而所存者止此，匪惟可哂，抑亦可悲矣。"可略见其自视。

　　文集以撰述年代分卷，起自光绪二十二

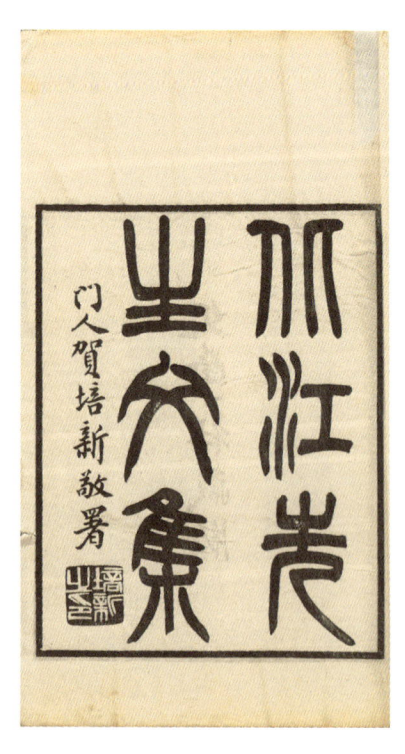

民国十三年文学社刻本《北江先生文集》书牌页

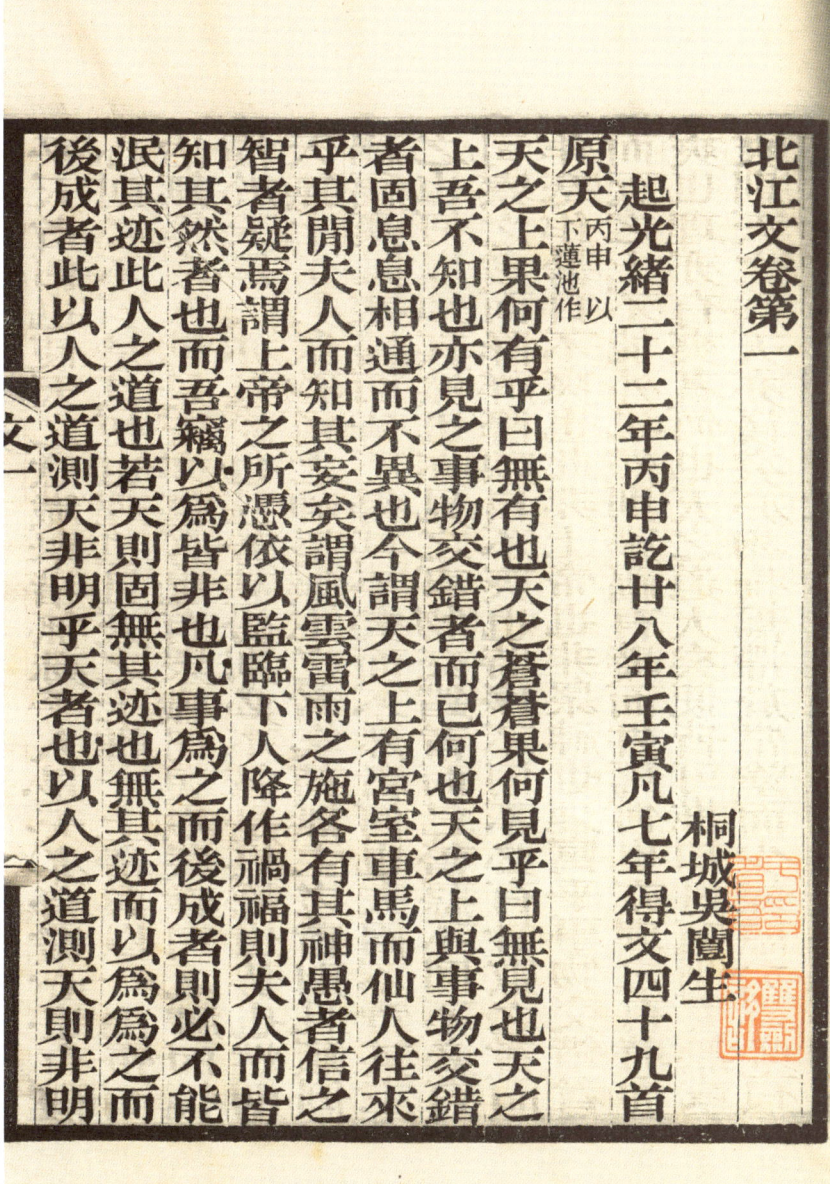

北江文卷第一

桐城吳闓生

起光緒二十二年丙申訖廿八年壬寅凡七年得文四十九首

原天
丙申以
下蓮池作

天之上果何有乎曰無有也天之蒼蒼果何見乎曰無也天之
上吾不知也亦見之事物交錯者而已何也天之上與事物交錯
者固息息相通而不異也今謂天之上有宮室車馬而仙人往來
乎其開夫人而知其妄矣謂風雲雷雨之施各有其神愚者信之
智者疑焉謂上帝之所憑依以監臨下人降作禍福則夫人而皆
知其然者也而吾竊以爲皆非也凡事爲之而後成者則必不能
泯其迹此人之道也若天則固無其迹也無其迹而以爲爲之而
後成者此以人之道測天非明乎天者也以人之道測天則非明

文一

民國十三年文學社刻本《北江先生文集》卷首

年（1896），讫于民国十二年（1923），厘为七卷，其内容除却与时事相关之文章外，有诸多墓表、寿序以及为他人诗文集所作序言。有记家事文章数篇，知其连丧两子一女，皆年幼而夭，悲痛可想。又有文记其母，情深至不忍卒读。卷二有《先府君行事》，此文亦见于莲池书社印行之《桐城吴先生全书》。卷六有《祭蔡松坡文》，为其代段祺瑞所撰，下有小字注有"代段总理"，又有《黄兴蔡锷合祭文》，为代冯国璋而撰，亦注"代冯副总统"，另有《祭黄兴文二首》为自撰。该卷中尚有代黎元洪撰《东浦陈氏谱序》《饶芯生母夫人寿序》，代段祺瑞撰《合肥唐氏宗谱序》，以及代徐世昌撰《黔灵山樵诗集序》。徐世昌亦为大家，请人代笔应该是诸事繁杂无暇以顾，然亦可由此诸多代笔文章，知吴闿生在民国五年至八年期间，时常周旋于各政要之间。

该书眉端有诸多批语，出自双剑誃主人于省吾之手，卷末有其墨笔跋语一段："戊辰季秋，北江师来奉讲学，借得先生自行点勘文集迻录一过。海城于省吾谨志。"于省吾为吴闿生学生，对古文字与古文献研究卓有成就，据罗继祖回忆，其每日凌晨三时即起床阅读写作，直至八十岁仍如此，令人敬佩。于老先生尝言，任何人所掌握之知识及所得之成就皆有限，而任何一门学问皆无限，以有限对无限，有何值得骄傲？又言学问无止境，生命却有限，故一息尚存，即当奋斗不止。

因卷末有于省吾跋语缘故，吾初以为卷中眉批皆为过录吴北江语，然细读卷中文章及眉批，却生疑惑，其点评有赞有贬，若说自我批评尚有人为之，自我夸耀，称所写文章"跌宕生姿，奇趣回环""忽尔神来"则不太可能，颇疑卷中批语为于省吾先生自己所书，而非过录。卷三有《柯凤孙学使五十有九寿序》一文，始知柯劭忞为吴闿生姐夫，此篇眉批为："论寿序体裁不应拉杂叙文中。省吾以为此等可列之文前小叙，或附之后案说明。此幅除结穴外，何处是正文，何是开笔。作寿序是一事，论寿序体裁又是一事，不能相提并论，否则略叙三五句，口扫一切，未尝不可也。"读到此处始确定眉批出自省吾先生。

戊辰年为民国十七年（1928），是年吴闿生开始于奉天萃升书院讲学，于省吾跋语即指此事。此年于省吾三十二岁，正是意义风发时，评价老师文集颇为自负，有赞至极处者，亦有毫不留情处。其评《李母王夫人墓志铭》云："铭词郁丽，公所独擅，吏部后旷千载而未遇也。"评《故涡阳知县薛公碑》云："雅饬坚凝，不使俗尘染笔端，兼擅韩柳与欧王之叙事，跌宕生姿，又别一境界矣。"批评之语亦多，如"此公文之上乘，然亦词修而义浅"。又有："亦肤浅之说"。又有："语

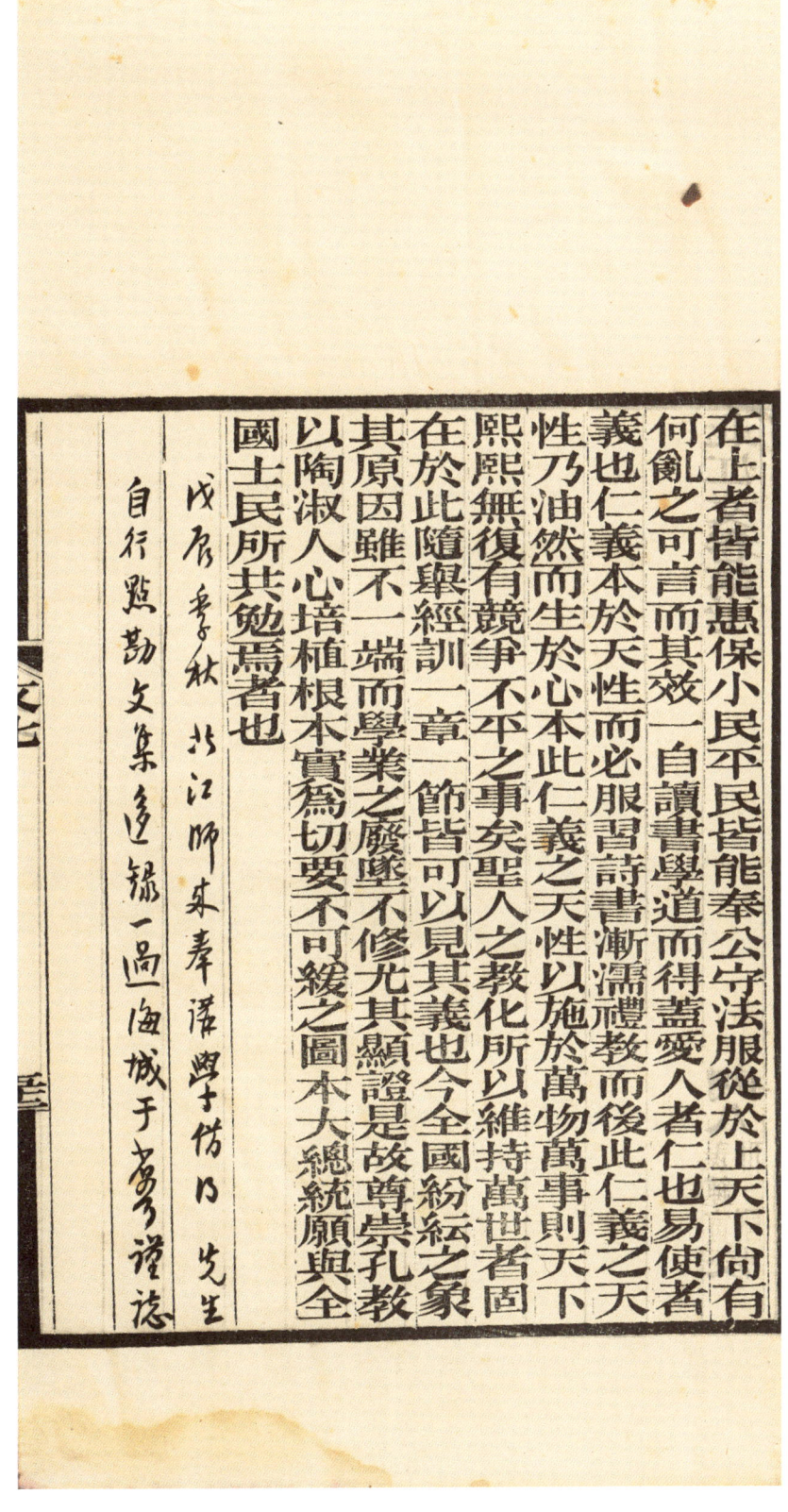

在上者皆能惠保小民平民皆能奉公守法服從於上天下尚有
何亂之可言而其效一自讀書學道而得蓋愛人者仁也易使者
義也仁義本於天性而必服習詩書漸濡禮教而後此仁義之天
性乃油然而生於心本此仁義之天性以施於萬物萬事則天下
熙熙無復有競爭不平之事矣聖人之教化所以維持萬世者固
在於此隨舉經訓一章一節皆可以見其義也今全國紛紜之象
其原因雖不一端而學業之廢墜不修尤其顯證是故尊崇孔教
以陶淑人心培植根本實爲切要不可緩之圖本大總統願與全
國士民所共勉焉者也

戊辰季秋於江師宋奉譔學于佲口先生
自行點勘文集逐錄一圖海城于省吾謹誌

民国十三年文学社刻本《北江先生文集》卷末于省吾跋语

未雅理亦未足"。其评时文《普通教育》云："村学究之言，不宜出此先生口。"可谓甚矣。

于省吾又于卷一《城南饮饯诗序》眉批："拼力学韩，终不逮也。"此为首次提及吴闿生效仿韩愈，嗣后有"公之学韩，有时流于雕琢矣""学韩逼似""浑厚凝重而不逊韩之惊创激荡也"等语，时将北江文字与韩文相提并论。桐城派素来推崇韩愈，是故吴闿生笔底处处可见韩文身影。综合观之，于省吾对于吴闿生文集，是欣赏其文辞而不认同其观点，然吴闿生作为桐城派大家吴汝纶之子，其文辞又有何理由不妙哉。

于省吾藏书印"于省吾印""双剑诊"

樊增祥批跋、陈运彰校跋《彊村词》三卷

《彊村词》　（清）朱祖谋撰

清光绪三十一年（1905）刻本　樊增祥、陈运彰批校、跋语　一函一册

钤印：纫芳籍收藏唐宋以来歌词类总集别集之记（朱方）、陈运彰（白方）、蒙安（朱方）、蒙庵藏弃（朱方）、徐恕读过（朱方）、思恭堂印（朱方）、桐风簃（白方）

《彊村词》三卷，作者朱祖谋（1857—1931）原名孝臧，字古微，号沤尹，又号彊村，浙江归安人。清季词学之集大成者。光绪九年（1883）进士，官至礼部右侍郎，光绪三十年（1904）出为广东学政，后因官场不适，引疾归田，卜居苏州，鼎革后以遗老自居，往返江浙间，以著述自娱。所著有《彊村语业》《集外词》等，身后汇刻为《彊村遗书》行世。又辑有《湖州词征》二十四卷、《国朝湖州词录》六卷、《沧海遗音集》十三卷。民国六年（1917），其校刻唐五代宋金元词总集五种，别集一百七十四家，名曰《彊村丛书》，嗜词者奉为宝典。《清代七百名人传》中记此事称："盖词起于晚唐，越三百余年，而有南宋之刻百家词。又四百余年，为明末造，而有常熟毛晋汲古阁之刻。又且三百年，而后有祖谋之校刻也。词苑于是为第三结集矣。"缪荃孙亦曾有诗赋此事，其诗曰《题朱古微校词图》："汲古毛 皆石研秦，半塘搜辑更

朱祖谋

103

翻新。谁知苕水彊村老，别出心裁傲古人。元钞宋刻古今殊，一字搜求比一珠。校史雠经功力等，词家亦有戴钱卢。校签屡下度丹黄，同志仍须往复商，五夜一灯频改削，不知斜月上西墙。"

彊村最初以诗闻名，入翰林院结识王鹏运后，弃诗而专攻词。王鹏运（1849—1904）字幼霞，一字佑遐，中年后自号半塘老人，所著有《半塘定稿》，曾汇刻《花间集》及宋、元诸家词为《四印斋所刻词》。时王鹏运常对朱祖谋讲述词学源流正变，并教其由南宋入手，明以后词不须寓目。彊村则日日上去阴阳，矢口平亭，王鹏运见状亦为之叹，称其为"律博士"。如是数年，彊村词日臻精妙，后与王鹏运、况周颐、郑文焯并称为"晚清四大词人"。

朱祖谋填词早年学吴文英，晚年取法于苏东坡、辛弃疾，词风愈显苍劲沉著，熔丽密深秀与疏宕豪放于一体，既重字面词藻，亦具气格风骨。光绪三十年（1904），王鹏运遇况周颐，出彊村词以示，况周颐读罢赞叹再三，事后王鹏运致信朱祖谋称："昨况夔笙渡江见访，出大集共读之，以目空一世之况舍人，读至《梅州送春》《人境庐话旧》诸作，亦复降心低首，曰：'吾不能不畏之矣'。"王鹏运曾月旦彊村词，称其词："庚辛之际是一大界限。自辛丑夏与公别后，词境日趋于浑，气息亦益静，而格调之高简、风度之矜庄，不惟他人不能及，即视彊村己亥以前词，亦颇有天机人事之别。"王鹏运所云"庚辛"乃指庚子（1900）、辛丑（1901）二年，彼时政坛风云变幻，戊戌六君子事件对朱祖谋冲击尤大，先后填有数词，皆为伤悼此事，前人有云"国家不幸诗家幸"，此又一例也。

此本为光绪三十一年（1905）刻本，乃王鹏运代为定稿，卷前有牌记"光绪旃蒙大荒落徐凤衔署检"，又有王鹏运序言，称："夔笙喜自诒，读大集竟，浩然曰：'此道作者固难知之者，并世能有几人何'？可想见其倾倒矣。"又有朱祖谋自序，回忆与王鹏运师友之情，两人相约互相订正词集，订约未久王鹏运即归道山："而人琴俱逝，赏音阒然，感叹畴昔，惟有腹痛。既刊翁《半塘定稿》，复用翁旨，薙存拙词若干首，姑付剞氏，即以翁书弁之首，以永予哀。"尝于别处读关于朱祖谋文章，称其日常论事作书，皆喜用"腹痛"二字，此集一册三卷，其中第二卷即名《腹痛集》，卷一、卷三分别为《寒灰集》《怀舟集》。

王鹏运于朱祖谋亦师亦友，此集中多有体现。卷中多有与王鹏运唱和之词，有赋送别者，有赋月下怀人者，久不得半塘书信赋之，得半塘凶信赋之，重九思人亦赋之，而尤以重九怀人之《哨徧》感人。此词作于王鹏运去后三月，词前引王鹏运

白石夢窗之間

彊邨詞卷一

歸安朱祖謀古微

寒灰集

三姝媚 瞻園約爲西山之游寒陰殢人屢阻攜屐雪後引眺賦此代簡

晴絲橫苑路際林端微明禁煙猶沍喚客山禽盪倦情銷得探春詞句野水棱棱隔岸引玉驄新步舊崦微茫衹有梅花撩人心緒偏是芳游輕負賸小萼疏簪凍香誰護夢熟西峰又濕雲和恨暗凝春素淡極愁蛾還惹

清光绪三十一年刻本《彊村词》卷首

清光绪三十一年刻本《彊村词》书牌

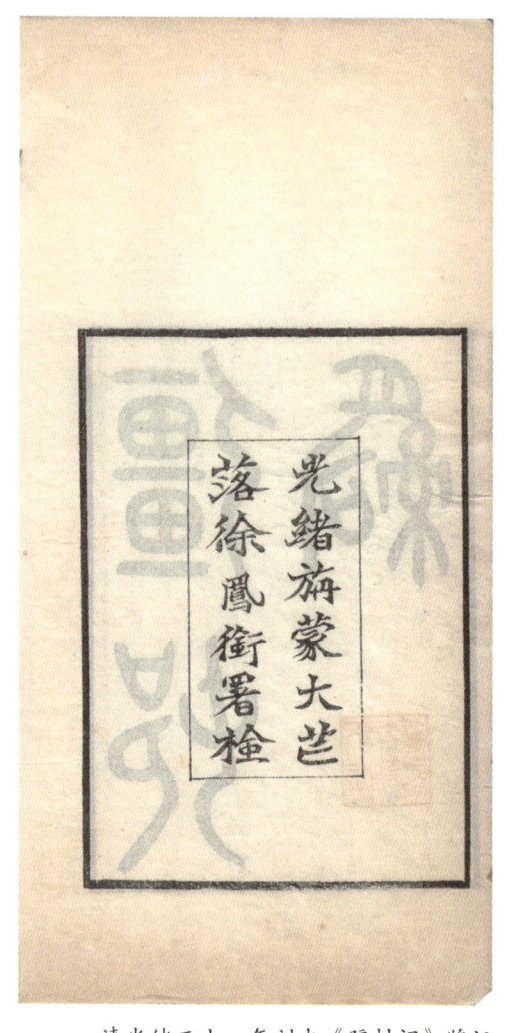

清光绪三十一年刻本《彊村词》牌记

《半塘僧鹜自序》，其中云："半塘僧鹜者，半塘老人也。老人今老矣，其自称老人时，年实始壮。或问之，老人泫然以泣作，而曰：礼不云乎：父母在，恒言不称老。某不幸，幼而失怙，今且失恃矣。称老，所以志吾痛也。然则半塘者何？曰：是吾父吾母体魄之所藏也。吾纵不能依以终老，其敢一日忘之哉！由是朋辈无少长，皆以老人呼之而不名，悲其志也。"吾读此始知王鹏运号半塘老人之由来，此前一直以为其号半塘，缘自所居之处曰半塘也。

此本虽为光绪末年刻本，至今百年而已，却曾栖身数位名家邺架，兼得各家手泽，足堪宝之。其封面有樊增祥墨笔书"《古微词集》三卷全。宣统己酉六月几望樊山题。"己酉为宣统元年（1909），此集刻出未久，时朱祖谋五十二岁，樊增祥六十三岁。樊增祥为近代晚唐诗派代表诗人，词作非多，但与朱祖谋等人亦时常唱酬，其于该书封二复有题识："光绪间有此词手，足见声音之道不绝于天地间。樊山识。"卷中则时见其墨笔眉批，然并非如王鹏运之一味赞叹，亦有指彊村词之不

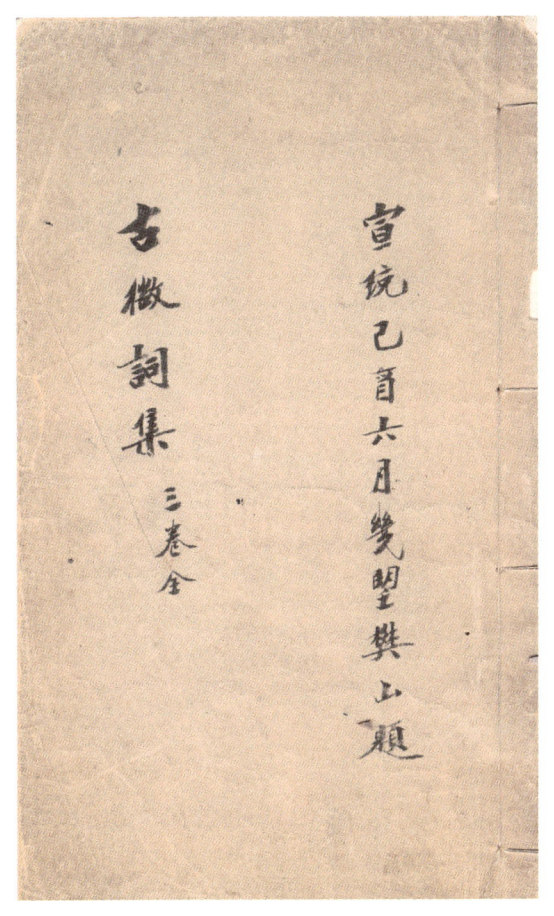

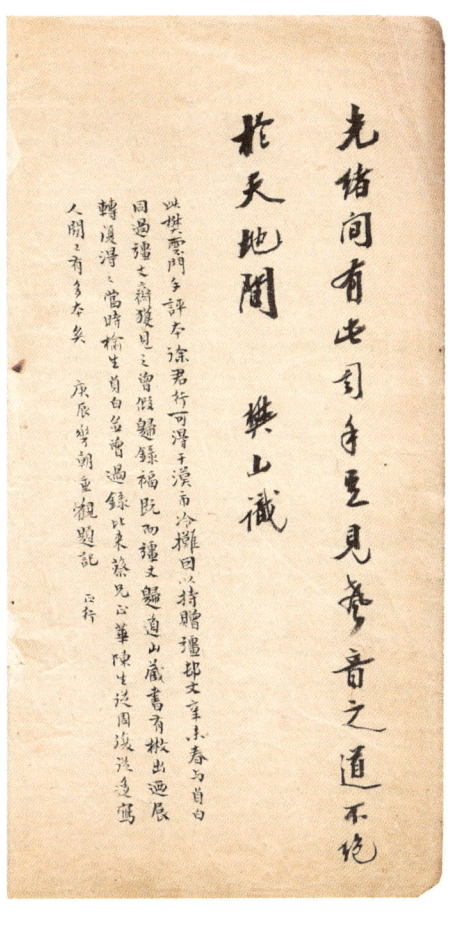

清光绪三十一年刻本《彊村词》封面樊增祥题记

清光绪三十一年刻本《彊村词》樊增祥及陈运彰题记

尽人意处，如卷三《庆宫春》："非词中应有语"；又评《阮郎归》："'清'字再酌，且与后阕'清'字相犯"，可见樊山虽填词非多，然与词学亦有造诣。卷三《南乡子》"倦眼若为开，古鬲双烟小炷培"句有其圈点为记，其上眉批曰："时人能识此语之妙，可与言词；能识'培'字之妙，更进一层。己酉六月暑中拈书，以示后学。"其眉批至详处，则为卷一《莺啼序》："此调著眼在第二阕第二句，'傍柳系马'四字，去上去上，犹绝千古。此则律细而句未佳也。犹忆同治庚午，诸迟菊填此调，得'郁郁王气'四字，自言胜梦窗。余以笔乙之，嗤其无律，迟菊甚不怿。今四十年矣，怆念前尘，泫然泣下。"读词颇伤情绪也，非惟樊山，吾亦如之。

樊山批阅过后，是书未知何故散于冷摊，为徐恕所得。徐恕（1890—1959）字行可，号彊簃，家资颇富，惟好收书，为近代湖北藏书大家，曾馆于嘉业堂两年，尽读其藏，又与徐乃昌、伦明交好。伦明《辛亥以来藏书纪事诗》咏其人："家有余财志不纷，宋雕元椠漫云云。自标一帜黄汪外，天下英雄独使君。"徐恕藏书版

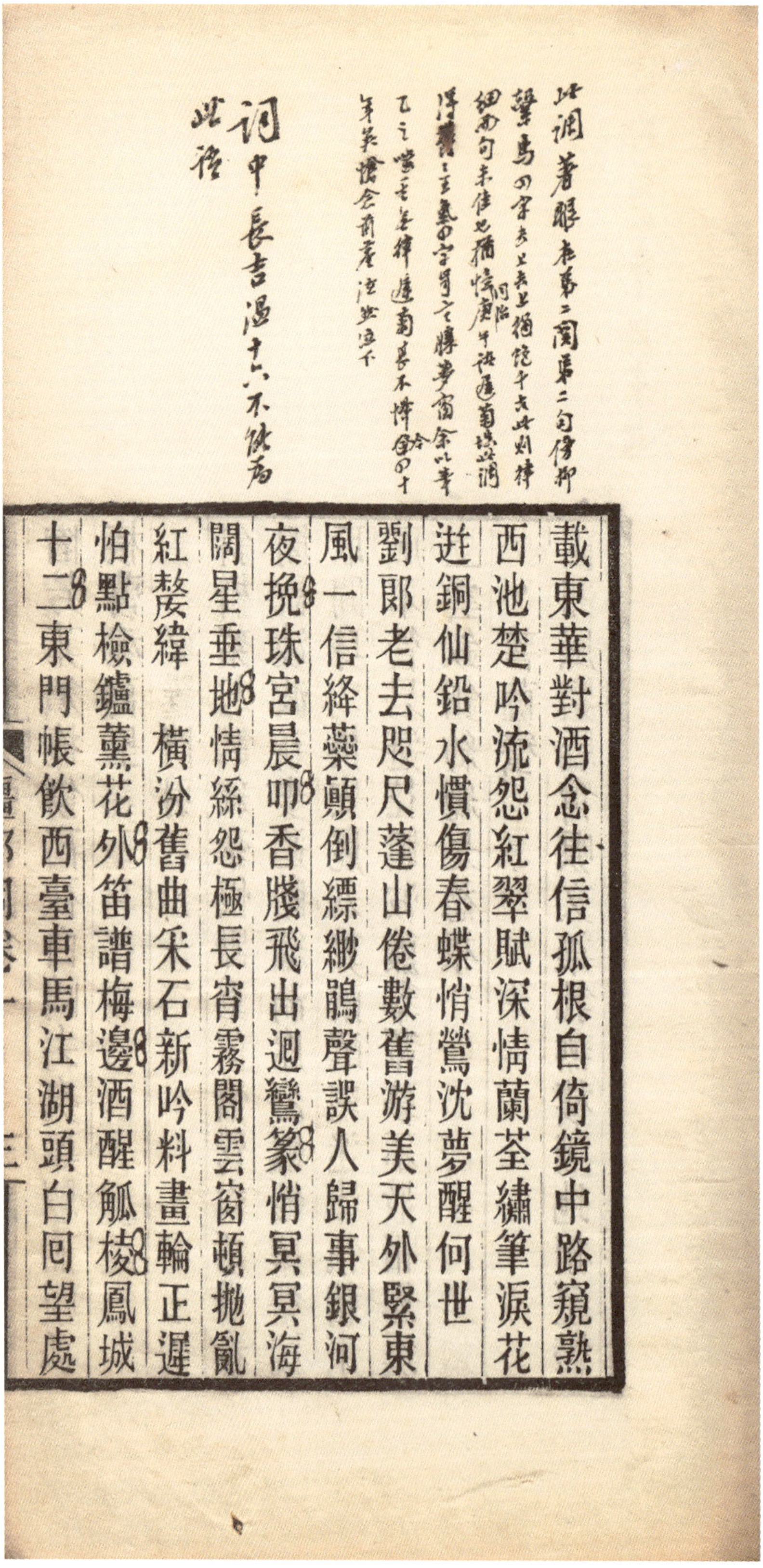

載東華對酒念往信孤根自倚鏡中路窺熟
西池楚吟流怨紅翠賦深情蘭茝繡筆淚花
迸銅仙鉛水慣傷春蝶悄舊鶯沈夢醒何世
劉郎老去恁尺蓬山倦數舊游美天外緊東
風一信絳藥顛倒縹緲鵑聲誤人歸事銀河
夜挽珠宮晨叩香賤飛出迴鸞篆悄冥冥海
闌星垂地情絲怨極長宵霧閣雲窗頓抛亂
紅鼕緯橫汾舊曲釆石新吟料畫輪正遲
怕點檢鑪薰花外笛譜梅邊酒醒瓠樓鳳城
十二東門帳飲西臺車馬江湖頭白叵望處

此調著眼在第二闋第二句信字卻
繫馬刀字去上聲且擱
細雨句未佳跕情庚午被過窗換□
浮寒誰主玉氣分之勝夢窗余此筆
乙巳嘗示老輩連南長不博句中之
年矣體念前盦汝久守

詞中·長吉溫飛六·不似為
此語

清光绪三十一年刻本《彊村词》樊增祥批语

108

徐恕

徐恕藏书印"徐恕读过"

本不问宋元，人不问古近，尤喜稿本、精钞，每出游，志不在山水而在访书，仕宦声利悉不顾，汲汲只在故纸堆中，其堂号有箕志堂、藏棱斋、桐风廎及知论物斋等。其尝言"不以货财遗子孙，古人之休德。书非货财，自当化私为公，归之国家"，所藏十万册图籍于上世纪五十年代悉数捐赠于湖北省图书馆，成为该馆所藏古籍之基础。

徐恕于冷摊得是书后，将之持赠朱祖谋。民国二十年（1931），陈运彰与吕贞白于朱宅得见是书，因有樊山批校，故假归以录副。未久朱祖谋归道山，藏书四散，是书遂又流落厂肆，辗转为陈运彰所得。陈运彰为况周颐弟子，曾整理况周颐生前未刊之《玉栖雅述》，发表于《之江中国文学会集刊》，与王鹏运、朱祖谋皆属临桂派词人。夏承焘曾将数人合而咏之："陈蒙庵以《云窗授律图》嘱题，志从蕙风问词也。成一绝：彊村授砚当传薪，临桂宗风又见君。各领萍州一枝笛，江湖秋思好平分。"

陈运彰素有于书上题识、钤章及易名之癖，寒斋藏有多部陈运彰题识、批跋之书，所见其不同署名及钤章二十余，是书亦不例外。其字体小而精致，笔划短促，颇似印章边款，且多喜用朱、蓝、紫、绿等艳色，若一书有多处署名，则署名必定个个不同，钤章亦随时更换。此书其钤章有"纫芳簃收藏唐宋以来歌词类总集别集之记""陈运彰""蒙安""蒙庵藏弆"，卷中则有蓝笔校字若干，题下小注中人名多为别署，蒙安则一一于旁注明此为何人，卷末有其蓝笔题识一段："彊村先生于甲子岁写定所作词为《语

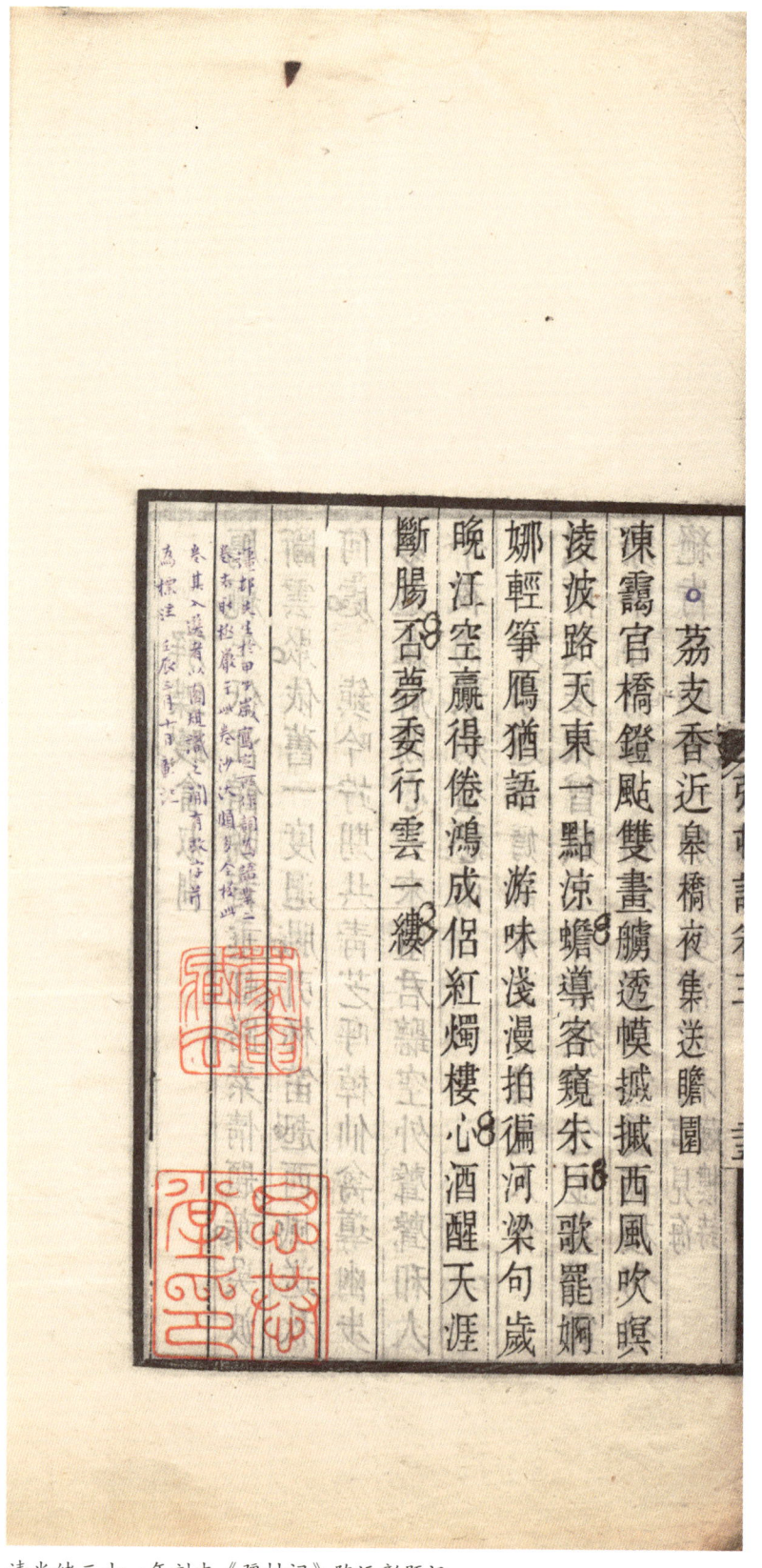

清光绪三十一年刻本《彊村词》陈运彰题记

陈运彰藏书印"蒙庵藏弆"

陈运彰藏书印"纫芳籍
收藏唐宋以来歌词类总集别
集之记"

业》二卷，去取极严，于此卷沙汰颇多。今校此卷，其入选者以圆规识之，间有改字并为标注。壬辰三月十日。彰记。"

卷前又有其墨笔题识，详述该书得来渊源："此樊云门手评本，徐君行可得于汉市冷摊，因以持赠彊村丈。辛未春与贞白同过彊丈斋，获见之，曾假归录副。既而彊丈归道山，藏书有散出，乃展转复得之。当时榆生、贞白并曾过录。比来蔡兄正华、陈生从周复从迻写，人间已有多本矣。庚辰花朝重观题记。正行。"正行亦为蒙安别署，短短四行题识，涉及人物除樊增祥、徐行可之外，有吕贞白、龙榆生、蔡莹、陈从周，皆词坛中人，晚清民国时期之词坛风云人物，泰半聚于此集矣。

卷中钤有"桐风庼"印

周广业稿本《耕厓诗稿》不分卷

《耕厓诗稿》不分卷　（清）周广业撰

清乾隆间周广业稿本　一函两册

钤印：广业字曰勤圃（朱方）

"书之于人，犹饮食然，一日不得饮食则饥，一日不得书则俗，甚者心放轶无所归，否亦冥冥无所觉悟，其害盖甚于饥。"此为周广业《四部寓眼录》所附跋语，当日一见，深得吾心，遂默记之。周广业（1730—1798）字勤补、勤圃，号耕厓、蓳园，三试礼部不售之后，杜门著书终生，所著有《孟子四考》《经史避名汇考》《读相台五经随笔》及《循陔纂闻》等，曾入四库馆参与分校工作，后将经眼之书撰成《四部寓眼录》，民国年间由罗振常付梓。

周广业家产不丰，似乎仅《孟子四考》四卷为自己刻印，其他著述皆以钞本或稿本流传，其中《四部寓眼录》及《四部寓眼录补遗》民国年间由罗振常蟫隐庐付梓。《四部寓眼录补遗》原题《知不足斋丛书提要》，所收书跋仅限鲍廷博所刻丛书，然因原稿本提要及

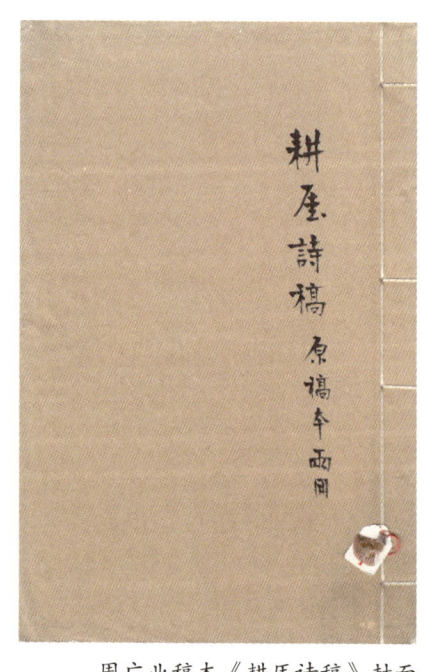

周广业稿本《耕厓诗稿》封面

书口均有"四部寓眼录"五字，且当时鲍氏丛书仅出至第十八集，后十二集尚未出全，周广业所录亦仅十八集，其内容实为《四部寓眼录》之一部分，故罗振常将书名易为《四部寓眼录补遗》付梓。周广业于该书序言中自述藏书之艰："余性嗜书，家无藏弆，客授所得俸，奉亲赡家外，视力所能有者，悉以付书贾，其长编巨册，则从戚友借观，说部如《百川学海》、陶氏《说郛》《汉魏丛书》《唐宋丛书》《稗海》之类，皆已浏览，间有所得，辄为论列，亦有急手翻过者，条其目以备遗忘，所谓目治偶钞也。鲍氏书纸贵一时，且各集先后踵出，非积年不能全，余既不能买，又艰于借，偶窥一斑而已。"

于当时而言，鲍氏书为当世所刻，并非宋元珍籍，周广业却"既不能买，又艰于借"，可见其贫寒之极。乾隆四十八年（1783），鲍廷博将丛书前十集赠予周广业之师邱芷房，周广业于邱宅见之，亟借阅一过。至嘉庆元年（1796），《知不足斋丛书》出至第十八集，周广业托人购得全帙，阅后又因另一位老师周眉亭深爱是书，捆寄相赠，自记其事云："前后十八年，两得异书而皆不能有，非忍割爱也。两师所居，滇南燕北也，好尚同余，其欲得之也甚于余，持赠不亦得人乎？虽然，窃有感焉。譬之良友，其始闻声思慕，恨相见晚，幸而晤对一室，乐矣，又心知其必不能久留，穷日夜竭肺腑相告，语已竟别去，中惘惘若有所失，梦寐萦扰，无以自释。"读此语，觉周广业乃真书痴矣，其所爱者，乃书本身，而非附着于书本之风雅、之古董、之递传。友人事后做诗安慰周广业云："嗜古老成癖，知音报不迟。宝山曾入眼，空手亦何辞。"

此为周广业诗作原稿本《耕厓诗稿》，戊子年秋得于嘉德拍场。彼年拍场一片萧条，此书因为乾隆年间手稿本，兼以周广业之名，故戋戋小册，标价甚高。然而拍卖当日因场上气氛不佳，卖方低一口叫价，以期脱手，为吾得之。此稿一函两册，曾经重新装池，上册卷首原题"耕厓□稿"，后以墨点涂去"□"字，故今辨视不清，下署"海昌周广业勤圃甫著"，钤有"广业字曰勤圃"朱方，下册卷首题"吴歈"，下署"盐官周广业耕厓"。吴歈者，泛指吴地歌声，盐官为地名起自西汉吴王，海昌县历史上亦称盐官县。

卷中所作多为闲情咏物抒怀之叹，春日登楼，江上怀人，除夕娱母，晚雨遣兴等，诗中可大致见其交游状况，与祝洤尤厚，上下两册均多见有怀祝洤或哀祝洤之诗。祝洤字贻孙，号人斋，乾隆元年举人，四岁丧父，母亲日课以数字，每课第一字必为"人"字，教其做人须顶天立地，故祝洤以"人斋"自号。其人嗜理学，私淑张履祥，《清史列传》有小传附于张履祥条下。《耕厓诗稿》中与祝洤相关之诗计有十余首，可见二人情深之厚，每诗下又有小注，详述与诗句相关事实，其述之详堪编年谱，若考祝洤生平，耕厓诗可作凭证矣。其中《奉怀祝人斋先生》诗云：

夫子声名重斗山，春风两度绝追攀。（小注：丑冬游燕，屈指已二十月矣）。

枕中鸿宝刘安秘，（小注：时《礼记读本》告竣，自言此书当藏之名山，勿急付梓也。）望里仙舟郭泰还（小注：时将南旋）。

华发数茎添客路，仙霞千里近乡关。（小注：陈观察履任金衢，邀先生偕行。）

自嗟珠履无门跂，（小注：杜诗"欲向何门跂珠履"。）谢朓齿牙只等闲。（小注：时蒙折简杨少尹、陆学博）。

《清史列传》载祝洤尝为友人删节《礼记注疏》，兼博考诸家，择其长说，为书七十卷，此诗小注中提及之《礼记读本》或指此事。诗稿上册卷末另纸书有悼亡妻绝句十八首，纸张与诗稿略有不同，因该书归来时已经重新装池，故曾疑此诗是否为周广业所书，然细对笔体一致，尤其所有"门"字部首皆以简笔书之，加之诗歌风格与前文如一，诗中夹以小注又一致，故不复作疑。文中提及膝下无儿，过继堂弟之子事，有"早知有子须亡妇，情愿无儿共白头"句，读来令人情为之动，古人不孝有三，无后为大，耕厓与妇之情深，已超越传统礼教，可谓至情至性矣。因感其诗，特录全文如下：

自入吾门耐苦贫，茹茶食蓼剧艰辛。
而今方冀安温馆，一病膏肓遽殒身。

艰难衣食我奔驰，家务终年赖汝持。
从此米盐兼琐屑，老夫事事要亲厘。

外家凋谢每心伤，谱牒携来嘱校藏。
我为利名缰锁住，蹉跎有愿未能偿。

世多隐德读兼耕，一妹相依鲜弟兄。
况是中年伤怙恃，零丁门户最关情。

耕厓詩稿

海昌周廣業勤圃甫著

江上吟

庚辰元旦即事三首末章兼懷庸玉

新芳瑞啓綵雲端簾捲東風漏箭闌翠溢柏樽扶夜醉紅留松火徹春

寒門塗神燕符分換爐注金顏縷曲盤浪羡銀幡譽客禩衫了為亦

相安　家禮相傳慶優新影堂環拜聚宗人村喧爆竹千門日一杯

簇綯槲花一掬春班列封胡慚長齒賀居南北摠依賀忽驚梅蕊蕾　揚州回首端征塵衝雪歸來序已新拮据不

階馥未暇題楲寄昨親

全閒歲儉清閒却喜為家賀巖霜細合花饈百米酢分調紫芥芊好向北

堂持壽盎莫言彭龔未有霸人

奉和近暨叔祖感賦廳前鶴頂山茶之作

紅簇錦窠春艷艷
熖翻火樹夜
調砂

百年堂遺封殖仰先靈幾慶摩婆想舊形鶴頂下行砌戴森文翰半焰燄劃

束身俭约善持筹，亲串殷勤礼数周。
执爨躬亲四十载，从今中馈孰分忧。

为我无儿日夜愁，借材权向弟兄谋。（注：去年继堂弟仲山之子为嗣。）
早知有子须亡妇，情愿无儿共白头。

终岁关心蚕与桑，不辞力疾治籧筐。
十年疟儿戕元气，（注：孺人每蚕毕，必病三疟，已十余年矣。）死太无端更可伤。

持斋佞佛一心专，天竺观音礼更虔。
到得将亡无稍倦，抽闲犹诵佛三千。

身前花木手栽培，朝夕庭除剔草莱。（注：廿八日晚犹督同家人庭前除草，即于是夜起病。）
花尚依然人已杳，忍教烂漫见重开。（注：女萝花正盛开，犹孺人手植也。）

毰毸秋风年复年，累卿买卜费金钱。
他时首蓿盘虽好，举案同餐已少缘。

三年我病汝忧煎，祷佛求医夜不眠。
方冀得偿谐老愿，谁知先我到黄泉。（注：丙午年起，余一病三年，孺人百计营谋，寝食俱废，乃余尚存而孺人已逝，哀哉！）

十载乖离暗惨悽，椿萱并逝又亡妻。
从今勘破尘嚣误，莫再凭他世惘迷。

老余北辙与南辕，深夜烦卿静听门。
从此客归风雨夕，恼人最怕是黄昏。

萱堂早背辄咨嗟，少小相依外舅家。
鞠育无人成痼疾，药炉终岁作生涯。

辞家有女久暌离，闻讣仓皇到已迟。
天性口言何况薄，半由习俗半娇痴。

我本先凋蒲柳姿，陡遭击缶更堪悲。
从知老病难经痛，顿觉神思暗萎疲。

生前早作来生计，身后衣衾预办全。
到得弥留无一语，谅无赍恨到重泉。

莱衣五十二年春，饮泣衰年作鲜民。
泉路倘逢吾父母，为言儿鬓已如银。

周广业藏书印"广业字日勤圃"

邓之诚跋《楼山堂集》
二十七卷《楼山堂遗集》七卷

《楼山堂集》二十七卷《楼山堂遗集》七卷　（明）
吴应箕　撰
清初刻本　邓之诚题记　一函九册
钤印：邓之诚（朱方）、邓之诚文如印（白方）

　　《秋思草堂遗集》曾记载一小故事，
某刻字匠临刑前痛哭，称："上有八旬老
母，下有十八之妻，我死妻必嫁，母其谁
养？"哭完就刑，头颅被斩后直滚至自家门
前，忽然立起。该刻工之所以被问斩，罪名
为曾参与刊刻禁书。故事发生在清初，禁
书运动尚未发展至顶峰，至乾隆年间朝廷纂
修《四库全书》，才开始大规模查办禁书。
由乾隆三十九年（1774）至乾隆五十七年
（1792），从中央至地方皆设有查办机构，
专门办理此事。中央承办机构按禁书来源于
内阁分设三处办理：一是红本处，专门查办
内阁固有藏书；二是办理四库全书处，专门
查办各省采进之遗书；三是军机处，专门查
办各省督抚奏缴进呈之违碍书籍。地方则在
各省、府、州、县衙门设立收书局，负责查
办当地民间藏书及书肆书籍，一旦检出违碍

清初刻本《楼山堂集》牌记

楼山堂集第一卷

貴池吳應箕著

論

史論

賴考叔論

君子之進說於君也自有義理之正然當其未悟而折之也難故嘗反經而用權詘誼而事術祈於事濟以自其心巳矣而其事與言之偶有未當也可毋責也若夫君而悔心之萌矣因悔而瘳之也易而猶不能據理折謬徒取向之所巳誤者緣飾之以冀其有所囘易雖其巧言足以致君

书籍，则由收书局送交本省督抚，经督抚审定列为应毁者，则详细开单汇折进呈。其中浙江省为人文渊薮之地，藏书既多，奏缴之书亦多，在此期间分十八次进呈，共奏缴违碍书籍二百八十八种。乾隆四十二年（1777）第八次奏缴之书中，即有明末吴应箕所著之《楼山堂集》。

吴应箕（1594—1645）字次尾，号楼山，安徽贵池人。与同乡刘城一同参加复社，并称为"贵池二妙"，崇祯十五年（1642）乡试中副榜，以史论与策论名扬当时。其人直爽傲负，喜面折人过，潜心经史，深谙国事，《明史》卷二百七十七有传。其所著除《楼山堂集》外，尚有《读书止观录》《东林本末》《熹朝忠节传》《两朝剥复录》《留都见闻录》及《续舫不舫录》等，所作诗篇气质古朴，不饰华藻，对明末政治腐败、民间疾苦等现象多有描述，陈子龙于《吴次尾己卯诗序》中称其"博极群书，通世务，善古文，独慷慨负大略，此其可以诗人目之哉？顾天下善诗，无有如次尾者"。复社人物周镳则认为次尾诗有屈原遗意，可备诗史观之，于《楼山堂集序》中云："以予观次尾诸诗，其屈氏遗意欤？次尾之论说与策记之为史也，犹夫《春秋》与《书》之为史，其史易见。次尾诗犹夫《骚》之为史也。"《明诗纪事》评云："楼山诗，五言朴老，长于咏史。"

《楼山堂集》被禁，原因在于吴应箕反清复明，其所处之时代正是明朝内忧外患、每况愈下之时，吴应箕多番撰文指陈时弊，同时频频参与复社活动，以实际行动抨击阉党。清军攻破南京后，吴应箕失声痛哭，招募义军抵抗清军，后因寡不敌众而被俘问斩。《南疆逸史》曾载吴应箕临死事，清兵欲将其押至闹市问斩，其称不可，改押至松林，始点头称善。一兵卒欲行刑时，吴应箕又称不可，叱曰："吾颈岂汝可断耶？！"然后申颈至总兵处："以此烦公。"

吴应箕因抗清而死，所作诗文自然多有反清语句。《楼山堂集》第十卷为兵事策，其中有两策专论抗清，其在第三策中提出抗清三策："……于是时以各屯之兵缀之，而用关守之师直捣其巢，此为上策；委之以数邑而坚壁清野，使之攻则不下，掠则无获，择持重有方略大臣一人将之，使各镇能战之将以锐兵更番邀击，可以尽歼，此中策也；但使宣云阳和设奇击惰，一大创而不使得气去，此下策也。"兵事策之外，其他诗文亦多有描述清兵肆虐之语，第二十二卷有五言古诗《练乡勇》，称赞乡勇练兵时军容整齐，诗中直指清军为"北寇"，并且鼓励民众忍饥杀贼："古语岂不信，消萌以建威。北寇方猖獗，南人早见几。一朝严令下，白日旌旗晖。朝为贩菜佣，暮已变征衣。虎视四百人，出入谁敢讥。吾方事杀贼，供亿何能违，杀贼会有时，尔民且忍饥。"第二十三卷中又有七言古诗《任丘行》，称清军为异类："可怜城陷肆焚掠，出入纵横皆异类。官廨烟消一夕中，口口沈沈居甲第。金帛刮土穷搜求，妇女比屋恣淫戏。老弱诛死丁壮械，累累相牵同起寐。"

直指清军为"北寇"，为"异类"，《楼山堂集》被列为禁书可想而知。乾隆四十二年（1777），浙江巡抚三宝奏缴图书六十五种，其中就有《楼山堂集》，称："《楼山堂集》一部，刊本。是书，明吴应箕著，贵池人，十六卷，系应箕所著各体杂文，内有兵事策篇，语涉干犯。"有意思的是，《四库全书总目提要》收有吴应箕另一部著述《读书止观录》，对其评语却是："顺治元年大兵破南京，殉节死。事迹附见《明史·邱祖德传》。明末称复社五秀才，应箕为首。其克全晚节，尤不愧完人。"

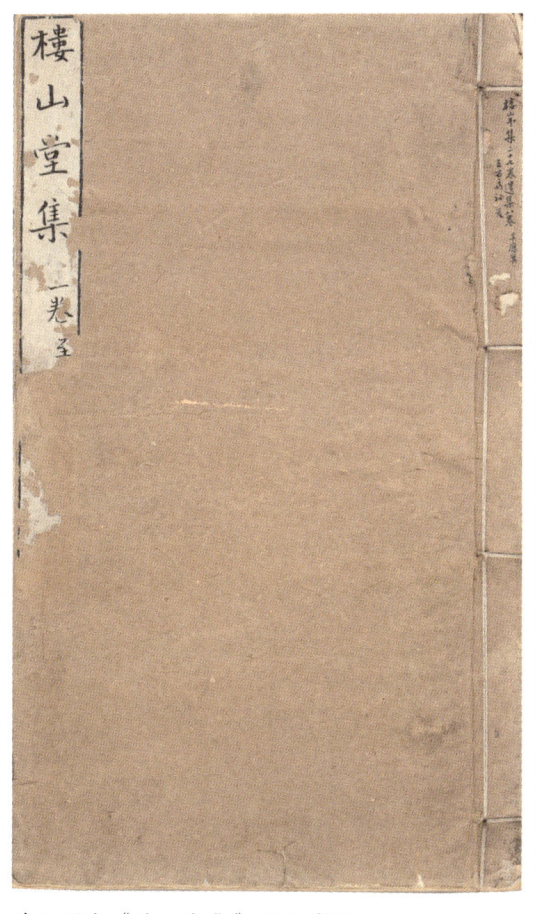

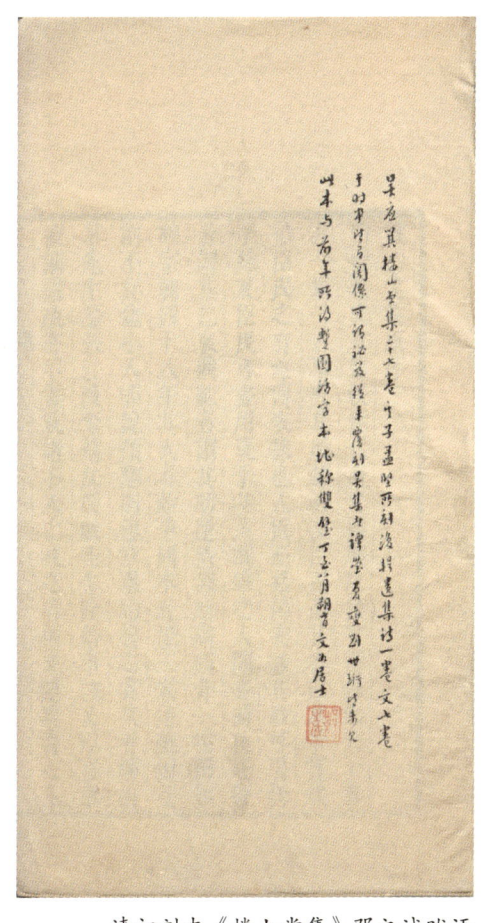

清初刻本《楼山堂集》邓之诚题识   清初刻本《楼山堂集》邓之诚跋语

邓之诚

邓之诚藏书印"邓之诚"

《楼山堂集》最早刻本为明崇祯十二年（1639）所刻，此后直到清末文网渐松，始逐渐有人翻刻，有道光二十八年（1848）泾县潘氏袁江节署刻本、同治六年（1867）当涂夏氏桉山堂遗书本、光绪三十四年（1908）刘世珩刻《贵池先哲遗书》本等。其中《贵池先哲遗书》本中，刘世珩将吴应箕与刘城文集合刊为《贵池二妙集》，集中增添有《吴次尾年谱》一卷、《刘伯宗年谱》一卷，卷末有刘世珩跋云："右《贵池二妙集》五十一卷，世珩谨编次之。首吴集二十七卷，次刘集二十一卷，编列传记、序跋、年谱，续次成附录四卷。吴谱当涂夏嗛甫撰，删繁证讹，重为厘订。刘先生无年谱，为考订而增入之。"然而实际上增订考证《吴次尾年谱》者，并不是刘世珩，而是缪荃孙据夏嗛甫所撰年谱重编。《艺风老人日记》戊戌年记云："聚卿嘱代辑删刘伯宗、吴次尾年谱，并送修金八十两。"此外《艺风堂友朋书札》中刘世珩致缪荃孙书札中亦谈及二谱："顷奉手教，备读一一。伯宗先生年谱已考得生卒岁月，固不寂寞，且可补敝邑邑志之缺。吴谱为删汰，足称二妙。"

寒斋所藏之本为清初刻本，数年前得之于琉璃厂，该书共八册，其中六册为《楼山堂集》，两册为《楼山堂遗集》，因属禁毁之书，兼有邓之诚题记，遂慨然解囊，怀秘笈而归。该书首册书根处有邓之诚细字题："楼山堂集二十七卷遗集八卷。吴应箕。五石斋秘笈。"卷首又有邓之诚题记："吴应箕《楼山堂集》二十七卷，其子孟坚所刻，复辑《遗集》诗一卷文七卷，于时事皆有关系，可谓秘笈。从来覆刻吴集者谭莹、夏燮、刘世珩皆未见。此本与前年所得堑园活字本堪称双璧。丁丑八月朔十日。文如居士。"下钤"邓之诚"朱方。文如居士旧藏寒斋收有二十余部，其字体细小流畅，极易辨识。其身故后，家人将部分旧藏捐至社科院，社科院藏书目录中注明邓之诚题记跋语者甚多，另一部分售于中国书店，被吾陆续购得。《楼山堂集》因名列禁毁，早期传世极稀，故文如居士将该书与堑园活字本合称"双璧"。堑园活字本如今就藏在社科院图书馆内，未知当日文如居士家人分书时，以何为标准，居然将双璧分开处理。

因文如居士题记提醒，吾始细翻该书《遗集》部分，前有陈肇曾、沈乔生、王仕云、许承钦作遗集序言，遗诗并不多，仅四页而已，遗文七卷，多为与友人书札及为他人所作序跋，由其书札可知其交游，如钱谦益、冒辟疆等，又有《寄家人札》，内容虽短，但其一生气慨尽现："我生平志气你们自知，必要尽□□□复还□□□，才不负三十年之名，你们听言惊恐，大丈夫宁死忠义，不死于于封侯拜相，亦在人为之耳。"时间为"乙酉七月"，"□"字处当为反清复明字句，因刻书时已入清朝，故刻书者将此处留白。"乙酉"年正是吴应箕就义之年，可知其早已存报国捐躯之念。此札后又有两札，一为《寄族父老札》："夫尽忠而妻死节，夫何憾乎！但恐乡里为不安耳。死者为我收敛，生者烦为我安顿，我此身已置之度外矣。"一为《又与族众札》："妻烈投崖，女幼弃路，相随将士，甘心同死，惨动天地，忠义之事，何不可为？于吾心一无所悔，惟是死者代为殡殓，生者代为收恤，一女二犬，大家着眼，我誓死报国，身后事惟诸君为我表彰之。"读之令人起敬。

今检吴应箕资料，多述其忠烈，鲜有提及其妻亦贞烈。更令吾意外者，《遗集》中

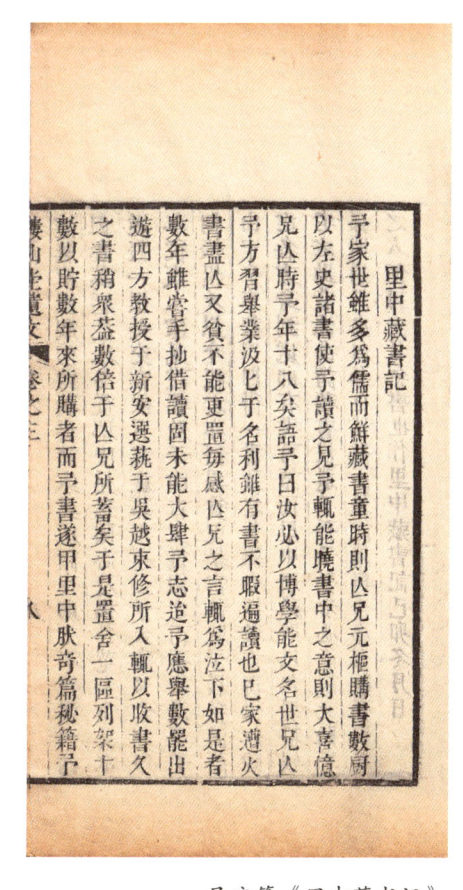

吴应箕《里中藏书记》

有《里中藏书记》一文，详述其藏书事，自言儿时见兄长有书数橱，及长后开始藏书，初时贫不能置，只能手抄借读，继而束修所入辄以收书，久之书稍众，观之已数倍于兄长当年所蓄，于是"置舍一区，列架十数，以贮数年来所购者，而予书遂甲里中。然奇篇秘籍予寔无有，以视海内藏书诸家，真所谓夜郎王不知汉大也"。又记万历己未冬，于郡中见有《三国志》及《杨升庵全集》善本，借银买书，岁暮无钱还债，其状大窘。又记庚申年于友人家中见《说郛》及子由《古史》，请借而不得，惆怅累夕，如今再看自己所藏，无异于贫儿暴富。其所云"海内藏书诸家"，其中或当有绛云楼主钱谦益，既然藏书已经甲于里中，无奇篇秘籍之语，想来亦是自谦。以此文观之，吴应箕实为不折不扣之藏书家，他日若有人重辑明代藏书家资料，吴应箕断不可少。

吴应箕居然是藏书家，此新发现令吾极快乐，虽然已去今三百余年，但藏书之好不分古今，藏书之人愈多而吾道愈不孤，青山见我，我见青山也。

邓之诚藏书印"邓之诚文如印"

潘景郑赠郑逸梅清代文人书札兼题记稿本一册

《潘景郑赠郑逸梅清代文人书札兼题词稿本》一册

潘景郑辑、撰

    潘景郑稿本　一函一册

    钤印：潘、景郑、潘景郑、景郑持赠、景郑倚声、景郑填词、景郑跋语、景郑题记、景郑寄痕、景郑手痕、寄沤倚声、寄沤笺启、景郑藏瓦、景郑藏砚、己未七三翁、庚申七四翁、雪泥鸿爪、荥阳宗老、结习未尽、戊午大利、太炎、夔龙长寿、伴鹤设色、著砚楼等

    江苏吴县潘家素有"富潘"与"贵潘"之分，其中位于钮家巷之"贵潘"乃文献世家，喜爱收藏者代不乏人，自清中期潘奕隽开始，直至现代潘景郑先生，每一代皆有许多与藏书相关的人物与故事。

    潘家藏书始于乾隆时期潘奕隽，其字守愚，号榕皋，乾隆三十四年（1769）进士，为潘家金榜题名之始，其三松堂所藏多精钞名校，虽然宋本无多，但因与黄丕烈相交至契，故三松堂内带有黄丕烈跋语者逾百部之多。潘奕隽仅有一子潘世璜，其字黼堂，号理斋，藏书处有须静斋，潘奕隽出游访书均由其陪伴在侧，经眼良多，曾著有《须静斋云烟过眼录》。潘世璜育有两子，分别为潘遵祁、潘希甫，潘遵祁字觉夫、顺之，号西圃，藏书处有香雪草堂，其子潘睦先字季孺，号少圃，藏书处为养闲草堂，收得三松堂旧物甚多；潘希甫字保生，号补之，其子潘介繁、潘介

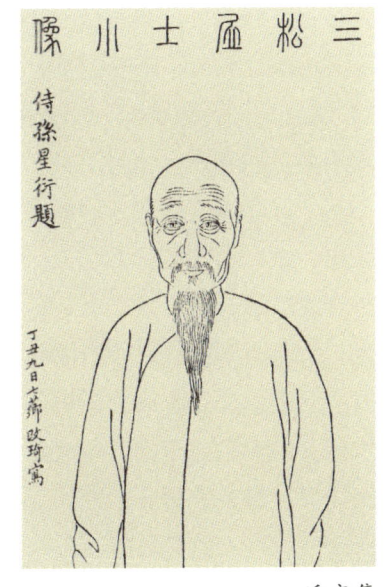

潘奕隽

潘世恩故居如今沦为小面馆

祉亦有藏书之好，潘介繁藏书处为崦西草堂，又与弟潘介祉共用桐西书屋室名，潘介祉另有藏书处曰渊古楼。潘介繁之子潘志万绪其家风，收藏碑版颇富，还曾为叔祖潘祖荫写刻过《藏书纪要》。

潘祖荫为潘氏一门中收藏名气最盛者，出自潘奕隽幼弟潘奕基一脉。潘奕基次子潘世恩字槐堂，号芝轩，为乾隆五十八年（1793）状元，位极人臣，冯桂芬曾称其"国朝以来生加太傅者五人、重宴琼林者八人、廷试第一大学士者八人，惟公兼之，至历事四朝，则昭代一人而已。"潘世恩有五子，除次子曾献夭折外，余四子皆喜收藏，分别为曾沂、曾莹、曾绥、曾玮，四子中又以潘曾莹小鸥波馆最为著名，及至再下一代，复有潘祖同竹山堂、潘祖荫滂喜斋以及潘祖年、潘祖颐等克绍箕裘。潘景郑先生则为潘祖同之孙，与兄长潘承厚共用宝山楼之堂号，所藏既有继承祖父竹山堂之遗箧，又有滂喜斋、香雪草堂之旧藏，兼有购自群碧楼、䌹素楼、笺经室、铜井文房、小绿天等名家散出之故物，蔚为大观。自潘奕隽至潘景郑，潘氏一门保存古籍前后将近二百五十年，书香不绝，不能不令人慨服。

潘景郑赠郑逸梅

潘先生名承弼，字良甫，号景郑，别署寄沤，生于光绪三十三年（1907），2003年永归道山，曾受业于章太炎与吴梅，民国年间供职于上海合众图书馆，1949年后进入上海图书馆工作，直至1989年退休，所著有《日知录补校》《敝帚存痕》

《寄沤剩稿》以及《著砚楼读书记》等，室名除宝山楼外，尚有著砚楼、陟冈楼、宋韵金篇之居。其兄潘承厚字温甫，号少卿，又号博山，别署蘦庵，生于光绪三十年（1904），年仅四十即去世，著有《蘦庵书画录》及《蘦庵遗墨》等。宝山楼中珍品无数，古籍之外，名人书札、乡贤遗墨则是其最大特色，凡乡贤稿本或带有校跋者，见无不收，甚至乡贤随手所录之只言片语，亦皆精心藏庋，《著砚楼读书记》中所载几近半数皆乡邦文献，足见潘氏昆仲用力之所在。宝山楼于乡邦文献不仅仅致力于搜集，更在于整理，潘承厚曾辑印有《明清藏书家尺牍》四册，汇集一百四十九位藏书家手迹，又辑印《明清画苑尺牍》，未成而病逝，由潘景郑续而成之，汇录二百四十余人，皆附以小传，所用文献全部来自宝山楼自藏。暮年潘老还曾有意续补《画苑尺牍》，惜年迈力衰，终未成事，寒斋所藏潘景郑赠郑逸梅清代文人书札稿本一册，其中即有此夙愿未偿之叹。

该稿本为毛装一册，靛蓝封面，内经潘老精心裱贴，共收清代文人书札、便简及砚拓四十九通，计五十七页，除却最后数通因精力不济未有题记外，余皆有题记

潘景郑先生

并赋长短句一首，共计题记四十四篇，长短句四十一首。读其题记，知该稿本为潘老赠于郑逸梅者，计其岁月，则在1979年与1980年陆续书就。郑逸梅原名鞠愿宗，因失怙依外祖父为生，改名郑际云，号逸梅，笔名冷香，江苏苏州人，生于光绪二十一年（1895），1992年去世。早在民国年间，郑逸梅即因擅长于报端撰写文史掌故类文章，而被誉为"补白大王"，1949年后，于中学任教至退休，文革期间受到冲击，直至1977年平反，后入上海文史馆工作，继续写作不辍，至1992年去世为止，毕生著述近五十种，其中《人物品藻录》《逸梅小品》《清娱漫笔》等极受读者欢迎。郑逸梅极其喜爱梅花，由名号即可见一斑，其书斋名为"纸帐铜瓶室"，亦源自古人咏梅诗中多有纸帐、铜瓶诸词，寒斋所藏稿本中潘老为其所赋诸词，亦频现"纸帐铜瓶"字句。

王贵忱先生曾记述郑逸梅评价潘景郑之语："潘公善读书，精识版本，沪、苏两地老一辈藏书家对其学识无不奉手。与其兄（承厚）最相得，昆仲皆以有学问见称于南中。"郑逸梅还曾记述潘老收藏之况，云："潘景郑家旧藏清人诗文集一千三百多种，景郑补得一千数百种，编成目录，以待再访。又方志亦收罗一部分，江苏、浙江两省均备，拟扩充至安徽，盖景郑原籍安徽也。综计若干年中增添图书加以旧藏，共计三十万卷，贮四百多箱。"郑逸梅祖籍亦安徽，同在歙县，潘、郑二老籍贯同，兴趣同，交游至深，此稿本则为二人相契之物证。由稿中署款及钤章可知，潘老赠札之时年约七十有五，此时郑老更是年近九旬，二老以此等高龄，尚有如此替前人保留文献之心，其境界当已远超出常人收藏之意，臻入化境，不再受年龄、物我之囿，而历朝换代，烟云散尽之后，老来尚有如此清友翰墨往来，亦令人深羡。

文人性情俱见

潘老于册中每篇题记及长短句之后皆有不同钤章，如"景郑""景郑持赠""景郑倚声""景郑填词""景郑题痕""景郑跋语""景郑寄痕""景郑手痕""景郑藏砚""寄沤倚声""寄沤笺启"等，其他尚有"雪泥鸿爪""荥阳宗老""结习未尽"等闲章，又有"己未七三翁""庚申七四翁"两章，由此而知其撰稿在1979年与1980年间。细阅书札内容，有言及官场者，有言及著述者，以及文人酬唱、慈善捐款等等，而与藏书相关之买书、卖书、刻书、借书、校书等事，更是频频涉及，清末文人风貌和往来之景象，由此册中可窥一斑，而李慈铭、俞樾、

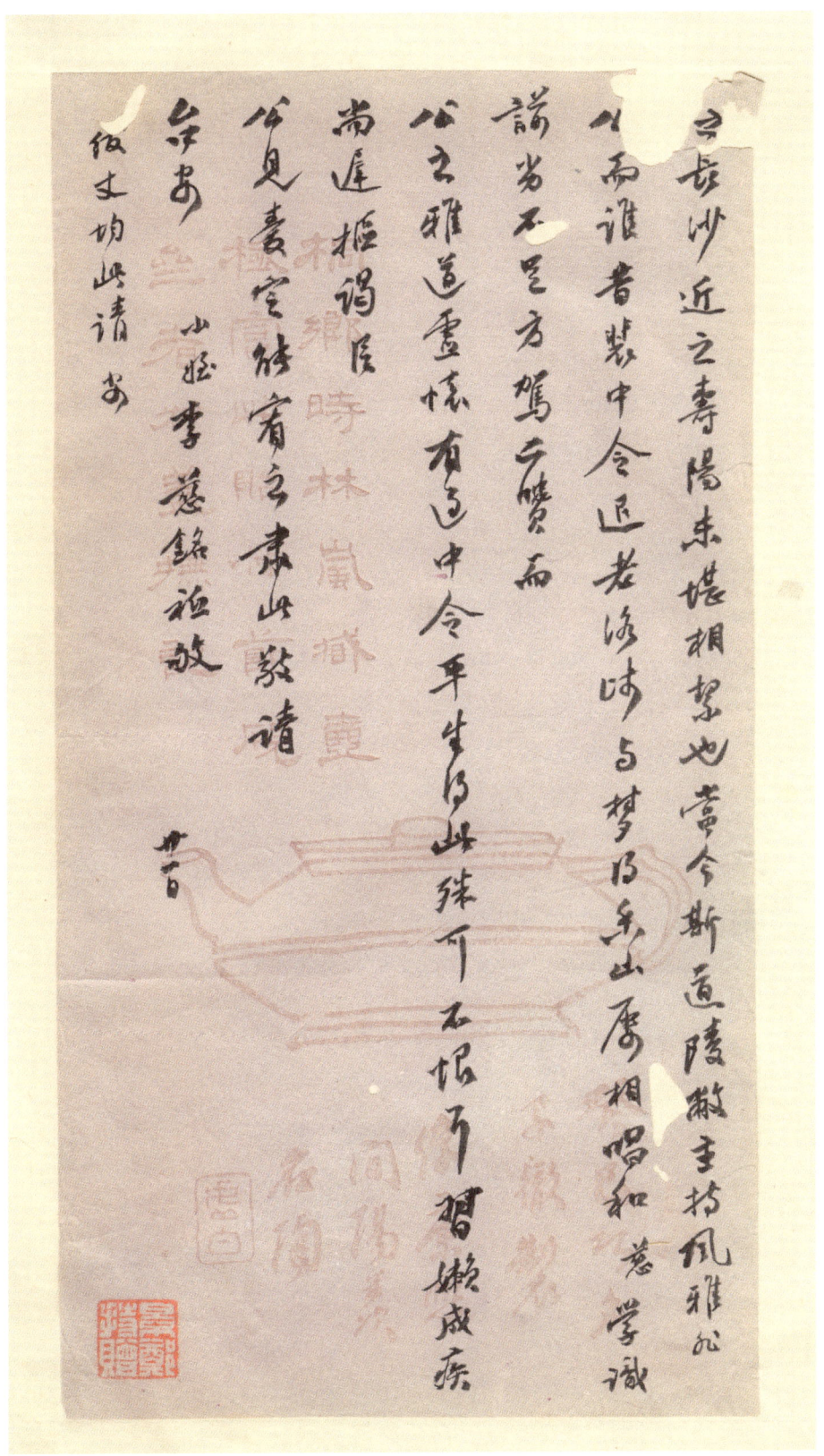

李慈铭致潘曾莹手札

刘春霖以及莫友芝等人之性情，更是于札中音容具现，读来如见其人。

稿册中第九通为李慈铭致潘曾莹，其中言道："当今斯道陵敝，主持风雅，非公而谁？昔裴中令退老洛师，与梦得、香山屡相唱和，慈学识谫劣，不足方驾二贤，而翁之雅道虚怀有过中令，平生得此殊不恨耳。"李慈铭素来以说话刻薄著称，其日记中常于时人肆意点评，多有诋毁之辞。《清史稿》评价曰："性狷介，又口多雌黄。服其学者好之，憎其口者恶之。"潘曾莹为潘景郑曾祖，李慈铭与潘曾莹、潘祖荫累世深契，宝山楼曾藏其札数十通之多。李慈铭于此札中将潘曾莹喻作唐代名相裴度，而自比刘禹锡、白居易，其傲然自得之态形诸笔端，与其点评他人之肆意贬低绝然两类，读来不禁令人莞尔。潘老于札后题记曰："札中以裴中令喻先曾祖，而自比梦得、香山，盖自负颇形诸笔墨。简后附署绂丈者，则称先绂庭曾叔祖是。顾先生恃才傲岸，不肯下人，与赵㧑叔先生同里同时，而龃龉殊甚，每称赵为'天水狂人'，而赵亦反唇相讥，毕生冰炭不容，此亦才士陋习，实皆一时畸人耳。"

与李慈铭之恃才傲物相反者，有俞樾之谨小慎微。稿册中第二十二通为俞樾致潘祖同："拙诗中有大不妥之句，流播非宜，昨暮思而得之，已将版本剜改矣。贵友持去之本，请函命寄还为感。"潘老于题记中称："札云诗中有大不妥处，已将版本剜改语，亦以见前贤著述之不苟，有讹必纠正焉。"俞樾此札所书之红格稿纸右下方，印有"曲园制"三字，然此实为半幅笺纸。寒斋另藏有曲园先生手札两册，皆旧裱本，所用笺纸与此相同，故因知之。此札虽系半张笺纸，却可见俞樾之爱惜纸张，不忍因半幅而弃之，其于细微处见性情，又一证也。相类者尚有徐乃昌致魏梅荪，此札当系书信底稿，一应删改痕迹皆在，该札所言为印光法师兴建道场，助请影印宋版藏经事，可见其字斟句酌，惟恐语不周详。潘老于此札后题记称："余所得先生藏札，其覆稿时附札后，所存亦有若干通，皆亲笔改削，再经缮正，足证老辈笔墨之慎如此。斯稿致魏梅荪者，亦经亲笔手自删改者。"

册中第二十九通，为中国科举史上最后一位状元刘春霖家书，一通两页，字体极为工整，虽为家书，语气却颇严肃。其内容上半部分为与兄长刘春堂商讨为哈同撰写家传事，对于长兄所撰之文，其并不认可，然指出兄长文章不足之前，却以"气势闳远，是哥本色"开篇，再一一叙其不足之处，末以"未知可否，请酌定再为寄去"。该札下半部分言及家事，可知刘春堂之子行事乖妄，小妾嗜赌，日常所需尚赖刘春霖汇款以继。刘春霖于信中处处谦恭礼让，所有事物皆

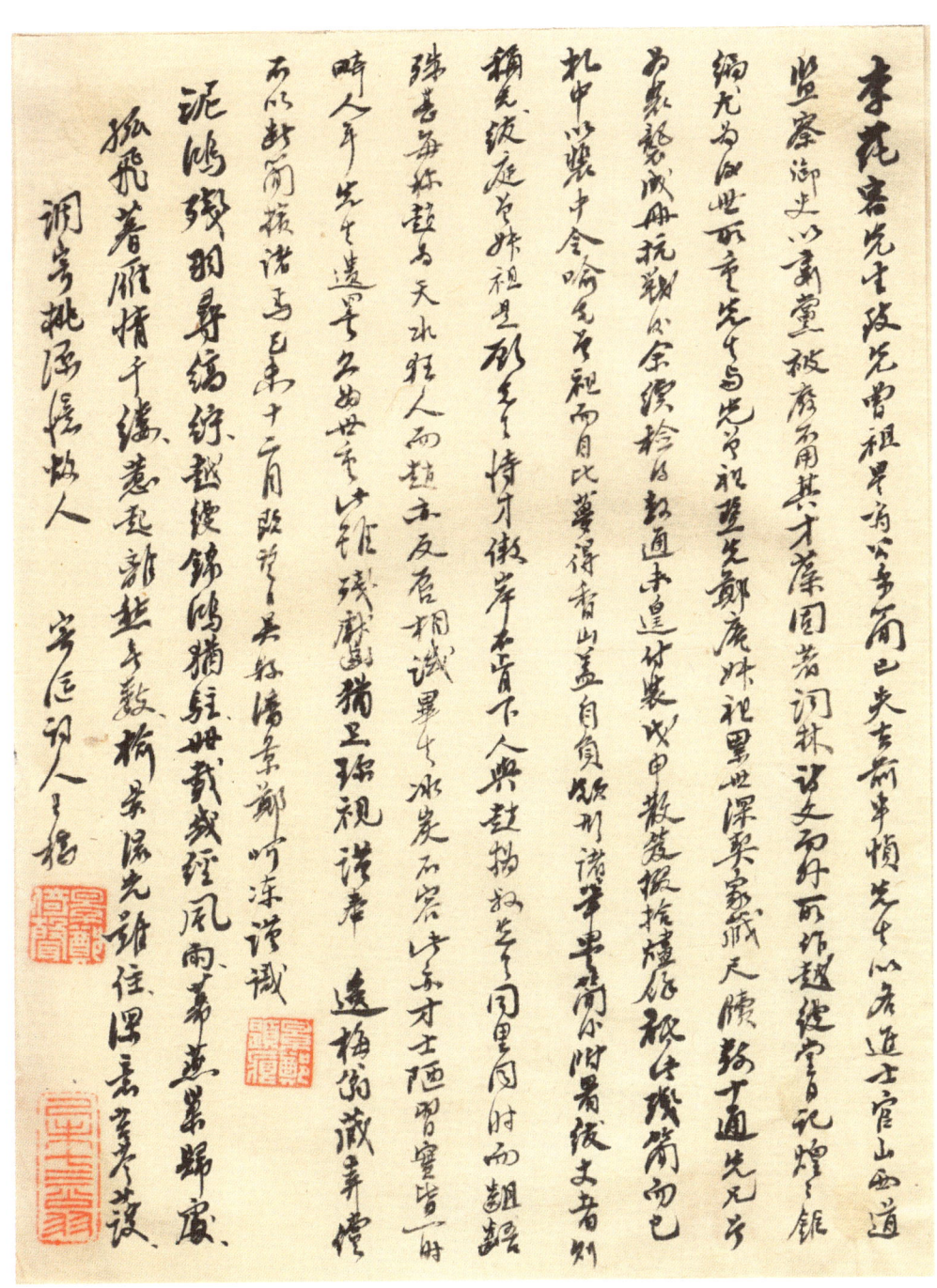

潘景郑题记之一

以商量之语气陈述，却威严自在其中，可以想见其兄长对这位状元弟弟之言听计从，中国传统士大夫之温良恭俭，于此信中可感知一二矣。与刘春霖之严肃相映成趣者，又有第三十五通莫友芝致潘秋谷，乃是极其随意地书于自己名片上："贵大老爷珍惠嘉膳，足三日饱矣，容晤颂不一一。"玩其字体与语气，可想见莫友芝与潘秋谷相契之深，可以肆意玩笑，而不用理会繁文缛节。相对于刘春

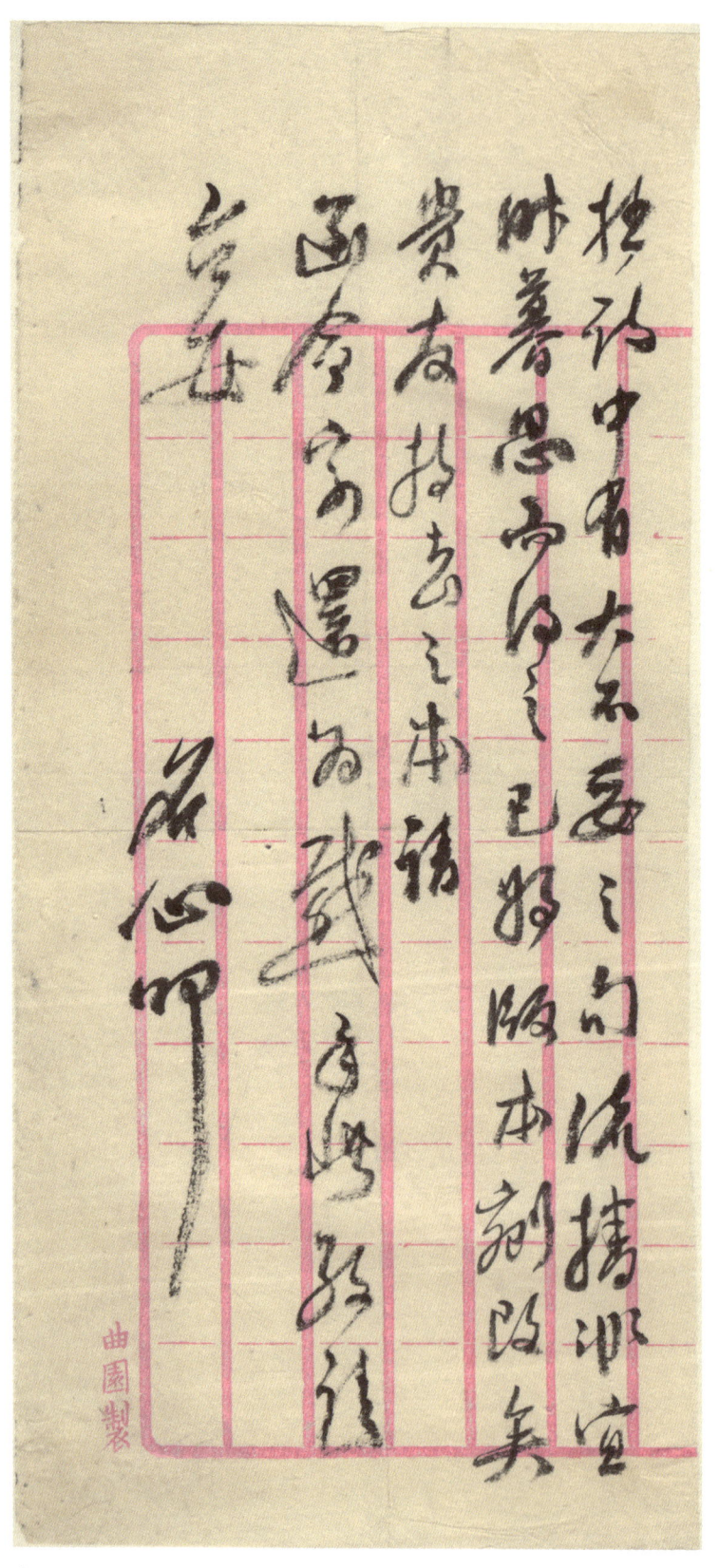

俞樾致潘祖同手忆

潘景郑题记之二

霖，莫友芝绝对是性情中人也。

徐乃昌史料

此稿册中涉及人物最频繁者，当数藏书家徐乃昌，计有第十三通王震致徐乃昌、第十四通徐乃昌致魏梅荪、第十五通任绳祖致徐乃昌、第十七通金天翮致徐乃昌、第二十八通夏承焘致徐乃昌、第三十三通冒广生致徐乃昌、第四十五通王欣夫致徐乃昌以及第四十九通张謇致徐乃昌，总共八通，内容涉及徐乃昌助养孤儿、影印藏经、建幼慈院、借书、交友以及公事等等，几乎涉及到徐乃昌除家庭生活之外的各个方面，对于后人了解徐乃昌实有裨益。而其中吾最感兴趣者，自然是与书相关之事。

八通书札中，夏承焘、王欣夫与张謇致徐乃昌信中皆言及书事。夏承焘札中称："承焘曩为《白石歌曲考证》，姜词版本见知数十种，泰半苦未目验，先生今之绛云、荛圃，石帚一集，定多珍本，兹另纸写目乞教。倘荷不靳开示，俾过沪抠谒时，得快所未见，尤感祷无既矣。"潘老于后题记中有言："此残札缺首页，盖致徐积余先生者，于时已征访白石集版本，具见其致力姜词之深，而尤以证积学斋藏弆之富。"王欣夫致徐乃昌札中称："前承谕，有荛翁题跋可钞赐，其荷其荷。敬请并千里、仲鱼、枚庵三家跋语一同见惠为感。（千里跋约得二百种，年内拟即付梓）。又元人欧阳玄《圭斋集》集外佚文亦辑得不少，闻邺架新得《当涂县志》中有《普明禅庵记》一篇，亦敬求录赐补佚。钞润若干，当奉缴也。清儒经小学考据书未刊稿本，素钦搜藏极富，如许惠借一二种录副，尤感。"此札后并未附有潘老题记，大约此时年岁已高，精力渐有不济之故，通览此册，亦可见潘老越往后题记字迹渐为松散，越往前则越工整，睹此亦令吾生光阴易逝之叹，若不趁精力尚可多做些事，老来恐怕亦会有心无力。

张謇致徐乃昌信中所言为公事，公事谈毕，于最末一行附以"《日知录》奉缴"五字，可见张謇亦曾向徐乃昌借书，所借者乃顾炎武之《日知录》，该书版本颇多，惜此札未注明是何版本。然而正因为版本众多，若仅为一读，求之坊间实为易事，以张謇之眼力，求诸徐乃昌，则多为版本佳善而来。夏承焘、王欣夫、张謇皆致信徐乃昌商及借书事，一则如潘老所称可证积学斋藏弆之富，二则可见徐乃昌之藏书观颇为达观，并非束之

徐乃昌

夏承焘

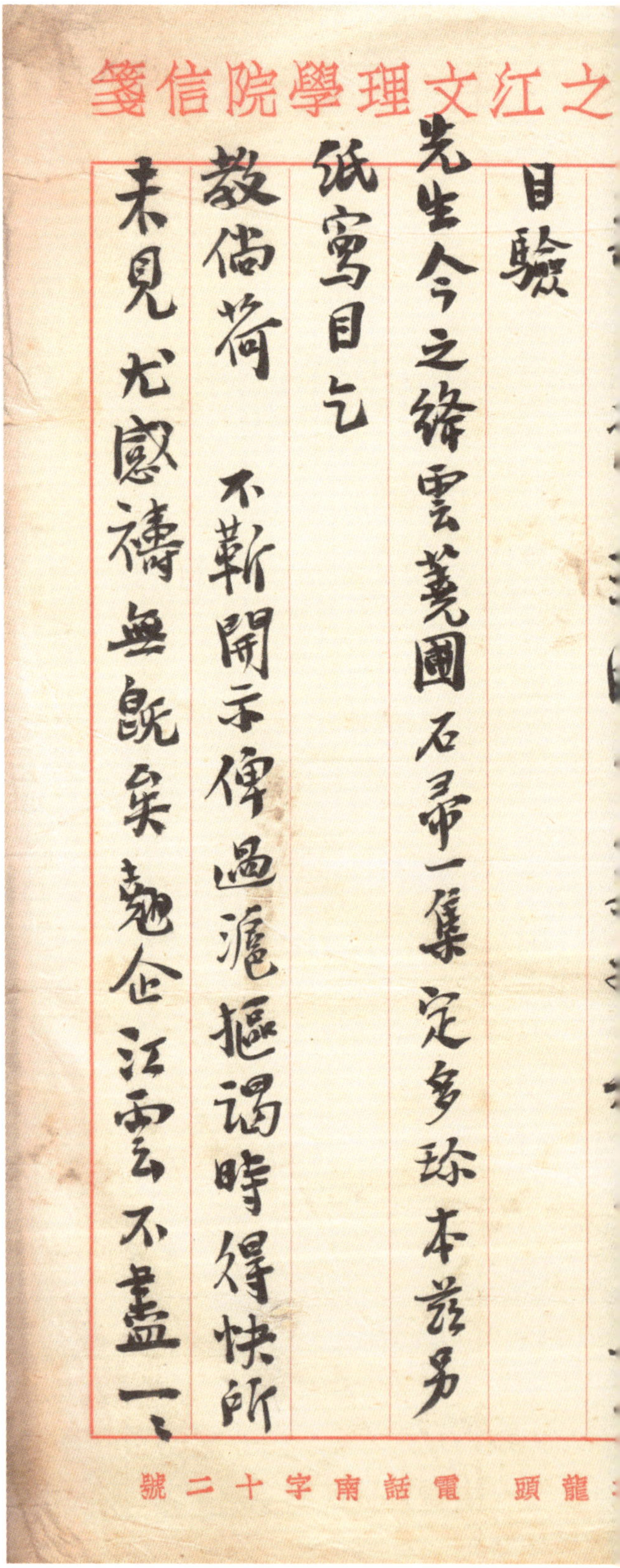

夏承焘致徐乃昌手札

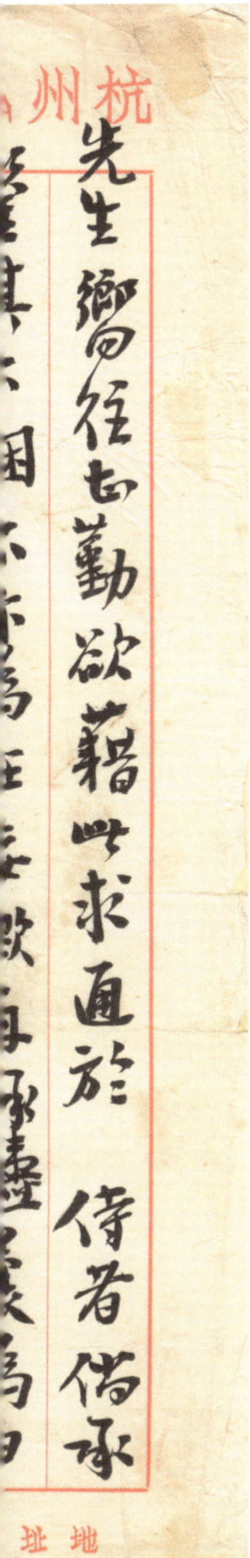

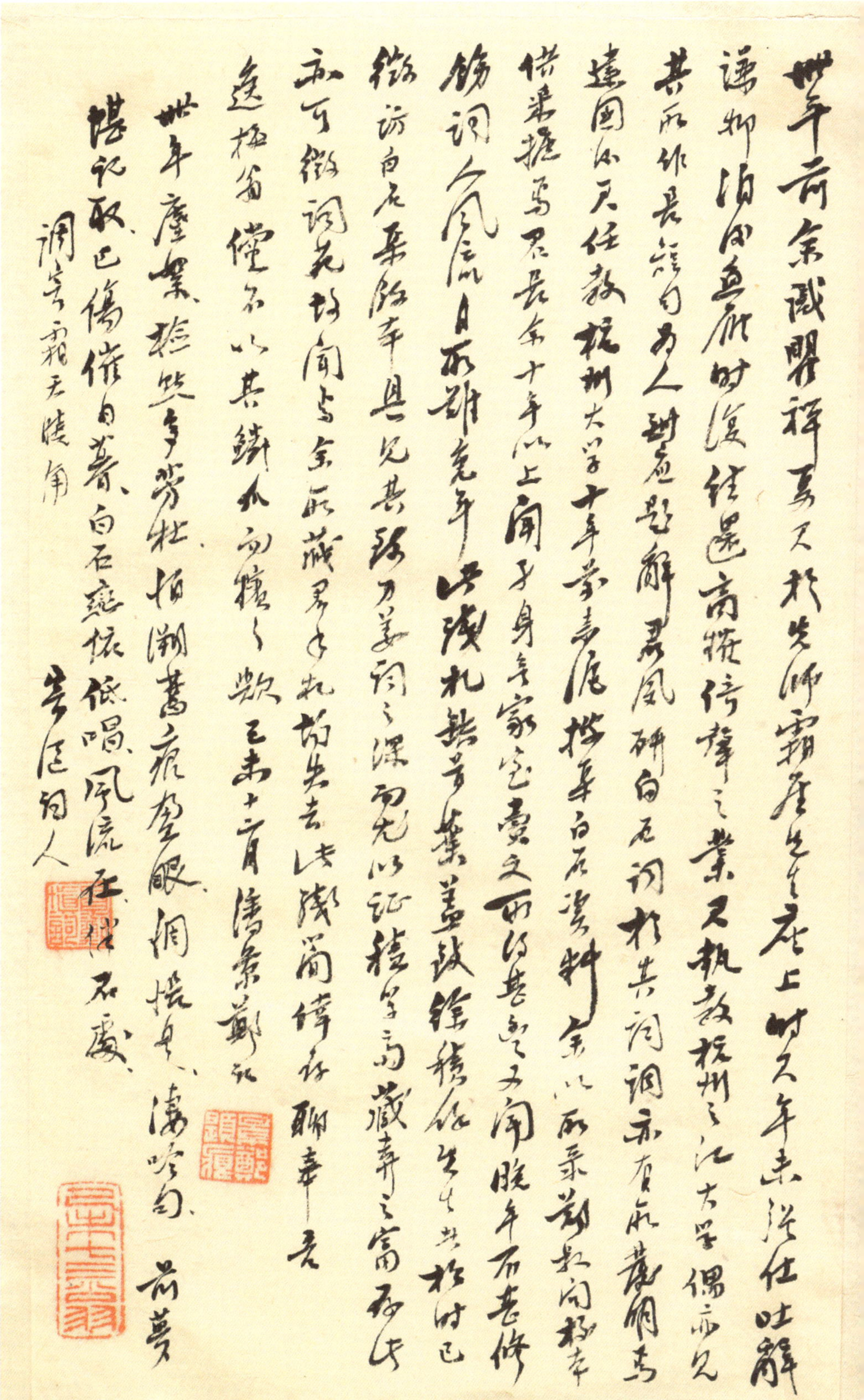

潘景郑藏书印"景郑倚声"

高阁秘而不宣，而几乎是"有求必应"，否则书友们亦不会纷纷问其商借，此亦从侧面证明徐乃昌成人之美，有君子之德。

其他如与王震、魏梅荪、任绳祖往来书札中，则涉及徐乃昌捐助孤儿院，以及为印光法师兴建道场，助请影印宋版藏经诸事，其中1931年徐乃昌致魏梅荪信中，末以"徐乃昌和南"署款，可见徐乃昌日常生活中亦以佛弟子自居，且热诚佛法，时时布兹功德。次年"一二八"事变，上海沦为孤岛，徐乃昌终日闭门不出，仅与印光、妙真、王震等佛门弟子往来。今人读徐乃昌资料，多见其为官及藏书、刻书事，鲜有言及他者，此则为研究徐乃昌生平又提供一份史料。

潘老于题记中还言及徐乃昌所藏及身已散，生平著述并未刊行，其曾问及徐乃昌长子徐子高，云仅存诗词残稿数纸，潘老假录存笈，然几经沧桑，复经失去，言语间潘老颇为惆怅。数年前因为《藏书家》之故，吾得以结识徐乃昌外孙，其现供职于上海某大型企业，对外祖事迹甚感兴趣，曾来寒斋小坐，并专看徐乃昌手批及所刻之书，又告吾徐乃昌去世后，其墓于文革中被掘骨扬灰等鲜为人知之细节。一代俊彦，生前死后竟然反差如此之大。

潘老之收藏观

四十余篇题记及辞赋通读下来，潘老之性情亦现诸笔端，其收藏路数为典型吴派藏书家传统路数，其所看重，首当为乡贤，次则为与乡贤有关之著述、所藏及遗墨。每篇题记所涉及人物，先以名号、籍贯、功名、仕宦简介之，次以性情、著述、事迹叙述之，间叙以宝山楼与所述人物之旧谊。而述及著述、所藏时，每逢所涉人物遗著未得刊传，或是故物不得保存，潘老言辞间总是颇为痛惜，如第二十二通言及俞樾遗札，其云："先生遗札曾装成两厚册，惜留存家乡，为嵊倅论斤以尽。此短札未及付装，夹杂书中，幸得具存。"第十通邹福保致陈倬书札后，潘老言及邹福保旧藏，称邹福保之子邹百耐于塔倪巷设百拥楼书肆，"尽出先人遗笈，弃儒习贾，间亦往来故家，居间牟利，吾族香雪草堂藏弆悉为所得，出入利润倍丰"，又记"百耐无子，有四女，未知何归。余识君于抗战前，岁时买书百拥楼，往来至久，屡曾劝其为咏春先生遗诗刊传，顾君以无利可润，不暇为先人显扬之业，其遗稿今亦无可踪迹，为之慨叹"。古人将著书立说称之为名山事业，可谓文人头等大事，读前人序跋，多有后人几经辛苦将先祖著述付梓者，而保存先人文稿以至数代之后始付剞劂者，不胜枚举。然而邹百耐却不仅将父亲所藏悉数变卖，更

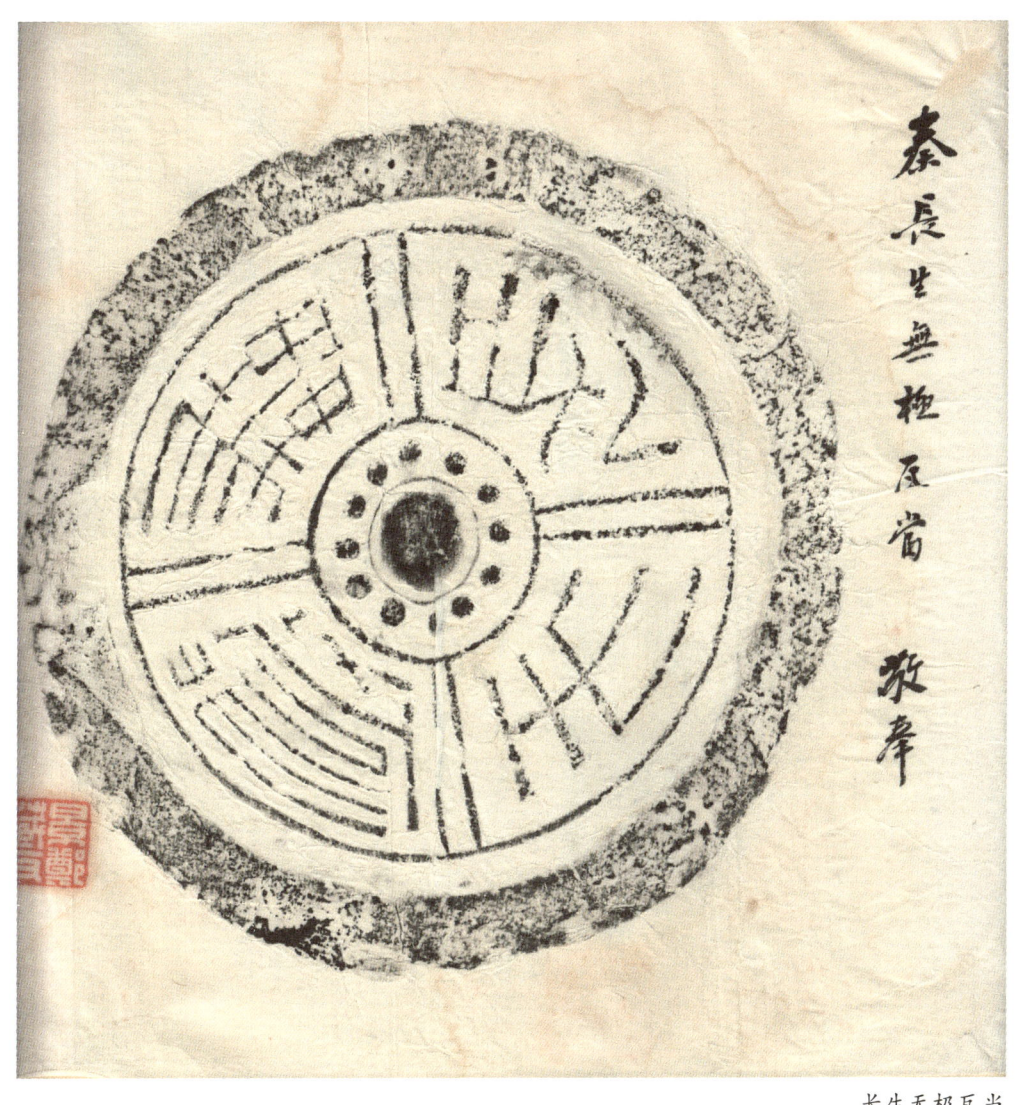

长生无极瓦当

因无利可润，而置父亲著述于不顾，实在令人叹息。

如邹百耐拒刊父书等书界掌故，以及各家藏弆去向，潘老笔下还记有若干，多有别处未曾读到者，为方家研究清末民国文人生平，以及近代藏书家事迹提供第一手史料，实堪宝之。而读潘老题记，更令吾感动者，不仅为其保存乡献，更为其笔端流露出的谦和与淡泊。

潘老享年九十四岁，书此稿时已七十余岁，由题记可知，册中所收者既有家

潘景郑藏书印"景郑持赠"、"结习未尽"

藏之物,亦有"文革"退赔之物,以潘老所称,则为"文运反弓"之物。七十余年来,潘老经历清末、民国、抗战、"文革"等各个阶段,收藏聚散之事,已反复数遭,常人收得"文革"退赔之物,或大喜,或感慨,在潘老却只是淡然叙之,继而转手赠人,物之在此在彼,于潘老而言,已无甚分别。其题秦长生无极瓦当拓片时称:"昨岁楚弓重返,尚留此瓦于残囊烬余间,衰年古欢寥寂,零星孑遗,束诸高阁,伫待真知笃好者,得摩挲护持,为此瓦之幸运。"此番说话,可见潘老眼中之收藏,已经在于物之幸运,而非人之喜好也。潘老尚有一段言及王謇者:"文运之际,同罹四凶之虐,促居博物馆一室,晨夕相对,不敢作一亲切语,而君以骨鲠受暴凌为甚,旋被逐归里弄,即含冤逝世,于时年逾八十矣,身后遗书亦尽散失。余与君同寓沪滨,文字商榷,鱼雁频繁,惜经浩劫,尽化烟云。箧中只存一札,为文运前以藏弄属为介绍求售者,偶而检得,恍睹故人之面,只惜零羽仅存,护持无由,闻吾逸梅翁搜集古今人手迹甚富,即以奉贻,非敢珍帚,亦乞为故人留点滴遗痕而已。"此段读来,哀而不伤,淡而回味,非经历沧桑超然物外者不能语之。读罢不禁反省,若此情此景换作是吾,会否义愤填膺,笔底怨气四溢?潘老之境界,以范仲淹"不以物喜,不以己悲"或可称之。

余语

读此稿册,时为癸巳春夏,吾不良于行数月,终日卧床,不得外出,惟有以书消送流年。适逢春拍陆续开槌,以往奔走于各家拍场查看拍品之乐事,顿成良辰美景虚设,知有好书与吾同在京城,却无法亲身赴会,辗转床侧,深感无奈。泰和嘉成刘兄颇为高义,知吾心痒难禁,居然将吾属意之书特意送来病房供吾欣赏,颇为感激。刘兄送来拍品中有名家稿本一册,恰好床头潘老册中亦收有该名家书札一通,此事又令吾念及,潘老此册尚有助人鉴定墨迹之功能,盖此册所收,皆经潘老鉴定及说明,今日拍场鱼龙混杂,真假莫辨,有此作为比勘,实好过盲人摸象。

春拍早已结束,各家夏季小拍亦陆续结束,意外之厄令吾错过许多好书,心有不甘同时,又反复回想潘老境界。古稀翁题赠于耄耋翁,此中意趣当然不会是物之占有,保存文献与传承文脉,始为收藏真意。每念及此,令向素物欲深重若吾者极为惭愧,亦深谢前贤之惠我多矣。

孙毓修稿本《小绿天藏书笔卷一》不分卷　《孙毓修编年书目》不分卷　《梁溪孙氏小绿天收藏善本书目》不分卷　顾希昭稿本《梁溪孙氏小绿天藏书目》不分卷

《小绿天藏书笔卷一》不分卷　孙毓修撰

民国稿本　一函一册

《孙毓修编年书目》不分卷　孙毓修撰

民国稿本　一函一册

《梁溪孙氏小绿天收藏善本书目》不分卷　孙毓修撰

民国稿本　一函一册

《梁溪孙氏小绿天藏书目》不分卷　顾希昭撰

民国稿本　一函一册

钤印：小绿天藏书（朱方）、端文女孙（朱方）、希昭手钞（朱方）

　　孙毓修（1871—1923）字星若，一作恂如，号留庵，江苏无锡人。早年于南菁书院就读，曾从美国教士学习英文，光绪末年从缪荃孙学习版本目录，1906年进入商务印书馆任高级编译，主持涵芬楼收购古书等事，参与出版《四部丛刊》。在辑印《四部丛刊》同时，孙毓修将涵芬楼所藏之旧钞、旧刻中的零星小种整理编辑，仿《知不足斋丛书》之例，汇成《涵芬楼秘笈》十集。所著有《中国雕版源流考》及《伊索寓言演义》等，还出版过童话《无猫国》，被誉为中国童话的开山祖师。

　　留庵先生藏书处曰小绿天，斋名源自同邑明代出版家安国。安国本姓黄，后改姓安，字民泰，酷爱桂花，所住之处多有种植，故号桂坡，所居则称桂坡馆。安国为明代中期无锡巨富，人称"安百万"，素喜收藏古书画及钟鼎彝器，尤其喜购异书，藏书处有小绿天室、墨颠斋等，藏书同时亦有刻书，其所刻者，既有木质雕版，亦有金属活字，其中桂坡馆铜活字于古代刻书史上极富盛名。安国藏书散后，孙毓修陆续收得其中一部分，故亦以"小绿天"颜其斋，以示一脉相承，渊源有自。近二十年来，寒斋陆续收得孙毓修旧藏十余部，多有经其题跋者，又有小绿天书目类稿本四册，其中多有未刊行者，不敢自秘，现摘录片段，介绍如下。

《小绿天藏书笔卷一》稿本

此为留庵先生稿本，毛装一册，封面墨笔题《小绿天藏书笔卷一》，下署"留庵手稿"，内页为十二行黑格稿纸，书耳处有"梁溪孙氏文房"六字，内文以紫色铅字打印，末数页转为黑色铅字打印，从印刷史来讲，此种结合体具有标本意义：传统雕版印刷与半现代化的印刷结合，新旧之交汇与替代尽在其中。此本应该是准备出版之底稿，内中朱、墨二色校改及眉批、补注皆出自孙毓修亲笔，或因时局及大限之故，该稿最后并未正式出版，幸而未毁于兵火虫啮，保留至今。

此本无目录，首页首行题"小绿天藏书笔记"，次行即为正文，由其父嗜书

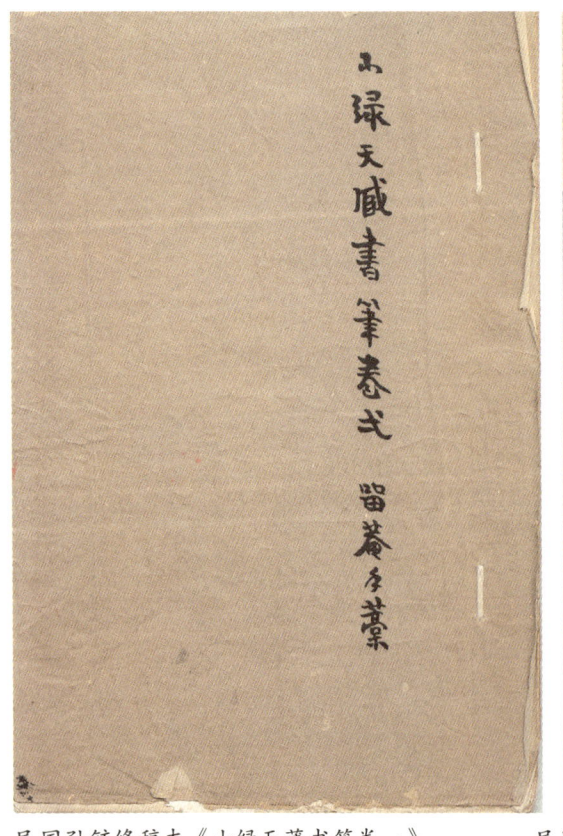

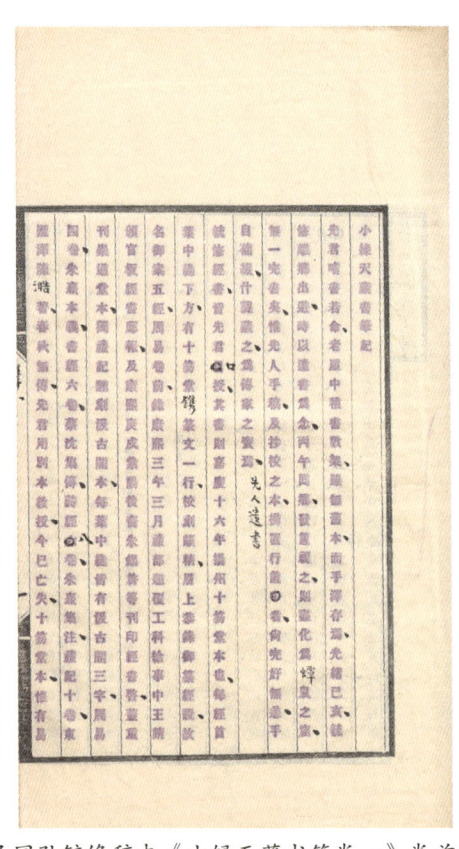

民国孙毓修稿本《小绿天藏书笔卷一》　　　　民国孙毓修稿本《小绿天藏书笔卷一》卷首

孙毓修稿本《小绿天藏书笔卷一》不分卷
《孙毓修编年书目》不分卷
《梁溪孙氏小绿天收藏善本书目》不分卷
顾希昭稿本《梁溪孙氏小绿天藏书目》不分卷

开始讲起，继而述其父嗜何书，有何书，以何书课子等等，继而讲所藏家谱事，以示渊源，之后始讲述小绿天藏书，每段之间无标题，仅以换行为示。孙氏家谱现藏芷兰斋，封面有留庵先生手迹，早年与书目稿本等一并收来。因年代久远，油墨发散，数页已洇漫成紫色墨点，阅之极伤目力，又恐继续发散下去终不可读，常思将其点校出版，既向留庵表示敬意，亦为士林略尽绵力。从写作方式来看，此稿介于书跋与笔记之间，有记版本者，有讲故事者，其中有《无锡华氏安氏活字版考》，约一千两百余字，未知是否曾正式出版，文章最末云："邑人沿先辈遗风，近世印书，亦喜用活字。张金吾《言旧录》：'嘉庆己卯，从锡山得活字十万有奇，排印《续资治通鉴长编》，'是其证也。惟皆用杨木版，字体亦不及明时之古雅矣。"寒斋亦收有张金吾排印《续资治通鉴长编》一部，十函六十册，向知其为木活字，惟未思为何木所制，读留庵先生文始知为杨木。

稿本第九页讲光绪中叶书籍盛行石印本，科举考试所用之书多有缩印拼凑成袖珍版，以便携入考棚，为当时业科举者喜爱欲得之品。留庵亦购有石印之《十三经注疏》《皇清经解》《资治通鉴》《文献通考》等，然其中讹误极多，兼字迹过小不耐观，故极欲得木板印刷之三史，求之坊中，后于光绪二十三年（1897）秋闱购得王延喆刻《史记》一部，该书为《史记》明代三个最有名版本之一，此三个版本均刊刻于嘉靖年间，书界称之为《史记》本"嘉靖三刻"。留庵所购之《史记》卷首有杨守敬光绪十二年（1886）手跋。杨守敬于跋语中称，该书原为宋黄善夫所刊，曾于日本见得一部，相传王延喆从书贾处借得宋本，影摹上版，不一月而工毕，以宋本与新印本交于书贾视之，书贾竟然难分新旧，杨守敬跋云："余谓如此巨帙，岂能成之一月，且此刻虽精，与宋本终有间，然自今言之，则即作宋本观也。"杨守敬亦是刻书人，熟悉刻书过程与所需时间，其从刻书角度来分析传言之真伪，可信度应当颇高。留庵于杨守敬跋语之后继续写道："杨氏所见黄本《史记》，后归上海涵芬楼，予得借校，洵翰墨因缘也。"《张元济傅增湘论书尺牍》中曾多番提及黄善夫本《史记》，由商务印书馆影印出版的百衲本《史记》即采用此本作为底本。跋中读跋，一如镜中窥镜，九曲玲珑处，妙趣无穷。

稿本第十一页有讲杨守敬《古逸丛书》事，云："《古逸丛书》，为戊戌所购，此书能得日本摹印者佳。余本墨光如漆，其纸似美浓而黟，似苔笺而薄，所谓雁皮笺者也，在彼国极贵重。仿刻日本，不外二法：一依元书影写，一用元书蒙版。顾影写则失真，蒙版则易误。相传黎氏刻《古逸丛书》，用照相法，留影于玻

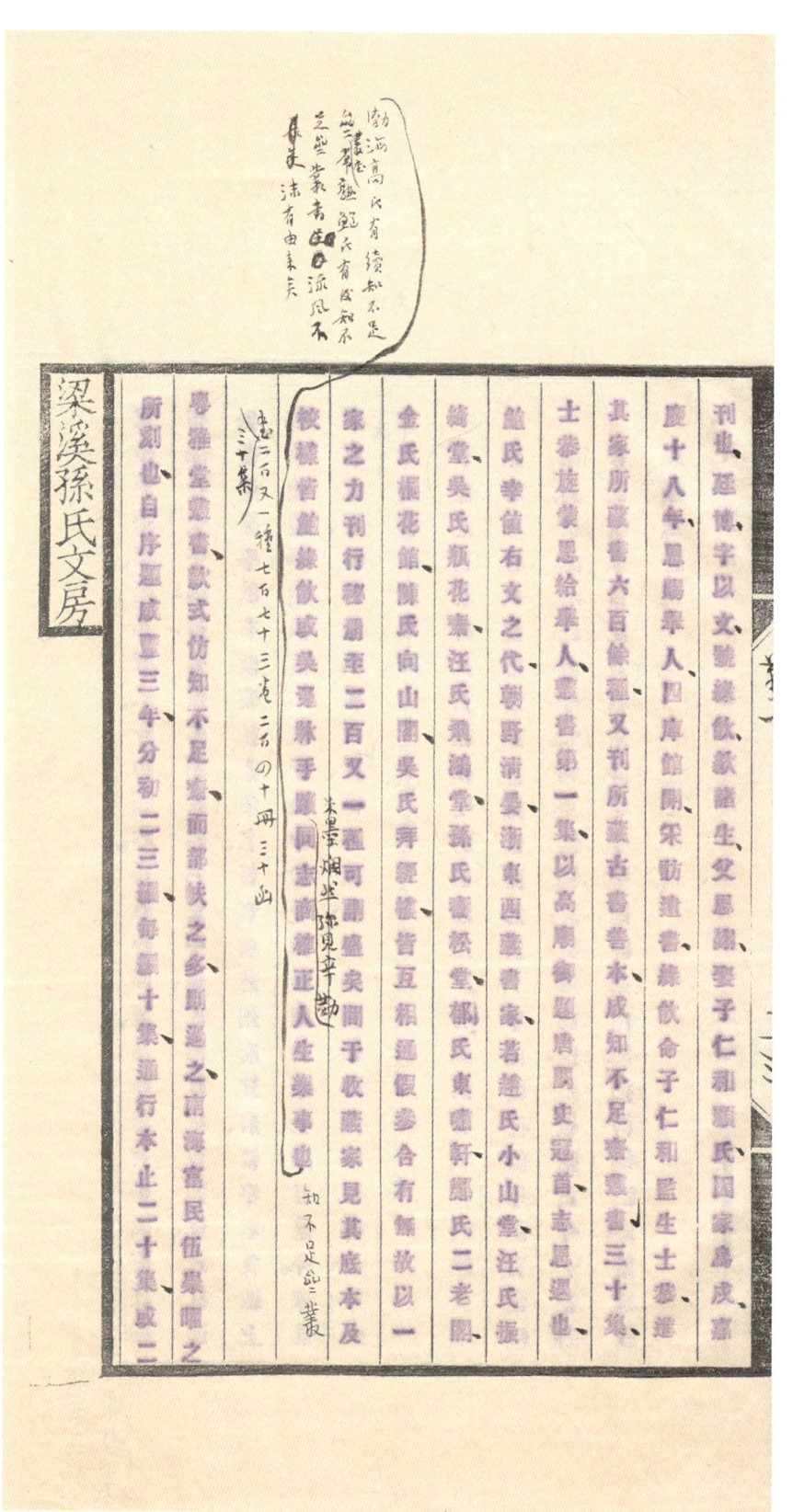

稿本《小绿天藏书笔卷一》中孙毓修亲笔校改

璃，更以胶纸移于版上，依样雕出，故能与印本酷肖。自有影刻以来，未有用此法者，宜其书一出，艺林争奉为至宝，不以新刻而菲薄之也。其版携归中国，在上海县斋模印者，视此已远逊矣。"吾曾于别处读过有关《古逸丛书》书版事，云日本刻书手法与中国相异，印刷方式亦不同，纸在下而版在上，印刷时以钤印方式压下去，该书书版自日本归来后，以中国方式刷印，将书版置于下，纸置于上，刷出来效果不甚理想，于是有人将书版再次剜深以便于印刷，结果不仅未达到效果，反而伤版，因此在中国刷印出来的《古逸丛书》虽然出自同一书版，但效果远远不如在日本刷印者。关于《古逸丛书》的刻制方式，数年前读书中曾见过多种说法，却没有一文提及该书的刻制，竟是先照相、后雕刻，留庵这段话对于今人研究《古逸丛书》，又提供一新证据也。

稿本第二十六页记庚申冬，书贾在芜湖得书一批，为汉阳洪汝奎旧藏，其中古刻名钞皆有宜稼堂印记，皆洪氏宦江南时自郁氏所得，然洪汝奎无一印记钤于书上，这批书后归蒋汝藻所得。留庵云："其书尽归乌程蒋氏，未获尝鼎一脔。越岁，乃得顾千里手校《笠泽丛书》，有郁泰峰印，亦洪氏物也。顾千里极留意唐人文集，而校本流传极罕，此可作寒斋长物矣。"短短数语，思适斋所藏自顾千里至郁泰峰、洪汝奎，再至蒋汝藻，复归孙毓修，脉络清晰，流传有序。今人研究古籍递藏，多赖前人有此著录。

黑色铅字部分有记黄梨洲辑《明儒学案》，称道光中有何凌汉、陈用光先后视学浙江，访得黄百家补本与全祖望定本于卢镐、蒋学镛家，鄞县王梓材为之校勘，冯云濠出资付梓，刻成覆勘，尚待修改，故未印行，壬寅年春，英军入侵，书版遂毁。李慈铭仅知此书付梓，不知后事，以为冯云濠等人刻而不印，颇为不满，于《越缦堂日记》中称："此书刊椠甚精，书版皆以红木而为，刻竣后深藏不出，未曾印行。世往往有刻书而不印者，其与不刻何异哉？印行矣，又高悬其价，是仇其书而不欲其行。"留庵特地于此解释称，越缦堂出此语，盖未审也。读越缦堂此语，可知其为真读书人，有书而不得读，或读而付昂值，难免出怨语，也算情有可原。然而以红木来镌刻书版，吾未见他处有记载，颇疑是越缦堂愤懑夸张之语，该书六十二卷，虽然不算皇皇巨著，亦非戋戋小册，即便冯云濠富可敌国，全部以红木来镌刻书版，仍然有些夸张。冯云濠曾于宁波建有藏书楼醉经阁，两年前吾曾专程前往寻访，后来在冯本怀抱珠楼中，听老者闲话旧事，称醉经阁不戒于火，今已无迹可寻。

　　书稿中如此讲述版本及故事者，比比皆是，不仅可以书目、书跋视之，更可以史料及书林掌故观之。此稿本尚有一个特点，即每当提及铜活字，必云"吾乡旧刻"，或称"吾乡华氏"，每提及孙星衍，则称"家渊如先生"。人之谓"根本"，大抵如是乎。

《孙毓修编年书目》稿本

　　孙毓修编年书目稿本一册，封面墨笔题"编年书目一册"，稿纸版心刻有"梁溪孙氏小绿天写"八字，前有目录，起自宣统元年（1909），讫于民国十三年（1924），实际内文记至民国十一年（1922），最后一条为该年十一月廿八日，内容为瞿良士自京中购赠《四库简明目录标注》一部，此时留庵身体已极其虚弱，次年一月即归道山。目录页中，每行上记甲子，下空数格记当年购书费用，以及抄书所用金额，如"宣统元、二年买书钱二百十三元，钞书三十八元"。目录后有《编年书目题辞》："明知世事等云烟，刻意求书亦太偏。辛苦得来非易事，编年漫学史家篇。"又有《书厨铭》："少爱求书，晚耽诵读。力不能多，聊寄所托。佳趣分年，茶梦手录。密士典裘，芙真励胝，吾皆师之，积于此椟。寒以为衣，饥则当肉；老屋三间，陈编万轴。蕴采储精，清门是福。"

　　《书厨铭》后空两页为《买书记》，此文曾于民国五年（1916）刊于《小说月报》，然刊于《小说月报》者与此稿本文字间略有不同，稿本篇末记有年款"己未七月无锡孙毓修记于上海"，己未乃民

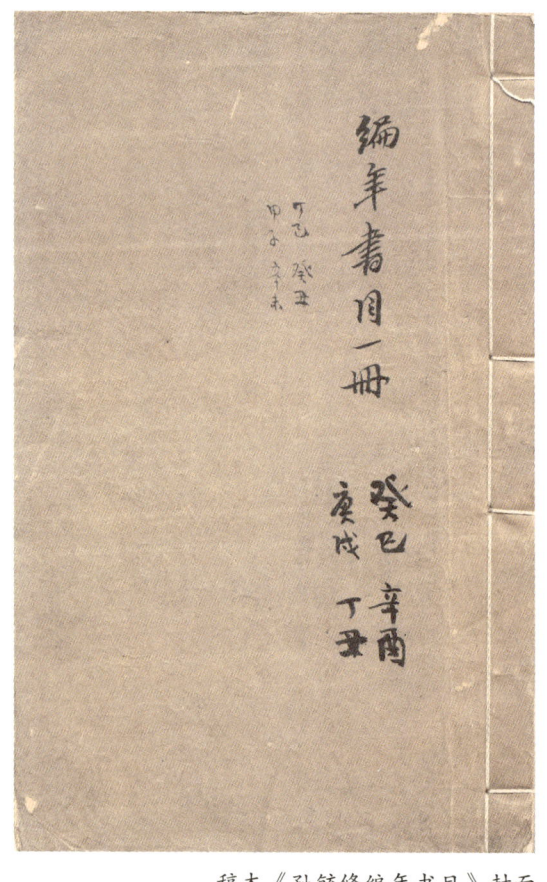

稿本《孙毓修编年书目》封面

孙毓修稿本《小绿天藏书笔卷一》不分卷
孙毓修稿本《孙毓修编年书目》不分卷
孙毓修稿本《梁溪孙氏小绿天收藏善本书目》不分卷
顾希昭稿本《梁溪孙氏小绿天藏书目》不分卷

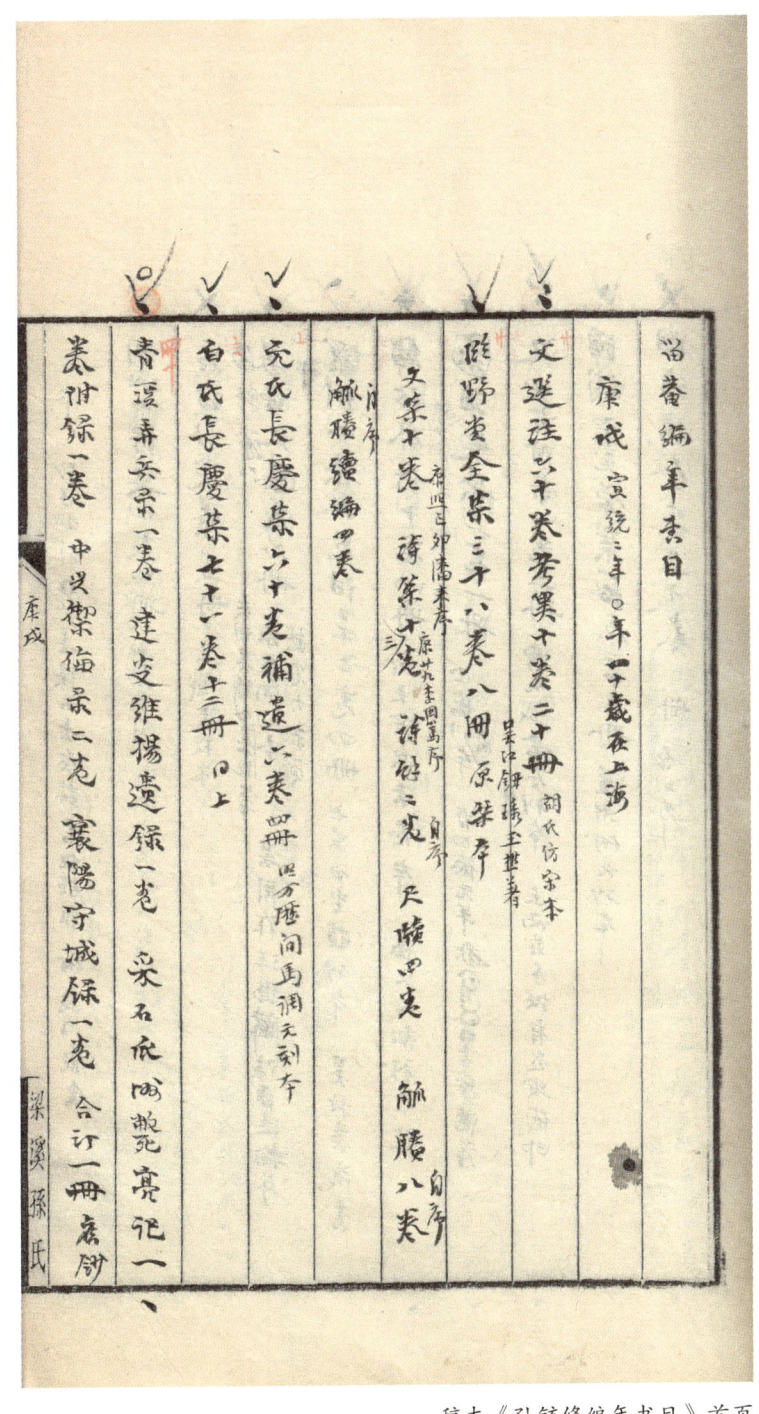

稿本《孙毓修编年书目》首页

国八年（1919），则字句修改之不同处，当以此稿本为定。《买书记》亦由其父嗜书开始讲起，继而述其少年时虽然嗜书，却并不懂如何买书，直至光绪辛卯十七年（1891）偶于箧中捡得《四库简明目录》，乃知群籍之名。知道群籍之名后，却又不知往何处求之，继而又见金陵书局目录，欲买之书多在其中，始倾半年薪金购得数部而归。光绪二十五年（1899），留庵藏书已有数架之多，但仍然不知版本，这一阶段的留庵先生即便得白版新书，亦快之何如。光绪三十四年（1908），留庵至涵芬楼工作，所见既多，并接触版本目录之学，始正式由嗜书变为藏书。

由《买书记》可知留庵曾先后娶过两位妻子，皆能助其藏书，其谈及第一位妻子时称："出赴郡县试，辄就书棚，择所喜者，倾囊购之，乡人皆以为怪，独亡妻钿阁典钗相助。"至鼎革前后，新旧交替，留庵亦受时代影响，视压架为废物，又因经济原因，"斥卖笨重之书数部与观前某坊，虽亡妻阻之，亦不顾也。"在谈及第二位妻子时，则称："吾妻顾希昭，今之姚婉真也。时时助余写录，又雇笔工借钞于江浙诸家，计其费，则新钞一，不及旧刻日钞三之一也，所以勤勤于此者。"姚婉真为清代藏书家张蓉镜之妻，号芙初，精于鉴别古籍，因其夫张蓉镜字芙川，故夫妇二人藏书处名双芙阁。留庵两度娶妻若此，实幸运也。此稿本中民国四年（1915）所记最后一部为旧钞本《诗式》五卷，下有小字注"外舅顾振卿藏书"，可见其妻顾希昭出自书香世家。

《买书记》之后有长文一篇，未题篇名，其内容有藏书心得，如"聚书贵乎识某书应急、某书应缓，非识高见卓者不能辨也"。又有对当时书贾之描写，洪亮吉将藏书家分为五类：考订、校雠、收藏、鉴赏及掠贩，留庵于五类之后称："稚存先生之言曲尽其状。近日又有以书估之心思而更持赏鉴之名得流通之誉者，可谓名实兼收，世风日巧，是又稚存先生所不及知矣。"以及："北京之李子东、绍兴之陈立炎、苏州之柳蓉春为最著亦最巧猾，旧家所藏亦皆捆载而来，上海遂为书市聚会之所。"最后一段述涵芬楼事，孙毓修与涵芬楼可谓渊源极深，"涵芬楼"之名称亦为孙毓修所起，然此段极短，仅三行文字："涵芬楼者，商务印书馆编译所藏书之所，其地在宝山县境，光绪末年得山阴徐氏之书，皆寻常本子，其善本多得之祥符周氏书钞阁、太仓顾氏馥闻斋，此外复陆续收买，十余年来所积遂富，主之者海盐张菊生也。"文章至此戛然而止，似乎并未写完，之后又空有两页，仿佛有待续写，然先生已长逝，无人再续佳篇。

长文之后为书目"手泽"部分，仅著录图籍十七部，皆其先人手稿、批校之

買書記

毓修生於無錫之西鄉世以農賈為業家無藏書先
王父喜拾字紙偶得殘書不忍棄去輒補綴之弆於
家塾此寒家積書之權輿也先府君始業儒游庠即
棄舉業閉戶讀書常曰吾覬揚子雲之篇樂於居千
石官挾桓君山之冊富於積猗頓財也有買書之志
而無勝友以資討論無故家以廣見聞學使者歲科
兩試以及大比之年足跡一至都會以有選書之緣
而力又不能多得好事之家縹緗盈篋主人不能讀
徒然蠹損泡爛先府君嗜書若命乃苦於不能得傷

梁溪孫氏

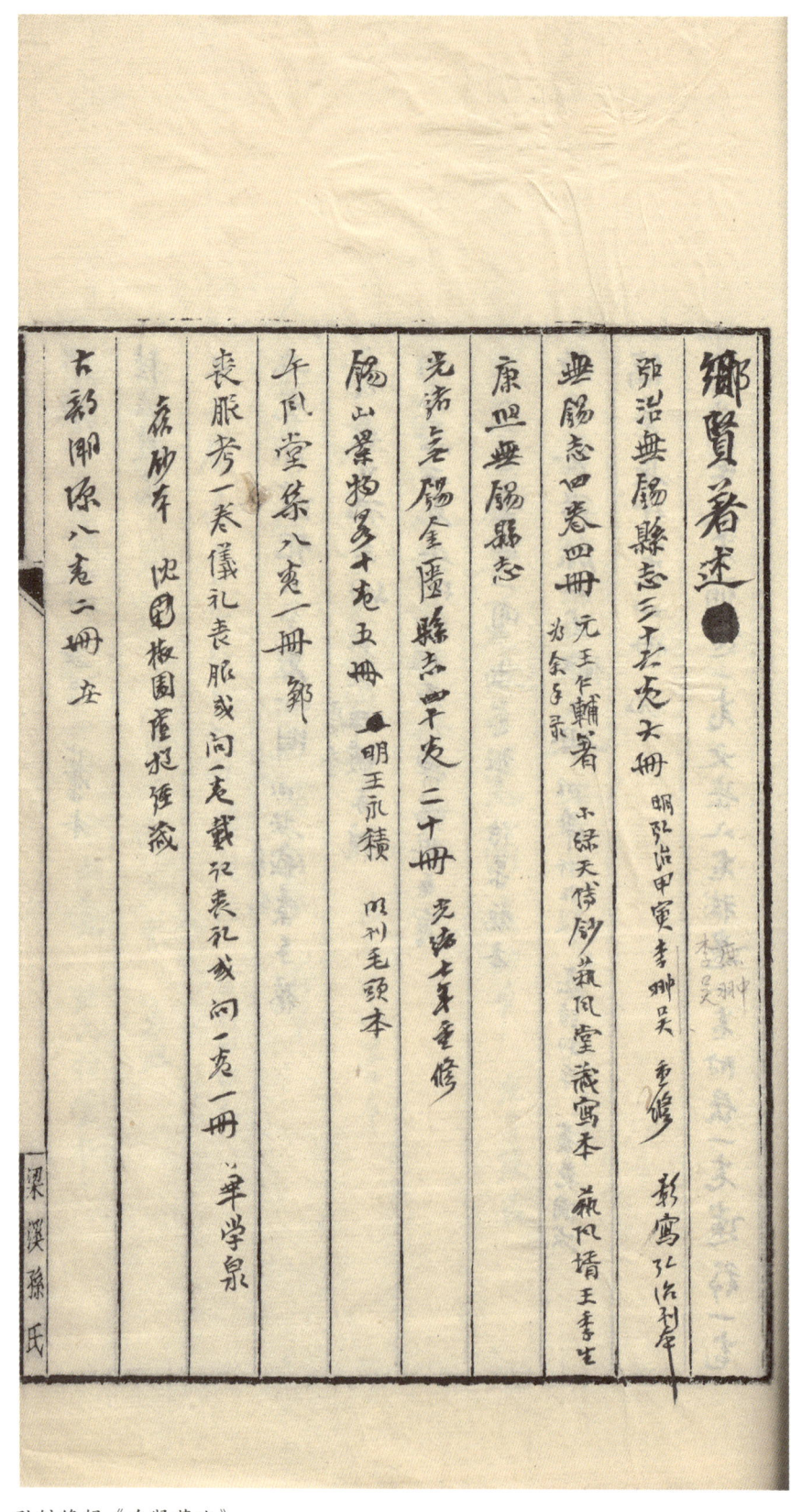

乡贤著述

弘治无锡县志三十六卷大册　明弘治甲寅李聊吴秀修　影写弘治刻本

　　元王仁辅著　小绿天饭钞藕住堂藏写本　藕风楼王季生

典锡志四卷四册　为余手录

康四无锡县志

光绪无锡金匮县志四十卷二十册　光绪七年重修

锡山景物多十卷五册　明王永积　明刊毛头本

午风堂集八卷一册　邹

丧服考一卷　仪礼丧服或问一卷戴礼丧服或问一卷一册　平学泉

磨砂本　沈国枝园崔挹迎藏

古韵聊原八卷二册　在

　　梁溪孙氏

孙毓修辑《乡贤著述》

148

本，第一部为《禹贡锥指要删》一册，下注"先人志伊公手稿"，又有《唐诗三百首》一册，下注"先人手批"。又有《孙氏宗谱二十卷》十四册，下注："道光廿五年江阴斜河宗人所修，第十四册有先祖及先父手迹，书面之字是先叔季才所书。"亦有并非手稿及批校本者，但因与其家人相关，故亦著录于中，如《灵飞经帖》，下注"此帖先君常临"；《阅微草堂笔记》下注"四叔季才遗书"。

　　"手泽"之后始为正式编年书目，首页首行题"留庵编年书目"，次行低两格为："庚戌。宣统二年。年四十岁，在上海。"其后每一年首行皆如此，下注以是年多少岁，在何地，内文中亦多有于某书下注明当时身在何地，发生何事者，则此书目亦可作留庵简易年谱视之。此目每行记一书，上记书名，下记册数，册数下以小字注明版本，其中多有珍本秘籍，如宋本《王状元集百家注编年杜陵诗史》为季振宜旧藏；《中原音韵》为录陆勅先手钞本，有黄荛圃跋；《高忠宪集外文》为安念祖手写未刊孤本；《说文解字》十五册，汲古阁初印未剜本，有孙星衍、顾千里、洪筠轩校；明嘉靖本《史通》及《救民急务录》，有黄荛圃跋；爱日精庐钞本《刘后村大全集》，有张月霄、周星诒、傅以礼跋，刘尚文、缪荃孙校。又有《经籍跋文》一册，下注"吾妻希昭手写"。他如恬进斋钞本、澹生堂钞本等皆有著录。杨守敬跋《史记》一书，著录于民国四年（1915），其下注有"明王延喆翻宋本，杨惺吾跋，五月二日"。又于宣统二年（1910）见其著录有《绝妙好词笺》三册，下注"道光戊子杭州爱日轩刊本，謏闻斋藏本"，此本现藏寒斋，乍于此目中得见，如逢故人。由此编目还可知其交游，小注中多有记该书来历者，如购于某处，某人所赠，又或赠于某人，其中赠书予留庵者，所见名录有章一山、曾燠、刘翰怡、瞿良士、叶焕彬、宗舜年、赵学南、蒋竹庄、徐世昌、陈乃乾、恽铁樵、缪艺风等等。

　　编年书目之后隔有数页空白，最后五页为留庵所藏乡贤著述类书目，首行题"乡贤著述"，其中《编年书目》中曾经著录之黄荛圃跋《救民急务录》又现于此目中，可见留庵此目为单独所撰，特意有别于《编年书目》，亦与其桑梓之心暗相呼应。《救民急务录》后为黄裳先生所得，黄裳先生曾经收得小绿天旧藏颇多，如今先生亦归道山矣。此目与《小绿天藏书笔卷一》共有之特点，即以先人手泽为众书之首，次则乡梓文献，留庵先生家族桑梓之心，于其笔端处处可见，其人之敦厚情深可想而知。

《梁溪孙氏小绿天收藏善本书目》稿本

此本封面有留庵先生墨笔题"梁溪孙氏小绿天收藏善本书目"。此书目同时亦为购书帐目。其著录序次以存放古籍之书箱为先后，以"第一箱""第二箱"或"杉木箱第一箱""杉木箱第二箱"，以及"玻璃橱第三层"等分类，未依传统书目按经、史、子、集分类，而是随取随记，再分别以红色"经""史""子""集"单字钤于书眉上，以示区别。其中首页第二行书眉上"子"字钤错，变成侧躺，复以正字重新钤于侧躺"子"字之上。每箱之中，四部混杂，可见留庵书斋中存书方式亦未按四部归类，然吾亦为藏书人，知聚书与存书过程之漫长及琐碎，今日所得为经部，明日所得或为集部，实在难以将每一部书皆按四部归于专架，故常有知道寒斋有某书，却遍寻不得之事。先生家谱亦存寒斋，为道光二十五年（1845）世德堂木活字本，兼有孙氏题记，本欲寻出一同介绍，结果遍寻不得，未知当时归入何架。

此目著录方式为每行记一书，上记书名，下略注版本，中间注册数，最下注购书金额，共著录善本四百七十余部，其中多有秘籍，见之忘俗，徒生羡慕。开卷著录第一部即为《安桂坡馆游吟小草稿》二册，下注"明嘉靖本"，购书款为八十元。此本为留庵宣统三年（1911）于沪上所购，嗣后为黄裳先生所得，著录于《来燕榭读书记》中，黄裳先生记曰："此无锡安国所作诗稿并游草二册，余获之小绿天遗书中，人间孤本也。"又记曰："此书用纸与当日所印活字版书者正同，当是一时风气。"留庵以此书为开卷著录之第一部书，与其前两部书目中皆以先人乡梓为重之风格一贯，《小绿天藏书笔卷一》稿本中，《无锡华氏安氏活字版考》述及安氏桂坡馆时称："嘉靖间华版散而安版起。安国，字民泰，我素光禄之祖也。邑志称其富可敌国，居胶山，因山治圃，植丛桂于后冈，因号桂坡。五世孙璿《家乘拾遗》云：廖家宰知翁家有活字铜版，以《东光县志》求翁为杀青，故契谊最深，每访古书中少刻本者，悉以铜字翻印，故名知海内。翁殁后，六家以量分铜字，各残阙失次，无所用矣。"安氏铜活字居然以此种方式分散乃至消亡，令人扼腕。

以书价观之，卷中价最昂者为明兰雪堂铜活字本《艺文类聚》及爱日精庐钞本《刘后村大全集》，皆为五百元所购。检《编年书目》，两书均为民国十年（1921）居上海时所得，购书日期为正月十二日，同时所得尚有明刻初印有图本《元曲选》，以及明蜀府活字本《栾城集》，留庵注曰："以上均正月十二从缪氏买得，《艺风堂藏书志》著录。"留庵所云"缪氏"为缪荃孙子缪禄保，此时缪荃

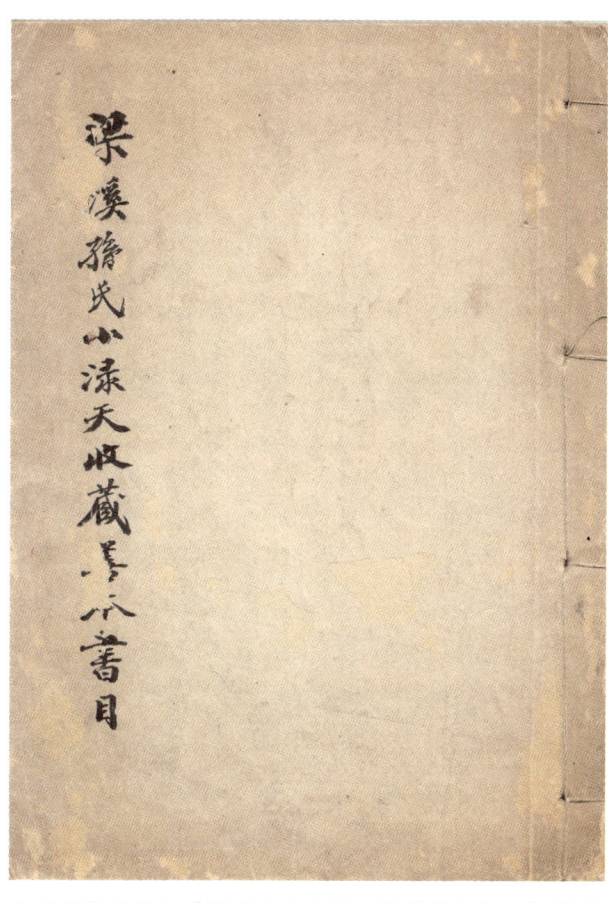

民国孙毓修稿本《梁溪孙氏小绿天收藏善本书目》封面

孙去世已有年余，缪禄保陆续将艺风堂旧藏售出。是日留庵尝致缪禄保手书云："伻来，送下《艺文类聚》等书五种，均已检悉。中以《二范集》《花庵词选》二书为最次，徐积余先生亦云然。但区区之意，在分得艺风堂一鳞片甲，藉寄羹墙之意，更不敢与兄论价也。《茅亭客语》务求见让。尚有《小辨斋偶存》《顾双溪集》二种，前单已曾列入，亦请一并交下为祷。"尽管留庵信中称购书原因在于想藉寄羹墙，但在吾看来原因不仅如此。信中提及《小辨斋偶存》作者为明万历进士顾允成，无锡人，《顾双溪集》作者为清乾隆进士顾奎光，亦无锡人，《艺文类聚》更无须多说，"吾乡华氏"也，且经季振宜、张月霄等收藏，留庵在意乡梓文献在其文章、书目中皆表现得非常明显，故吾认为其以昂值购《艺文类聚》，意不仅仅在于藉寄羹墙也。然而未知何故，《小辨斋偶存》与《顾双溪集》并未如愿得偿，今检民国十年得书目录，其中并未载此二书。

此目著录铜活字本尚有会通馆《宋诸臣奏议》，书价为二百五十元，亦为"吾乡华氏"所刻。此书为今日尚能得见之最早金属活字本，据云当年仅刷印五十部。近二十年来，该书于拍场仅现身一册，所存卷数恰好是国家图书馆藏本中所缺者，然活字本亦为芷兰斋专题收藏之一，该书于活字印刷史上地位超然，既经得见，当然不能轻易放过。至拍卖当日，尽管吾志在必得，但仍担心国家图书馆会与吾相争此书，又将是一场惨不忍睹之厮杀，故已做好惨胜之预期，然而结果令人十分意外——该书居然被吾以底价得之。

该目中尚有两部黄跋与一部顾批，黄跋为《救民急务录》两册与《槎轩集》两册，书价皆为两百元，顾批为《笠泽丛书》两册，书价为三百元，留庵注云："顾千里密校三跋"。与其他众多数十元之书价相比，此三部书价可谓昂矣，然而有新印之书，较此价更昂者，即深受书界追捧之杨守敬所刻《古逸丛书》，是书凡六十册，书价三百五十元，留庵注云："美浓纸初印"。以此观之，彼时书价可谓公道，书价之贵贱并非全凭名气之大小，亦非旧必胜新，新印古籍如果校、刻、印及纸张俱佳，书界自然追捧，而辛苦为役之人亦得大家尊重。今时《古逸丛书》于拍场上时有得见，多为零种，整部出现者吾曾经眼四部，皆非美浓纸印本，其中日本皮纸本已算四部中最佳者，成交价近五十万元，余外皆为剜改后以连史纸刷印者，于今日而言，能够整部出现，亦属难得。该书之美浓纸印本，吾多年来仅凑得十余零种，书源日渐枯竭，看来配齐全部二十六种美浓纸印本，颇为无望。彼时留庵能够以三百五十元之昂值购此美浓纸印本，不得不钦服其眼光之独到。

目中又有《后村大全集》，曾经《编年书目》著录："爱日精庐钞本，有张月霄、周星诒、傅以礼跋，刘尚文、缪小山校。"检《爱日精庐藏书志》，张金吾称此本为自天一阁旧钞本影写而来。追本溯源，藏书乐趣又岂在片刻之拥有哉！书目中还著录查慎行旧钞本《陪猎笔记》，有吴兔床校跋，两册书价两百五十元，有意思的是，另一部《吴兔床手写诗草》居然仅五元钱，大约为留庵冷摊负手所得，今日翻阅此目，虽寥寥数字，仍能体会到当日留庵获书之悦。总而言之，该书目所著录者，多为名家递藏而来，且多有注明旧属谁家邺架，逢钞、稿、校、跋，必有小注为谁经手，遇有特别纸张者，亦别有注明，如桃花纸、美浓纸、罗纹纸等，凡此种种，可见留庵之藏书观，首重家族乡邦，然后为铜活字本、旧家递藏有序之本、以及名家稿钞校本，对于宋元旧籍，反而并没有特别看重，这一点与当时藏书家通行之看重宋元旧籍者颇不相同，值得研究者注意。

近几十年来，国内各公共图书馆竞相出版古籍藏书目录，于目录版本之学功德无量，然而略显遗憾者，则是众多公馆中，没有任何一部馆藏目录能够标明古籍用纸。一部古书，不外乎纸墨之结合，不标明纸张，于鉴定而言，即缺失极为重要之证据。留庵于此显然极具前瞻性，在其几部书目中，凡遇纸张特殊者，皆一一注明。吾亦踵先生之行，于自编芷兰斋书目中，标明每部书所用纸张，亦或稗益后之研究者。

第一冊

城書	佩韋齋輯聞	全國南雲□保	學易集	沈休文集	天金堂集	辛沭集	春秋繁露	禊雨錄	安推坡館游草稿
寫抄本	太玄之人舊任郵姜 寫抄本	寫抄本	西聚珍本	鈔本	錫山安希范姜 鈔本	家藏鈔本 雲橋園澄藏之凡	家藏鈔本 三卷全 藏印	寫抄本	吟小 明家詩今
阿聞閣應元麗高善	寫抄本 孤星衍藏								
一冊	二冊	一冊	三冊	二冊	五冊	六冊	四冊	一冊	三冊
卅元	五十元	十元	十五元	二十元	一百五十元	一百二十元	空元	廿元	八十元

稿本《梁溪孫氏小綠天收藏善本書目》首頁

孙毓修藏书印"小绿天藏书"

与前两部书目稿本不同者，此本明显为留庵先生自己存档所用，或是准备编写善本书目之底稿，有待重新编写，并无就此出版流传之意，首先所用纸为最常见之红格稿纸，而非之前所用之刻有"梁溪孙氏文房"及"梁溪孙氏小绿天写"专用稿纸，其次卷中有颇多印记，如"○"及"卍"字符等，又有单双之分，大约除却留庵本人，无人能会其意。尽管此为一部未打算流传之底稿，亦有其极重要之价值，今日得藏芷兰斋，吾之幸也。

《梁溪孙氏小绿天藏书目》稿本

此本为孙毓修夫人顾希昭于留庵身后代为编撰。顾希昭资料不详，仅由《编年书目》中留庵所注"外舅顾振卿藏书"所知，其出身书香世家，父亲亦有藏书，从小耳濡目染，亦知藏书之可贵，故于归后颇能协助留庵整理书籍，代为抄书，留庵则以"今之姚婉真"形容之。此本卷前有顾希昭所撰序言，因此序各处不见记载，故录以公诸同好：

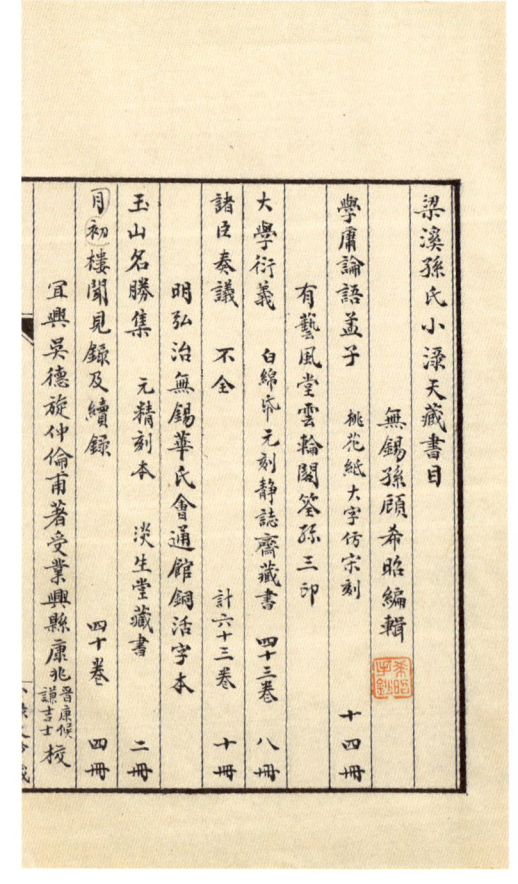

稿本《梁溪孙氏小绿天藏书目》首页

> 先夫梁溪孙氏小绿天主人也，名毓修，字星如，又号留庵，平生酷爱旧书，又善板本之学，有自著《中国雕板源流考》《雕板之始》及《目录之学书目考》二十余卷，将来必要刻出送人也。彼之一生心血，收藏古书及旧精钞本数万卷，皆宋元明初精刻本，即各大藏书家散出者，亦有名人校过者，皆极有价值之书也。因恐遗失，今编此书目以备流传于世，以成先人之志也。又因儿子贵定服务于厦门大学，无暇编辑，所以余勉为编辑者也。孙顾希昭跋。中华民国二十一年，岁在壬申九月。

孙毓修稿本《小绿天藏书笔卷一》不分卷
《孙毓修编年书目》不分卷
《梁溪孙氏小绿天收藏善本书目》不分卷
顾希昭稿本《梁溪孙氏小绿天藏书目》不分卷

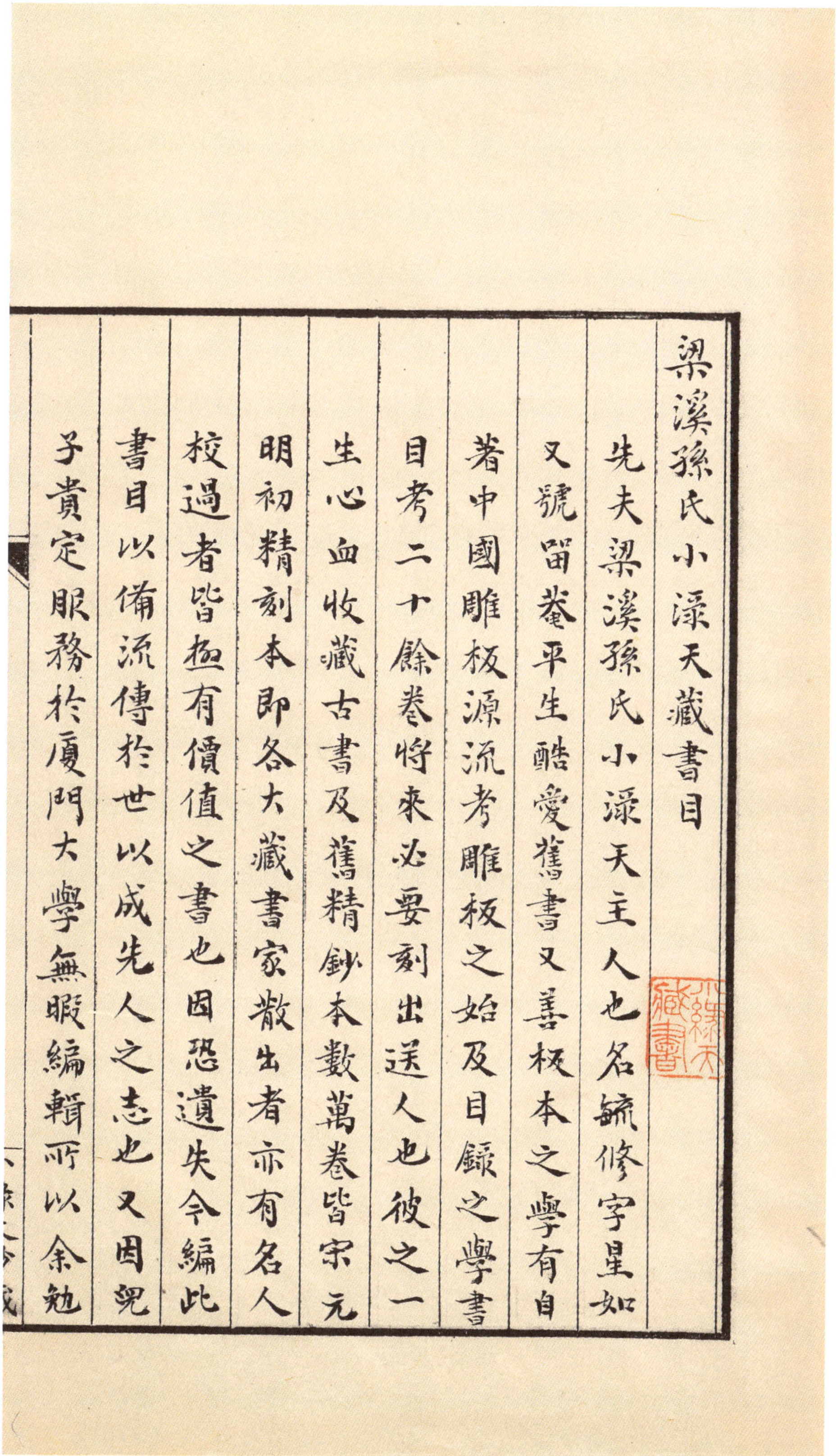

梁溪孫氏小淥天藏書目

先夫梁溪孫氏小淥天主人也名毓修字星如又號留菴平生酷愛舊書又善校本之學有自著中國雕板源流考雕板之始及目錄之學書目考二十餘卷將來必要刻出送人也彼之一生心血收藏古書及舊精鈔本數萬卷皆宋元明初精刻本即各大藏書家散出者亦有名人校過者皆極有價值之書也因恐遺失令編此書目以備流傳於世以成先人之志也又因兒子貴定服務於廈門大學無暇編輯所以余勉

稿本《梁溪孙氏小绿天藏书目》顾希昭序言

顾希昭藏书印"端文女孙""希昭手钞"

　　此跋下钤有"端文女孙"朱方。次为卷首，首行题"梁溪孙氏小绿天藏书目"，次行为"无锡孙顾希昭编辑"，下钤"希昭手钞"朱方，所用书纸为黑格稿纸，版心下刻"小绿天钞藏"，孙毓修曾言顾希昭常代为抄书，以及雇人代为抄书，故孙家印有多种不同款式之专用抄书纸，以吾所见至少有四种。此本全卷为顾希昭小楷书就，字迹娟秀端庄。其印文"端文女孙"中"端文"者，当指创办东林书院之顾宪成，其谥端文，无锡人，可知顾希昭的确出自世家。

　　该书著录方式亦未按经、史、子、集分类，而是四部混杂，当为随取随录，然亦未按留庵著书、作文以及著录之惯例，以先泽及桑梓为第一。其著录第一部为《学庸论语孟子》，下注"桃花纸大字仿宋刻"以及"有艺风堂、云轮阁、笙孙三印"，并未注明版本。此后大部分藏书皆以此格式著录，上注书名，下注卷数及册数，凡经名人藏过以及某人校过者必注明，兼注明纸张款式，如桃花纸、白棉纸、连史纸等，亦有部分藏书后面略有简介。然而于目录而言，最重要的版本一项，其著录却非常简单。近几十年来公藏书目一律未注明纸张，以吾之谬见，可为一大缺憾。纸张乃鉴定版本重要依据之一，吾之芷兰斋书目则尽量将每书纸张一一标明，今见该书目中亦如此，可谓先得吾心也。

　　细读此书目，可见凡留庵校跋过者，其下皆有小注，足见夫妇情深，如《金石录》，其注云："此书不愧为精钞者，值天下无双之本耳。星如生平酷爱旧抄者，皆有一无二之书也。"又有《史通》下注云："此书已各大藏书家藏过并校过，各有印章，留庵亦亲校，此亦极有身分之书也。"武英殿聚珍版系列，其注云："星如平生所喜收藏之原板初印《武英殿聚珍本丛书》数十种"，后列武英殿聚珍版数十种。另有部分特别之书，顾希昭于版本后略为介绍，如《韵徵样板》，其版本著录为"所谓精写样本"，后注："锡山安吉古琴辑，男安念祖景林篆录，门人华湛恩紫屏校。此书安氏家藏散出者，实在宝贵难得之书也。好奇之心人皆有之，可见其价值又在宋板之上矣。"安念祖为锡山人氏，留庵收有不少安念祖旧藏，为其所收集乡邦文献之一部分。《艺文类聚》下注："此书各大藏书家皆已藏过，且有深长之历史。星如从艺风堂买得，甚为欣幸，常云此书之价值可与宋板并肩矣。"又有《古逸丛书》，其注云："光绪甲申遵义黎氏刊于日本东京使署，此虽为翻宋校板之《古逸丛书》，然较真宋本有过之无不及，为世已罕有之书矣。"研究留庵藏书，此书目亦为极重要之史料。

　　前三部书目中所载之两部黄跋及一部顾批，于此目中已不见记载。此目编于民

孙贵定

国二十一（1932）年，孙毓修已去世十年。据云孙毓修去世后，顾希昭与子孙贵定守书十余年，至民国二十四年（1935）始首次售书，则此三部书可能在孙毓修生前已经散出。留庵生前曾将部分藏书售予涵芬楼，未知此三书是否在其中。《救民急务录》后为黄裳先生所得。今查《中国古籍善本总目》，黄丕烈跋《救民急务录》不见记载，上海图书馆有黄跋《槎轩集》一部，顾千里校跋之《笠泽丛书》有两部，分藏于南京图书馆及国图，分别为东山草堂本及古韵阁本，未知其中是否有留庵旧藏。

此目编写虽精，却可以看出顾希昭于版本目录之学不甚谙熟，虽耳濡目染，知其可贵，却不知其何以贵，于版本著录一项极为含糊，尤其刻本往往仅注以"精刻本"字样，而不注明究竟为何刻本，然后以"实在好极""极罕见之书""少见之秘本"等形容之，其中《六艺纲目》一书，版本著录居然为"看去极古之刻本"。小绿天所藏诚多秘本，然而以藏书目录来说，读者更欲知者，往往是其具体版本，故此目虽善，犹未解渴。又《古逸丛书》当为美浓纸初印，其却著录为"高丽纸"，如此等等，可想见顾希昭女士虽有心为其夫流传所藏，毕竟心有余而力不足，留庵先生誉夫人为"今之姚畹真"，更多为鹣鲽情深。此目又令吾想起柳如是，《绛云楼书目》因其中多有讹误，后人多有称其为柳如是代钱谦益所编撰，然柳如是编撰书目毕竟为传说之事，并无证据可考，此目却的确出自顾希昭之手，亦为目前已知民国时代女性编撰藏书目录之惟一实物。

孙毓修题记
《斜河孙氏宗谱》二十卷

《斜河孙氏宗谱》二十卷

  清道光二十五年（1845）木活字本 孙毓修题记 一函十四册

  钤印：孙毓修印（白方）、星儒（朱方）

  近几年寻访前贤遗迹过程中，时遇被访者后人捧出家谱请吾过目，印象至深者乃是寻访何晏墓时所见何氏家谱。何晏是三国时期玄学家，史书记载何晏墓在"庐城北十里"，当地文献则记载其具体地址是"塔山以北3.5公里"，皆极宽泛之地理范围，寻访难度可想而知。是日自合肥往桐城走，路过庐江县，请一出租车司机载吾至这两个地址看一看，司机称，这两个地方应该是同在一处，因为塔山以北3.5公里处恰好距离老县城十里。去到该址附近，打听到正好此处个村庄全部姓何，众人又介绍吾去找一位村民，称其家世代教书，或有以告我。找到该村民，其亦不知何晏其人，请吾在堂屋稍坐片刻，由里屋捧出一部家谱，说："你说的人我不知道，但你可以看看这里面有没有你要找的人。"吾顿时大为感动，其家徒四壁，

清道光二十五年木活字本《斜河孙氏宗谱》牌记

158

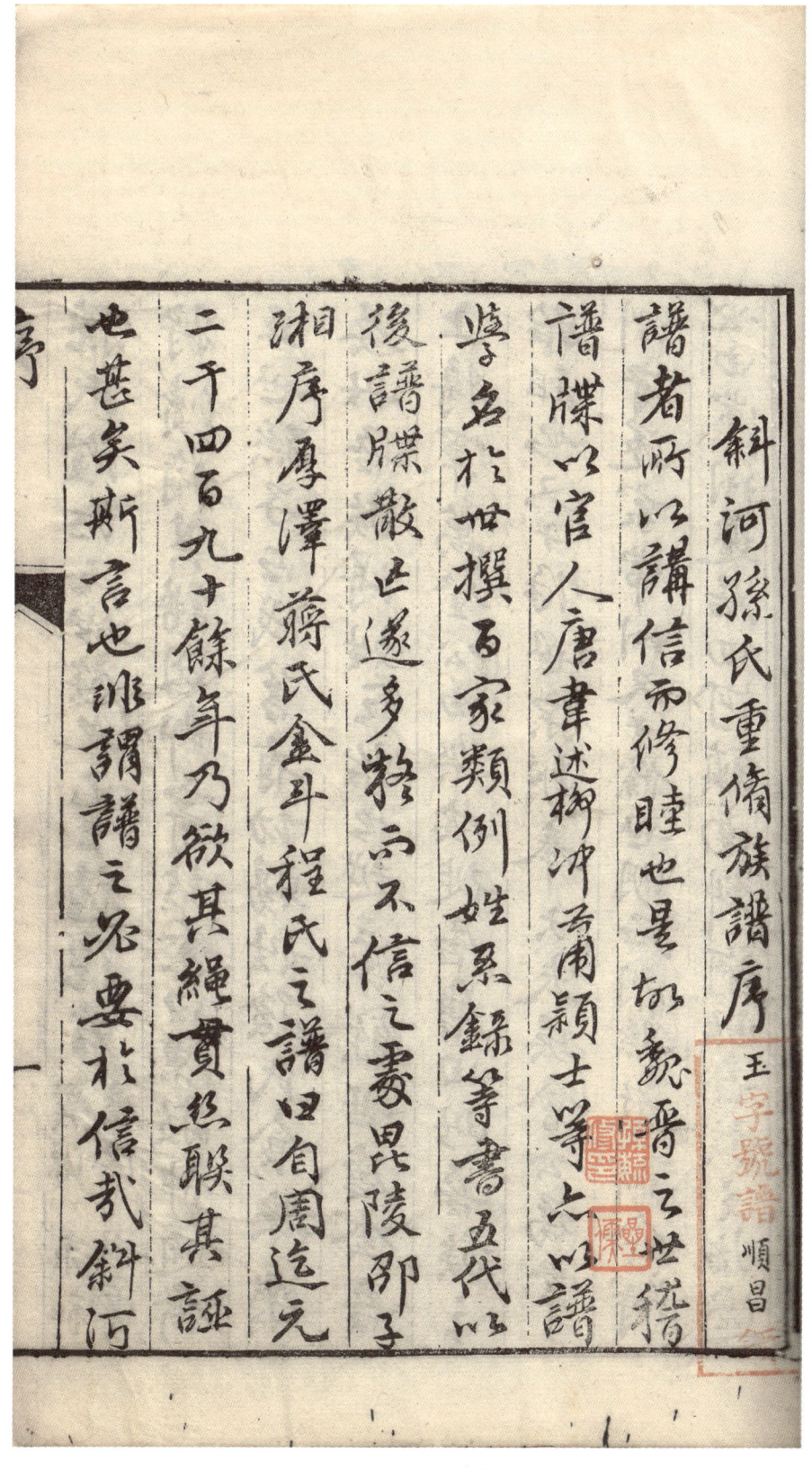

斜河孙氏重修族谱序

譜者所以講信而修睦也是故魏之世稽

譜牒以官人唐韋述柳沖吾甫頴士等六以譜

學名於世撰百家類例姓氏錄等書五代以

後譜牒散亡遂多整而不信之委昆陵邵子

湘序厚澤蔣氏金斗程氏之譜旦自周逆元

二千四百九十餘年乃欲其繩貫絲聯其誣

也甚矣斯言也非謂譜之必要於信我斜河

屋内光线极暗，连一套完整桌椅皆无，家谱却装在一精致木匣中，外以报纸层层包裹，捧出家谱时，其满脸慎重与恭敬。只可惜此为续修家谱，第一册所载先祖为明代，而何晏是三国时期人物，只好感谢他之后向其告辞。

事实上，近几年寻访过程中，吾时常感受到宗族力量之延续，在乡村又尤其强烈。宗谱又有家谱、家乘、谱牒等称谓，对于传统社会之意义十分重要，可以明血统，知源流，载祖训，记迁移等等，过去每逢春秋致祭或族中大事，皆由族中长者率领族人衣冠肃整，将宗谱请出祠堂展拜，而宗谱作为宗族神圣象征，一向秘不示人，且有新谱修成后，旧谱须全部销毁之例。宗谱通常印量不大，少则七、八部，多则三十余部，若家族兴旺，人丁众多，亦有印百部者，各房分领回后，由子孙世袭珍藏，极少流散于外。自上世纪中期开始，观念更改，许多家谱逐渐流出，不再受族人重视，然而近些年人们观念又逐渐回归，各姓又纷纷续修宗谱，增强凝聚。

寒斋约藏有各姓宗谱四十余部，其中大部分为清代木活字本，亦有部分明刊本、清钞本及民国石印本，此为孙毓修先生家谱《斜河孙氏宗谱》二十卷，乃道光二十五年（1845）木活字本，得自苏州黄舰兄。半年前马骥兄自苏州来京看吾，垂询吾之近况，告其得暇仍在续写书跋，正写到孙毓修书目四种，马兄闻言微笑，似略有深意。吾觉此笑容里另有内容，再三追问，其始称："这批书本来应该归我。"书友间争书乃常有之事，与吾争书者更多不胜数，但马兄乃我极尊重之谦谦君子，印象中似乎从未与其有过争书之事，其言令我颇为意外，忙问个中原由。马兄始缓缓道来："这批书你拿到的其实不到一半，余外还有一些孙毓修与其他藏书家之间的手札。黄舰当时是整批收到的，有一天我到他店里，他正在整理这批书，我马上说自己全要了。黄舰说这些书里面和书目相关的几种已经答应了韦力，他要守信用，不能卖给我。我没办法，只好把剩下的手札全部买下。除了你买的那几种之外，还有一部分黄舰卖给了别人，这批东西如果能够三家合璧，肯定对研究孙毓修有很大价值，可惜散了。"这段故事乃吾此前未知者，若能跟马兄所藏部分合璧，自然是一段佳话，但又念及还有一部分不知归于谁家邺架，想一想，遂不复再言，惟陪马兄叹息数声而已。

半年前于架上捡得孙毓修书目稿本四册时，想起与稿本一同收来者，尚有其家谱，然不知归于何架，之后半年时间里，吾始终念念不忘，每每出入书房，必于各架间搜寻，终于前日找到，一函十四册，上下护以木夹板，封面尚有留庵墨笔题记。清代家谱极多以木活字排印，其中以江浙两省为最，两省中又以常州府为最，几乎村村有祠堂，家家有宗谱。因民间对于修谱需求极大，当地还出现许多专门从事家谱摆印之工人，俗称"谱匠"或"谱师"，每组六至十人，分管刻字、图像、排印等，短则一两月，长则三五月，一部家谱即可完成。当时常州谱匠摆印家谱名气极盛，甚至有人远自四川将家谱稿本寄来常州摆印。斜河孙氏地处无锡，无锡旧属常州府，此谱又是道光年间摆印，内容极其完整，综合此谱产生之时间、地理、内容，则此谱可视作清代木活字家谱之代表物也。

　　关于孙毓修，柳和城先生曾经写过一本《孙毓修评传》，内容详实，令吾获益良多，其书中谈到孙毓修曾托友人王曾祐于南京查找孙氏家谱。王曾祐寻书结果未知如何，然而此部家谱应当不是王曾祐寻找而来，而是一直存于孙家者。此谱封面有留庵墨笔手书："民国七年戊午，新历一月廿六日，重装订讫。家谱廿卷原订十四册（第十四册梁溪山南世系即西孙巷支也），道光廿五年江阴斜河宗人所修，当时共领得四部，惟吾家此部尚存，子孙其重宝之。卅四世孙毓修题于沪寓。"关于此部宗谱，留庵于《小绿天编年书目》中曾经著录，《孙氏宗谱二十卷》十四册之下小字注有："道光廿五年江阴斜河宗人所修，第十四册有先祖及先父手迹，书面之字是先叔季才所书。"另一部书目《小绿天藏书笔卷一》中亦有一段文字专

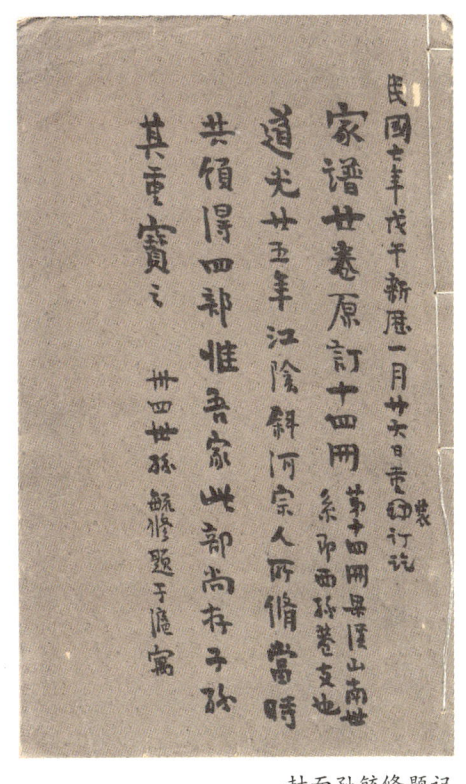

封面孙毓修题记

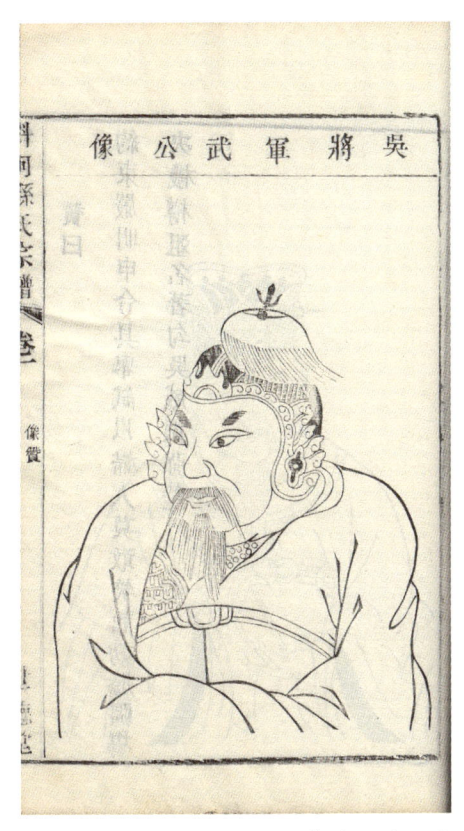

《斜河孙氏宗谱》中孙武画像

门述此宗谱："族中旧谱经庚申之难，悉已荡然，惟吾家尚存一部。卷首有江阴何杺序，乃道光丁未斜河宗人所修也。居孙巷者，为山南支，详见第十四册。书面题字为从父季才笔，卷中先祖听斋公及先君手迹存焉。先君为聚族敬宗计者，曰建祠、曰续谱，祠于光绪癸未成之，戊子冬，谱有成议，而先君病矣。"

根据留庵记载，其祖父、父亲及叔父，包括留庵自己皆曾在此部宗谱上留下笔墨，则不可能遗失至南京，再去寻回，留庵托友人至南京搜寻宗谱，大约是想知道更多与孙氏祖先相关信息。此谱前有牌记"道光岁次乙巳"及"世德堂珍藏"，世德堂为孙氏堂号，牌记后为何杺道光二十五年（1845）序，何杺此年刚中进士，为同邑藏书家，有藏书处悔余庵。首册尚钤有"孙毓修印"白方及"星儒"朱方，另有领取宗谱时所钤红色木记"玉字号谱顺昌领"，其中"玉"及"顺昌"为墨笔填写，何杺序言之后为目录、原序、宗支图引及凡例，首册终。第二册主要为名宦、科甲及像赞，因刷印数量不多，版画极为清晰。第三、四册为传记及行略，第五册始为世系谱表。由其序言可知，孙姓出自虞舜之后，其上古世系第一世祖为虞遂公，乐安世系第一世祖为孙书，历史上鼎鼎大名之孙武和孙膑分别为第三世祖及第五世祖。第二册像赞部分共刻人物二十六帧，前三帧分别为孙书、孙武及孙膑，后面则为孙氏历代杰出者，人物形象、服饰皆随其身份、年代不同而有所区别，翻阅这些图像，各朝代之文武官服变更尽在眼前，以及不同时代儒士、处士、乡绅之不同打扮，各具特色，可以想见当初绘刻此批人物肖像者颇为用心。

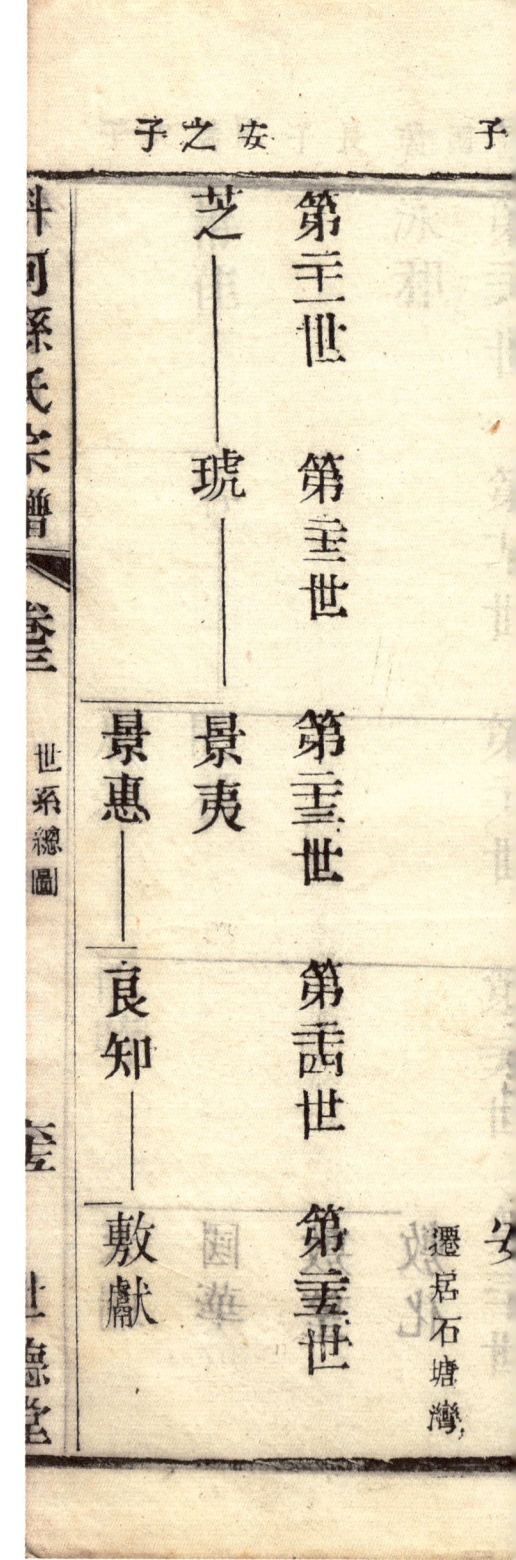

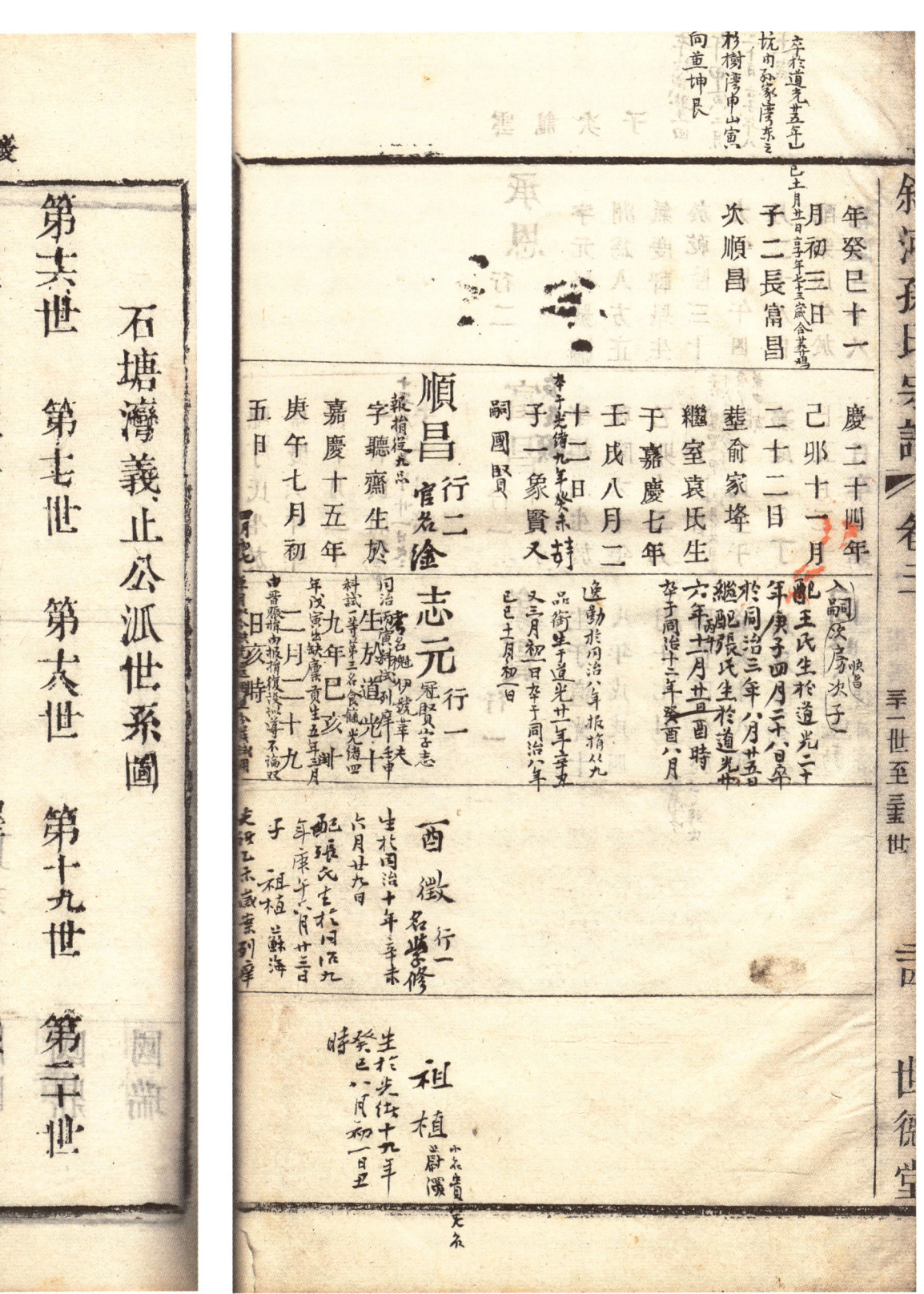

石塘灣義止公派世系圖

第十六世　第十七世　第十八世　第十九世　第二十世

斜河孫氏宗譜　卷二　世德堂

清道光二十五年木活字本《斜河孙氏宗谱》卷前刻有"奉天敕命"

　　图像背后之赞文多未署名，然偶有署名者，则名气极大，为孙惠蔚撰赞文者为昭明太子萧统，为孙吴会撰赞文者为文天祥，为孙万登撰赞文者为元丞相脱脱，未知这些赞文是否能够称得上为撰写者之佚文，无论如何，这些赞文对于撰者和被赞者而言，都是研究他们之极珍贵资料。宗谱第三、四册皆为传略，首一篇为孙武，次为孙膑，继而孙坚、孙策、孙权等，共计四十二篇，涉及人物不仅仅为男性，尚有两名曾受旌表之节妇，为其赋诗者中有沈德潜、邹一桂等。

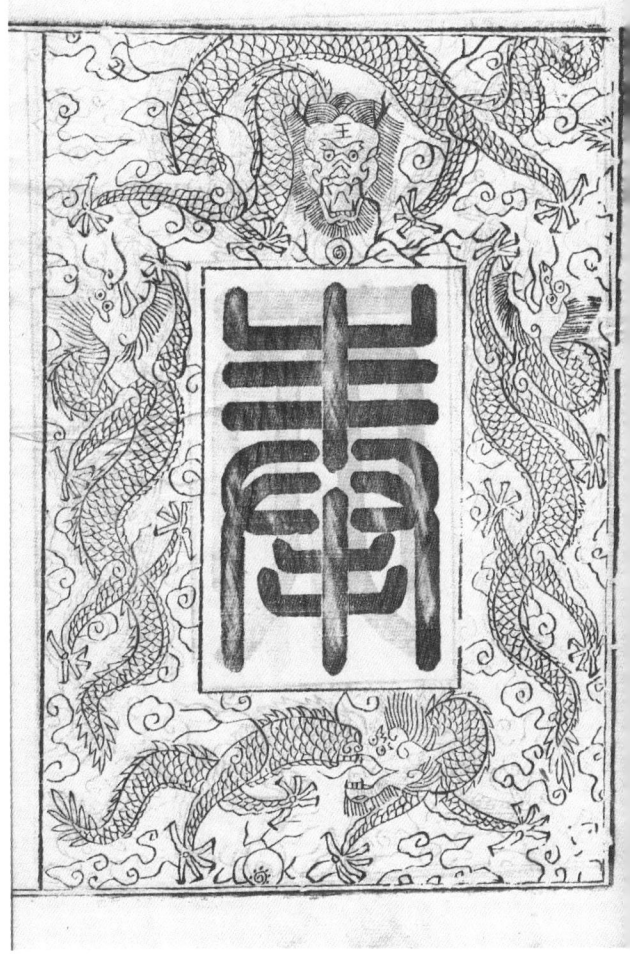

　　第十四册为留庵最为看重者，该册中有其祖父及父亲手迹，从字体上明显看出为二人所书，内容则为补记道光二十五年之后族人生卒、婚配及子嗣资料。最后数页为领谱字号，是次所修宗谱共摆印四十五部，依千字文自"天"字排至"玉"字，一字一部，每部宗谱由何人领取，皆登记在册，若两人合领，则具二人姓名，最后六部为锡邑山南分支所领，最后一部"玉"字号领谱者为顺昌，即此本也。关于领谱字号，谱中还专门刻有一页说明："凡领谱者，谱中载明某字号谱第几世孙某人领字样，刻于目录之下。自后春秋致祭，将谱赍至世德堂中缴验，祭毕后仍复按名给还。如有不肖子孙私将此谱出售，一经察出，定当重处，责令缴谱。"世事难料，情系乡梓、珍惜先人手泽一如留庵者，亦未能将之永存孙宅，身后不久，此谱即流落于肆，悲夫。

孙毓修藏书印"星儒""孙毓修印"

沈韵斋钞本
《读有用书斋书目》一卷

《读有用书斋书目》一卷　封文权编

感峰楼沈韵斋钞本　一函一册

钤印：古鄞州杨康年收藏记（朱方）、沈韵斋收藏印
（朱方）、感峰楼藏（朱方）

　　感峰楼钞本《读有用书斋书目》一卷，杨康年旧藏，卷前有钤印三方，分别为"古鄞州杨康年收藏记"及"沈韵斋收藏印""感峰楼藏"。沈韵斋即感峰楼主人，曾其见钤印"吴兴沈氏万卷楼珍藏"，故知其又有万卷楼之堂号。然沈韵斋为何人，吾毫无头绪，检各家书目题跋皆不见记载。吾于感峰楼旧藏寓目颇多，其书多同时钤有刘承幹、郑振铎或曹大铁等人藏章，以钞本居多。

　　寒斋藏有沈韵斋所跋碑帖数种，曾细读跋文，仍未能从中寻得其生平踪迹，然以其鉴定碑帖之水准，当为此中高手，如此人物，竟然完全不见记载，似乎毫无道理。尝检《中国近现代人物名号大辞典》，将所有沈姓中名字与之相近者逐一对照，并无相似者。《国家图书馆藏古籍题跋丛刊》中收有

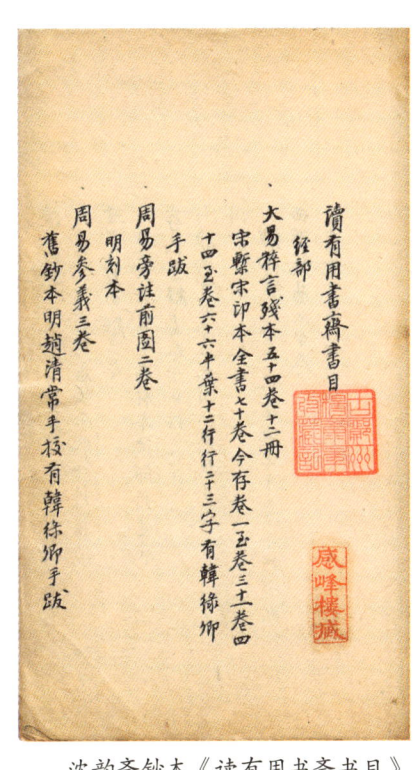

沈韵斋钞本《读有用书斋书目》
卷首

天水遺珍籍來從士禮居清門傳祖硯

樸學守楹書錦贉留身後牙籤出爐

飴郋徐零替久世澤孰能如

韓涤卿先生遺書殘埒呂里瞿

氏文孫子穀世守之且編書目佳

子弟也藝風堂文漫存

《皕宋楼藏书题跋辑录》，著录为"民国间吴兴沈氏感峰楼乌丝栏抄本"，审其字体，与吾藏此本无二，当为同一人所书，卷首亦钤有"沈韵斋收藏印"。国图影印本为乌丝栏钞本，其抄书纸右侧下方刻有"感峰楼钞藏"五字，吾藏之本则为普通毛边纸。

然吾藏之本亦有其特别处。该书原装旧貌，封面为机制仿皮纹纸，图案带有十七世纪北欧风格，衬于中国古书上，颇感不类。首页为缪荃孙所撰《华亭韩氏藏书记》，此篇作于"阏逢摄提格中秋后一日"，即民国三年（1914）。吾曾疑感峰楼为沈树镛，其字均初，一字韵初，号郑斋，然沈树镛同治十二年（1873）即归道山，不可能抄录缪荃孙所撰文章，只能另作猜想。缪荃孙文之后为韩渌卿像赞，乃张文虎所撰，其文为："汒乎其若愚，渊乎其若虚，恳恳乎独行其志而勿瞂勿趋。人皆以为迂也，将蕲至乎古之所谓儒。"又有诗一首："天水遗珍籍，来从士礼居。清门传祖砚，朴学守楹书。锦贉留身后，牙签出烬余。郁徐零替久，世泽孰能如。"

正文之后，附有曹元忠所著藏书记十一篇，皆为此卷中著录之本，其中一部为旧钞本，两部为士礼居影宋本，余皆宋元。令吾意外者，为此书最末四页明显为人有心撕去。一般而言，最后数页通常为后人跋语，被撕原因多数是因跋语中提及该书之疵点，亦或后跋落款时间过晚，不若仅余前面早期年款之序言，以此来拔高古籍成书年代。然此钞本书前仅是抄录缪荃孙序言，缪已为晚清民国人物，年代未远，则撕去书尾四页显然并非为拔高年代。从事古籍修补者常有收集古纸、旧纸习惯，以备修补古书之用，业界亦多有将古旧书之空白页撕去者，此本亦或曾遇之。

该书内容为韩应陛藏书目录，亦名《云间韩氏藏书目》，该目曾于民国年间影印出版，所影印之底本亦为钞本。细读此本，与民国影印之底本当属两份传抄体系，因细部多有不同。如影印本卷首页中《周易参义》三卷，下仅注"旧抄本"，此本下注为"旧钞本，明赵清常手校，有韩绿卿手跋"；影印本《陆公纪京氏易传注》三卷下注"旧抄，据《盐邑志林》本"，此本下注为"旧钞，据《盐邑志林》本，沈剑舟旧藏"；又有《于常侍易解》三卷，下注"旧抄，据《盐邑志林》本"，此本下注为"旧钞，据《盐邑志林》本，沈剑舟旧藏"。

沈剑舟即乾隆五十二年（1787）进士沈叔埏，曾任《四库全书》武英殿分校官，阮元为撰墓志铭，称其读书万卷，著书千篇，生平精力心萃于书。此钞本共著录沈叔埏旧藏四部，另两部为《李文溪文集》及《南隽居士读易或问大旨》，皆有其跋语，其中《南隽居士读易或问大旨》为撰者汪必东手定本。沈叔埏具体藏书事迹鲜有记录，此本或可略窥其藏书喜好，同时对于民国影印本而言，有拾遗补漏之用。

影印本卷后附有书影三十一帧，此本亦同，然而此本所附书影盖系民国影印本中裁剪而来，复粘于书目正文后，一切顺序皆如影印本，行事者用心之细可以想见。以吾推测，当为沈韵斋向有自藏钞本，得影印本比勘之后，敝帚自珍，遂拆影印本而补自钞本，并配以曹元忠藏书记十一篇，而成此本。

沈韵斋藏书印"沈韵斋收藏印""感峰楼藏"

佚名过录张元济批校《丰顺丁氏持静斋宋元校钞各本书目》一卷

《丰顺丁氏持静斋宋元校钞各本书目》一卷　（清）江标辑

清光绪二十一年（1895）刻本　佚名过录张元济批校

一函一册

　　持静斋为清末同治、光绪时期藏书大家丁日昌藏书之所。丁日昌（1823—1882）字禹生，又作雨生，号持静，广东丰顺人氏，清末政坛风云人物，洋务派中坚力量之一。其早岁堂号为实事求是斋，迁两淮盐运使时，更堂号为百兰山馆，升任江苏巡抚后，以号"持静"命名书楼，其藏书目录亦以持静斋命名。

　　丁日昌藏书多来自江南旧家，如上海郁松年宜稼堂、苏州顾沅艺海楼，以及黄丕烈百宋一廛、汪士钟艺芸精舍等，皆为其任职于沪、苏时，乘太平天国乱后各家藏书流散之机收进。林达泉为《百兰山馆藏书目录》所撰序中曾述其得书经过："自兵燹以来，大江南北，两浙东西，所谓文宗、文汇、文澜三阁庋置秘本，都已化为灰烬，无有存者。都转乃搜罗荟萃，收拾于委弃瓦砾之余，购集之多，几及三、四万卷，洵所谓壹其所好，好之而有力者

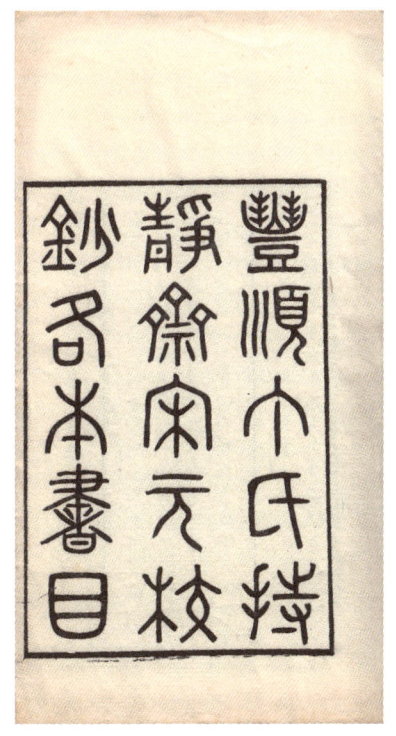

清光绪二十一年刻本《丰顺丁氏持静斋宋元校钞各本书目》书牌

171

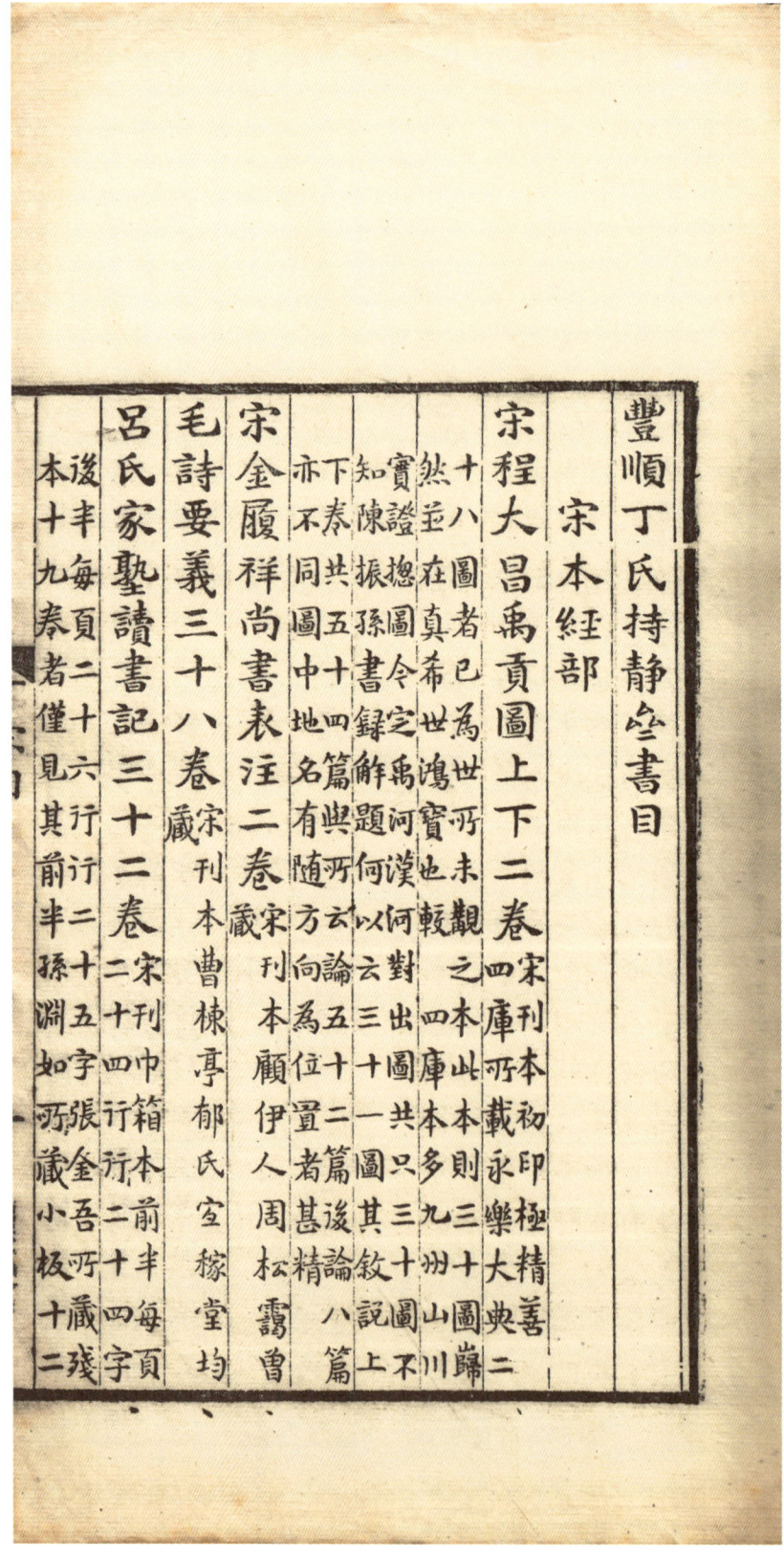

豐順丁氏持靜坐書目

宋本經部

宋程大昌禹貢圖上下二卷 宋刊本初印極精善 四庫所載永樂大典二

十八圖者已為世所未觀之本山本則三十圖禹貢圖歸然至在真希世鴻寶也四庫本多九州山川實揔圖令定齖題何以何對出圖共只三十圖其敘說上知陳證振孫書錄何汉云三十一圖不亦不奉同圖中地名有隨方向論為五十二篇後論八篇下名有興所置者甚精論八篇

宋金履祥尚書表注二卷 宋刊本顧伊人周松靄曾

毛詩要義三十八卷 宋刊本曹棟亭郁氏室稼堂均藏宋刊本

呂氏家塾讀書記三十二卷 宋刊本前半每頁二十四字行行二十四字

本後十九卷者僅見其前半孫淵如所藏金吾所藏十二殘每頁二十六行行二十五字張金吾小板

也。"不过话虽如此，书界却一直流传着丁日昌乘人之危巧取豪夺之说，此说之源头，则在陆心源。

陆心源《仪顾堂续跋》卷十一《元刊元印玉海跋》记云："询其何以仍归郁氏之由，知雨生介绍应敏斋廉访至郁氏阅书，自取架上宋、元刊本五十余种，令材官骑士担负而趋。时泰峰已故，家已中落，诸孙尚幼，率其媵妇追及于门，雨生不能夺，取其卷帙少者自置舆中，其卷帙多者，仅携首册而去。后经应敏斋调停，以宋刊世綵堂本《韩文》、程大昌《禹贡论》《九朝编年》《毛诗要义》《仪礼要义》、金刊《地理新书》等十种为赠，余皆返璧。"此段描述可谓形象生动，丁日昌夺书情状呼之欲出。陆心源亦为彼时藏书大家，家有皕宋楼为清末四大藏书楼之一，其于藏书界之地位亦可想而知，此语出自陆心源，似乎可信度颇高。初睹此说，吾亦深以为信，诧异丁日昌如此为人。然未久伦明、徐绍棨皆为丁日昌辩诬，且引蒋香生语："郁氏不欲零售，陆心源时在闽。迨归，《毛诗》等精椠已为禹生所得，故大慊之。"岛田翰则称："心源因宋元本数种，而起猖狙曲成之辞，既伤友好，又欺后世。"

不过陆心源之辞，虽有伦明、岛田翰等代为雨生辩解，王謇述丁日昌与艺海楼之事亦令人生惑，且无人可解："太平军失利后，一日，忽有牙将材官之属十人，汹汹持令箭搜抄，名曰'惩通敌、封逆产'，而所封者，悉系雅物，田园屋宇之属不计焉。顾氏先德为湘舟，所藏黄荛圃、顾抱冲故物，而为顾千里所审定者，多有艺海楼藏印。……而丁自辑之《持静斋书目》暨莫友芝代辑之《持静斋藏书纪要》，且公然以有'艺海楼藏印'自夸，亦奇异也。"三人成虎，丁日昌得书究竟是否有道，还待后来人仔细考之。

持静斋藏书曾多次编目，其中《百兰山馆藏书目录》今已佚，《持静斋藏书纪要》为丁日昌请莫友芝所编，起自同治六年（1867），讫于同治九年（1870），该书目分为两卷，上卷收宋、金刊本十三种，元刊十八种，明刊二百九十种；下卷收钞本、稿本四百五十种。《持静斋书目》为丁日昌同治九年（1870）率领几位门人所编，计有书目四卷、续目一卷，著录图籍近三千种，此目并无解题，其特点为从鉴赏角度来记录版本特征，有详有略。

光绪十二年（1886），江标于汪鸣銮架上见到《持静斋书目》，因该目新旧杂糅，汪鸣銮属为重编，江标遂以两月时间重撰此目，择其精华而收之，共著录古籍五百三十四部，分以宋、元、校、钞、旧五类，每类之下又分以四部，每书著录版

江标

本、钤印，以及曾在某处，间有评语，详略不一。如宋刊《东都事略》下详述版本之后，其称："丁巳春曾文正公在扬州见此，诧为人间未有之秘宝，薛绍彭、钱曾、陈鳣、郁松年经藏，钱遵王《读书敏求记》所称钱牧斋屡求不获者即此。"约二十年前，吾曾于天津购得该书一部，为贵阳陈榘旧藏，刊刻极精，卷中多则题跋均称之为宋刊精本，吾亦以宋刊价买入，喜之多日。然不久即发现该书实为清康熙翻刻本，之后复经眼该书数部，人皆称之为宋刻。江标著录又有元刊《古今韵会举要》，其称："元刊本，板颇模糊，有朱笔校勘添补完备，甚费苦心，不知何人"。此书寒斋亦备一部，十余年前自沪上朵云轩拍得，部分书页确如江标所言"板颇模糊"。

光绪二十年（1894），江标出任湖南学政，将书稿携至湖南，次年付梓，命名为《丰顺丁氏持静斋宋元校钞各本书目》，由长沙曹笃光手书上版，卷前有其题识及题辞，其题辞为：

丙戌十月随轺潮州，郎亭先生出示《丰顺丁氏持静斋书目》四卷，又续增一卷，虽分四部而新旧杂糅，属重编之。爰以宋、元、校、钞、旧刻五类分别部居，两旬始毕，附题一律，以志所感：

直教买椟竟还珠，缕析条分亦太愚；

印跋收藏分氏族，宋元抄校别锱铢。

云烟过眼情堪拟，天水冰山录岂殊（闻所藏书已有出者）。

第一伤心经浩劫，夜阑有梦到姑苏（吾乡黄荛翁、汪阆源藏本在此《目》者不少）。

十月二十四日元和江标记于嘉应舟中。

寒斋所藏此目有佚名过录张元济批语，卷末最后一页有墨笔题"辛未小满节假涉园张氏批本过录。良志"。曾疑此"良"为周一良或周绍良，然该书刻于光绪二十一年（1895），此辛未应当为民国二十年（1931），此年周一良十八岁，周绍良仅十四岁，故当另思。又疑为瞿启甲，其字良士，辛未年五十八岁，且与张元济熟识，张元济影印《四部丛刊》时曾向铁琴铜剑楼商借底本，叶昌炽特意为此致

通鑑綱目五十九卷宋
本乾道壬辰四月
刊半頁八行二十七字
李振宜曾藏
鄭杞年曾藏
九朝編年備要三十
卷宋刊本絶精

三國志六十五卷 宋刊本與監本及毛刻異老頗多足以校勘後人之失田耕堂宝宝稼

此本於慎構等字皆不缺筆恐
屬偶託然字畫古健有神桓敬當示元初佳本也 宋刻本堂均藏。
已酉此本現歸
張石銘

新五代史七十五卷 宋末元初本半頁十八行十八字末元初本史記之式有我云

桐華別館朱氏子清等印

資治通鑑目錄三十卷 宋刊本綿紙四端絕寬字體古色溪溢簡外陳

氏所刻多譌脫幸賴此本為暗室燈耳汪士鍾郁松年均藏。此本即江蘇書局擾以覆刊者
元補元印
李現時
張石銘

東都事畧一百三十卷 紙宋眉山程氏好大與刊初印通鑑綱目並綿

史部甲乙卷首有眉山程舍人宅刊行未有之記丁已寶
春曾文正公在揚州見此詫為人間未有者即藏此錢遵王讀書敏求
記所稱錢牧壘屢求不獲者即此藏錢遵王

戰國策注三十二卷 擾宋刊覆刊印本二三四卷六七八

記所稱彭錢牧壘郁求不獲…黃氏本

卷中有过录张元济批校

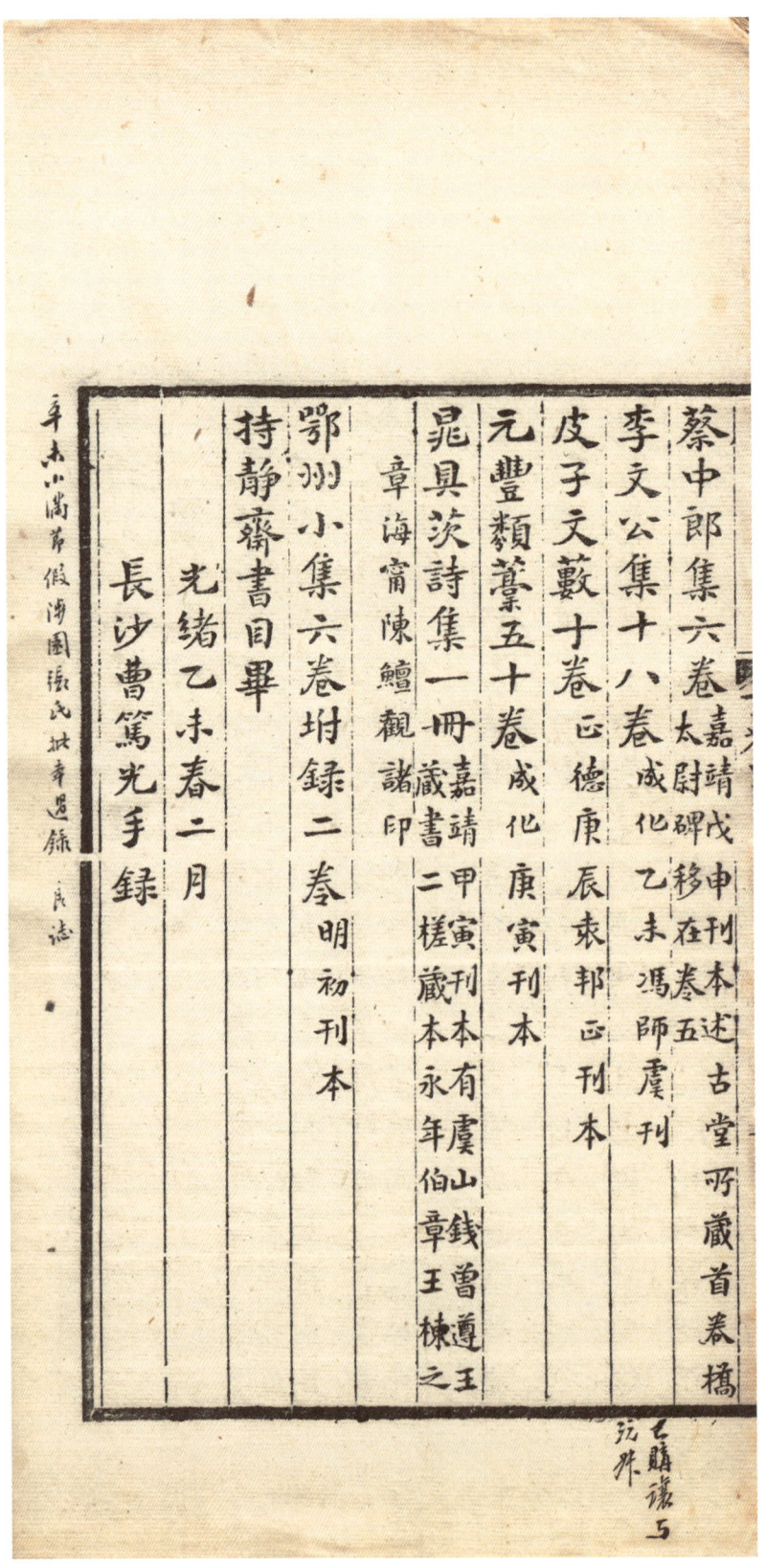

蔡中郎集六卷 嘉靖戊申刊本述古堂所藏首卷撰太尉碑移在卷五

李文公集十八卷 成化乙未冯师震刊

皮子文薮十卷 正德庚辰袁邦正刊本

元丰类藁五十卷 成化庚寅刊本

晁具茨诗集一册 嘉靖甲寅刊本有虞山钱曾遵王章海甯陈鱣观诸印二椠藏本永年伯章王栋之

鄂州小集六卷坿录二卷 明初刊本

持静斋书目毕

光绪乙未春二月

长沙曹篆光手录

辛未小满节假海园张氏批本过录良志

张元济

信："弟数年前与张菊生同年倡为《四部丛刊》之议，欲合四部最要最善之本聚于一编。合二人之藏，不敌尊处一鳞片羽，屡思援朱竹垞、钱湘灵、黄俞邰、周雪客征刻唐宋人秘本书之例，藉重大名，列于公启。"然除此猜测之外，苦无其他证据，只好存疑。

其过录批语中除版本补遗外，颇多"此书归涵芬楼"及"此书归张石铭"等语。丁日昌去世后，所藏归其子丁惠康所有，丁惠康虽能守楹书，却得年非久，四十一岁即下世，殁后仅两年，家中仆婢即开始散书，不久如云烟散尽。持静斋书目中多处记载某书曾藏某处，此本中又记某书归某人，古籍递藏之来龙去脉，几乎每一环节皆可在各家书目中缕析而出。每位藏家都只是接力途中一环，今日也不过是暂归我所而已，每念及此，顿有浮生瞬息之感，若不尽兴陶醉，即为辜负。

涉园批语中有数度提及沈增植处，元刊《元名臣事略》下注为"此书余为沈子培购入"，另有两部钞本下注"为沈子培索去"，可见张元济与沈增植书事往来颇多。又有钞本《李文公集》，丁氏书目著录为"成化乙未冯师虞刊"，条下有张元济批注："已购，让与沅叔。"检《张元济古籍书目序跋汇编》，的确著录有《李文公集》一部，然标题为《明嘉靖二年刊本〈李文公集〉跋》，全跋如下："是书有雨岩、芷斋两公印记。忠厚书庄主人李紫东出以示余，傅沅叔同年谓视成化本尤难得。因以银币壹百十圆收之。己未孟秋，张元济。"唯不知沅叔收此书又耗多少银圆，暇日当取藏园书目序跋细翻一过，或亦有提及。

涉园复于宋刊《春秋经传集解》下注有小字一行："此书已流入日本。余托长尾君购回，有涉园印记。余自留。"该书丁氏书目著录为："宋刊本，卷首序后有木记二行，刻'潜府刘氏家塾希世之宝'"。检《张元济古籍书目序跋汇编》却无记载，正诧异间，福至心灵，转而检藏园书目，果然于《藏园群书经眼录》中找到该书著录。傅增湘不仅详细著录行格，还画有木记图示，兼记钤有"涉园""张载华印""芷斋图籍"诸印，以及小注"壬子见，张菊生书"。此三印皆为张元济六世祖张载华藏书印，更可证藏园著录之书即为涉园在丁氏书目上注记之本。此番印

伯華亭朱氏諸印

儀禮經傳通解三十七卷續二十九卷宋嘉定丁丑
本錢謙益
舊藏

禮記要義三十三卷宋刊本綿紙初印取為精善惟
首二卷有闕無從抄補汪啟淑
郁松年曾藏此書歸涵芬樓

春秋經傳集解三十卷坿年表一卷名騉歸一圖一
卷宋刊本卷首序後有木記二行剡潛府劉氏家
塾希世之寶此書己歸入日本余記長尾昌雍四有涉園印記

審行小字五經二圍十六本宋刊本卷首有王氏嘉印此即世
審如稱宋巾箱本也每半頁二十行行二十七字行
審如牆字纖如髮快心豁眼朗著列眉
乃稱宋巾箱本也

集書二百卷蘇州袁氏初印珍藏建安楊氏飛動如生中有家圖書二有

证让吾觉得妙趣无穷，更增加欲寻傅氏购《李文公集》书价几何之意。书事往来，此不记彼记，总有吉光片羽存留，若有心拼凑，即可步步接近真相。而此前陆心源指丁日昌豪夺事，未料到日后会有伦明、蒋香生等为丁辩诬，可见人人皆可落笔叙事时，人人皆史官。

批语中尚有两处特意指明书贾作伪事，一为元刊《张子抄释》，涉园批注为："书贾改吕柟为吕元，冒称元刻，诸印记皆伪造。"另一部为钞本《经外杂钞》，其批注为："毛斧季印皆伪造，此书归涵芬楼。"书贾做伪事自古有之，近年来书界亦较多见，甚至有批量造假出现，且造假者当为行内人士。以吾所经历，造假者多在批校与钤章上用力，因古书无法重新雕版复制，只能在已有刻本基础上，添上批校及印章，为之增彩而射得高利。近几年货币贬值日甚，为保值而投资古书者大有人在，新入行者若购古书，遇批校、钤章当小心再三，丁日昌、傅增湘等尚有莫辨之处，何况我等乎。

丁祖荫稿本
《购书记》《书画续录》二卷

《购书记》《书画续录》二卷　（民国）丁祖荫　撰

民国丁祖荫手稿本　味选廎丛钞黑格抄书纸　一函两册

　　前日收江澄波老先生短信，问寄书是否收
到，兼告吾《吴县文史资料》第五期已代为找
到。得此短信令吾甚为感激，老人家已耄耋之
年，尚不辞辛苦代为寻书，实在令晚辈汗颜。
壬辰年夏，前往苏州访古，曾与江老先生及几
位苏州书界前辈小聚，席间告其来苏州之目
的，乃为寻访与四库及藏书相关人物之旧址，
老先生告吾几处此前未知之旧址，又言及顾抱
冲小读书堆旧址在盛家带，并取小纸片一张，
写下详细地址："盛家带31号（或33号）莳湄
草堂系清人李果故居，后为顾抱冲小读书堆，
现已用'莳湄草堂'名义恢复。"是晚几位老
先生都很高兴，大约他们也少有如此相聚，话
题很快转至别处，吾亦将顾抱冲忘之脑后。

　　然而没想到次日一早即接到江老先生电
话，称小读书堆旧址昨晚记不大清楚，今日清
早已亲自往盛家带一趟再看一过，昨日席间

江澄波先生

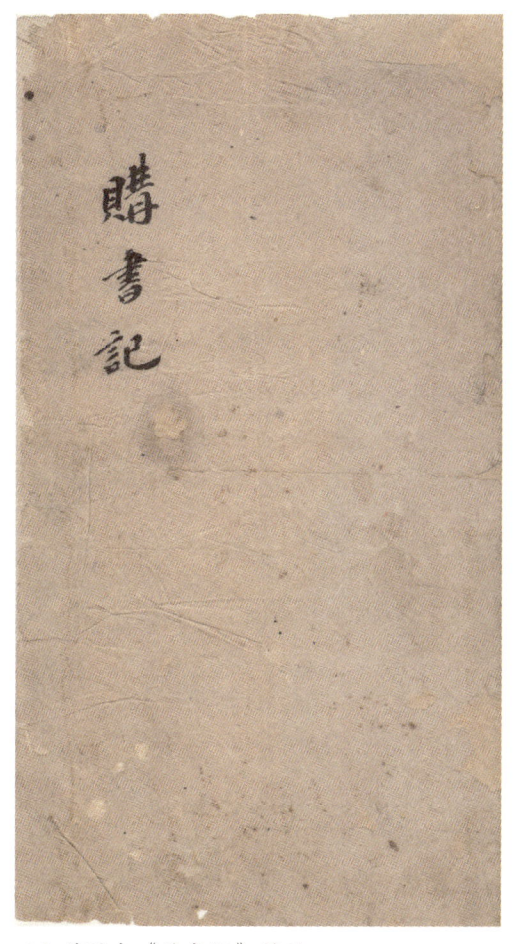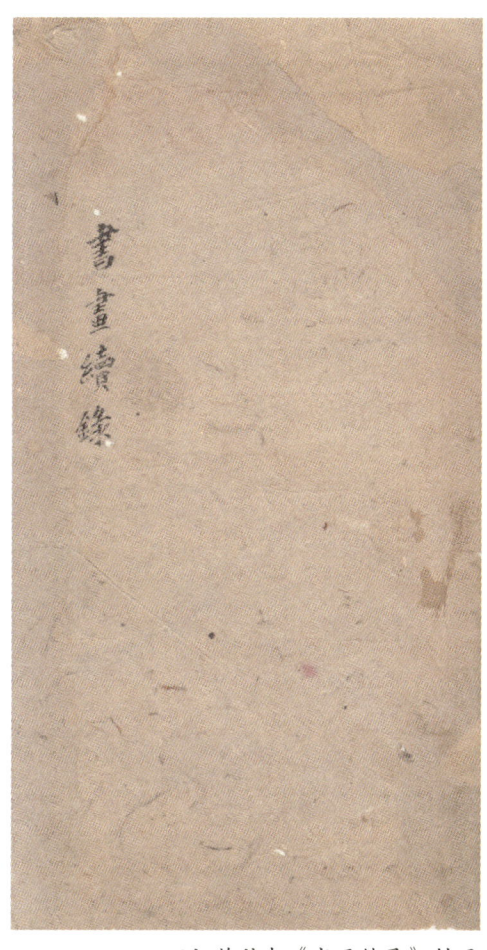

丁祖荫稿本《购书记》封面　　　　　　　　　　　　　丁祖荫稿本《书画续录》封面

所说之33号为误，应当是31号，自盛家带出来其又往吾下榻之南林饭店，欲当面告知，然而打问两栋楼都未找到吾所住房号，只好返回家中致电于我。吾闻言极为抱歉，又为老先生感动，午后亲至文育山房致谢。

　　文育山房位于苏州平江路钮家巷，门脸不大，内中线装书已不多，仅半架有余，或者尚有其他并未陈列出来，亦未可知。余则皆为旧平装，颇多资料可供参考，适见架上有数册《吴县文史资料》，大为欢喜，欲尽数购之，江老先生见状，从屋后拎出整整齐齐一捆《吴县文史资料》，说："这里差不多全了，但还是缺一本，想不起是第几辑了。"如此已经很是难得，因为此前曾在孔夫子旧书网搜过该书，仅得数本而已，吾赶紧道谢，称仅缺一本不要紧，去网上找找，也许就能配全。因次日要继续寻访，携带不便，江老又主动称可连同其他书籍一起代为邮寄。

　　如今已记不清此为第几次在江老先生之文育山房购书，每次书事往来，皆能从其身上领略到旧式书商之儒雅及殷勤，亦每借如此书事，假装自己与上一辈藏书大家们接上一缕气脉，暗自满足一番。日前因丁祖荫题记之《绝妙好词》，一并寻出

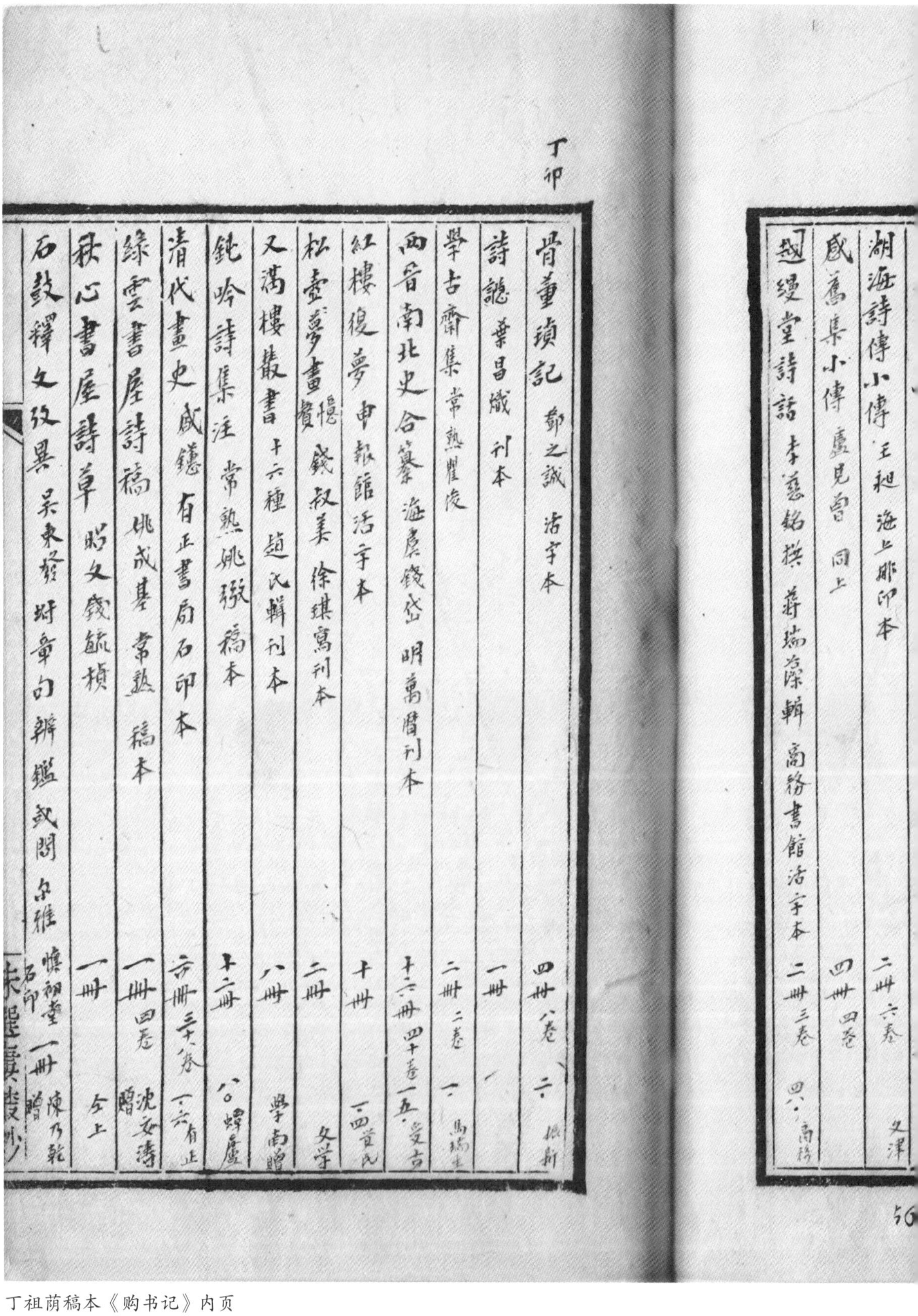

丁卯

骨董瑣記 鄧之誠 活字本	四冊六卷 二 依新
詩龕 葉昌熾 刊本	一冊
學古齋集 常熟瞿氏	二冊二卷 一 馬瑞生
西晉南北史合纂 海虞錢岱 明萬曆刊本	十六冊四十一至一五 受古
紅樓復夢 申報館活字本	十冊 一四頁民
松壺畫憶 錢叔美 徐琪寫刊本	二冊 冬學
又滿樓叢書十六種 趙次閑輯刊本	八冊 學南贈
鈍吟詩集注 常熟姚敬稿本	十二冊 八㜗盧
清代畫史感鑑 有正書局石印本	六冊六卷 一六有正
綠雲書屋詩稿 姚成基 常熟 稿本	一冊四卷 贈沈安壽
獲心書屋詩草 昭文錢毓楨	一冊 仝上
石鼓釋文攷異 吳東發 邘章句辨鑑 或問爾雅慎初堂名印 一冊	贈陳乃乾

湖海詩傳小傳 王昶 海上邦印本 二冊六卷 文津
感舊集小傳 盧見曾 同上 四冊四卷
趙璞堂詩話 李慈銘撰 蔣瑞藻陳輯 商務書館活字本 二冊三卷 吳 商務

丁祖荫稿本《购书记》内页

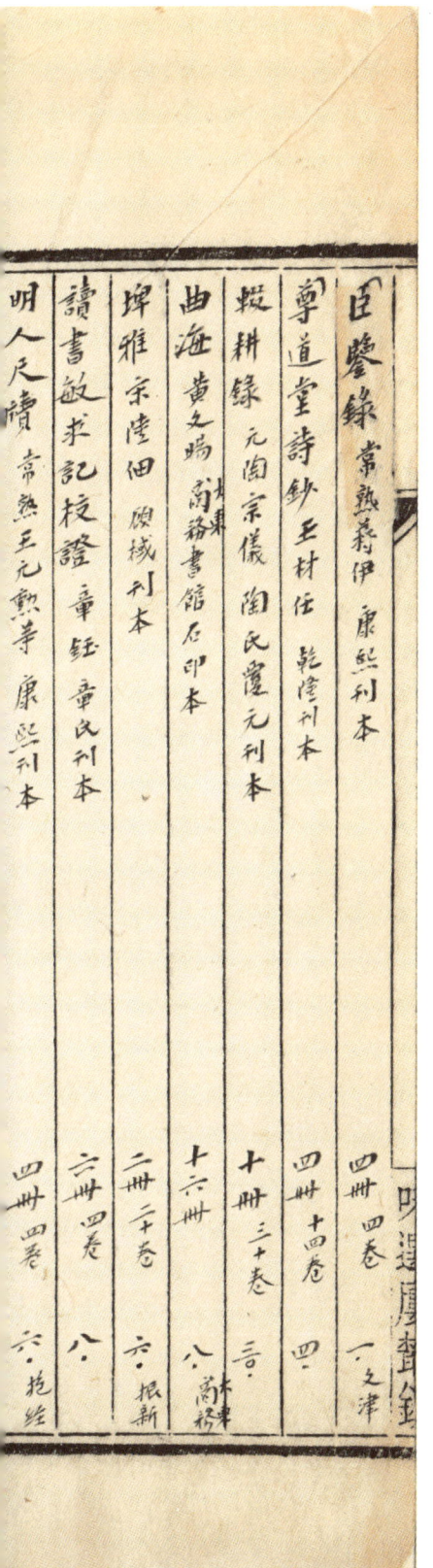

丁祖荫稿本《购书记》及《书画续录》，不禁又想起江老先生，此稿本亦自江老先生处得来。

大约五年前，接到江老先生电话，告吾新近收得丁祖荫书目稿本两册，知吾素来喜收此类书籍，故首先打电话告知。吾亦兴奋，即刻表示愿意买下，且当日下午就将书款汇上。然而书款汇去一个多星期，仍未见书寄来，以吾之性急，忍耐数次，终于是修养不够，致电江老询问此事。江老告知书品较差，正替我重新整池，如此答案让吾既欢喜又煎熬，有书唾手可得而未得，对此吾向来全无耐心，然而又不得不等，可谓煎熬。直至两周之后，始收到稿本两册，已改为金镶玉装，书修得极平整，只是订线处似乎太过靠里，再细审之，可能是原书后背太短，而装池者又未接纸，故成如此模样。

稿本两册，一为《购书记》，一为《书画续录》，皆书于黑格抄书纸上，行格极窄，字亦小如钢笔所书，书纸版心下方刻有"味选廎丛钞"五字。丁祖荫于缃素楼、淑照堂及密娱小筑之外，尚有"味选廎"堂号，此前从未闻之，亦不见记载，且其藏书之外，尚藏有如此之多名画，亦从未见人提及。去电江老，告知书已收到，又向其请教，稿本两册皆无钤章，亦无落款，何以知为丁祖荫稿本？江老称自己对丁祖荫字迹极为熟悉，确为其亲笔无疑，而且此书收自丁家后人，可信度极高。今取此稿本与《绝妙好词》之丁祖荫题识细细比勘，果然字迹相类。

《书画续录》与《购书记》皆以所购时间先后为序，起于民国十三年（1924），止于民国十九年（1930），每行上记书（画）名，下记价钱，价钱之下间有小字注明购得之所。《书画续录》既为续录，则应当另有《书画录》一册，惜已散佚，第一页所记有莫子偲七言联，下注购得之所为旧山楼，其后又有翁松禅诗卷十页、顾若波山水轴，亦来自旧山楼，正应合缃素楼所藏多有得自旧山楼之说，亦难怪王謇《续补藏书纪事诗》中咏丁祖荫云："郊寒岛瘦清其相，顾校黄抄拔厥尤。说苑虞阳两丛刻，斯人实继旧山楼。"然而奇怪者，《购书记》中却无一册图籍下注有旧山楼，如此吾唯有猜测其得旧山楼古籍旧藏在民国十三年之前。

既然两册稿本因丁祖荫题记之《绝妙好词》而一并寻出，故有心将《购书记》细看一过，其中却并无《绝妙好词》，可见初我购此书亦在民国十三年之前。与《书画续录》不同者，《购书记》所著录多出册数及版本两项，最下一行除购书之所外，亦多注有某人相赠字样，如"陈绳夫赠""学南赠""沈安涛赠""陈乃乾赠"等字样，从中可见其书友往来之痕迹。其购书之所多为中国书店、商务、中华、集宝、文津等，此外尚有文学，此"文学"二字想必即指江老先生之父辈或祖辈。如此说来，江老先生一家与丁氏一族乃几辈人之书事往来，当年丁祖荫将明活字本《南濠居士文跋》等书从江老父辈手中买走，如今丁氏后人又将著录有此书之书目售给江氏后人，虽云买卖，其中流转者却是纸墨因缘。如此想来，江老先生熟悉丁祖荫字迹，也是极自然之事。

丁祖荫故居

可堪一记者，两册纪年皆起于甲子年，继而乙丑、丙寅、丁卯、戊辰、己巳，至庚午年时，却不以干支纪年，而换以民国纪年，不记"庚午"而记"十九"，如此细微之变化，亦可窥见丁祖荫心路历程，大凡改朝换代之际，旧人拒用新年号时，皆以甲子纪年，而民国十九年正是丁祖荫去世之年，可谓爱书成痴，购书至死。然而从字迹上看，此年最后一页明显较前面潦草，看来人到衰年，不得不服从上天之安排，此劫无人能逃。

叶景葵题识稿本
《卷盦捐书目录》不分卷

《卷盦捐书目录》不分卷　（民国）叶景葵　撰

民国稿本　叶景葵题识　一函十册

　　日前读遐庵《矩园余墨》，其中有数篇讲到将书捐赠给合众图书馆一事，猛然想起寒斋藏有叶氏捐书目录一部，皇皇十巨册，记得封面上还有朱笔题识，注明为送馆之用。亟开架寻出视之，却是记忆有误，原来所藏为叶景葵捐书目录，并非叶恭绰所描述者。虽然此叶非彼叶，但寻出之物依然让吾陶醉半日，忘却人间营营。

　　叶景葵与叶恭绰为同时人物。叶景葵号卷盦，年长叶恭绰七岁，清末曾任造币厂监督，鼎革后先后任汉冶萍公司经理、浙江兴业银行上海总行董事长等职；叶恭绰号遐庵，清末曾任代理铁路总局局长，入民国后先后任交通部长、财政部长及铁道部长等职，两人皆为政坛及书界重要人物。因检出叶景葵稿本《卷盦捐书目录》之故，遂将《卷盦书跋》又读一过，其中亦有多篇讲到

叶景葵

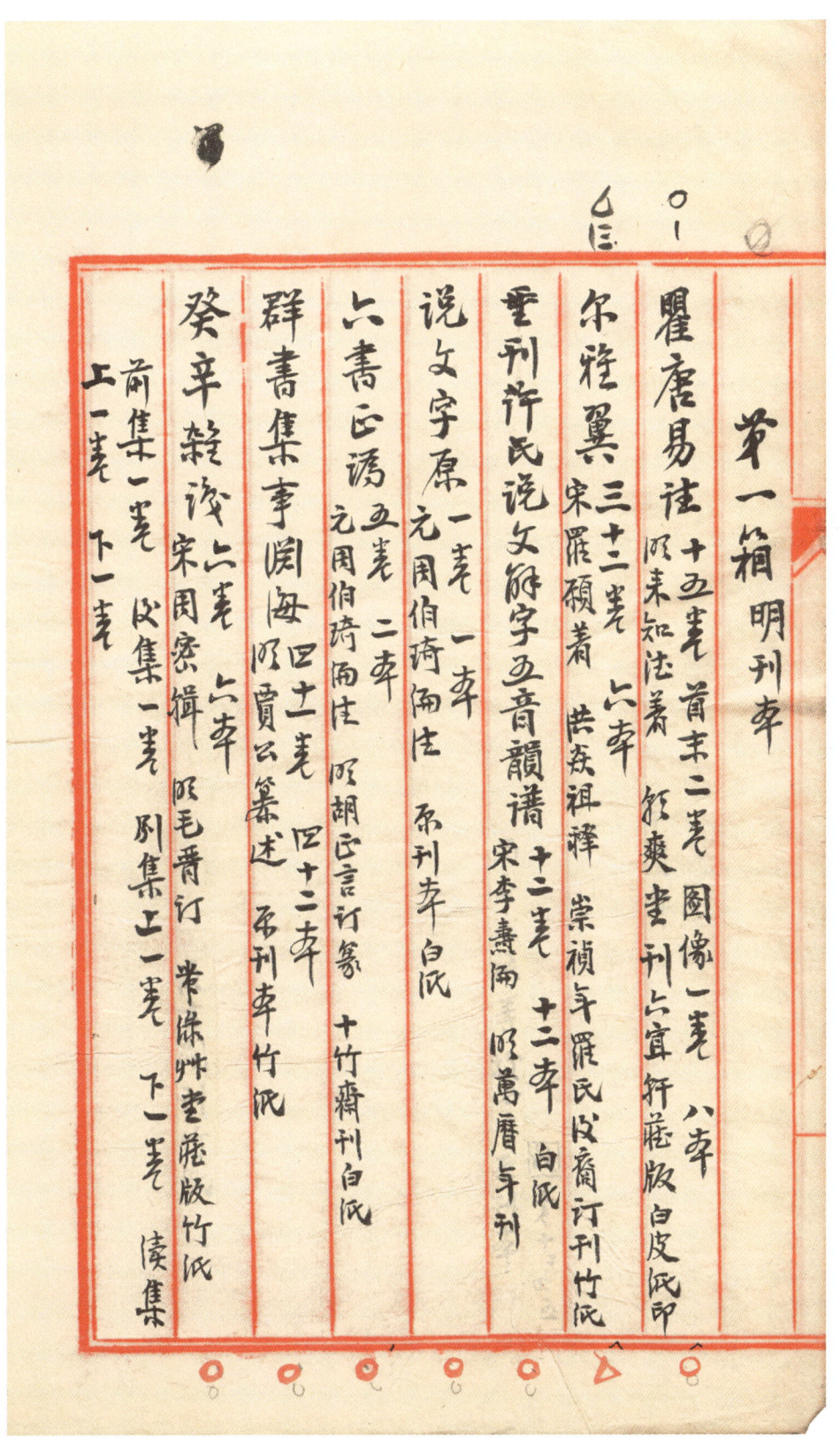

第一箱　明刊本

瞿唐易註　十五卷　首末二卷　圖像一卷　八本　以未知法者　郭爽臺刊六宜軒藏版白皮紙印

尔雅翼　三十二卷　六本　宋羅願著　洪焱祖釋　崇禎年羅氏戊商訂刊竹紙

重刊許氏說文解字五音韻譜　十二卷　十二本　白紙　宋李壽陶　照萬曆年刊

說文字原　一卷　一本　元周伯琦陶住　原刊本白紙

六書正譌　五卷　二本　元周伯琦陶住　照胡氏言訂篆　十竹齋刊白紙

群書集事淵海　四十二卷　四十二本　照賈公篆述　原刊本竹紙

癸辛雜識　六卷　六本　宋周密輯　照毛晉訂　常熟州書藏版竹紙

前集一卷　後集一卷　别集上一卷　下一卷　上一卷　下一卷　續集

合众图书馆事，不过两部叶氏书跋读完后，令吾奇怪者，二人既为同时人物，又皆喜藏书，且因合众图书馆之故，生活中必然会有许多交集，二人书跋中皆多有记当时书友及书事，尤其多有提到张元济，独不见二人于书跋中提及对方，令吾难猜二人私下交谊如何，为何书跋语时完全不现对方身影。

合众图书馆为叶景葵与张元济、陈陶遗等人于民国二十八年（1939）创立，其宗旨为挽救书厄，保存国故，以维护文化命脉。是年五月，张、叶、陈等人开始在上海筹备此事，将之命名为"私立合众图书馆"；民国三十年八月，董事会于旧法租界辣斐德路614号成立筹备处；民国三十五年一月，于上海市教育局立案，五月开第五次董事会临时会议，张元济当选为董事长。当时许多藏书大家都曾向合众捐过书，仅叶恭绰所捐之地理类图籍就有九百零六种，共计二千二百四十五册，张元济专门为之编成书目，并于书目序言中开篇即称："本馆筹设于抗倭之际，旨在保存国粹，联合气谊相投之友，各出所藏，以期集腋。吾友叶君遐庵自港旋沪，力予赞助。三十二年五月即举所藏地理类书籍相赠。空谷足音，良可喜慰。"1953年，合众图书馆经董事会决定捐献给上海市政府，上海市政府接受捐献后，将之更名为上海市历史文献图书馆，于1958年并入上海图书馆，合众之旧藏遂成为上海图书馆古籍收藏之珍籍。

作为提议及创办者，张元济与叶景葵以身作则，分别向合众捐出大量藏书。张元济于创馆之初即捐出生平所聚之全部嘉兴、海盐文献，以及先世著述刻本、稿本和各种手泽，并与之约定，倘若菊翁生前亲见家乡海盐成立图书馆，则收回该批文献，否则永远捐赠给合众。《卷盫书跋》中多番述及此事，称："海内藏书家，能各就乡先哲之遗著，加意收集，而又能出其私藏归诸公众，则事得统系，可以积小成大，化零为整，于全国文献，实有裨补。愿后来者，皆以菊翁为师也。"合众图书馆曾有计划将各家捐赠之专藏分别编目，再将馆内自购、受赠之书汇为总目，张元济所捐之书后来编成《海盐张氏涉园藏书目录》刊行，为此计划之嚆矢，亦为合众送给菊翁八旬大寿之贺礼。两年后，遐庵所捐之书亦编成目，即《番禺叶氏遐庵藏书目录》，然而当时所捐之各家书目是否全部编有目录，吾未见有更多资料，至少刊行后之卷盫捐书目录吾未曾见。

《卷盫书跋》为叶景葵故去后，由顾廷龙先生编辑整理而成。顾廷龙甫从燕京大学毕业，即被张元济、叶景葵聘为合众图书馆馆长，1949年后随馆并入上海图书馆。顾廷龙识语中亦提及合众："先生晚年适丁丧乱，目睹江南藏书纷纷流散，

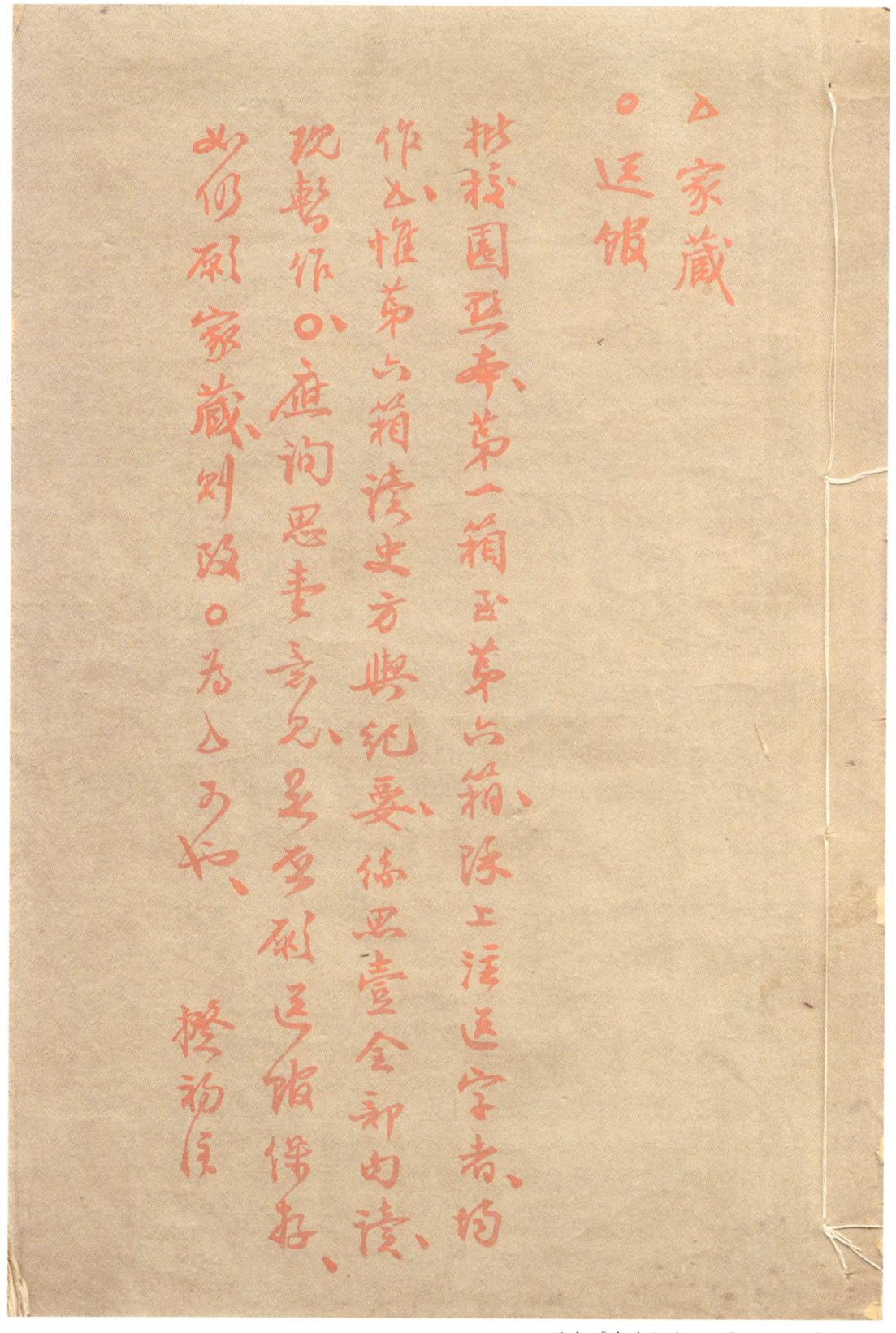

△家藏
○送馆

抄校圖其本第一箱至苐六箱除上注送字者、均
作○惟苐六箱涉史方輿紀要、徐思全郭内陵、
現暫作○庶詢思書意忽至多刷送馆儲存、
如仍刷家藏則改。為○乃知、

楫初識

文化遗产之沦胥，爽焉心伤，遂发愿创设文史专门图书馆，捐书捐赀，乃克有成。命名曰合众，盖寓众擎易举之意。"此番再读《卷盦书跋》，尤其读到卷盦提及合众之语，吾心别有触动。其跋《抱朴子》云："壬申至今不到七周，而宗氏之书尽散。沈校鲁藩本《抱朴子》已入余书库。自战事以后，公私书藏，流转散佚，惨不忍言。余于是有发起私家图书馆之宏愿，誓当为死友保存之。"此种发自内心之誓愿不久前吾亦有之，年初往绍兴访祁彪佳墓，没想到其埋身于两大片山头之几千座墓中，一眼望上去漫山密密麻麻全是墓冢，而吾竟然一步都没有走错，从山脚以直线斜穿至近山顶处，一低头发现自己正站在祁彪佳墓前，而墓冢早已平掉，墓碑亦不复存在，仅有绍兴市政府所立之文保标牌埋于草丛中，露出"佳墓"二字。吾一向不信神鬼之说，刻下亦怀疑是祁彪佳冥冥中指引吾来到其墓前，当即于其墓前发誓：一定要将藏书事业继续下去，不会让您失望！

温罢合众往事，再看架上之《卷盦捐书目录》，无法无动于衷。此稿本一共十册，以红格稿纸书就，然而似乎并非一次录就，故其中几册由第一箱录至第三百五十三箱后，另外几册又从第一箱开始计，其中一册封面有叶景葵朱笔注明，标记"△"者为家藏，标记"○"者为送馆，并识曰："批校圈点本，第一箱至第六箱，除上注'送'字者，均作'△'。惟第六箱《读史方舆纪要》系思壹全部句读，现暂作'○'，应询思壹意见，是否愿送馆保存，如仍愿家藏，则改'○'为'△'可也。揆初注。"翻至内页，《读史方舆纪要》该条下注明为乾隆年敷文阁刊白纸初印本，一百三十卷，七十八册，蒋思壹句读全部。蒋思壹为何人，吾未曾查出资料，想来应当是卷盦家人。再看其他书目，三百余箱藏书中，除少量作"△"表示家藏外，大部分都标作送馆，甚至索性不作标注，仅于卷末注明："以上均○"，从内容上看，经史子集四部齐备，可知卷盦几乎是捐出全部所藏，而非如叶恭绰、张元济仅捐出部分专藏。

与此三百余箱送馆之书相对应的是，卷末所附七箱批校圈点本中，大部分被卷

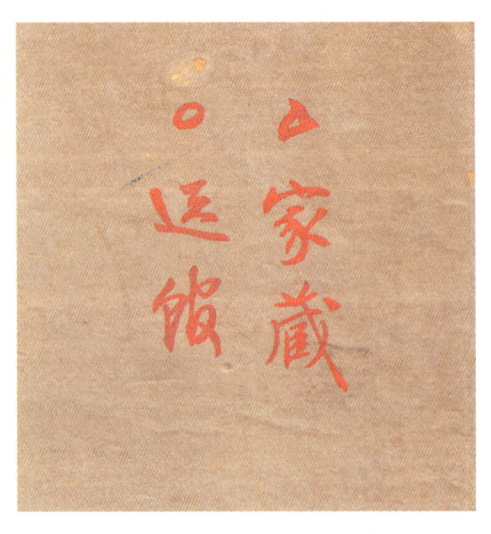

合众图书馆曾为叶景葵故居一部分

盦标为"△"，说明批校圈点本于卷盦心目中之地位，显然较他本为高。看到卷盦如此安排，吾心不禁窃喜，暗与古人合也。吾对稿钞校本亦别有深爱，哪怕是无名氏所校之本，或者不见经传之手钞本，亦见之必得，而多有初时以为是无名氏之校跋，买来后细细研究，方知为大家故物者，且此种批校本因不著校跋者姓名，最易被其他藏家忽略，无人相争，自然易以廉值得。然而近些年稿钞校本亦逐渐为书友看重，价格日渐看高，吾且喜且怅，怅者自己难以得到，喜者如张元济竞书失利后所叹："不图同好尚有如此多人，为之一喜。"

此目若干年前得自德宝拍场，当时吾在现场参与拍卖，坐在身边者正是艾思仁先生。彼时稿钞校本价格未曾高涨，卷盦书目稿本居然被我以底价拍得，艾先生对吾说："这件东西买得好，史料价值比较大，上面的批语都是叶景葵的亲笔，因为我熟悉他的字。"曾在美国普林斯顿大学任教之艾先生，原计划将全世界中文古籍善本做出一份总目录，为此曾付出十年光阴，可惜后来因人事变动等原因，竟然不了了之，真古籍界之一大憾事。

潘景郑钞本
《传书堂善本书目》十二卷

《传书堂善本书目》十二卷　（民国）蒋汝藻撰
潘景郑宝山楼钞本　潘景郑跋　一函两册
钤印：潘（白方）、弼（朱方）、景郑（朱方）、分
麋百宋，迻架千元（朱方）

　　数年前，沈津先生从美国回沪休假，特地带吾至潘景郑先生家，彼时先生已归道山多年。潘先生晚年所居为女儿家，去世后，家人为纪念潘先生，将其所居之室一直保存原样，恍如生前。征得其家人同意，吾将潘先生所遗之两橱线装书细细翻看一过，未见善本，大多为上世纪三四十年代印刷品，以及解放后所出版之版本目录学工具书，书上多有潘老批校，另有数十张未装裱之整张碑帖，多为小品，几乎每张皆有潘老手书长跋。吾展卷再三，不忍释手，斗胆问其家人可否割爱，潘老外孙女称，家中亲戚太多，潘先生所遗之物若要出售比较麻烦。或许见吾表情极为失望，伊又出语安慰：日后若有意出售，可以提前告知。虽知此为托辞，但仍令吾有所触动。

　　壬辰年，吾为写《书楼觅踪》再至沪上，去电潘老外孙女，问可否拍摄潘老书房，伊极爽快，马上答应吾之请求，但却意外告知，原来吾上次所去之处，并非潘老藏书楼，此次其带吾去者，方为潘老之著砚楼。此语令吾喜出望外，仔细记下具体地址，一小时后乘出租车赶到时，潘女士已候在门外。进入著砚楼前，吾听潘女士略为介绍，已做好心理准备，然打开门后所见之破败，仍然令吾吃惊。

　　著砚楼内约有三四十平米，为一长方形通间，这种面积对于上海来说，并不算小，但如今看上去却似堆放杂物之仓库。潘女士指着前面一张大双人床介绍说，此为潘老使用数十年之旧物。屋内光线极暗，仅能看出此床并无繁复雕饰，难以分辨

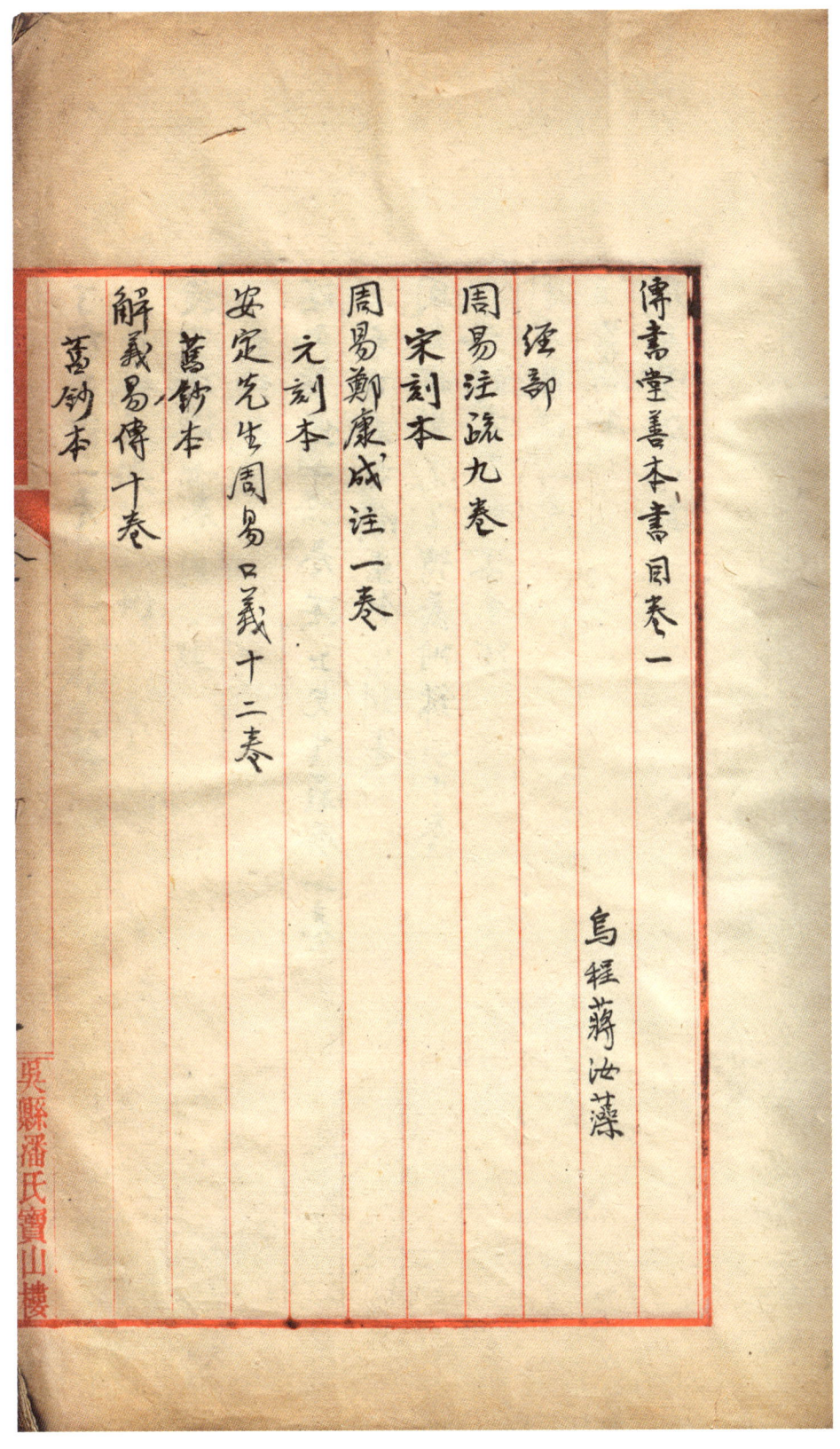

传书堂善本书目卷一

乌程蒋汝藻

经部

周易注疏九卷
　宋刻本

周易郑康成注一卷
　元刻本

安定先生周易口义十二卷
　旧钞本

解义易传十卷
　旧钞本

著砚楼现状

所用木料之品种，然其用料之硕大，以及形制皆透出大家气象。床对面立有一排书橱，潘女士打开书橱让吾翻阅，里面为民国老杂志及几卷未装裱字画。潘女士称，这些书橱原有一百多架，皆为潘老在苏州专门订制，为方便取书，书橱之高低大小皆为潘老自己设计，后来这些书橱与书全部运至上海。听潘女士讲到藏书一百多架，吾眼前立刻浮现出当年藏书规模之景象，但目下情形却令人疑惑：将这间屋子密密麻麻摆满，恐怕难以塞下一百个书橱。后来潘女士语带气愤地说："房子原来比这大好几倍，只是后来都被别人占去了。"她不愿再多说，吾亦不问。

今日重阅潘氏宝山楼钞本《传书堂善本书目》，不禁想起当日所见，以及潘老藏书故事。潘老先生原名承弼，字良甫，号景郑，别署寄沤，晚近以号行，为苏州文献世家"贵潘"后裔，藏书大家潘祖荫为其叔祖。其少时曾师事吴梅学习词曲，嗣后从章太炎治经史，修训诂，学艺之外，惟金石图书是好，年十五六即有志尽收天下古文奇字。其兄长潘承厚亦嗜书，兄弟二人共同经营宝山楼，自1922年至1936年间，所积图书及祖传藏本共计三十万卷，为继潘祖荫滂喜斋后，吴地善本图书之渊薮。虽皆喜收书，但昆仲二人兴趣略有分别，潘承厚著意于古刻、名校及历代尺牍，潘承弼则喜收善本及金石文字，惜潘承厚年仅四十即辞世。《寄沤剩稿》曾记述以"宝山楼"颜其斋之原因："犹忆己巳之秋，故家出大字本《陈后山集》二十卷者求售，纸经染色致敝，见者辄疑明翻，无有问津。兄曰，此必宋蜀大字本也，毋失交臂。遂并力取之。由是颜所居曰'宝山楼'，以志藏笈之冠。"陈师道《后山集》当时公认以明弘治本为最古，乍有卖主称宋版，人皆不信，惟潘氏昆仲斥二百金收之，书友多有背后偷笑议论者，潘氏昆仲却坚信不疑。《著砚楼读书记》中，潘景郑先生两度跋明弘治本《后

潘景郑藏砚

罗振玉（左）与王国维（右）

潘景郑藏书印："潘""弼""景郑""分廛百宋，迻架千元"

山集》，一篇首句为："《后山集》以吾家所藏宋蜀大字本二十卷为最古"，另一篇首句为："《后山集》以吾家所藏蜀大字本为海内第一。"可见其自信及自得。

宝山楼为潘氏昆仲共用斋名，著砚楼则为潘景郑先生斋名，此名源自先生所藏之宋王著旧砚，故以此名斋。寒斋另收有潘老赠郑逸梅清人手札一册，每札后附有潘老手书题记及长短句，其中有砚铭拓影一纸，正面铭文为："似镜如月，墨润质理；聊伴衰翁，挥毫任意。"署款为"戊午孟冬，寄沤自铭。"背面为小像一帧，上题"寄沤老人小像，戊午十月，式熊署"，下署"梅村写，怀觉刻"。戊午年先生已七十一岁，砚上小像却显得极年轻，惟衣领已是七十年代样式，告知时代已变。文人喜砚者多矣，然将自己小像刻于砚上，此却为吾首见，先生喜砚之情可见一斑。

寒斋先后收有潘老故物若干，多为手札，此潘老手抄《传书堂善本书目》，为手札之外另一收获。全书两册，计十二卷，以红格稿纸抄就，稿纸下方版心右侧刻有"吴县潘氏宝山楼"七字，左侧刻有"校钞乙部秘籍"六字，鱼尾下以墨笔填写卷数及页数，由此可知昔日宝山楼为便于抄书，曾经专门印有四种稿纸。传书堂为南浔蒋汝藻藏书楼，蒋汝藻（1877—1954）字元采，号梦萍，与嘉业堂刘承幹为表兄弟。蒋氏藏书始自蒋汝藻祖父蒋维基及叔祖蒋维培，蒋维基藏书处有俪籝馆及茹古精舍，蒋维培有求是斋，兄弟两人各聚书约万卷。蒋维基藏书由其第三子蒋锡绅继承，为纪念父亲，蒋锡绅以"传书堂"颜其斋，之后复传给蒋汝藻。民国五年（1916），蒋汝藻以一千五百元高价自曹元忠处收得有"妖书"及"尤物"之称的宋刻《草窗韵语》，于该书作者与书名中各取一字，将传书堂又命名为"密韵楼"。

传书堂所藏善本计有二千六百余部，其中宋本多有来自吴云两罍轩及袁芳瑛卧雪庐者。宋本之外，所藏名家钞校本亦极多。传书堂另一特点，即收藏宁波天一阁大量旧藏。天一阁自明代传至民国，将近四百年，为中国藏书史上私家保存文献最久者，民国三年（1914）天一阁藏书被人窃出运至上海出售，除零星被人购去外，

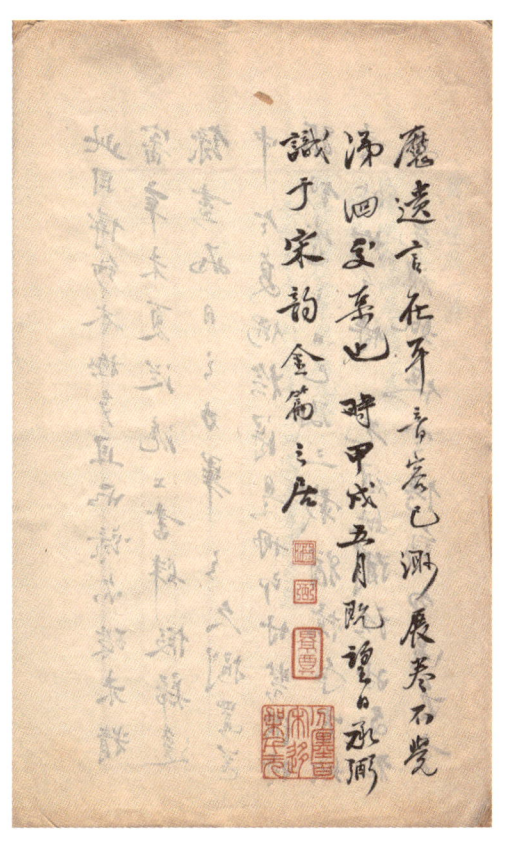
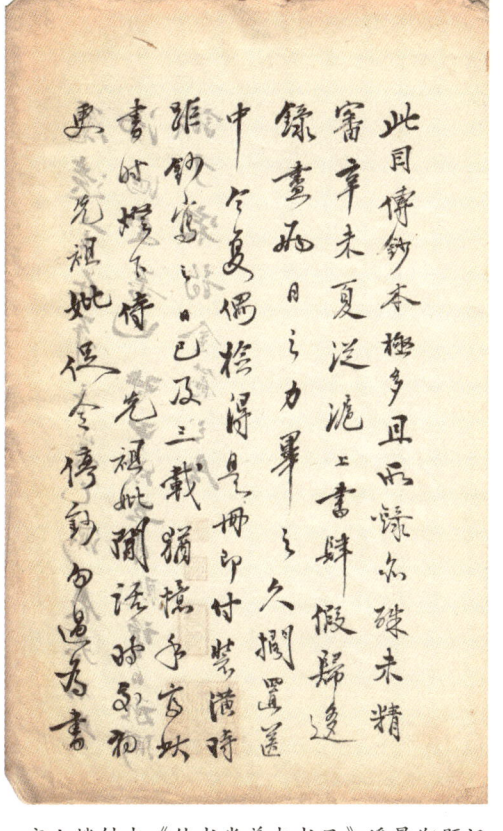

宝山楼钞本《传书堂善本书目》潘景郑题记

最后由蒋汝藻以八千元全部买下，总计七百多部。然传书堂最终亦风光难继，因蒋汝藻生意失败，于民国十五年（1926）将藏书抵押于银行，成为当时沪上书界大事。该批藏书后因蒋家无力赎回，被商务印书馆以十六万元购去，成为涵芬楼架上之物。

《传书堂善本书目》乃蒋汝藻经罗振玉介绍，延请王国维代为编撰，兹事最初曾聘曹元忠编目，然未知何故，曹元忠经年未撰一字，王国维获悉此事后，极欲得此差，遂于民国七年（1918）元旦致信罗振玉，请其代为牵线："今日访孙益庵，谈及吴门曹君为蒋孟苹编藏书目（月修五十元），去岁不成只字，今年重申明约束，约每月至少作跋二篇，而至今仍无只字交卷。孟苹宋本无多，然明刻善本及钞校诸本约在千部以上，即使某君能每月交卷二篇，至十年后亦不过成四分之一。某君之事，明年断不能连续，即使连续，竟多增一人，于孟苹甚为有益，且工作能快意，薪水亦可增多。永意俟哈园明年事揭晓，当可与益庵谋之。好在我辈做事不肯素餐，此事在上海亦有人知之，此或有四五分成就也。"至民国八年（1919）七月，王国维再次致信罗振玉，言语间运筹谋划，惟恐花落他家："蒋处有公函绝佳，但稍俟之则某君必有定夺。孙君虽言某君办事之懒令人无可为力，然实与某君甚厚，而孙蒋亦甚厚，此时遽投公函，则孙君不免介意。若俟秋后某君事解决，以先生一函发起于外，而与孙图其内，则四面圆满，事亦易成。如某君仍旧，则助之亦佳。好在此事蒋君鉴于某君，现决无聘人之事也。"两月后，王国维终于心想事成，接手编目之事，得以尽览传书堂善本。

至民国十二年（1923），王国维完成初稿，次年将誊清稿交于蒋汝藻，前后历时五年。该目按《四库全书总目》分类，每书著录书名、卷数、作者、收藏印记以及序跋等，其中部分珍籍还加以考证，独立成文，收入《王国维遗书》中。民国十五年（1926），王国维在北京听说传书堂书散后，致函蒋汝藻之子蒋祖诒，称："复览前编书目草稿，乃知再竭数十年力，未必能再得此数，然山河大地尚有变移，不过当局者难以为情耳。"王国维作此语时，传书堂藏书只是易主，未知六年后涵芬楼毁于炮火时，王国维地下有知，又做何思。

该书目撰成之后，有两部稿本流传于世，一部为王国维自存稿本，后由其家人捐赠给国家图书馆，于2010年影印出版；另一部为誊清钞本，为王国维撰成后送交蒋汝藻者，此稿著录图籍较其自存稿本多出五百余种，蒋氏父子又于此稿之上颇多修订补充，后由台湾艺文印书馆于1974年影印出版。两部稿本之外，此目还有多种简目传世，此即其一，卷中仅记书名、卷数、版本以及某人批跋，一函两册，凡十二卷，前有王国维撰《传书堂记》以为序，卷首首行题"传书堂善本书目卷一"，次题"乌程蒋汝藻"，卷末有潘老墨笔跋语一篇："此目传钞本极多，且所录亦殊未精审。辛未夏从沪上书肆假归迻录，尽两日之力毕之，久搁置箧中。今夏偶检得是册，即付装潢，时距钞写之日已及三载。犹忆手写此书时，灯下侍先祖妣闲话，时交初更，先祖妣促令停钞，勿过为书魔。遗言在耳，音容已渺，展卷不觉涕泗交集也。时甲戌五月既望日。承弼识于宋韵金篇之居"。下钤"潘""弼""景郑"及"分廛百宋，迻架千元"四方藏章。

辛未年为民国二十年（1931），彼时潘景郑先生年仅二十四岁，卷末跋语时则二十七岁，观其笔体，与暮年赠郑逸梅者差别甚大，相较而言，略显火候不足，然力气却更为充沛，年轻人自有年轻人之气象也。抄写此目之时，距离王国维交稿仅有七年之隔，书界却已经"传钞本极多"，可见传书堂藏书于当时而言，影响极大，嗜书人中多有欲知其所藏秘宝者也。

孙毓修小绿天钞本
《学部图书馆善本书目》一册

《学部图书馆善本书目》一册　（民国）缪荃孙撰

民国小绿天钞本　孙毓修题识　一函一册

钤印：孙毓修印（朱方）、小绿天藏书（朱方）、海隅文库珍藏（朱方）

　　《学部图书馆善本书目》为清末缪荃孙创立京师图书馆时所撰。宣统元年（1909）七月，学部奏请筹建京师图书馆："奏为筹建京师图书馆，拟恳天恩赏给热河文津阁所藏《四库全书》，并饬下奉宸苑内务府拨与净业湖暨汇通祠各地方，以便兴建而广文治。"该折还附奏有派缪荃孙等充任图书馆监督各差片："图书馆开办之初，事务较烦，应派专员经理其事。查有臣部奏调丞参上行走、办理图书馆事宜、四品卿衔、翰林院编修缪荃孙，堪以派充该馆监督。又现任国子监丞徐坊，堪以派充该馆副监督。又总务司郎中杨熊祥，堪以派充该馆提调。如蒙俞允，臣部即行知该员等迅速到差，以专责成。"

　　缪荃孙被后世誉为"中国近代图书馆之父"，早在光绪二十九年（1903），其奉张之洞命赴日本考查教育时，即重点考查日本帝国

缪荃孙

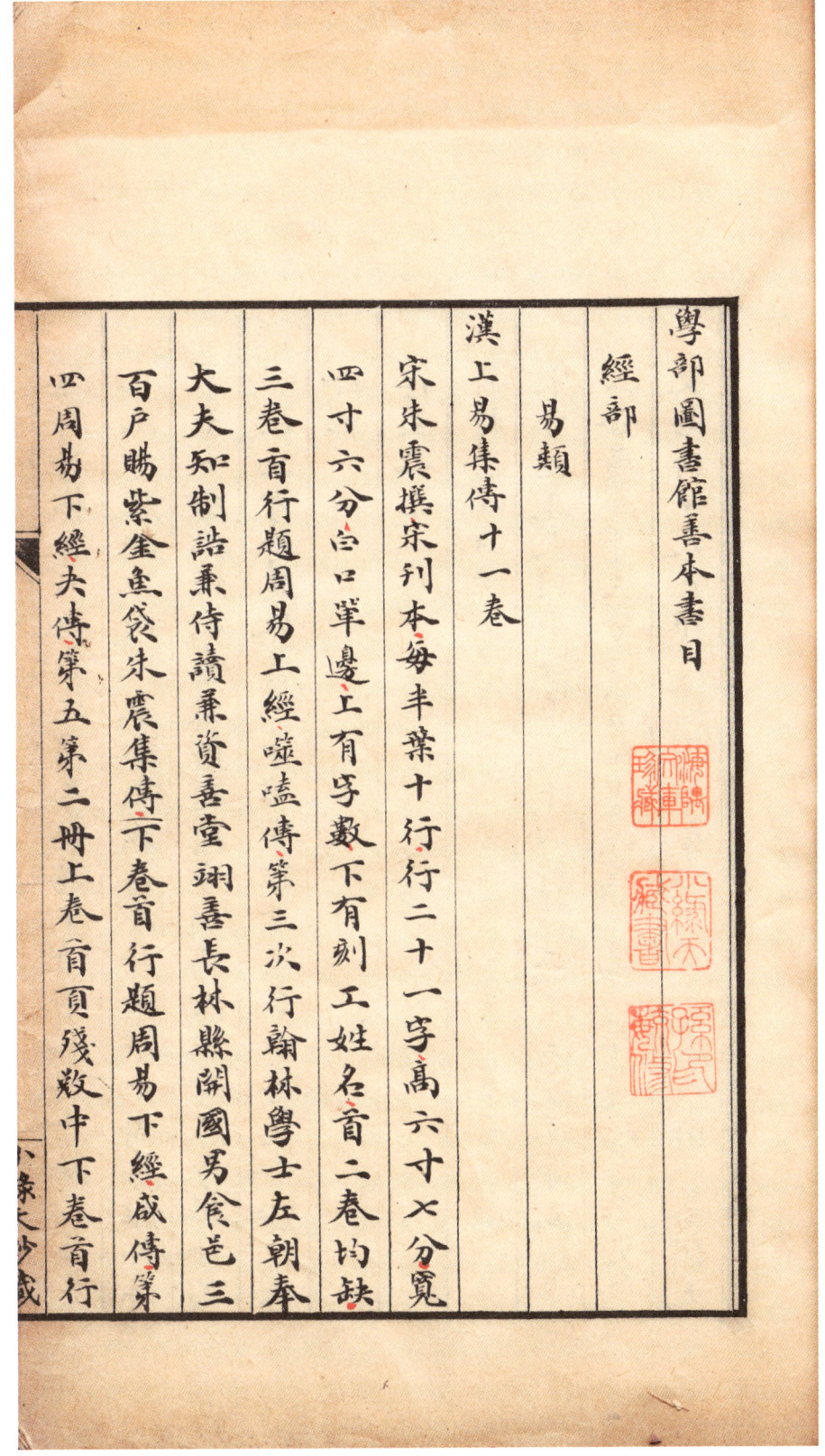

學部圖書館善本書目

經部

易類

漢上易集傳十一卷

宋朱震撰宋刊本每半葉十行行二十一字高六十七分寬

四寸六分白口單邊上有字數下有刻工姓名首二卷均缺

三卷首行題周易上經噬嗑傳第三次行翰林學士左朝奉

大夫知制誥兼侍讀兼資善堂翊善長林縣開國男食邑三

百戶賜紫金魚袋朱震集傳下卷首行題周易下經咸傳第

四周易下經夫傳第五第二冊上卷首頁殘敚中下卷首行

图书馆，又于光绪三十三年（1907）与端方一起创办江南图书馆，此为中国第一所公共图书馆。学部派其充任监督，筹建京师图书馆，缪荃孙对此极为重视，于《无益有益斋论画诗序》中称："荃孙素嗜板本，亦在未成童之前，性之所近，以为天下至乐无逾是者。今垂垂老矣，陶斋畀以江南图书馆，京师亦以帝国图书馆相招，此古典书之职，敢希刘向，愿学陈农，则是人之所欲，天必从之。"然而彼时局事纷纭，缪荃孙早已对清廷失去信心，又逢其师张之洞去世，缪荃孙大恸而病，两月始愈，顿失入京任职之意，两度向学部请辞皆不获准。宣统元年（1910），缪荃孙由三子僧保随侍进京，是年赋七律《入都》三首，存其心迹：

廿年归里卧茅茨，又奉征书入禁墀。

行李已无东道主（匋斋罢官），英灵尤愧北山移。

生涯蟬蠖终无定，得失鸡虫苦自知。

一样趋朝频叹息，也应不似少年时。

挂冠昔日浩然归，自觉心期与世违。

天宝时妆人莫笑，贞元法曲听应稀。

沧溟衔石同精卫，太史占星失少微。

敢比陈农司采访，晁陈尤马慕前徽。

海鸥去住两无心，纯盗虚声每自箴。

不分推排成老物，每于邂逅遇知音。

晚晴幽草人争慰，华屋山丘感更深（时张文襄公师薨逝）。

对酒茫茫生百感，那堪楚些与秦吟。

缪荃孙到馆后诸事亲为，于后世而言，意义重大者有三：一为将内阁大库等处藏书整理分类；二为回江南押解瞿氏书五十种进京；三为编撰《清学部图书馆方志目》及《清学部图书馆善本书目》。其中《清学部图书馆善本书目》所著录者，包括清内阁大库、翰林院及国子监部分旧藏，体例与《艺风藏书记》相近，详记各书行款，兼有版本考订。《艺风老人年谱》宣统三年（1911）记载有"供职京师。三月，派回江南，催瞿氏进呈书。五月，旋京，并解瞿氏书五十种。六月，编写各省志书目四卷。八月，刻本馆宋元本书留真谱，本书一叶、牒文、牌子、序、跋述源流者均摹之，加考一篇。九月，复交善本书目八卷，即乞假回上海寄寓"。年谱中所言"善本书目"，即指《清学部图书馆善本书目》，此目于民国元年（1912）由国粹学报社以铅字印行，刊入《古学汇刊》。

辛亥之变，于缪荃孙等传统读书人而言，无异于国破家亡。撰完《善本书目》之后，缪荃孙乞假离馆，直到去世，一直以遗老身份寓居沪上，往来者亦多为前清遗老。民国后，京师图书馆由北京政府教育部接管，任命江瀚为京师图书馆馆长。嗣后江瀚与馆员王懋镕继续编目，于民国五年（1916）向教育部送呈新编书目，命名为《京师图书馆善本简明书目》。

寒斋所藏《学部图书馆善本书目》为孙毓修抄本，封面有留庵墨笔题识："此本从缪小山秘监借录及半，沪上有摆印本，遂不复钞完矣。壬子冬月留庵

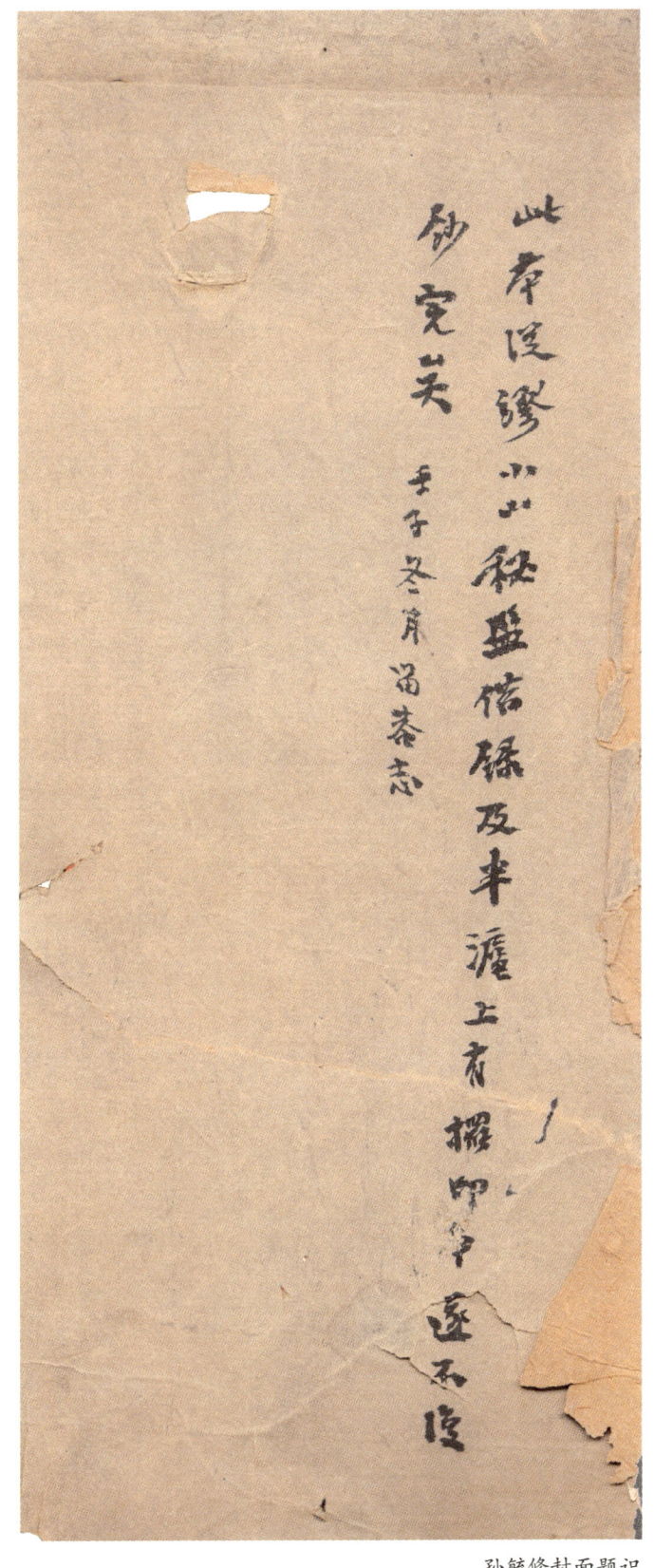

孙毓修封面题识

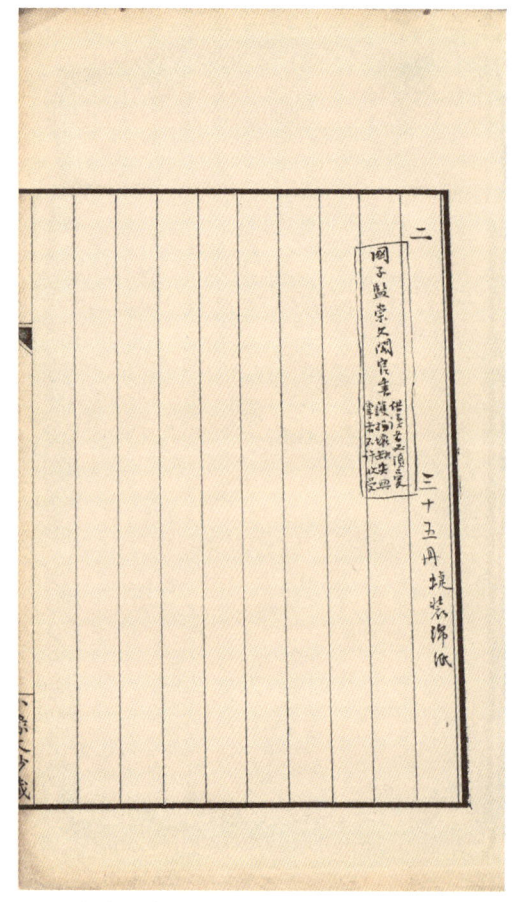

孙毓修手绘官印

志。"孙毓修与艺风老人亦师亦友，其版本目录之学亦多得益于缪荃孙。两人相识于宣统二年（1910），时孙毓修已进入商务印书馆，协助张元济从事编译及涵芬楼图书馆管理工作，是年年初，张元济致信缪荃孙，向其介绍孙毓修，同年四月两人于沪上相见，嗣后缪荃孙因京师图书馆事奔走于京、沪之间，两人时有书信往来。辛亥后艺风老人定居沪上，两人书事往来更为频繁，孙毓修时向艺风老人借书、求教，缪则托孙购买商务出版之书籍。《艺风老人日记》最后十年中，存有两人往来书札数十封之多，文字中提及孙毓修者更多达百余处，足见二人相交之深。孙毓修与友人谈及艺风老人时，则称："弟虽未列门人之籍，而亦不无知己之感。中邱帐秘，半曾窥见"。艺风老人去世后，孙毓修作七律二首，以志哀思：

承明簪笔有光华，七品归田述赊口。
一代典型尊泰斗，百年薪火续乾嘉。
抗心菟圃麈百宋，学步随园客作家。
垂老忽逢桑海恨，史才转使后人嗟。

遗山身世铁崖踪，海上相逢情更浓、
借校每言书贵读，造谭不觉日移春。
灵光常祝公无恙，高密俄惊岁在龙。
岂独平生知己感，伤心不复见儒宗。

壬子年为民国元年，孙毓修四十一岁，正是艺风老人寓居沪上不久，此目当自艺风老人处借得，自经部易类，抄至史部政书类。其著录颇为详实，遇有牌记或特殊钤章，则绘图以示，如宋刊小字本《通鉴纪事本末》，考证正文之后绘有官印："国子监崇文阁官书。借读者必须爱护，损坏缺失，典掌者不许收受"。该钞本字体有二，皆孙毓修亲笔，与寒斋另藏小绿天书目稿本字体一致。小绿天印有抄书专用纸数种，寒斋所收三种，版心分别刻有"梁溪孙氏文房""小绿天钞藏"及"梁溪孙氏小绿天写"。此目以版心刻"小绿天钞藏"黑格纸抄就，然最后数页却换以"涵芬楼钞藏本"黑格稿纸，盖此时孙毓修正于商务印书馆中负责管理涵芬楼，此目之存在，恰是孙毓修、缪荃孙与涵芬楼三者交汇之印证也。

此本首页钤有"孙毓修印""小绿天藏书"及"海隅文库珍藏"，因知此本还曾经胡道静先生庋藏。胡先生乃陈乃乾高足，著有《校雠学》《梦溪笔谈校证》等著述，并主持编纂《中国丛书综录》等重要工具书，惠我良多矣。

孙毓修藏书印"孙氏毓修"

汪辟疆钞本
《菦圃藏书题识目》一卷

《菦圃藏书题识目》一卷
民国汪辟疆钞本　汪辟疆题识　一函一册
钤印：诗初（朱方）

　　此汪辟疆先生手抄《菦圃藏书题识目》一册，以墨笔小楷录于普通书纸上，卷中所钤铅字小记，提醒此物之年代正属新旧交替时。汪辟疆（1887—1966）名国垣，字辟疆，又字笠云，号方湖，又号展庵，以字行，江西彭泽人。民国元年（1912）自京师大学堂毕业，先后任教于江西心远大学、北京女子大学及第四中山大学。第四中山大学几经易名，曾有江苏大学、国立中央大学之称，今日则为南京大学，汪辟疆自民国十七年（1928）应聘来此，直至去世，前后执教长达三十八年之久。

　　因此钞本故，捡出张亚权先生所辑《汪辟疆诗学论集》阅读一过，始知汪先生不仅学问好，为人亦极有趣，几次令吾忍俊不住，其中最有趣者，亦为吾感兴趣者当然是与书相关之事。此段书事又涉及黄侃，民国十七年（1928）两人同任国立中央大学文学院教

汪辟疆

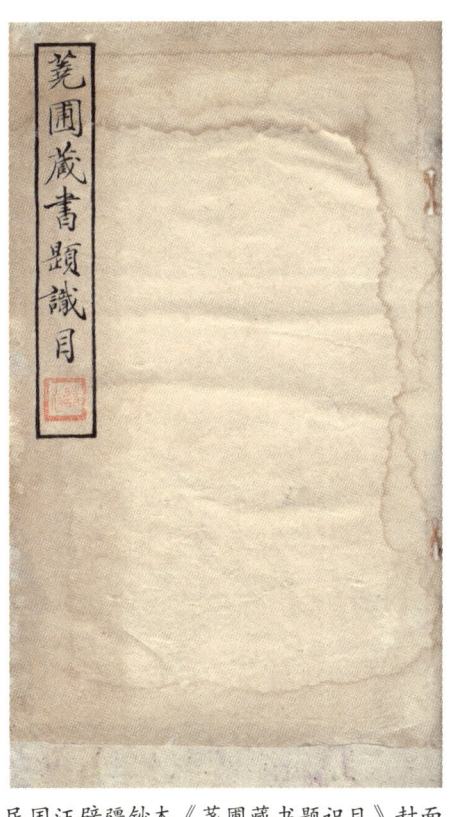

民国汪辟疆钞本《苑圃藏书题识目》封面

授，某日汪辟疆于黄侃案头见有两部清刻《元诗选》，因早年擦肩而过未曾购置，一直追悔莫及，久访书肆而不获，遂商之黄侃，请其相让，黄侃慨然允之。不料事隔未久，黄侃读到《郋园读书志》中谈及顾嗣立所刻《元诗选》，称此书虽为清初刻本，却极不易得，又称："……若此日久散失，糊壁覆瓿，事不可知，而竟陆续配全以成完璧，此尤难之极难者。书此告吾子孙，幸勿因其有二部而忽视之至再散失，则吾数年觅配之苦心庶不负矣。"字字句句，几乎恰对黄侃所说，黄侃顿时大为后悔，遂步陈坤维《媵书诗》韵，赋诗一首：

卖却明珠不自知，只将别恨媵元诗。
书归邺架应求伴，剑合延津略解悲。
此物在君原得主，他年借我莫嫌痴。
西仓巷畔秋灯静，想见披寻满意时。

然汪辟疆亦不知此书殊难得，次韵和之：

味勺西江不自知，尚留微契托元诗。
残缣早已髫年重，古鬼应无异代悲。
邺架分来疑有失，璇闺典去事同痴。
数行纸尾从君乞，韵事流传又一时。

赋罢次日，汪辟疆于酒楼设宴，以谢黄侃让书，席间二人复和诗一首，归来汪辟疆于日记中录此公案，并一一作注，称："而此书之一段公案，留示他年，又可为《书林清话》者添一故实矣。"然而又过数日，黄侃越想越悔，竟然要求以原

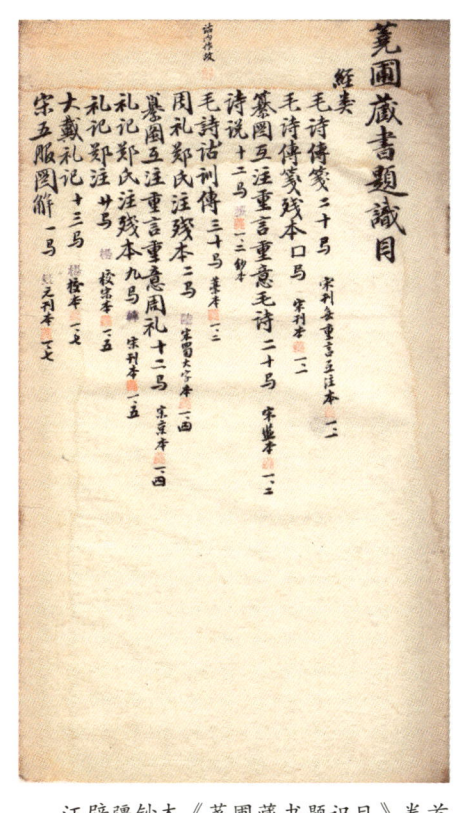

汪辟疆钞本《苑圃藏书题识目》卷首

值索回，汪辟疆慨然允诺，黄侃亦于日记中记此事："汪辟疆肯以《元诗选》见还，令人感愧。"

汪辟疆精通版本目录之学，曾著有《目录学研究》及《汉魏六朝目录考》，于大学任教期间亦教授目录课程，但其诗学研究名气更盛，所著《光宣诗坛点将录》及《光宣以来诗坛旁记》为吾案头常阅之书，然每次翻阅，总被其内容吸引，却忽略其作者，颇有不恭。《光宣诗坛点将录》为汪先生早年成名之作，将近代诗人按梁山英雄来排比座次，并加以评点，最早分期刊登于《甲寅》周刊，引起当时极大轰动，京津沪等地学者名流常私下预猜某人为天罡，某人为地煞，某人为头领，一时间洛阳纸贵。吾所佩服者，其所评之人往往在世，而其所评坚持自己所见，不依时下通论，被评者多有初闻颇不服气，细思却又肯首者。

此《荛圃藏书题识目》为汪辟疆抄录于民国二十四年（1935）。最早将黄丕烈题跋汇辑付梓者为潘祖荫，约为光绪二年（1876），潘祖荫将八十篇黄跋交给缪荃孙，属其排比前后，称抄自聊城杨氏，欲刻入《滂喜斋丛书》，然未知何故，该书最后并未刊入《滂喜斋丛书》。缪荃孙继潘祖荫所辑之后，又自罟里瞿氏、钱塘丁氏、归安陆氏、仁和朱氏等处抄得黄跋两百余篇，于光绪十年（1884）回京刊行，即初刻三百五十二篇，命名《士礼居藏书题跋记》，署名为潘祖荫辑。黄跋第二次刊刻为光绪二十二年（1896），该书初刻后，缪荃孙继续搜集黄跋，又自归安姚氏、德化李氏、湘潭袁氏、巴陵方氏、揭阳丁氏等处收得若干种，录成二册，江标借去其中一册，命名《士礼居藏书题跋续记二卷》，于湘南刻入《灵鹣阁丛书》，其中收得黄跋七十余篇。因江标借书时并未知尚有一册，故缪荃孙又将另外一册于民国元年（1912）以铅字排印方式刊于《古学汇刊》第一集目录类，此书收得黄跋五十篇，命名《士礼居藏书题跋再续记二卷》，皆为江标所未刻者。至民国八年（1919），缪荃孙复从乌程张氏、刘氏、松江韩氏、海盐张氏抄得若干，章钰、吴昌绶又补辑若干，再加上之前三次刊刻，共录得黄跋六百二十二种，仍以四部排列，编成《荛圃藏书题识》十卷，且附《荛圃刻书题识》。民国二十二年（1933），王大隆辑《荛圃藏书题识续录》四卷梓行于世，收得黄跋一百一十七种。民国二十九年（1940），王大隆复辑《荛圃藏书题识再续录》三卷，收书七十四种，至此黄丕烈所书跋语基本搜集全矣。

右页图：汪辟疆钞本《荛圃藏书题识目》内页

吳興張氏

梁 江陰繆氏

袁 項城袁氏

獨 揭陽丁氏

蔣 吳興蔣氏

徐 南陵徐氏

葉 吳縣葉氏

翁 常熟翁氏

汪 錢唐汪氏

盤 海鹽盤氏

章 會稽章氏

長 長洲李氏

鄧 上元鄧氏

興 吳興劉氏

昌 海昌蔣氏

盛 武進盛氏

松江韓氏
錢唐丁氏

陸 楊 程 劉 姚 愛

陸 吳興陸氏

吳縣潘氏

楊 聊城楊氏

常熟瞿氏

貴池劉氏

歸安姚氏

愛日

經目有下注某
地某氏者始即
各書藏弆廢慶
苏胡以一字系
之以識原委
蕘風序中有
鈔之仁和朱氏
者此却未見

檢蕘風序可知蕘風結集黃跋前後葉行者

有下列數種

一、京刊者——……回京刊行即初刻三百五十三篇也

一、江刻者——……後又鈔之歸安姚氏……六收得十條一兩
種承成三冊江建撥備去刻於湘南

一、鄧刊者——後一冊鄧秋湄即行

一、薈萃者——吾友長州章式之仁和吳印臨松
薈萃為一編……薈藏又鈔之烏程
張氏……重編十馬共六百二十二篇
而重刻之(即此本也)

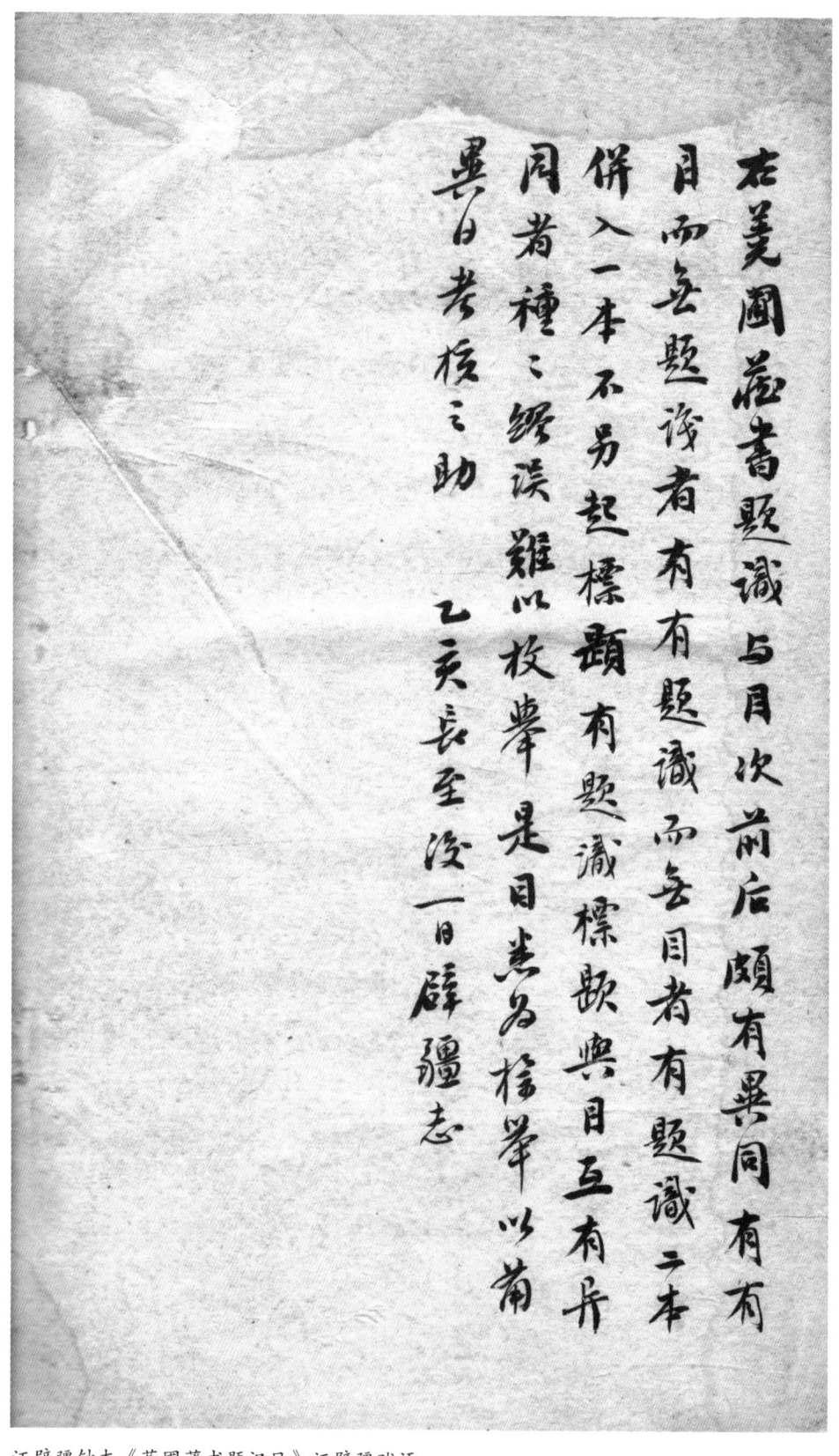

右美国藏书题识与目次前后颇有异同有有
目而无题识者有有题识而无目者有题识二本
併入一本不另起标题有题识标款与目互有异
同者种之缠误难以枚举是目兼备标举以备
异日考核之助

乙亥长至後一日辟疆志

汪辟疆钞本《莞圃藏书题识目》汪辟疆跋语

汪辟疆此本录自民国八年刊行本，每条仅录书名、卷数及版本，并无跋语内容，是故称"题识目"。每条之下多有铅字小印，红色皆为"菭"字，蓝色则有张、陆、潘、杨、瞿、刘、爱、姄、丁、韩十字，又有数处条目之上钤有红色〇记者，〇中标有数字。卷前有其墨笔标注及题记，其题记内容为：

据艺风序可知艺风结集黄跋，前后刊行者有下列数种：

一：京刊者——……回京刊行，即初刻三百五十二篇也。

二：江刻者——……后又钞之归安姚氏……亦收得十余种，录成二册，江建叚借一册去，刻于湘南。

三：邓刊者：后一册邓秋湄印行。

四：荟萃者——吾友长洲章式之、仁和吴印臣拟荟萃为一编……荃孙又钞之乌程张氏……重编十卷，共六百二十二篇而重刻之（即此本也）。

题记之上为标注，以一字代替藏书之家，若有姓氏相同者，则以地域区别之，总计二十五家，分别为：张：吴兴张氏；缪，江阴缪氏；袁：项城袁氏；揭：揭阳丁氏；蒋：吴兴蒋氏；徐：南陵徐氏；叶：吴县叶氏；翁：常熟翁氏；汪：钱塘汪氏；盐：海盐张氏；章：会稽章氏；长：长洲章氏；邓：上元邓氏；兴：吴兴刘氏；昌：海昌蒋氏；盛：武进盛氏；韩：松江韩氏；丁：钱唐丁氏；陆：吴兴陆氏；潘：吴县潘氏；杨：聊城杨氏；瞿：常熟瞿氏；刘：贵池刘氏；姄：归安姚氏；爱：爱日精庐。标注后又有汪辟疆注明："缪目有下注某地某氏者，殆即各书藏弆处。兹仍以一字系之，以识原委。艺风序中有钞之仁和朱氏者，此却未见。"

铅字小印中，"姄"字当是用以代"姚"字。以汪辟疆之细心，当不会误检，而是彼时铅字印刷方兴未久，并非所有汉字皆可易得之故。其卷末又有跋语一页："右《菭圃藏书题识》与目次前后颇有异同，有有目而无题识者，有有题识而无目者，有题识二本并入一本，不另起标题，有题识标题与目互有异同者，种种缪误难以枚举，是目悉为标举，以备异日考核之助。乙亥长至后一日辟疆志。"乙亥年为民国二十四年（1935），时汪辟疆四十八岁，正于国立中央大学任教，主讲历代诗歌，以及目录学、读书指导、各体文习作等课，彼时同于中央大学授课者，尚有教授语言文字之黄侃、教授词学之汪旭初、教授曲学之吴梅，以及王伯沆、胡小石等，皆一时俊彦，而汪辟疆之入室弟子，则有程千帆、沈祖棻等。

汪辟疆抄录此目之时，王大隆所辑《菭圃藏书题识续录》及《菭圃藏书题识再续录》尚未刊行。民国八年（1919）荟萃本刊行后，缪荃孙有意将书版转让，丁国

汪辟疆藏书印"诗初"

钧一度怂惠王大隆购之，书版后为适园张钧衡所得，去其牌记，以机制纸刷印数十部，今亦罕见。王大隆购得荟萃本后酷爱之，时以他书所载校读，发现此本亦有脱讹，深知并非善本，曾劝张乃熊重为校补，惜兹事不了了之。王大隆遂自为补录，共得一百七十余种，统为《荛圃书跋合编》，因各种原因，定稿八载未能刊出，直至民国二十九年（1940），始将《续录》及《再续录》刊行。王大隆所补录者刊行之后，汪辟疆复取以校勘自己所抄之本，卷中红色○记即为校勘标记，卷前复注明："凡○系王续本有补正者，圈内号码即王本卷页数也。"

此本约十余年前得自沪上拍场。彼时刘扬兄与吾同往沪上观书，其所重者在殿版书及品相上佳之明刻本，吾则在意此《荛圃藏书题识目》，刘兄略看此书，称自己不买这类书，吾闻言大为宽心。当时北京同来之书友往往于拍前略作商议，以免熟人间互相残杀，因是吾以底价收得此本。彼时刘扬兄加入古籍收藏行列未久，兴致极高，出手不凡，欲得之书不计工本，拍场上数次相见，吾坐于其旁边，目睹其与人力争到底，场上书价在吾看来已是极昂，但刘扬兄仍然高举号牌，志在必得，好几次吾忍不住试图用力拽下其举牌之臂，然而刘兄对吾之劝阻全然无视，定要将心爱之书纳入囊中。约在五年前，刘兄忽然又由古籍收藏转入西文古书收藏，但凡西洋古书中内容有涉及中国事物者，均为其关注对象，近闻其已收集此类书约千部之多，且泰半写有提要，令人敬佩。

尝与刘兄谈及当年拍场力阻不成之往事，皆为之欢笑不已，其在拍场上骁勇杀敌之英姿实在令人难忘。彼时沪上拍卖多在静安区希尔顿饭店或贵都饭店，然而一掷千金买书者嫌此两家饭店房价昂贵，多下榻于旁边延安饭店，于是延安饭店一度成为北京书友之固定寓所。某晚一批北京书友于此聚餐时，拓晓堂先生忽然说："如果现在有炸弹把延安饭店毁了，那么中国的爱书人至少死了四分之三。"

黄端跋《铁琴铜剑楼藏书目录》二十四卷

《铁琴铜剑楼藏书目录》二十四卷 （清）瞿镛撰

清光绪二十四年（1898）序常熟瞿氏家塾刻本 黄端跋 一函十册

钤印：黄曼匋图书记（朱方）、黄端之印（白方）、黄竞履（朱方）、景吕复号曼匋（朱方）、补学老人（白方）、黄端私印（白方）、曼匋（朱方）、曼匋金石书画（朱方）、黄端印信（白方）、安次黄端所藏（白方）

《铁琴铜剑楼藏书目录》二十四卷，清光绪二十四年（1898）常熟瞿氏家塾本，一函十册。末页有黄端墨笔跋语两则，一则书于民国十六年（1927）："《铁琴铜剑楼藏书目录》廿四卷十册，丁卯十月十三日买得于天津直隶书局，价洋五元，是日灯右曼匋记。"另一则书于1953年："新印《铁琴铜剑楼藏书目》，民国十六年冬，余因事由北京来津，住秋山街十五号蔡宅，买得于直隶书局，至今已廿有五年。在原籍遭日寇之乱，未曾被掠，今日天雨不能外出，因检架上各书，加盖新刻石章，再识数语，癸巳六月廿六日灯下九时雨中，补学老人黄曼匋识于津沽寄寓。"卷中钤有黄端藏印十方，分别为"黄曼匋图书记""黄端之印""黄竞履""景吕亦号曼匋""补学老人""黄端私印""匋""曼匋金石书画""黄端印

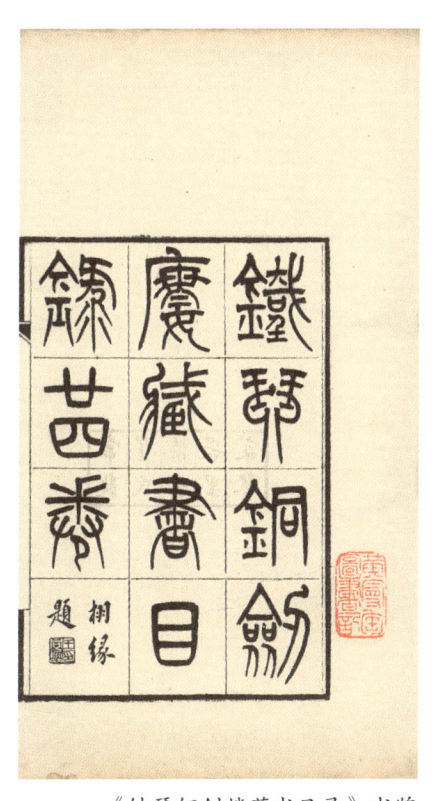

《铁琴铜剑楼藏书目录》书牌

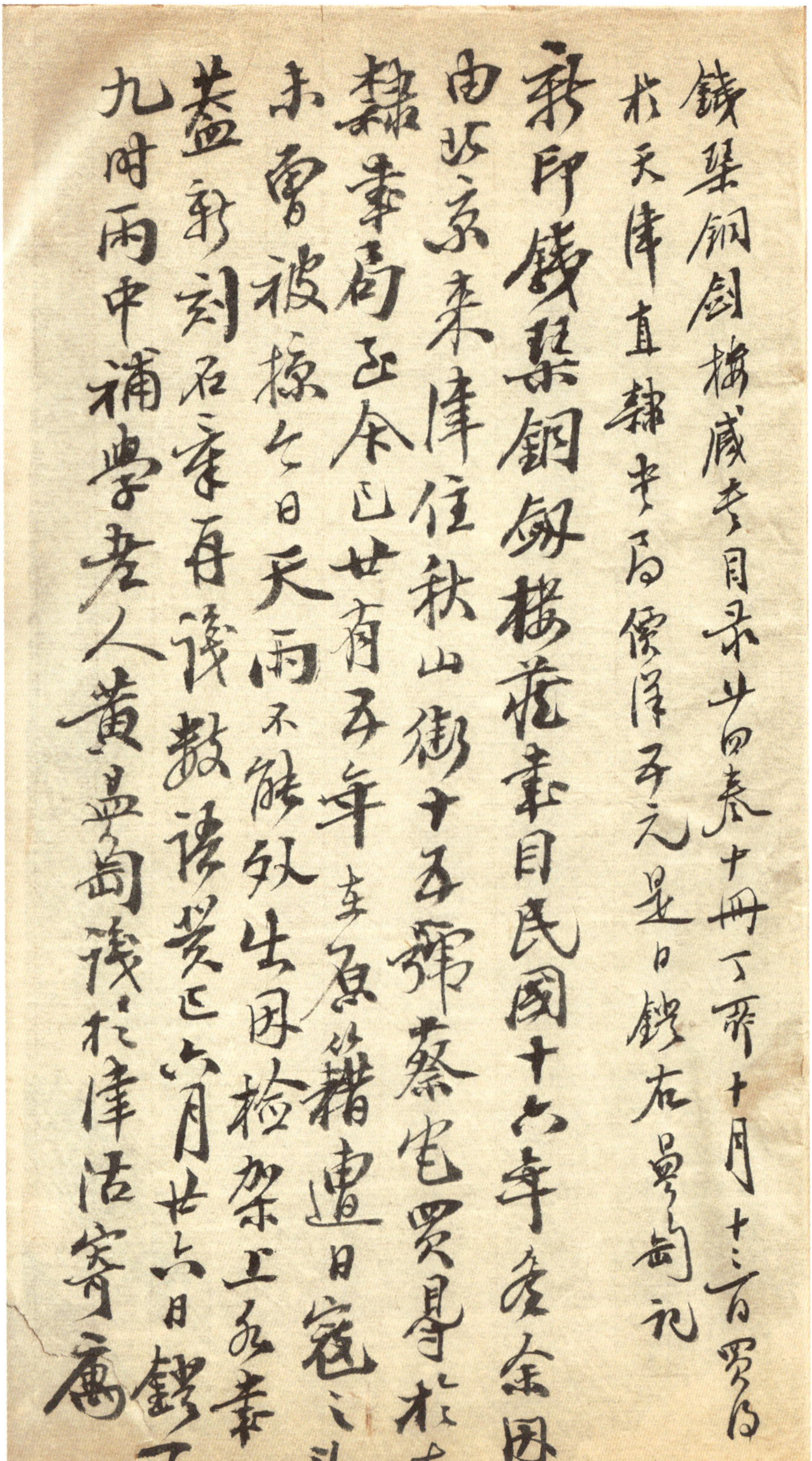

鐵琴銅劍樓藏書目錄廿四卷十册丁酉十月十三日買得於天津直隸書局價洋五元是日錄右黃端記

新印鐵琴銅劍樓藏書目民國十六年春余因事由北京來津住秋山街十五號蔡宅買得於直隸書局至今已廿有五年書原籍遭日寇之劫未曾被掠今日天雨不能外出因檢架上此書加蓋新刻名章再識數語癸巳六月廿六日錄下九月雨中補學老人黃端甫識於津沽寓廬

清光绪二十四年瞿氏家塾刻本《铁琴铜剑楼藏书目录》黄端跋语

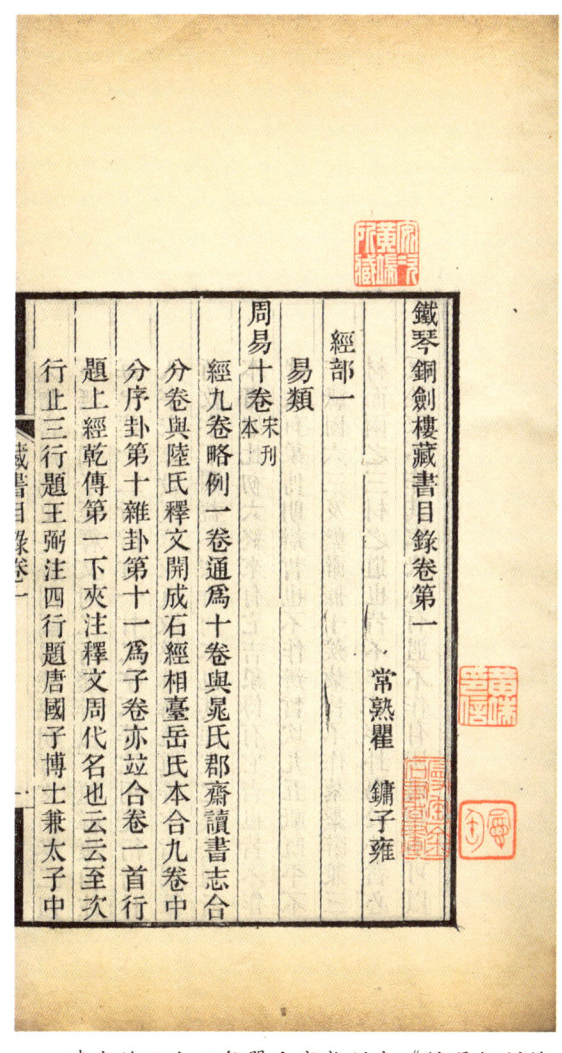

清光绪二十四年瞿氏家塾刻本《铁琴铜剑楼藏书目录》卷首

黄端藏书印"景吕复号曼匋"

信"及"安次黄端所藏"。

关于黄端其人，资料甚少，吾遍查津京史料，一无所获。寒斋收得其旧藏约十部，皆早年购于天津，彼时黄端旧藏于天津书肆时有得见，价亦不昂，所藏遍及四部，看不出有何特别喜好，惟每书皆钤印累累，可知其人有印癖。此书所钤计有十枚，钤于其他旧藏者尚有"竞履心赏""曼匋题记""曼匋过眼""曼匋校读""黄端字竞履号曼匋""安次黄氏补学庐收藏记"以及"安次黄氏四当轩珍藏书画记"等等。吾由其藏印，知其字竞履，号曼匋，晚号补学老人，其藏书处有补学庐及四当轩，原籍为河北省廊坊市安次，仅此而已。

该书前有咸丰七年（1857）宋翔凤序，后有光绪五年（1879）张瑛跋，以及光绪二十四年（1898）瞿起甲跋。张瑛（1823—1901）字子燮，号仁卿，又号退斋，为瞿绍基外孙，幼年曾就读于恬裕斋，得瞿镛指点古书源流，其于后序中称"瞿氏，瑛母家外从祖荫棠府君"，又称"舅氏子雍府君"，瞿氏铁琴铜剑楼许多资料皆出自其记、序、跋及书信等。同治七年（1868）夏，张瑛为《虹月归来图》作记，详细记载秉渊、秉清昆

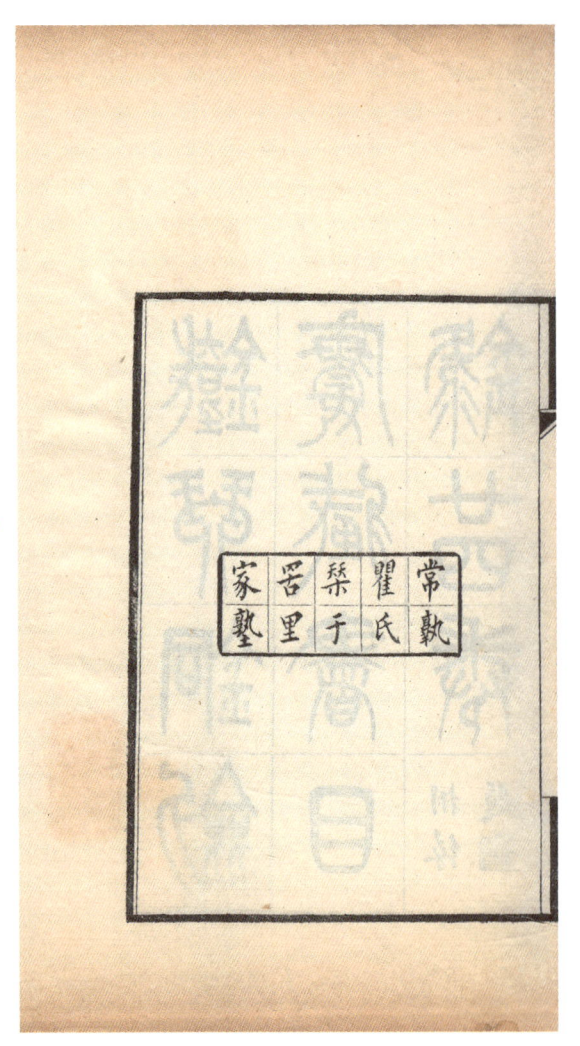

清光绪二十四年序瞿氏家塾本《铁琴铜剑楼藏书目录》牌记

仲护书避难之始末；瞿镛去世后，张瑛曾作《子雍瞿府君诔》，又有《浚之瞿君家传》等，为今人研究铁琴铜剑楼提供许多资料。受舅家影响，张瑛亦喜藏书，有藏书处曰知退斋，还刻印过《管子》二十四卷，并请叶昌炽代为发售。

此藏书目录中郡志部分即由张瑛所撰，彼时秉渊、秉清昆仲有意请管礼耕、王颂蔚及叶昌炽同至罟里重校此目，缺者补之，误者正之，遂致书张瑛，请其代为介绍。光绪三年（1877）八月初，张瑛与瞿秉清同赴吴门，面邀诸友前往罟里以藏书事，未料停留两日，瞿秉清突然染上暴疾，不及归家即殁于舟中，临去前尚以书目未能付梓行世为恨。张瑛护送秉清遗体回到家中，与秉渊相对而涕。瞿秉清育有三子，分别为瞿启文字斐卿、瞿启科字棣卿、瞿启甲字良士，秉清殁后，兄弟三人继续收集散佚，增修书板，终于将前人未竟之业告竣。

瞿启甲跋中称张瑛为"张表伯"，又称："书目之成，由祖若父以逮吾兄，历四世而始克卒业，惜镂板全而书未及行世，其间又值兵戈四起，典籍大半散亡，是书之幸而获存，盖亦犹剥中硕果矣。……爰于书之已付剞劂而间有谬误者，重与诸名家商定其篇，悉加更正，既成，亟为刊布，以公同好"。此序作于光绪二十四年（1898），前有牌记"常熟瞿氏刊于罟里家塾"，又因铁琴铜剑楼书目另有董康诵芬室本，故书界通称瞿启甲所刻之本为光绪二十四年瞿氏家塾本。

近日读最新一期《文献》（2014年第一期），有张海峰先生谈及铁琴铜剑楼书目一文，言及费念慈通过张瑛介绍，始得进入铁琴铜剑楼观书，又言及《铁琴铜剑楼藏书目录》实际刊刻于光绪五年（1879），并列举叶昌炽日记以为佐证。读罢此文，猛然间想起吾曾收得叶昌炽友朋书札三册，其中一册有张瑛致叶昌炽手札二十通，似乎皆谈及书事，且其中有关铁琴铜剑楼者。亟寻出手札细读，果然亦有言及《铁琴铜剑楼藏书目录》者，惜所有信札皆偶记日月，未署年款，不能更加详细予以考证。现将涉及该目录者迻录如下：

其一曰："鞠裳仁兄大人执事，顷奉惠函，藉稔道履吉祥如颂。瞿氏书目昨已与斐卿言之，据云今年当印成数十部，如尊处及苇卿、申季诸君子均应奉送，濡滞已久，属为道达歉忱。"

其二曰："拙著《校勘记》业已付梓，秋间印成，当寄呈史席，藉求教正。苇卿粤东之游已旋里否？申季时晤否？瞿氏昆仲书目虽已刊竣，竟有秘而不出之意，

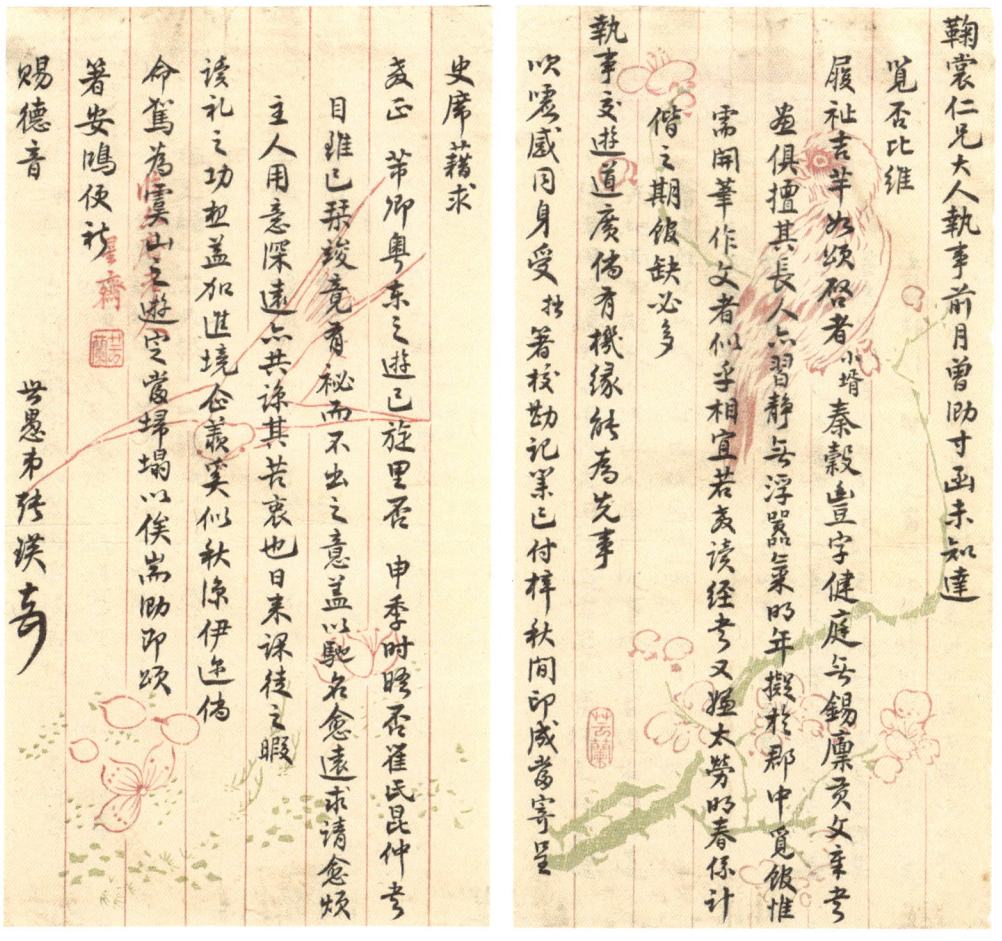

张瑛致叶昌炽手札

217

盖以驰名愈远，求请愈烦，主人用意深远，亦共谅其苦衷也。"

其三曰："附上瞿氏书目两部，一致苇兄，祈转交，其一吾兄存之备查可也。"

册中所收二十通书札皆未署年款，故无以知先后，前装册者亦随取随粘，今日读知，虽知其事，却不知书于何时，尤其书目刻好后秘而不宣，原因为担心求书者众，应接不暇之事。然此通书札中提及"拙著《校勘记》，秋间印成"，张瑛曾著有《通鉴校勘记》七卷，检《中国历史大辞典》收有该书："清张瑛撰。《通鉴》元兴文署、胡刻本颇多讹误，张氏遍考十七史及《通鉴》所采用书之能见者，进行校勘。有光绪八年（1882）刊本。"张瑛《校勘记》刊于光绪八年，则此通致叶昌炽手札或亦书于此年，虽晚于张先生考证之光绪五年，但亦证明此目实际刊刻绝非光绪二十四年。

黄端藏书印"黄竞履""黄曼甸图书记"

佚名钞本《铁琴铜剑楼藏书目》二十四卷

《铁琴铜剑楼藏书目》二十四卷　（清）瞿镛撰
清钞本　一函六册

佚名钞本《铁琴铜剑楼藏书目》二十四卷，一函六册，配以原装六合套，所用靛蓝布乃手工织就。常为吾制线装书函套之李师傅，一直称此为四合套，与之沟通时，吾称六合套，其称四合套，外人听来似乎在说两件事，实则二人所称为同一物。其实书界里亦有多人称其为四合套，吾颇不解：从外观看，明明为六个面，将六个面封起来，自然应该叫六合套。该书之六合套乃洋纸板制作，而非传统书套所用之硬纸板，厚度仅传统书套三分之一，因为较薄之故，日久略有变形，两侧变成弧形。

此书套另一特别处为签条。签条纸为传统淡黄色虎皮宣，签后裱贴有四周出边之同色纸，正中以墨笔楷书"铁琴铜剑楼藏书目"，落款签名为于右任。然此签条书写字体太过拙劣，与于氏书风大不相类，

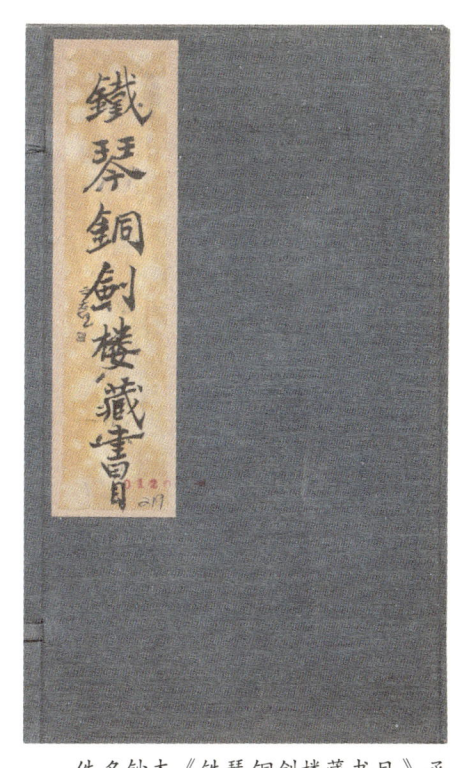

佚名钞本《铁琴铜剑楼藏书目》函套及签条

尤其"剑"字，起笔居然压在"于右任"三字上。初疑此为书商作伪，以无名钞本冒充名家题签，细细审之，又推翻此猜测，因为"于右任"三字及名下钤章皆为黑色石印，书名每字下皆有刮痕，说明原题于此签上者为另一部书名。此六合套地脚处还贴有一块大方侧签，同样以墨笔题"铁剑铜剑楼书目"，侧签为洋纸，上面以繁体竖排印有许多小字，密密麻麻，仔细辩认，原来是历朝法书名称，元代有"赵孟𫖯道德经小楷"，明代有"王阳明七言诗矫亭记"，皆历代书画作品。于右任为民国著名草圣，由他为一部跟书法相关之影印本题签，也是顺理成章之事，于是吾猜想，也许这部《铁琴铜剑楼藏书目》本来并无函套，前主人或前前主人恰好手头有此空函套，又或其认为这部旧钞本较民国石印书法作品更有价值，遂将此六合套移来，用刀刮去原书名，重新题写签条，于是变成今日吾所见者。于右任以书法闻名，藏书之事记载不多，张元济、傅增湘论书尺牍中曾提及此人，称："开卷有于右任印记。想又掠自金陵。为丰润张氏之旧物。前见宋刻赵安仁所刊《南华经》，亦此君所有。不知曾入厂肆否。悖入悖出，真不诬也。"张元济性情内敛忠厚，极少出怨语，然而言及于右任时却用词如此憎厌，故印象颇深。

常熟铁琴铜剑楼

常熟瞿氏铁琴铜剑楼为晚清四大藏书楼之一，前后历经五代主人，历时一百五十余年，收藏时间仅次于宁波范氏天一阁。瞿氏藏书肇自瞿绍基（1772—1836），其字厚培，号荫棠，当时藏书楼名恬裕斋，取自《尚书》"引养引恬""垂裕后昆"两句。陈揆稽瑞楼与张金吾爱日精庐藏书先后散出后，其中半数宋元旧本归瞿氏，恬裕斋藏书遂甲于吴中。瞿绍基之后，藏书楼由其子瞿镛继守，瞿镛（1800—1864）字子雍，克成父志，继续扩大收藏，嗜书同时兼喜金石书画，汪士钟艺芸精舍散出后，其宋元旧椠为瞿镛所收，艺芸精舍藏书源自黄丕烈士礼居，故有大量黄跋为瞿氏所得，铁琴铜剑楼遂名震南北。

许多藏书资料皆称瞿镛继守书楼期间，将书楼由裕恬斋更名为铁琴铜剑楼，张瑛《浚之瞿君家传》曾言："宝山府君而益廓之。尝得铁琴铜剑，遂以名其藏书之楼"。宝山府君即指瞿镛，以其曾署宝山县学训导也。张瑛是瞿镛外甥，或因此故，人皆引用其说。《常熟市志》有关瞿镛资料亦称："喜收集古玩，得铁

瞿镛

瞿秉渊曝书图

琴与铜剑，尤为珍爱，遂改'恬裕斋'为'铁琴铜剑楼'。"实则铁琴铜剑楼之名称自瞿绍基时期即有，嘉庆十六年（1811）瞿绍基辑《海虞诗苑续编》，即署"海隅铁琴铜剑楼瞿氏"刻本；又有《启祯宫词合刻》二卷，牌记为"嘉庆辛未春镌，海隅铁琴铜剑楼藏板"，说明瞿镛只是将书楼名称恢复旧号，而非更名。究竟铁琴与铜剑自何时归于瞿家，并无明确记录，瞿凤起先生《漫谈清代四大藏书家》一文中谈起先祖瞿镛，亦只言两物之下落，未道来历："书库中与宝藏作伴者，有文物两事，一为铁琴，一为铜剑，主人作为镇库之宝，因以'铁琴铜剑'名其藏书之楼。按：琴为木质，外以铁皮为衣，遂因以为名，或欲使其音高广耳。以年代历久，几于剥蚀迨尽。此相传是唐代遗物，面有纽柱七枚，曾按弦线，可以弹奏，腹部有长方小孔，内有'金声'二字，俗有'金声玉振'成语，或当日另有'玉振'款者与之成对。铜剑已告佚，先世未闻其形式，历代亦未见有著录，仅留其名耳。"

瞿镛有两子，名秉渊、秉

清，书楼传至秉渊、秉清昆仲时，正值太平天国期间，江南图书尽历浩劫。咸丰十年（1860），太平军占领苏州，瞿氏昆仲闻讯惶恐，将楼中珍本分藏数处，惜仍然未能逃过天劫，损失惨重。同治二年（1863），瞿氏昆仲又将劫余之宋元、精钞、精校秘本千余种，装成十箱运上书船，冒险从长江入海口北渡至海门县大洪镇，等到太平军撤出常熟，始将书仍然以小船运回常熟。四年战乱期间，为保藏书，昆仲二人七次大迁移，其艰险可以想见，若非真正嗜书如命，实难如此反复。待时局初定，昆仲二人倩画家吴隽绘成《虹月归来图》，以志斯事，该图后经多家题咏，现存国家图书馆，数年前国家图书馆珍品展中，吾曾一睹真容。癸巳年秋拍，嘉德图录出现四张瞿镛父子小像，是年吾吉星失位，遭逢大变，幸而行动渐渐如常，立即至预展现场观此小像。小像未经装裱，仅是单张画片，嘉德公司为方便展示，以镜框镶之挂于一隅，吾至现场遍寻再四，始于角落找到，尺幅较想象中要小许多，略有失望，然毕竟是吾心目中极景仰之人，兼为《虹月归来图》之作者吴隽所绘，遂于像前小立片刻，略敬心香。

秉渊、秉清昆仲殁后，瞿氏第四代有瞿启文字斐卿、瞿启科字棣卿及瞿启甲字良士，第五代有瞿炽邦字济苍、瞿耀邦字旭初、瞿熙邦字凤起，皆能克绍箕裘。书楼传至瞿启甲时，最著名事件为力避清廷购书，以及出版《铁琴铜剑楼藏书目录》。该书目为瞿镛所撰，初名《恬裕斋藏书目录》，凡二十四卷，共著录图籍一千一百九十四种，其中宋本一百七十三部，金刻四部，元刻一百八十四部，另有明本、钞本、校本等等，所收止于元人著述，明清所著皆不在列，以四部分类，其中经部七卷曾于咸丰八年（1858）开雕，书版旋于咸丰十年（1860）毁于战乱。光绪二十三年（1897）董康以诵芬室名义先行付梓，次年瞿启甲以瞿氏家塾本刊行，并将之纳入《铁琴铜剑楼丛书》。该书目之外，铁琴铜剑楼尚有其他多种特色书目行世，如《铁琴铜剑楼宋金元本书影》《铁琴铜剑楼藏书题跋集录》《恬裕斋碑目》以及《罟里瞿氏邑人著述目》等。

寒斋藏有《铁琴铜剑楼藏书目》数部，其中有瞿氏家塾初刻初印本，有黄端题跋本，此为佚名钞本，卷中字迹工整，笔划清晰，然细审字体不一，当出自数人之手，疑为书胥分工精心抄就。该书早年得自天津古籍书店，彼时尚有批量购书之机遇，今已不可想象。上世纪八、九十年代，吾于天津当差，业余时间悉数献给大小书店。当时天津线装书最多之地为古文化街，其址位于海河边，街面并不长，半小时足可以踱步来回，整条街区外观上全为仿古，内里却全部装修成办公室模样。街

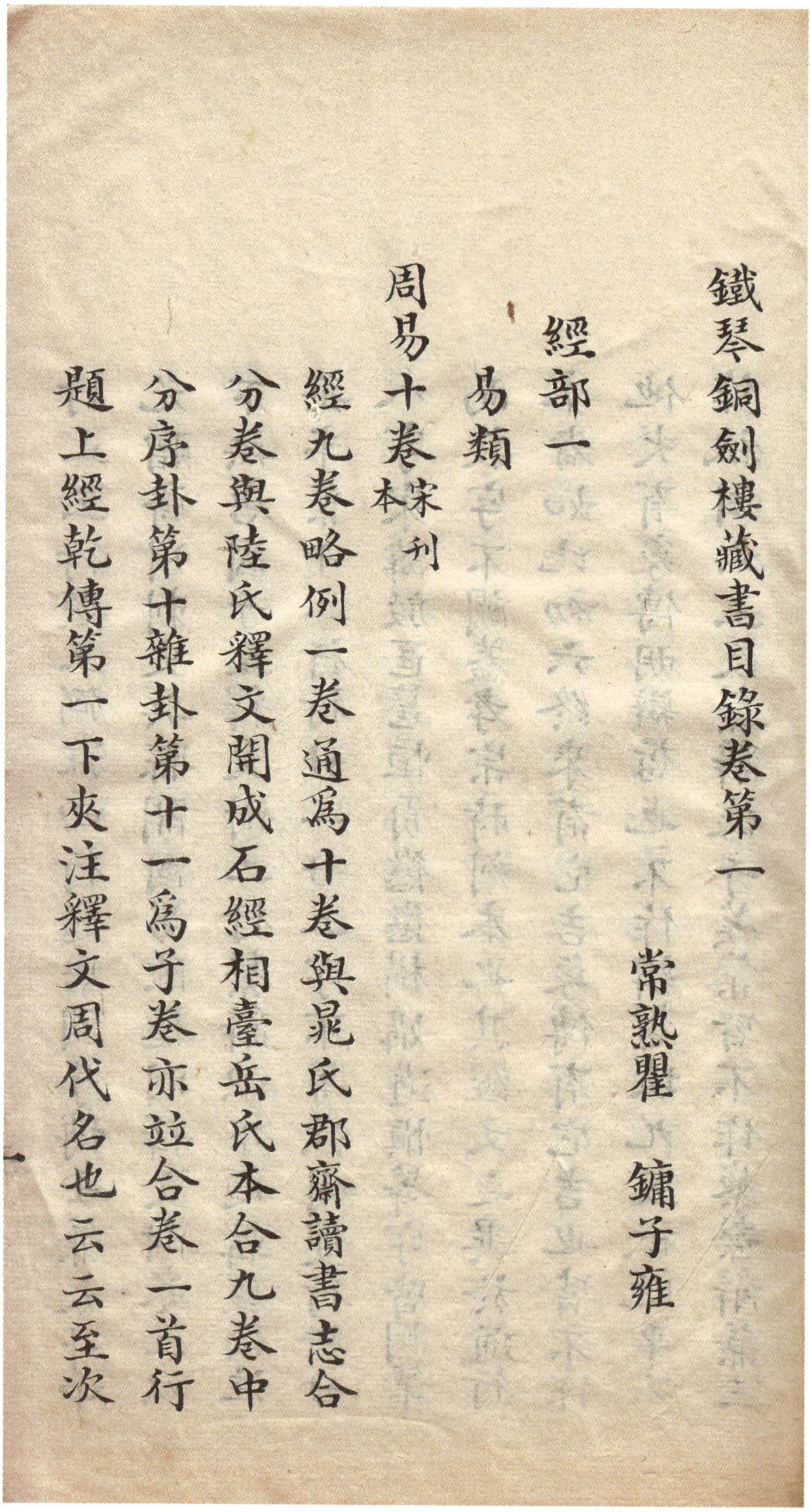

鐵琴銅劍樓藏書目錄卷第一

常熟瞿 鏞子雍

經部一

易類

周易十卷宋本

經九卷略例一卷通爲十卷與晁氏郡齋讀書志合

分卷與陸氏釋文開成石經相臺岳氏本合九卷中

分序卦第十雜卦第十一爲子卷亦並合卷一首行

題上經乾傳第一下夾注釋文周代名也云云至次

铁琴铜剑楼藏书印"古里瞿氏""镜"

南有两家店出售古籍，一大一小，毗邻而居，小者文林阁，大者古籍书店，而文林阁老板曾任古籍书店经理。古籍书店为两层建筑，一楼售新书，二楼半售线装书，半为库房。彼时所售线装书乃真正古书，不似今时之古籍书店，展眼望去，架上皆为新印古籍。彼时之经营方式亦为传统闭架售书，书架前设一玻璃柜，售货员站在玻璃柜后，读者欲看何书，请其由书架上取下，方可寓目。玻璃柜外沿距离书架约两米余，目力极好者始能看清书签小字，于是时常得见一些读者双手撑柜，伸颈踮足，努力伸长身体，以期看清不足三指宽之侧签。吾为常客，上下稔熟，乃古籍书店之"优待俘虏"，顾客少时，遂任吾进入柜台内逐部翻阅。

彼时天津古籍书店每过一段时间，都会由库房拉出一批书添加上架。有新出库线装书上架，在当时为极其振奋人心之小道消息，店员会给自己相熟主顾透出口风，神秘而低声相告："明天有新书上架！"得此消息之书友往往会抑制不住激动，连声称谢，希望除自己之外再无人知晓此重要消息，然而有所好者，通常都耐不住气，既想独吃仙桃，又想与人分享自己独占花魁之得意，遂又致电自己相熟书友，神秘且闪烁其辞地透露此重大消息。每逢此况，吾皆能接到四、五个类似电话，吾极感谢书友们视吾为自己人，但又不好意思告知他们，其实那些书在上架之前已经被吾挑过一遍。在吾看来，若实言以告，其结果不仅仅是失去朋友，恐怕更会招来许多骂言。书友心态极能理解，吾亦烦恼他人捷足先登，早年吾曾挑好一批线装书暂存店内等候结账，无意中将此事告知友人，未随想该友人立即赶至书店，冒吾之名将书提走，令吾大为气结。今日思之，此亦文人雅事一桩，当得一笑。

是日，天津古籍书店又从大库中拉出一批线装书，上架前店员将拉出来的线装书逐部鉴定版本、定价、写签，然后再上架。吾循例至现场翻看一过，于书堆中见一旧纸箱极为结实，以细麻绳捆之，箱外印有"天津鸭梨"等字，此为当年不惜成本创汇年代中之出口拳头产品，较当时国内食品包装强十倍以上。按以往惯律，吾都是等店员拆捆后再行翻阅，不好意思自行拆箱，虽然常有等不及时，但都能按住冲动等待店员开箱，吾则在一旁做出矜持斯文状，最多催催而已。但那日总觉得纸箱有些神秘，这神秘令吾放弃矜持，对经理说想开箱看看。经理无暇顾及，遂任吾拆箱视之，只见满满一箱全是古代书目，约有百十余本，二、三十部之多。上世纪80年代，与目录版本学相关之书极少，即便是新书亦鲜有见到，为了解目录版本方面资讯，每有此类新书面世，吾一律买回，如此坚持若干年，亦不过寥寥，而眼前所见，虽仅一箱，却已超过吾多年所积，顿时大喜过望，马上对经理说："这些书全要了。"经理看一眼，却说："这些书都不卖。"

此语令吾极意外，与书肆打交道多年，还是首次听到书店对吾说"不卖"二字。彼时古书市场与今日绝然两类，彼时乃买方市场，新书易读，占用空间小，收藏气氛又尚未兴起，古旧书鲜人问津，远较新书难卖，当时绝不可能想到二、三十年后，古籍书店有新到古书，倘无特殊关系，买方连消息都无法得到，风平浪静之下，买与卖早已经悄无声息结束。经理见吾表情惊愕，马上解释："这些不是商品，是店里多年来留出来的工具书。"这句话提醒吾，想起若干年来买书生涯中，与目录版本相关之线装书，还真从未在全国各地之古籍书店内见过，问何以如此？经理称："大概有两个原因，一是这类书在以前就流传不多，因为它不属于大众读物，比较偏僻，只有搞目录版本学的人才会使用。古籍书店把它们留下来是作为工具书使用，或者给新店员做学习业务知识的参考读物。"另一个原因，经理解释得颇宛转，吾后来细品其言，始明白经理所言半为玩笑，半为实情："读者都学精了，专门挑好的买，那我们大量的普通古籍卖给谁？"

尽管经理不肯售书，但当时吾正处于热衷古籍工具书之购买阶段，不断对经理实施软磨硬泡、死缠烂打之术，或许虑及吾为老客户，彼时亦算店内最大主顾，吾之消费直接导致该店售书任务完成与否，甚至影响全店员工年终奖金，经理只好松口，但提出附加条件："你不能掐尖，至少得有一半买的是普通古籍。"吾极爽快地接受此貌似不平等之条约，但仍然不忘记与谐价，以不平等条约为理由，得到满意折扣。

时迁二十余年，回首再看那场交易，搭售给吾之所谓普通古籍，以今日市值来看，升值幅度远超当时吾所看重之古籍书目。资讯日渐发达，与目录版本相关之书一版再版，今日之爱书者几乎人手数本，为资讯付出代价，有时真不值得，今日之紧俏者，转眼即成明日黄花。当时费尽心思买下这批书目中，即有此《铁琴铜剑楼藏书目》二十四卷，其中一册封底尚贴有书店价签：编号102，基价12元。此书虽然无批无跋无钤章，但工工整整，一笔不苟，请今日之书法家如此抄上几十万字，恐怕加价百倍亦不能，如此想来，亦称划算。

海源阁写本《海源阁宋元秘本书目》四卷　《海源阁金石书画器用总目》不分卷

《海源阁宋元秘本书目》四卷　（清）杨保彝撰
清宣统元年（1909）海源阁写本　一函一册
钤印：东昌府印（朱方）、聊城县印（朱方）

《海源阁金石书画器用总目》不分卷　（清）杨保彝撰
清宣统元年（1909）海源阁写本　一函五册
钤印：东昌府印（朱方）、聊城县印（朱方）

　　山东聊城杨氏海源阁与江苏常熟瞿氏铁琴铜剑楼一度并峙海内，有"南瞿北杨"之号，二者皆历经五代主人，辛苦为役，积书、守书、护书，使得藏书楼能够历经百年而不朽，二者又与归安陆氏皕宋楼、钱塘丁氏八千卷楼合称"晚清四大藏书楼"，其藏弆之富自不待言。叶德辉《书林清话》曾记此两座藏书楼："赭寇乱起，大江南北遍地劫灰。吴中二三百年藏书之精华，扫地尽矣。幸有常熟瞿氏铁琴铜剑楼保守其子遗，聊城杨氏海源阁收拾余烬"。

　　一

　　海源阁藏书主要聚集于杨以增、杨绍和父子时期，但追溯前源，自杨以增之父杨兆煜时期已经开始藏书。杨兆煜（1768—1838）字炳南，嘉庆三年（1798）

海源阁旧照片

杨以增

杨保彝

举于乡，出任即墨教谕，建有藏书楼袖海庐及厚遗堂，此为日后海源阁藏书之基础。杨以增（1781—1855）字益之，号至堂，历任陕西布政使、陕西总督、江南河道总督，平生无他嗜，一专于书。杨兆煜曾有意建家庙而未果，杨以增为遂父心愿，于宅东建阁以承祀事，取《学记》"先河后海"之意，命名为"海源"，又仿天一阁之例，将藏书楼命名为海源阁。道光二十年（1840），杨以增亲自题匾悬于楼上，当时海源阁楼上楼下各为三楹，楼下供奉杨氏列祖列宗，楼上存放所积善本。杨氏堂号尚有"四经四史之斋"及"宋存书室"，然此二斋仅为堂号，并无专门一室。"四经"指宋刻《毛诗》《周礼》《仪礼》《礼记》，皆郑氏笺注，"四史"则指宋刻《前汉书》《后汉书》《史记》及《三国志》。

杨绍和（1832—1875）字彦和，号勰卿，同治四年（1865）进士，曾任侍讲学士，文渊阁校理等，为杨以增次子。杨绍和于京师任职时，适逢怡府藏书散出，收得甚夥，再加上之前杨以增时期已收得之百宋一廛故物，至此海源阁已傲然成为北方图书之府。杨绍和有子杨保彝（1852—1910），字凤龄，号凤阿，别署瓻庵，曾充总理各国事务衙门章京，后退隐于陶南山庄。海源阁在杨保彝主理前期，尚可开楼让外人观书，至光绪十年（1884）江标登楼后，于《海源阁藏书目跋》中写下"昔日连车而北者，安知不橐载而南乎"之句，杨保彝见后极为不悦，从此扃闭深严，殆同永巷。杨保彝子嗣单薄，儿女早亡，以族子杨承训过继为嗣。杨承训（1900—1970），字敬夫，曾任北洋政府教育部秘书厅秘书，在其掌管海源阁期间，时局动荡，垂涎者此起彼伏，最后终于为生计所迫，不得已变卖所藏，继而又遭兵燹，海源阁为土匪盘据。几番风雨，海源阁摇摇欲坠，抗战结束后，劫余所藏尽数由山东省图书馆收购，海源阁之藏书生涯于此画上句号。十余年前，周晶先生曾陪吾专程去海源阁看过该批旧藏，就版本而言，几经劫掠，已无惊人秘笈，然书品极佳，尤其几部殿版书，的确"新若未触手"。当时之管理者唐桂艳女史告吾，库中所用木制书架皆海源阁原物，又出示数枚海源阁藏书印章，及当年黑白照片，其中一张照片正是海源阁书库内情形，照片中的书架果真是眼前之物。

海源阁先后有过五部书目。第一部为杨绍和所撰《海源阁书目》，此目大约编撰于同治二、三年间，然仅记载于《楹书隅录》自序中，原书未见流传。此目编成后，杨绍和于同治八年（1869）复取阁中宋、元诸本，记其行式、印章、评跋，间附数语，厘为五卷，命名《楹书隅录》，此为海源阁第二部书目，次年又撰有《续录》四卷。此目有光绪十九（1893）年杨氏家刻本，刊行后十余年，书版竟然散落于市，被董康购得，检点之后，发觉阙失三分之一，遂补刻近二百版，复为完书。第三部为江标刻《聊城杨氏海源阁藏书目》，光绪十四年（1888）刊于师许室，著录珍籍三百六十余种，仅记书名、版本及卷册，无有解题，后与其所编《丰顺丁氏持静斋书目》《铁琴铜剑楼藏宋元本书目》合称《江刻书目三种》，江刻三种书目皆为手书上版，但仅海源阁书目为江标手书。第四部与第五部书目皆杨保彝撰，分别为《海源阁书目》及《海源阁宋元秘本书目》。

杨保彝撰写两部书目时为宣统元年（1909），其时五十七岁，次年即归道山。《聊城县志》有《杨保彝传》，称其："无子，择族子嗣。病革时，以祖父所遗海源阁宋明板书及古字画金石，禀官立案，永作家祠世守，勿为子孙毁弃，论者谓其保存先人遗泽为无忝所生云。"因恐族人争产，祸及藏书，杨保彝遂引潘氏攀古楼例，于宣统元年九月二十八日开列所藏金石、书画、祭田、房产、粮田等项，一一造册，呈请当地官府归入杨氏祠堂，子孙世守，加以保护。同年十月至次年四月，

杨以增丙舍读书图

该册递由东昌府转呈山东提学使罗正钧，予以备案，同时聊城县亦以此因，出示保护。当时山东巡抚孙宝琦特于宣统二年上奏，称："杨保彝以累世单传，楹书无托，曾呈请地方官保护，永为海源阁世产在案。"杨保彝所开列之书目、金石等名册呈请东昌府及聊城县过目之后，二者分别于名册上钤以官印，随后发还。这部名册中，即包含《海源阁书目》及《海源阁宋元秘本书目》。两部书目不同之处主要在于，《海源阁书目》所载为普通书目，《海源阁宋元秘本书目》所载皆宋元校钞之本。

  王绍曾先生于海源阁研究极深，曾撰写过多篇与海源阁相关文章，吾于海源阁旧事亦多由其文章而知。其于《〈海源阁书目〉整理订补缘起》一文中曾有如下叙述："其附开书目中，除《宋元本书目》（案：即《海源阁宋元秘本书目》）一册外，复有《海源阁书目》六册，钤有'东昌府印'满汉朱文大印。书内夹有签条，计经、史、子、集四部，书三千二百三十六部，二十万八千三百卷有奇。王献唐于1929年11月奉命前往聊城杨氏海源阁清查劫后情况时，曾于杨氏后宅获观是书。匪乱中幸未损失。至《宋元本书目》，当时王献唐曾询问杨氏家人，谓已佚失，或云

带存津门。1931年王献唐始于济南市肆购得清钞底本，可见已非敬夫所存。"又于《〈海源阁宋元秘本书目〉整理订补缘起》中称："夫《海源阁宋元秘本书目》乃凤阿晚年手编底本，呈由聊城县政府转详山东提学使咨部备案者。"可知王献唐、王绍曾两位前辈关于海源阁宋元书之研究，皆源自杨保彝书目底本。

二

二位前辈不得寓目之《海源阁宋元秘本书目》现存寒斋，正是当年呈请官府备案之原本，封面为粉红洒金笺，签条以牙白素绢书就，上钤"东昌府印"及"聊城县印"满汉朱文大印，内文以双边红格稿纸抄就，版心刻有"海源阁金石书书目"。首页首行为"海源阁书目卷首"，次行为"宋存书室藏宋元秘本目录"，之后为正文，先分四部，各为一卷，再于四部内分宋、元、明、校、钞。

齐鲁书社1999年曾出版《山东省图书馆馆藏海源阁书目》，书前所附彩图其中一页，恰是杨保彝所撰《海源阁书目》，一函六册，与寒斋所藏制式、钤印全然一致，然其为总目，版心所刻为"海源阁书目"。关于《宋元本书目》之杨保彝手编底本，曾经王献唐先生整理后，于民国二十年（1931）由山东省国立图书馆铅印出版，此目著录珍籍四百六十九种。然吾藏之本，却著录为四百六十四部，卷末二页有计数及说明："凡经部八十五种，史部八十六种，子部一百丹八种，集部一百九十五种。右书四百六十四部，聊城杨氏宋存书室藏书也。计宋本一百丹七，元本八十四，明本三十二，校本一百四十一，钞本一百，都一万一千三百三十八卷。按兹编著录，宋金元各本皆官私精椠，首尾完具，善本也。明椠唐五代宋元各

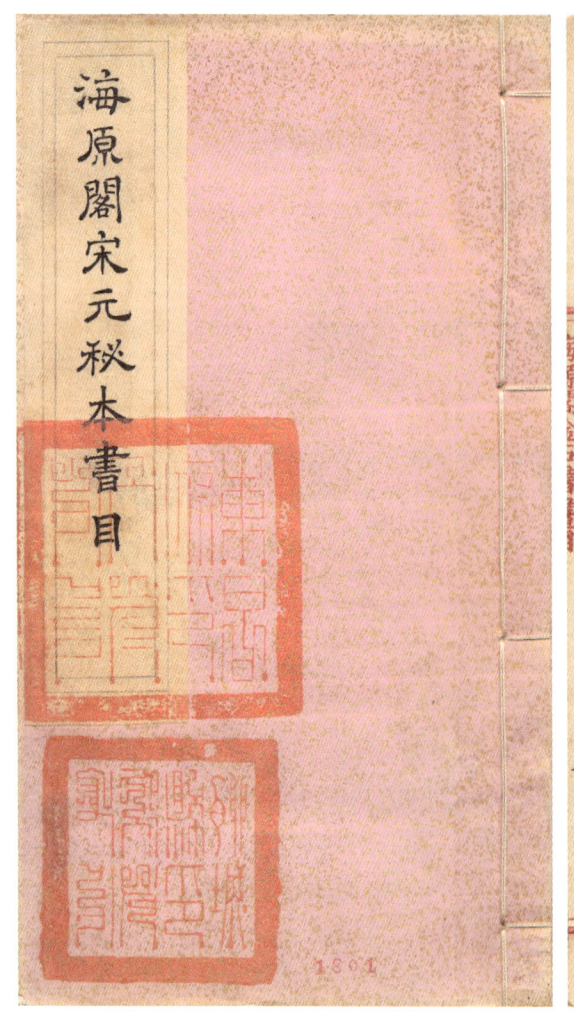

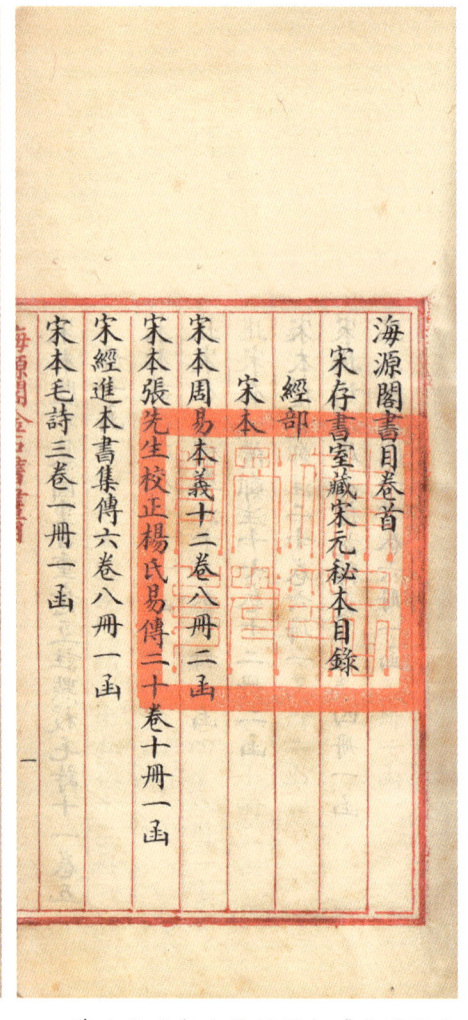

清宣统元年海源阁写本《海源阁宋元秘本书目》封面

清宣统元年海源阁写本《海源阁宋元秘本书目》卷首

家专集，则皆当时初刻初印，校钞各本均系元明以来洎国初各家所藏，或校勘详审，或影写精良，编次不同卷目各异，所谓海内孤行之本也。"两部书目所载数量相差五部，未知何故。

与《海源阁宋元秘本书目》一同收得者，尚有《海源阁金石书画器用总目》五册，不分卷，封面亦粉红洒金笺，蓝色云绢书签，亦钤"东昌府印""聊城县印"满汉朱文大印，卷内书纸一致，版心刻有"海源阁金石书书目"，卷首第一行为"海源阁金石书画器用总目"，第一项为瓷器类，继而书籍类、碑帖类、书画类、吉金类、文石类。值得注意者，此目第二册卷首为书籍类，前有杨保彝附记："经史子集四部各书皆海源阁藏（另有专目）。经部子目十一类，共书五百零四种。史部子目十五类，共书七百三十二种。子部子目十四类，共书六百八十种。集部子目五类，共书一千三百零一种。以上四部共藏书三千二百十六种，计二十万八千卷有奇，皆精雕初印善本。其板刻不佳，印字模糊者不录。内有副本重目者，居半均未列入。外未入四部杂书、版印不精者二百余种别存。又咸丰辛酉，藏诸陶南山馆者，秘书百余种，被兵燹失去。光绪庚子存诸京师者，书约百余种，被兵失去。"下署"瓶安"。

此段附记他处未曾见到，或可补史料之阙。瓶庵所云"另有专目"，当即指现存山东省馆之《海

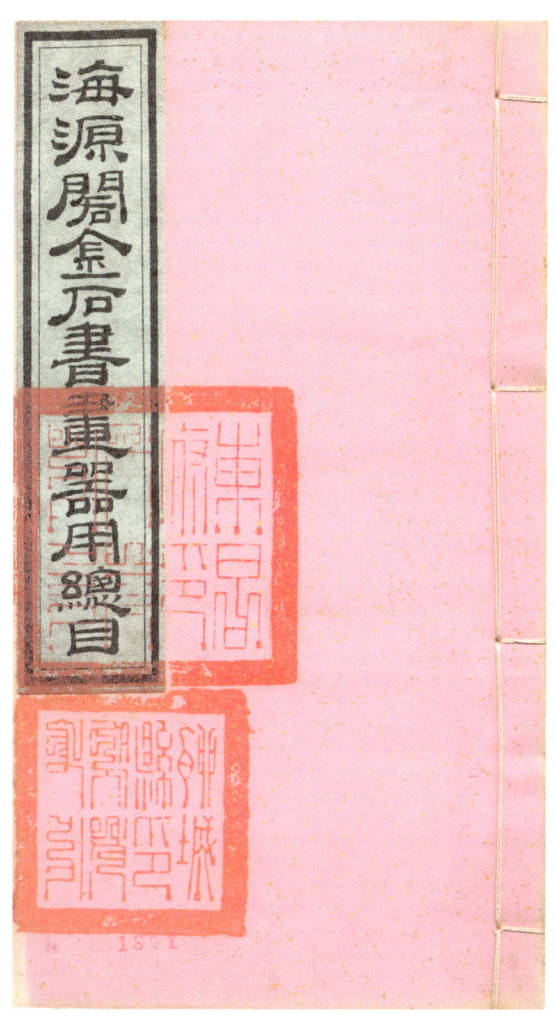

清宣统元年海源阁写本《海源阁金石书画器用总目》封面

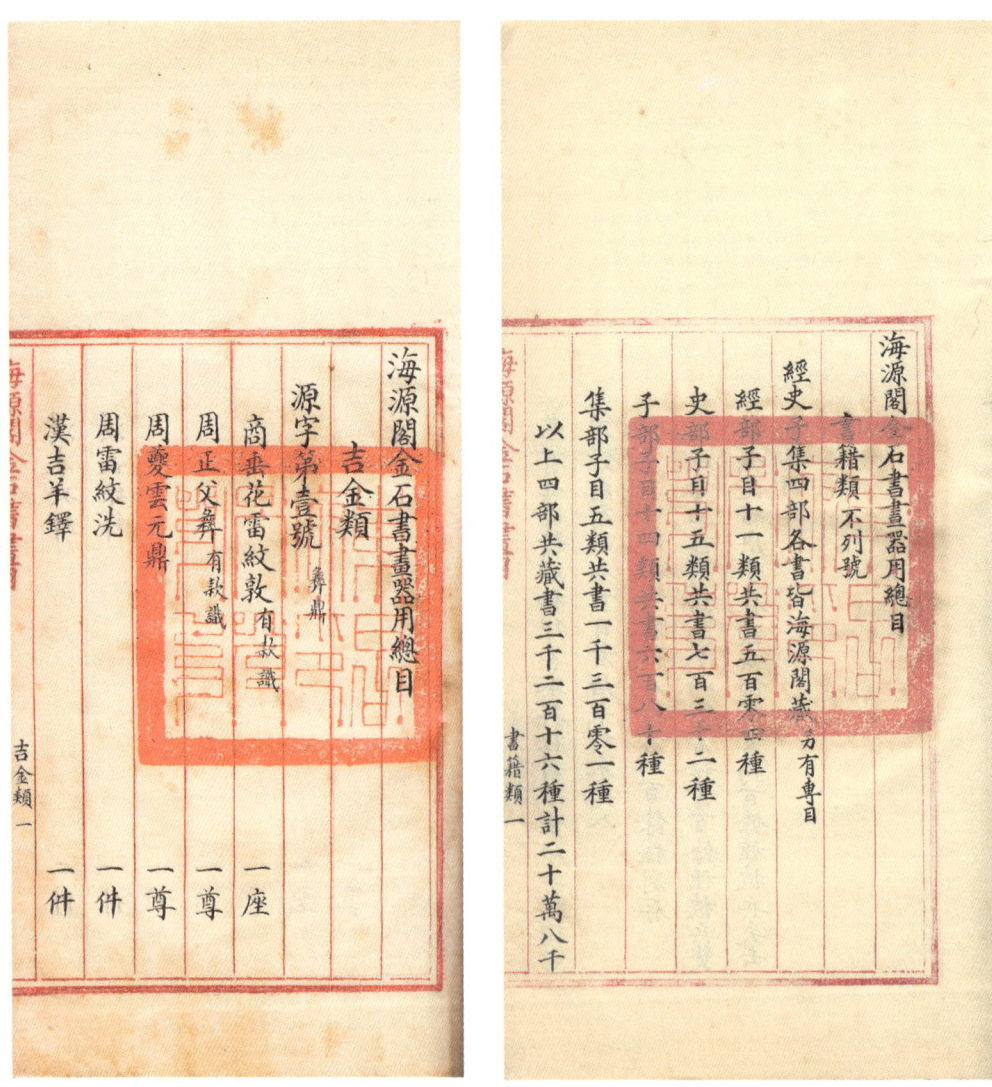

清宣统元年海源阁写本《海源阁金石书画器用总目》目录

源阁书目》。细阅《金石书画器用总目》，令人感慨当年海源阁藏弄之富，各类上古彝鼎二十二尊，汉代铜器二十余，铜镜六十六面，碑帖中宋拓十余匣，他如铜像、古泉、古砚、瓷器、书画等，目不暇接，书画中第一件为王维《江山雪霁图》，次为李龙眠《天女散花图》及管夫人为赵松雪写经，但睹此目，已惊为天人，以吾智愚，无法想象当年阁中珍宝，何等璀璨。今日之海源阁为1992年原址重建，上下两层，然与老照片对照，已非昔日模样。十余年来，吾曾数度前往海源阁心祭前贤，重建之海源阁现已作展厅使用，然而所展示者，多与藏书相关，不曾见到有关于彝鼎、金石、碑帖等介绍，看来关于海源阁藏庋，尚有极丰富之内容可供研究。

念及此，又有小遗憾，当年杨保彝造册呈请地方保护时，尚有祭田、房产、

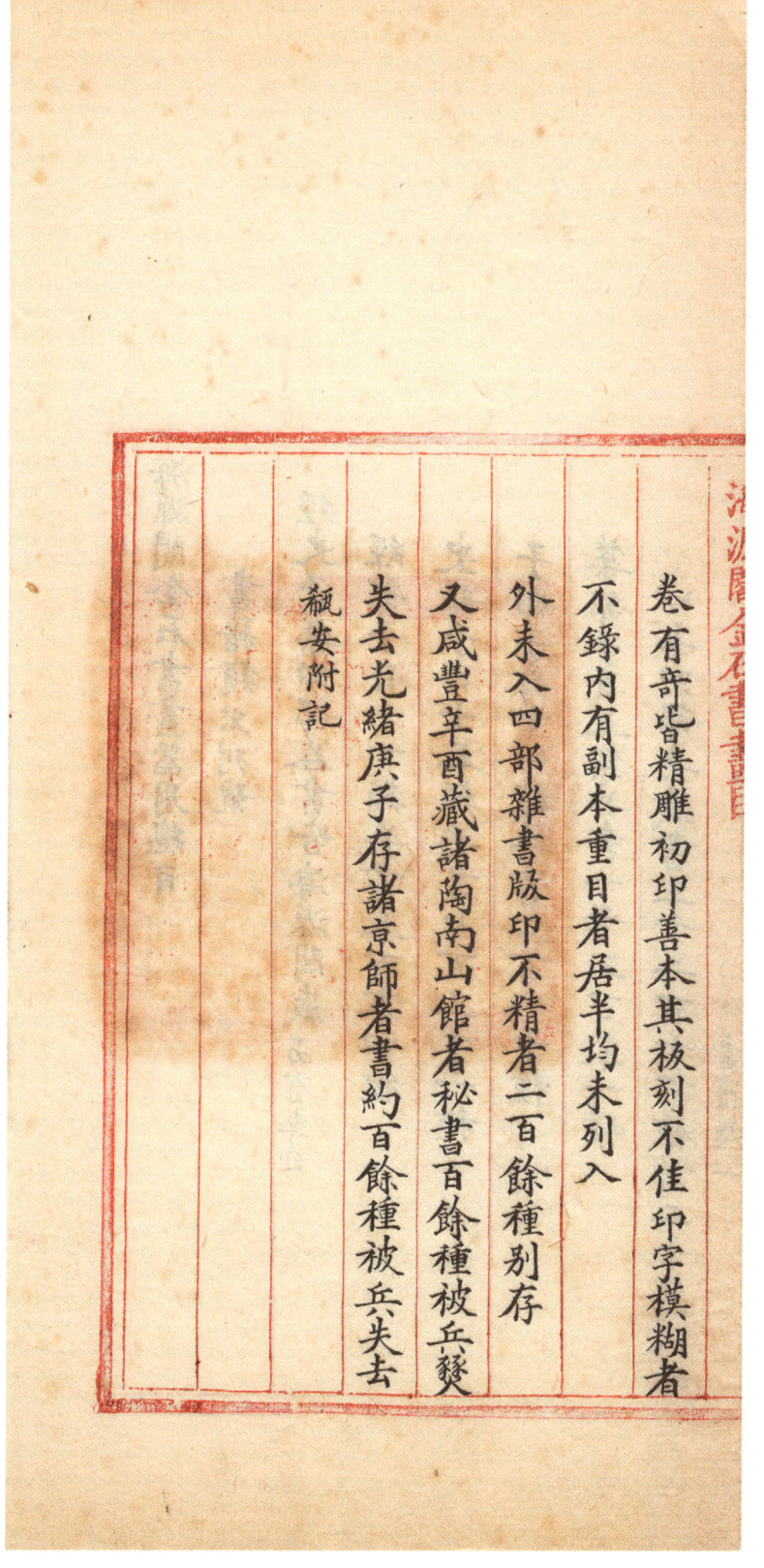

卷有奇皆精雕初印善本其板刻不佳印字模糊者

不錄内有副本重目者居半均未列入

外未入四部雜書版印不精者二百餘種別存

又咸豐辛酉藏諸陶南山館者秘書百餘種被兵燹

失去光緒庚子存諸京師者書約百餘種被兵焚去

穎安附記

粮田等项，这一部分名册未知是否尚在人间，流落何方，倘有一日再现人间，与山东省馆、芷兰斋所藏合并视之，则可详见海源阁当年之盛况。囊昔陈澄中藏世彩堂本《柳河东集》，潘宗周藏世彩堂本《昌黎先生集》，因世人向以"韩柳"二家并称，陈澄中商之潘宗周，欲将二书并为一处，各做价大洋两万元，或以《柳河东集》归潘宗周，或以《昌黎先生集》归陈澄中，潘宗周沉吟良久，感其嗜书情深，遂以《昌黎先生集》归陈澄中，成就韩柳合璧之书坛逸事。海源阁书目今分藏两处，一如当年韩、柳归为二家，然今日之环境与当年已大不相同，山东图书馆为公馆，一入公馆深似海，绝无可能将所藏作价与我，若想两书合璧，只有寒斋所藏归彼公馆之份。昔年汪士钟欲购黄丕烈所藏宋版，黄不肯出让，要留作娱老之资，吾藏之本，或当亦为娱老之资罢。然而兹事亦有可替代之法，若将二书影印一同出版，亦可称合璧，或可佳惠士林矣。

三

杨保彝附记中曾提及辛酉、庚子两次兵燹，实际上海源阁遭劫不止两次。第一次为咸丰十一年（1861），该年捻军事起，杨绍和《楹书隅录》跋宋本《毛诗》中有记："辛酉皖寇扰及齐鲁之交，烽火亘千里，所过之区，悉成焦土。二月初犯肥城西境，扰予华跗庄陶南山馆者一昼夜，自分珍藏图籍必已尽付劫灰，及寇退收拾烬余，幸尚十存五六，而宋元旧椠所焚独多，且经部尤甚。"第二次为光绪二十九年（1900），即所称庚子者。第三次为民国十八年（1929），土匪王金发攻陷聊城，将司令部设于杨宅，其随行之书记官、参谋等均系前清生员，颇知古籍之珍贵，纷纷劫掠而去，所有砚石，无一幸免，或以宋版书为引火之具，或以书页包物煮饭，或任意而售，购者随意予价，种种行为，令人发指，但因藏书量极大，尽管如此，损书仍然不及百分之一。及至第四次遭劫为民国十九年（1930），军阀王冠军进驻聊城，再次掠劫海源阁，特意请一深谙书籍古玩者助其抢掠，将古籍善本、碑帖字画等择优捆载而北，运至河北保定。不久王冠军染疾身故，其如夫人陆续将存书发售，消息散出后，北平书贾闻风而至，其中又以文友堂、文禄堂、藻玉堂所得最多，从此海源阁缃缥四散，再难聚守。

海源阁藏书四散，除却几番遭劫原因，杨氏后人亦曾陆续售书。民国十六年（1927），杨承训将二十六部宋本运至天津出售，消息传出，外界顿沸腾，海内藏书家咸奔走相告。当时身在上海的张元济当即与傅增湘、叶公绰等商议成立保书

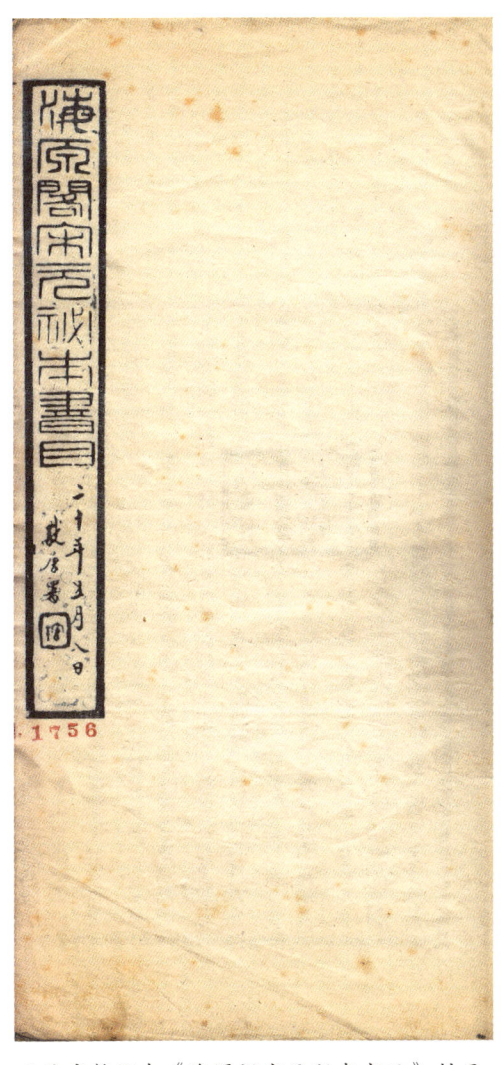

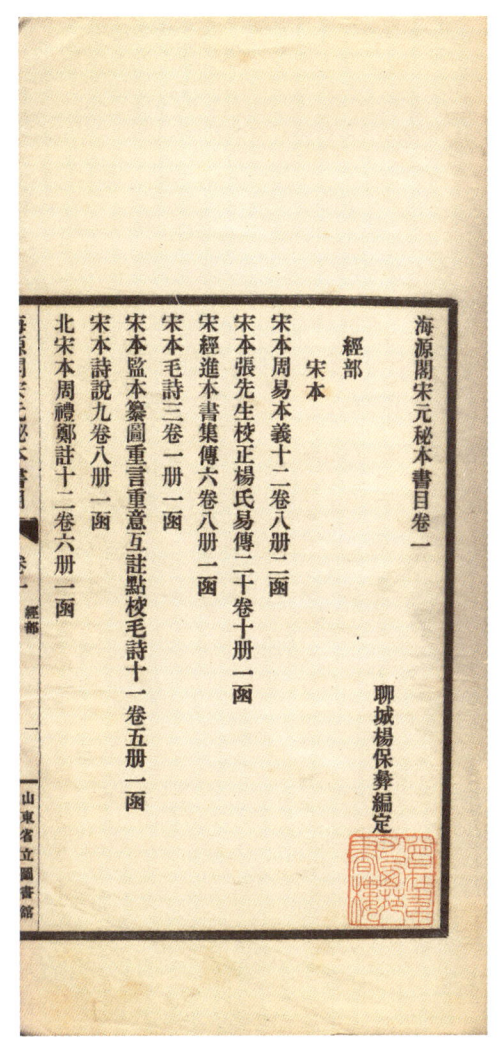

王献唐整理本《海源阁宋元秘本书目》封面　　　王献唐整理本《海源阁宋元秘本书目》卷首

会，意欲集资购买，每人出资五千，以保存国故。张元济还专为保书会拟定章程，详列成立保书会之"四美具"：一则通力合作，势力较厚；二则免致竞争，滥出高价；三则即出高价，利不外溢；四则书属同好，易于通假。张元济还为保书会未来考虑，认为必须适用营业性质，方可持久。可惜事与愿违，众人意见不一，保书会最终未能成立，此批宋本陆续分散售出。民国十九年王冠军退出杨宅后，杨承训恐再有类似事件发生，整理劫余，装成五十余箱运至济南保存，该批书后来为山东图书馆接收。民国二十年（1931），因投资矿业亟需资金，杨承训又将九十二种宋元珍本以八万大洋押入天津盐业银行，同时零星出售其他善本，一时间，书贾出入杨宅，络绎不绝。

因经营失败，杨承训抵押于银行之九十二部珍本到期后无力赎回，最后又被一位名叫潘复者，商诸同人成立"存海学社"，集资购下。潘复（1883—1936）字馨航，山东济宁人，曾任职交通部总长，亦喜藏书，有室名华鉴阁，盛昱书散出时，曾收得其部分旧藏，还曾为同邑刻过文集。海源阁二十六部宋本运至天津出售时，出于乡梓之情，潘复不欲藏书外流，遂致电山东省长林宪祖，阻止海源阁藏书继续出售，并建议由山东省筹款收购，但林宪祖并未纳其言，兹事不了了之。当时张元济等人为之不解，曾出"杨氏开门揖盗"语。四年后海源阁九十二部珍本无力赎回，潘复与常朗斋、王绍贤等人成立存海学社，集资八万元，一举购下全部九十二部珍籍，仍旧存于天津盐业银行。当时有传言称潘复购书意欲售给日本人，令其蒙冤多年，直至民国三十五年（1946），由北平图书馆出面收购，九十二部珍籍完好无损，潘复欲讨好日本人之传言始得沉冤得雪。而"存海学社"之命名，更意在保存海源阁也。当年张元济、叶恭绰等人欲成立保书会，每人出资五千元尚不可得，潘复等人悄无声息即筹来八万元，两相比较，潘复等人行事之果断，令人叹服。

海源阁善本去向一直都有着诸家著录，欲知递藏，翻检各家书目即可得知，其普通古籍去向及经历却鲜有记载，晚生有幸，曾经亲闻当事人讲述一段掌故，不妨与书友们分享。海源阁藏书难以继守消息散出后，京津书贾闻风而至，其中有部分属于普通古籍者，被琉璃厂数家书商联合购下，然而即便是普通古籍，亦因数量巨大而价格不菲。为盘下这批书，五家书贾皆从银行借下高利贷，欲转手售予北平图书馆。当时主理北平图书馆者为赵万里先生，赵万里提前知晓此事后，打听到五家书贾联合购书之底价，待到书贾上门与之谐价时，给出的价钱居然仅为购进价格之半数。谐价不成乃书界常事，五家书贾自然不肯就范，遂另寻买主，几经转折，这批书终于脱手，大部分售给南京陈群，入藏泽存书库。然而书虽脱手，钱却没有赚到，因为书贾们所借为高利贷，兹事一拖数年，利息早已超过本金，又赶上法币飞速贬值，五家书商全部因此破产。

四

向吾讲述此段往事者乃魏广洲老先生，魏老一生行走于琉璃厂，经手善本无数，亦为当年五家书商之一，事隔多年，每每与吾道及此事，仍恨恨不平。今日重睹《海源阁书目》，不由又想起魏老先生。认识魏老大概是在十余年前，吾与其他四位书友共同于北京鲁迅博物馆参加首届藏书展，然多数时间吾并不在现场，某日鲁博朋友来电，称有一位老先生特地来看吾所展出之古籍，希望与书主人交流。吾赶至鲁博，所见者乃一瘦高之耄耋长者，说话膛音宏亮，底气十足。其自称魏广洲，曾于琉璃厂开旧书店，而吾当时却孤陋寡闻，遂不敢说久仰。老先生问吾所展之书版本依据，张口便知为行家，当日相谈甚欢，临别时互留电话，嗣后吾便常往聆教。

某日又至魏老家中看书，老先生出示一部钞本，一函十六册，称此本从未见著录，欲赠送于吾。吾知此本难得，怎能无端收受如此厚礼，遂婉言相拒。其实并非自己假客气，而是当时在吾看来，老先生赠书另有原因。彼时老先生年岁已高，又不慎将腿摔断，瘫于床榻数年，日日枯坐，极为寂寞，每隔一段时间便致电于吾，邀吾前往看书，每次出示十余种，不会过多，亦不会过少，日久吾渐明白其心，老先生深觉寂寞，希望能找人闲话以消永日。吾明此心，遂每逢相召，即往聆教。海源阁书事听老先生讲过数回，每回讲起破产遭遇，以及之后多年以还债度日，皆痛不欲生，尤其提到赵万里先生，必定怒不可遏。

当时魏老先生所居为一间四合院，院中约有二十余间房，杂居着好几户人家，魏老称此院落曾经全是自己房产，1949年后逐渐被他人占用，当年各间屋子均堆满

海源阁今貌

线装书，许多皆为海源阁旧藏，此番出示之本，亦海源阁旧藏。老先生称赠书予吾，皆因吾爱书真切，归吾芷兰斋，于书而言，亦算归得其所。当时吾感觉老先生不过是因为寂寞，希望吾多些前往探望而已，不必以此来做交换，故坚拒之。先生见吾真意推辞，遂改变主意，称："那我卖给你"。如此当然甚好，能够得到未经著录之海源阁旧藏，且又不欠老先生人情，自然求之不得。为求自己心理平衡，吾马上询价，不料老先生答："一块。"此显然为台阶耳，老先生明白吾无功不受禄之心，让吾下台而已。一部十六册之完整海源阁钞本，就当时而言，价值最少亦得三十万元，一块钱再加十万倍，亦使不得。吾仍然拒绝，请其再开价。没想到因此惹怒老先生，把脸一沉，说："你不愿意要，那就算了。"

老先生说完此话之后，再未提及此书，吾虽极欲得，亦只能慢慢谋之，内心希望老先生过段时间怒气渐消，再与之说合。按以往规律，魏老一个月内至少会来三次电话，然而此番之后一个多月，魏老始再来电，依旧邀吾前往看东西。这次时间拖得如此之长，想必其是真正恼怒于吾，但吾亦不知该如何将此事回缓，既得其相邀，想必怒气已略消减，吾心稍作释然，立即前往琉璃厂魏宅。魏老仍然侧卧于榻，未等吾开口，即取出一卷纸递来，展开一看，竟然是国家图书馆之捐赠证书，上面所写书名赫然即月前欲赠吾之海源阁钞本。此举让吾大为惊异，问老先生何以如此？魏老口气生硬："给你你不要！我知道你看不上，但国家图书馆总算还看得上。"闻此言吾心大悔，恨不能立即头撞南墙，真可谓情何以堪，未想到老先生性情如此刚烈！来到魏宅前，曾准备好一堆话，欲解释自己种种小心思，以求原谅，而此情此景，吾顿时明白，再言任何皆是多余，海源阁旧藏钞本，于吾是无缘再得矣！

附：杨保彝写定本与王献唐整理本具体区别

一、经部

1. 明本《春秋属词》十五卷及明高丽仿宋本《玉篇》二卷，这两部书于王献唐本中混入经部元本内，杨保彝写定本中单独列入经部明本类，精钞本《钟鼎款识》二卷，不见于杨保彝写定本。

二、史部

1. 元本《史记》一百三十卷三十二册四函见于王献唐本，不见于杨保彝写定本；元本《南史》八十卷、元本《北史》一百卷仅见于杨保彝写定本。

2. 明本《鄂国金陀粹编》二十八卷、明本《伊洛渊源录》十四卷、明本《长安志》二十卷、明覆宋本《啸堂集古录》二卷于王献唐本中皆附于元本之后，杨保彝写定本中单独列入史部明本类。

3. 校本部分，王献唐本中《何义门校宋本国语》一书于杨保彝写定本仅著录为《校宋本国语》，不见"何义门"三字。

三、子部

1. 明钞本《鹖子》、明钞本《山海经》、明本《异林》三书，于王献唐本中附于元本之后，杨保彝写定本中单独列入明本。

四、集部

1. 宋本《放翁诗选前集》十卷见于王献唐本，不见于杨保彝写定本。

2. 旧钞本《青阳集》六卷仅见于王献唐本，不见于杨保彝写定本。

以上为逐本清点结果，然均不能与王献唐本、杨保彝写定本所列总数相吻合，只好将点数结果罗列如上，供读者参考。

海源阁藏书印"古东郡海源阁杨氏珍藏""海源阁藏书"

玉海堂写本《玉海堂书目》不分卷

《玉海堂书目》不分卷　（清）刘世珩撰

玉海堂写本　玉海堂绿格抄书纸　一函两册

刘世珩玉海堂内有副对联"古今双玉海，大小两忽雷"，这副对联可谓道尽刘世珩最得意之所在。先说忽雷，此为流行于唐代之乐器，状如琵琶，古代又称"胡琴"。唐朝大书画家韩滉于四川发现奇树一株，木质坚硬，叩有金石之声，遂请名匠制成两张胡琴，名曰大忽雷、小忽雷，将之献予唐德宗。甘露之变后，大小忽雷流落民间，入清后，小忽雷于康熙年间为孔尚任所得，有感此琴曾经历之种种，创作出传奇《小忽雷》，并于琴上题诗一首。宣统年间，藏书家刘世珩校刊《暖红室汇刻传奇》，其中有孔尚任《小忽雷》，兹事被小忽雷之收藏者闻知，遂将此琴慨然相赠，刘世珩特意以此名斋，曰"小忽雷阁"，并邀友人至阁中听奏此琴。未久，刘世珩过大兴访琴师张瑞山，纵谈古乐，张瑞山称三十年前曾购一

刘世珩

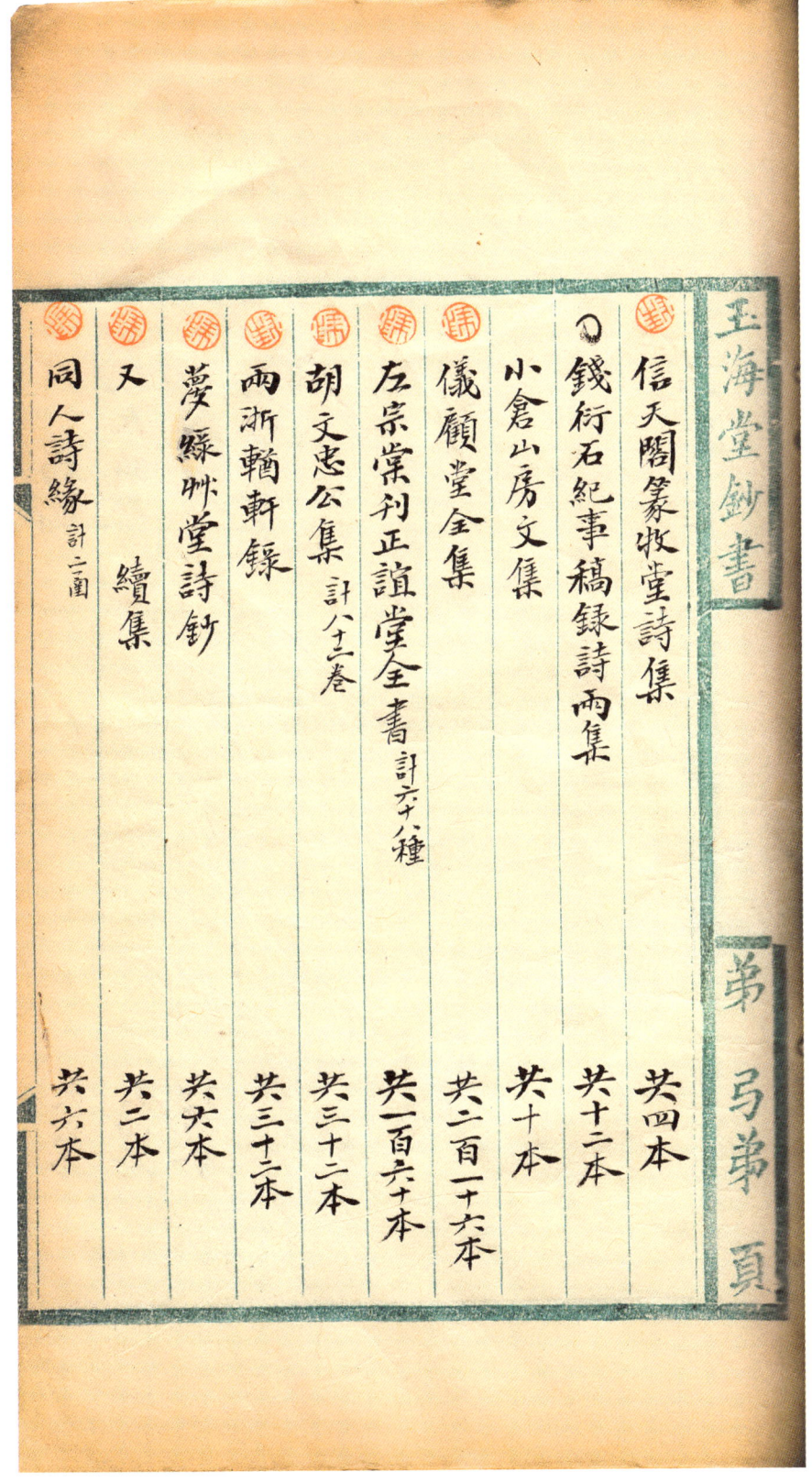

玉海堂鈔書

第□弟 頁

信天閣篆收堂詩集　共四本

錢衍石紀事稿錄詩兩集　共十二本

小倉山房文集　共十本

儀顧堂全集　共二百一十六本

左宗棠刊正誼堂全書 計六十八種　共一百六十本

胡文忠公集 計八十二卷　共三十二本

兩浙輶軒錄　共三十二本

夢綠邨堂詩鈔　共六本

又　續集　共二本

同人詩緣 計二圖　共六本

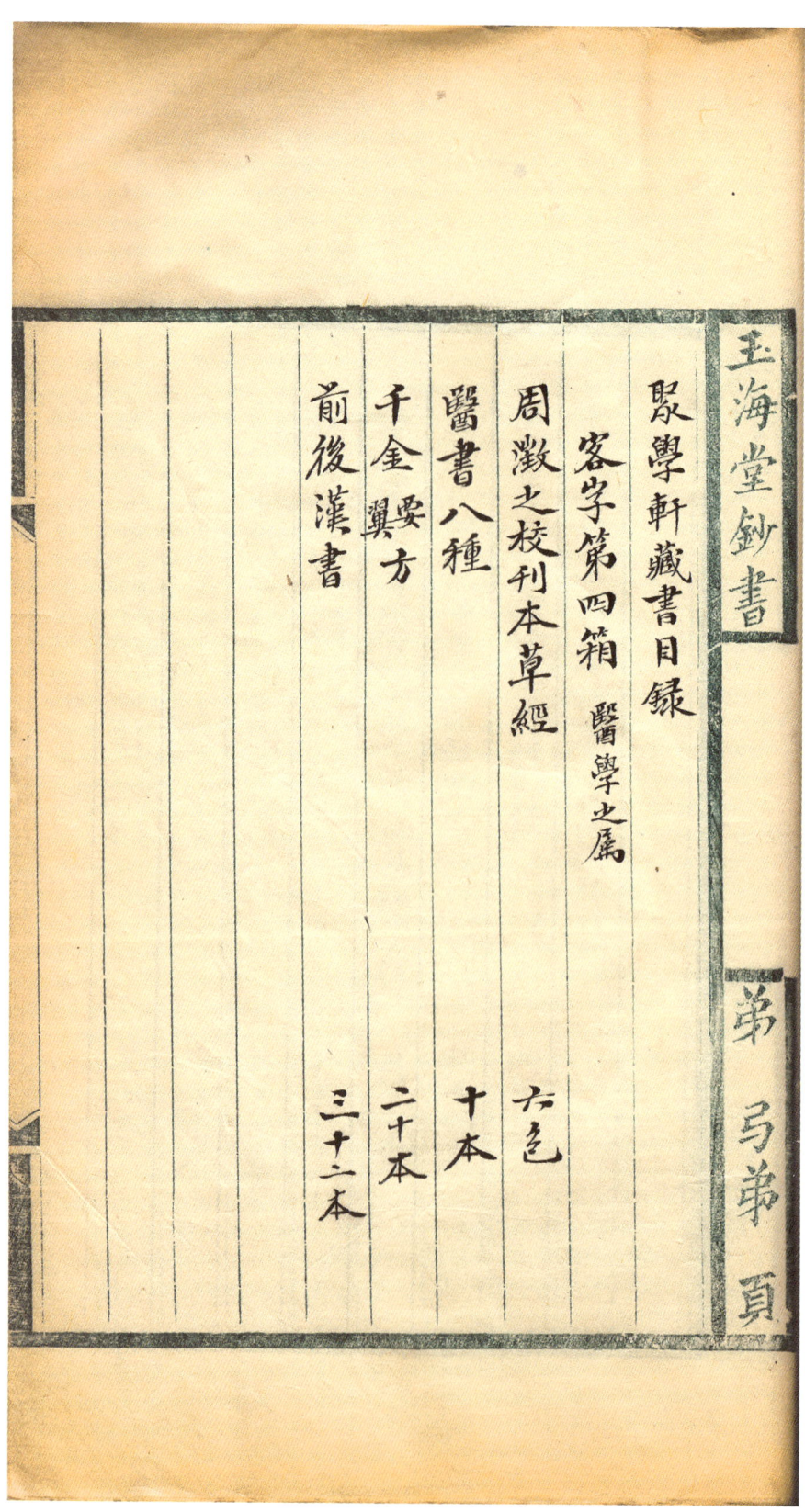

聚學軒藏書目録

容字第四箱　醫學之屬

周澂之校刊本草經　　六色

醫書八種　　十本

千金翼方　　二十本

前後漢書　　三十二本

玉海堂鈔書

第　马弟　頁

玉海堂写本《玉海堂书目》内页二

古乐，名大忽雷，其状与小忽雷极似，后因小忽雷已归刘世珩，遂亦将此琴慨然相赠，以成合璧，刘世珩复将斋名更为"双忽雷阁"，并录诸家题记诗词，为《双忽雷本事》，流传后世。

再说《玉海》。该书为南宋王应麟所著，全书二百卷，分天文、地理、律历、艺文等二十一门，门下又各分子目，乃一部规模极大之类书，其最早刻本为元至元六年（1340）庆元路儒学刻本，前后历时四年始竣工。该书版片于明初归南京国子监，正德元年清点时，缺五十余版，正德二年清点时缺二百余版，至万历年间，元版十不存一，因该书贯穿奥博，远胜唐宋诸大类书，深得历代学子喜爱，故一直有所续修。至清乾隆中期，有官员以明万历本重刊，然明万历本中所缺页者，清乾隆重刊本中亦为缺页，故元刊元印之《玉海》极为珍贵。刘世珩有此珍籍，自然视为镇库之宝，并以之颜斋，名曰"玉海堂"。

今时各处所见关于刘世珩藏书之介绍文章，多称其藏有两部元刊《玉海》，并强调"元刊元印，各两百册"，但均未注明出处，吾颇疑此为人云亦云，或是从"双玉海"中字面理解而来，因为有些文章甚至称刘世珩因藏有宋刊《玉海》，而颜其斋为玉海堂者，殊不知该书最早刻本也只是元代。除却刘世珩所撰对联，郑振铎《求书日录》亦有关于该书之记载："《玉海》二百册，确是元刻元印本。与后来所谓'三朝本'、补刻极多字迹模糊不清者截然不同。"当时该书与其他玉海堂旧藏皆在书商孙伯渊手中，郑振铎与之几经议价，由最初二万五千金议至一万七千金始谐。然而依郑振铎所记，其当时所见元刊《玉海》似乎仅一部，并非两部，当然亦有另一部在他处之可能。

是日推却俗务，宅于家中闲翻旧卷，《玉海堂书目》两册，早年得自中国书店，因为残本，卷首已失，故索值极廉，仅三百元而已。书目以绿格稿纸书就，书纸内侧上刻"玉海堂钞书"，下刻"弟口卷弟口页"，其著录方式极为简单，每行上记书名，下记本数，既无解题，亦无版本，天头处多钤有"对"或"护"字圆押。上册以号记数，四部分类，因首页已失，故第一页即为经部第三号，直到一百零八号，又因尾页亦失，故无法得知其后是否尚有书目。每号中偶有记函数若干，又有好几个号皆为十八函。吾曾寓目数位前辈藏书家之书橱，自己亦曾多次制作大小书橱，若以正常大小之线装书计，一个小橱置书十八函，为比较适合之数字，是故吾想，上册书目中之号数极有可能即书橱之号数。下册四部混杂，不见号数，时见"此系楼上左手下箱""楼上书案桌""多宝架藏""后房书案"及"签押房书桌"等标注，可见下册书目乃依存书之处而记，且其签押房内不止有一个书桌。因著录太过简单，不仅无版本，连卷数亦只是偶尔记载，而重点在于每部有多少本，又见其钤有"对"字押，或于某书下以墨笔记一"有"字，故该书目极有可能只为用于清点某物存某处，并非玉海堂正式书目，或是欲撰书目之前，先以此本登录各书，日后再作分类。刘世珩藏书极富，有十数万卷之多，外间却一直未有书目流传，因此即便此书目为清点帐簿，亦极珍贵，为研究刘世珩藏书提供一份重要依据。

两册书目中，上册较厚，下册较薄，上册第一页著录之第三号第一部为《钦定诗经传说汇纂》，前面两号已佚。现存第一页书之右侧写一"三"字，而此页所列五种书均为钦定和御纂之书，均为内府刻本，由是推知所缺前两页应该同样是皇家著作或刻本，这种将御纂之书编在书前的作法，为清代书目之惯常体例。此册最后一页为第一百零八号，所载为新学类，号数前集部之"集"字被小纸片贴去，大约觉得新学类难以归入集部。第二次鸦片战争之后，由于西学东渐，各种与物理、天文、生物以及政治、法律、军事等相关书籍陆续出版，国人对于此类书籍最早称为"西学"，继而称为"东西学"，其后又称为"新学"，大众对于新学之态度亦有迎有拒。晚清民国之藏书家中，将新学类纳入收藏范围内者并不多，大多数藏书家仍然以宋元为第一，视黄跋为上品。彼时将新学类纳入收藏范围者尚有严雁峰，其年长刘世珩二十岁，收集宋元同时亦藏有大量新学类书籍，其书目中经、史、子、集、丛、杂之后，特立"新书"一项，收藏《西政丛书》《水雷秘要》《大英国志》等书。此册《玉海堂书目》自第一百零六号至最后一页一百零八号皆为新学书，因该书首尾俱失，故未知第一百零八号之后是否还有书目，此数页中所载图籍，内容涉及各种章程条约、物理化学、商务、军事等，此类图书之收集与分类，以及纳入书目之排序，皆与严雁峰相同，然刘世珩却并没有像严雁峰一样，将这些图籍确定为"新学"，而是在"部"字前留下一个空白。

刘世珩藏有大量新学类图籍并不令人意外。光绪末年，张之洞在南京设立编译官书总局，两江总督刘坤一举荐刘世珩负责江南商务局，兼管南洋保商事宜，与状元张謇一起主持局务。编译官书总书后来更名为江楚编译官书总局，以刘世珩为总办，缪荃孙为总纂，柳诒徵等分纂，参与翻译者有罗振玉、王国维、刘大猷等。刘世珩在主持江楚编译官书总局期间，兼管江南书局，同时收并另一间官书局——扬州淮南总书。此后，刘世珩又相继兼理南洋官报局、两江学务处、裕宁官银局、江宁马路工程局、两江师范学堂等，并成功主持清末币制改革，兼任天津造币厂监督，凡此种种，刘世珩身为藏书家同时，更是推动社会进步之要员，是故其藏有大量新学类书籍，则为必然矣。

张之洞

上册中从第九十九号至第一百零五号皆为《图书集成》。《古今图书集成》为清代陈梦雷所辑之大型类书，雍正六年（1728）由武英殿以铜活字刷印六十四部，另有样书一部，正文分装五千册，目录二十册，书中图像以铜镂版印制，分别以开化纸及太史连纸各刷印若干，两种皆极富精美。是书后来曾有过多次重印，光绪十年（1884），英国人美查兄弟出资成立图书集成印局，以三号扁体铅字重印该书，以四年时间完工，共印一千五百部，每部一千六百二十八册，俗称此本为"扁字本"，然此本讹误颇多，故不甚为人看重。光绪十六年（1890），上海同文书局依武英殿铜活字本以石印方式翻印一百部，于内容方面增加《考证》二十四卷，此次印本俗称为"同文本"或"光绪本"，因其校勘精审，印制精良，且流传稀少，为后世极为看重。

十余年前，吾于琉璃厂中国书店三门偶遇清华大学图书馆刘蔷女史，问其近况，其称正忙于筹备清华大学校庆，为此整理出一批珍籍作为校庆展览之用，其中有《古今图书集成》零本，上面还有历经水、火之痕迹，尤其特殊者，这些零本字迹皆有描润痕迹，其很奇怪：是何人下此工夫将该书描润一过？吾隐约记起曾于某书上读过一则掌故：光绪年间，有外国使者将一部《大英百科全书》赠于光绪，光绪皇帝因思回赠，决定将《古今图书集成》作为"中国之大百科全书"予以回赠，同时作为外交手段，将之分赠于各国使馆。然而该书当年铜活字本刷印不多，时隔百余年，所存更稀，遂于民间购得该书开化纸铜活字本一部，交付上海同文书局影印出版。

然时隔日久，此段掌故细节已记忆不详，回家再检诸书，查得原委，同文书局接此御差后，因原本字迹深浅不一，不甚清晰，遂将底本描润一过，再经照相，石印成书。此项描润工程极大，不仅规避自雍正以后六位皇帝名讳，还将这部五千余册、一亿六千万字的大型类书全部以墨笔描黑修饰，俨然将该书变成一部巨型钞本，正因为其描润之工，这部底本后来被称为"光绪描润本"。同文书局以"光绪描润本"为底本，将该书一共影印一百部，因内府催办很急，故同文书局将先行装订好之五十部先行发送进京，分发内廷、各衙署及外国使馆，另五十部存于上海，未料意外毁于六丁，故"同文本"名曰石印一百部，实存仅五十部。数日后吾与友人路过清华大学，入校面见女史，其极兴奋，见面第一句话即告知，已查得该书出处，与吾当日所言类似，并称该书已列入校庆重点献礼之一，欲请天津图书馆将其彻底整修出来。未久又于女史文章中读到关于该书之记载，增以更多考证与研究，该书之原委得以昭然。

从各种书目中得知，海外许多图书馆皆著录有大清雍正本《古今图书集成》，而该书在国内八百家公馆中，仅六家图书馆有著录，其中国家图书馆、中科院、甘肃省图及徐州市馆为全套，余外两家，故宫博物院及辽宁省图为残本。令人奇怪该书在海外反而有如此大存量，后来始知海外图书馆未将版本著录清楚，其真实所藏实为同文本，并非铜活字本。今睹《玉海堂书目》，知刘世珩亦藏有该书一部，可惜也未注明版本，未知是铜活字本，还是影印之本。然而无论是何版本，于今而言皆属难得。寒斋收藏是书，铜活字零本约有百余册，同文书局石印本反而仅得一函十册，二十余年之拍场，同文书局石印本，亦仅出现过一函。

该书目下册较上册略薄，亦首尾俱失，现存第一页著录第一部书为《萝藦亭札记》，此清人笔记也，第二部为《孔子家语》，继而《田间易学》《田间诗学》，可见其未按四部分类。此册著录亦极简，仅书名及本数，与上册略有不同者，乃有极少部分图籍于书名前略注版本，而所注者又似乎为随笔所记，并非刻意为之。是书第二页第八行著录为《宜都杨惺吾辑隋书地理志考证》，下记"共六本"，第九行为《宋本谷梁传》，下注"共两本"，第十行为《宋板战国策》，下注"共二十本"。杨守敬与刘世珩几乎为同时代人，《隋书地理志考证》初刻于光绪二十二年（1896），之后又有复刻，将时人新刻之书与古本并列，可见撰此目录者的确不在意版本。该册已注明版本中，标注"宋本"者尚有：《宋板北史》《宋本陶集》《宋板东莱先生校正南史详节录》《宋本孔子家语》《宋板东莱校正晋（隋）书》《宋板梅花喜神谱》《宋刊巾箱本周礼》《宋板朱文公校昌黎先生集》《宋板两汉诏令》《宋板班马字类》等。然而这些标注"宋本"者为宋刻宋印之物，还是后世翻刻本，吾无由知之，因为这几部书既有古本存世，亦有明清翻刻本，而翻刻者往往亦以宋本称呼。其书目中还著录有数种碑帖，如《宋拓化度寺碑》《宋拓温虞公

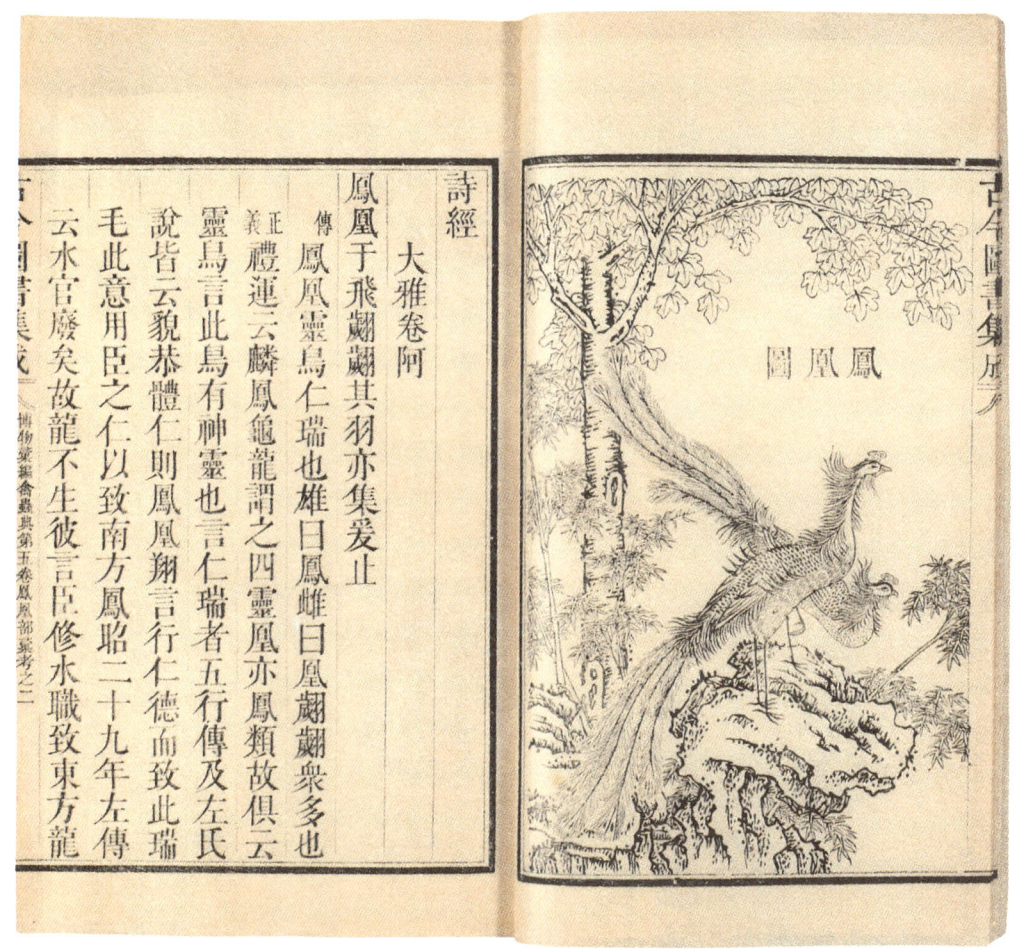

诗經

大雅卷阿

鳳凰于飛翽翽其羽亦集爰止

傳鳳凰靈鳥仁瑞也雄曰鳳雌曰凰翽翽眾多也

正義禮運云麟鳳龜龍謂之四靈鳳亦鳳類故俱云

靈鳥言此鳥有神靈也言仁瑞者五行傳及左氏

說皆云貌恭體仁則鳳凰翔言行仁德而致此瑞

毛此意用臣之仁以致南方鳳昭二十九年左傳

云水官廢矣故龍不生彼言臣修水職致東方龍

古今圖書集成

（博物彙編禽蟲典第五卷鳳凰部彙考之二）

清雍正内府铜活字本《古今图书集成》

碑》等，宋拓《化度寺》已知几个传本，如十三家跋本、敦煌残本、吴荣光本、翁氏苏斋本、临川李氏本、四欧堂本等，每本皆流传清晰，从未见任何一本曾经著录由玉海堂收藏过，故吾颇疑刘世珩所藏者乃艺苑真赏社珂罗版印本，亦或为另一未见著录之宋拓本。

令吾颇为不解者，其中有一页著录为《元刊玉海全书》，下面小字注"计二百四卷十函，共七十四本"，此与传说中玉海堂藏有"元刊元印，各两百册"之说法似乎不符，然而郑振铎先生又明确记载亲眼所见为两百册，难道二者装订不同，一部两百册，另一部七十四册？殊为不解。《玉海》一书，于刘世珩而言意义极大，绝非普通藏书可比，以之颜斋者，可见其分外看重。复检书目上册，并未见著录有《玉海》，可知郑振铎所见之本不在此《玉海堂书目》中，亦知此目录并非刘世珩藏书之总目矣。关于《玉海》，无论元刻元印，还是元明递修，亦无论拍场还是私下成交，整部者皆极为稀见，因为《玉海》中有太多零种皆可单独成篇，市面所见大多并不注明为《玉海》零种，而是直接标以篇名，于拍场上亦未引起藏家注意。乙酉年吾到西安访书，李欣宇兄带吾访书至西安古籍书店，李兄与书店经理稔熟，得以让吾至库房内翻拣，之后请李兄及经理晚宴，席间经理出示一纸书目，称友人欲转让，其中有《玉海》残本，吾当时念念有词，称若有整部《玉海》则心满意足。饭后李兄告吾，识一友人，其有整部元明递修本《玉海》，亦二百册，开价仅两万，吾甚兴奋，亟请其作伐，定要成此佳缘。次日李兄抱歉告吾，书主惜售，现无意出让，吾再三请其代为商议，价高亦无妨，可惜终无消息。事隔经年，每念及《玉海》，皆感腹痛，今草此文，旧疾复发矣。

该书目下册前半部分著录之书，四部混杂，毫无规律可言，基本上依是置书之所而记，后半部分另起为《聚学轩藏书总目》，总目之下以书箱为单位著录，每箱取"梅溪钓客"四字循环配以数字为序，每一箱又有分类，总计分有精椠之属、丛书之属、小学之属、小·农学之属、目录之属、目录·法帖·金石之属、金石之属、算学之属、文房·印画之属、汉印·钱刀之属、词曲·传奇之属、残缺之属、钞本之属、残重之属、医学之属。排至"客"字第四箱之后，该部分结束。吾略为核对，著录于《聚轩学藏书总目》者，不复见于前，可见其聚学轩与玉海堂分属两处，两处藏书各不相干。而此目录中，吾最感兴趣者为钞本，可惜其亦未注明钞自谁家，其中有《四库全书》子部六十本，为著录钞本中体量最大者，聚学轩中为何独存是书之子部，此亦吾不解之处也。

葛昌楣题记
《藏书纪事诗》七卷

《藏书纪事诗》七卷　（清）叶昌炽撰

清宣统二年（1910）叶氏刻本　葛昌楣题记　一函六册

钤印：葛氏弢华馆（朱方）、曾藏当湖葛昌楣咏莪家
（朱方）、鸣珂里（朱椭）、采云气以为楣（朱方）、葛（朱
方）、平湖葛昌楣读（朱方）、弢华馆（朱方）、弢华馆（白
方）复盒经眼（朱方）、曹允源印（白方）、平湖葛氏传朴堂
三世所聚书（朱方）

　　《藏书纪事诗》是叶昌炽耗时七年而成，为其所有著述中影响最大者。该书为中国首部以纪事诗形式为历代藏书家立传之作，其体例仿效厉鹗《南宋杂事诗》及施北研《金源纪事诗》，全书共收七百余人，每人或每家咏七言绝句一首，亦有赋二人于一诗者，诗下附注，注中包含藏书、刻书、古籍版本、目录等多种史料，被书界誉为"藏家之诗史，书林之掌故"，叶德辉《书林清话》中称赞是书为："于古今藏书家，上至天潢，下至方外、坊估、淮妓，搜其遗闻佚事，详注诗中，发潜德之幽光，为先贤所未有。即使诸藏书家目录有时散逸，而姓名不至灭如，甚盛德事也。"该书问世后，深受书界人士所喜，陆续有人依其体例而作同类著述，如伦明《辛亥以来藏书纪事诗》、莫伯骥《藏书纪事诗补续》、吴则虞《续藏书纪事诗》、王謇《续补藏书纪事

叶昌炽

藏書紀事詩卷一

長洲葉昌熾

通行價倍增。毋昭裔守素

蜀本九經最先出後來孳乳到長與蒲津毋氏家鋟造海內

宋史毋守素性好藏書在成都令門人句中正孫逢吉書

文選初學記白氏六帖鏤板守素齎至中朝行於世焦

氏筆乘唐末益州始有墨板多術數字學小書而已蜀毋

昭裔請刻板印九經蜀主從之自是始用木板摹刻六經

景德中又摹印司馬班范諸史並傳於世　又云蜀相毋

公蒲津人先爲布衣嘗從人借文選初學記多有難色公

歎曰恨余貧不能力致他日稍達願刻板印之庶及天下

诗》、胡道静《上海近代藏书纪事诗》及徐信符《广东藏书纪事诗》等等。

该书有六卷本与七卷本之分，六卷本为江标光绪二十三（1897）年刻于长沙，七卷本为叶昌炽宣统二年（1910）刻于苏州。江标将该书刻入《灵鹣阁丛书》第五集，序云："标于壬辰年（1892）在京师奉归，录一副册，欲付手民而未能。甲午（1894）奉使湘中，亟以写册，乞师自定之。日月易迁，又越两纪，至今年春始以稿本寄湘，即付锲者，十月写刻毕。"然此六卷本内容并非叶昌炽最终定稿，讹误颇多，写刻亦非精，故次年江标将刻好之书呈叶昌炽过目时，叶仅以"尚精好"三字评价，日记中于此事仅一句带过："十九日，建霞来并呈所刻拙著《藏书纪事诗》，尚精好。渠作一序，其门人湘潭刘茂才肇隅任校勘，附一跋于后。"

叶昌炽虽然已于光绪二十三年春即将书稿寄至长沙，但此后一直陆续修订，每次修订皆于日记中有详细记载。直至宣统二年（1910）重刻之前，尚不断补撰。是年二月，叶昌炽将该书由六卷改为七卷，该月补撰者有沈枡德、赵之谦、周季贶、李文田、盛昱、王懿荣、李申兰、赵次侯、许翰屏、黎庶昌、方功惠、丁丙及江标等人，并称"再添则蛇足矣"。其赋江标诗曰："真赏斋中有仲宣，铭心绝品不论钱。甘陵钩党人间籍，天上樵阳作散仙。"诗下注中称："自建霞殁，而搜辑金石文字无相余者矣。"注中尚有江标之简介及所为、著述，却无片语谈及《藏书纪事诗》。

赋江标而不提《藏书纪事诗》，并非叶昌炽对兹事不满，而是悲痛回避之举。江标刻此书后两年因病去世，叶昌炽闻之大恸，竟然联想至江标病故是缘于《藏书纪事诗》之不祥，其于日记中称："呜呼！建霞竟死矣！天生美才不善用之，摧残沮抑，至于不永其年，良可痛惜。余所著《藏书纪事诗》，以此得罪枢要，十年沉顿，悔读《南华秋水篇》矣。潘文勤师欲付梓，甫发德音，骑箕遽去。今建霞刻成而逝，岂真为不祥之物邪？以一联挽之云：藏书纪事幸付丛编，蕴节言旋，张范盛名撄党禁；士礼征文遂成绝笔，菟裘未筑，应刘幽愤损天年。"

叶昌炽对江标所刻《藏书纪事诗》之不满，缘于对自己书稿未精即付剞劂。江标所刻之本并非最终定稿，其中多有引书踳驳、前后颠倒之处，叶昌炽事后颇为后悔，于自刻本自序中称："建霞固与闻侍坐之言者，越十年，卒取而传之，其可感也已。然自是不能自秘，承海内宏达君子，商榷疑义，纠正讹字，窃又自悔流传之太早。"遂在潘祖年提议并协助下，于宣统元年开始重校是书，并补撰修订。潘祖年为叶昌炽座师潘祖荫之弟，与叶昌炽交游极深，叶昌炽去世后，其遗稿《奇觚庼

葛昌楣藏书印"平湖葛氏传朴堂三世所聚书"

文集》《寒山志》《辛巳簃诗隐》即由潘祖年整理校刊而后付梓，嗣后又欲将叶昌炽日记中诗词部分单独辑出刊行，惜事未蒇而身已逝，兹事遂半途而止。叶昌炽家境一直不甚宽裕，宣统三年（1911）四月，潘祖年还特意托人赠两百金予叶昌炽，助其刊刻文集，并称蓄念已久，本欲当面相赠，但每次尚未开口即遭拒绝。叶昌炽以文集尚未整理，未知何时始能告竣为由再三辞之，潘祖年不肯收回赠金，转而称不作刊刻文集之资，则作刷印《藏书纪事诗》之纸墨费用。寒斋藏《藏书纪事诗》三部，一部为江标刻本，两部叶氏自刻本，此其一也，另一部为砑印本，上有佚名批校，其中或有潘祖年所捐助纸墨也。

此本一函六册，无牌记，前有王颂蔚光绪十七年（1891）序，目录后有叶昌炽宣统二年（1910）自序，卷中钤印累累，可知曾为曹允源、葛昌楣所藏，叶昌炽跋语后尚有葛昌楣墨笔题记三段：

其一："乙亥重九客吴门，获此书于唐氏书林，为曹复庵（允源，一字根生）观察藏本。复庵丙戌进士，兵部主事，官终汉黄德道，先大父齐年友也。书中有复庵友人致其小楮一通，署名安般，审为昆山李橘农廉访（传元）手痕。橘农为予四从母之伯舅，以有姻娅之连，爰贮诸箧衍焉。重阳后二十日昌楣自姑苏归棹漫记。"

其二："十年前，季父曾获六卷本于沪肆，盖江建霞年丈校刊于湘中学署者，以非全豹，特再搜之。"

其三："叶氏遍撷藏家精华汇著于录，可谓极作述之能事。顾容有千虑一失者，予于群书瞥睹，搜藏故实，偶为叶氏所漏网者，纵一鳞半爪之微，辄缀于本书本事之下，以备编辑两浙藏书录之张本，有志未逮，识之为他日券。翌日又记。楣。"

曹允源（1855—1927）字根荪，号复庵，室名鬻字斋，光绪十二年（1886）进士，曾任湖北襄郧荆兵备道，鼎革后回归故里，不久后出任江苏省立图书馆馆长，其时馆中原有图书七万余卷，曹允源出任馆长后，续购三万卷，在原有经、史、子、集、丛五类上，新增新部，专门收集新出之西学书及实业书，以使异域名著、时流学说，皆可胪举入目。不仅如此，曹允源还亲自编写书目，于新部下分文学、政事、实业三类，又将哲学、公报杂志及工商等单独列属，皆为其首创也。出任馆长期间，又被推为吴县修志局主任，伏案不辍，病重临终时，犹颤抖手指作翻书状，口中喃喃不休，可谓尽瘁。所著有《复庵类稿》《鬻字斋诗略》及《淮南杂

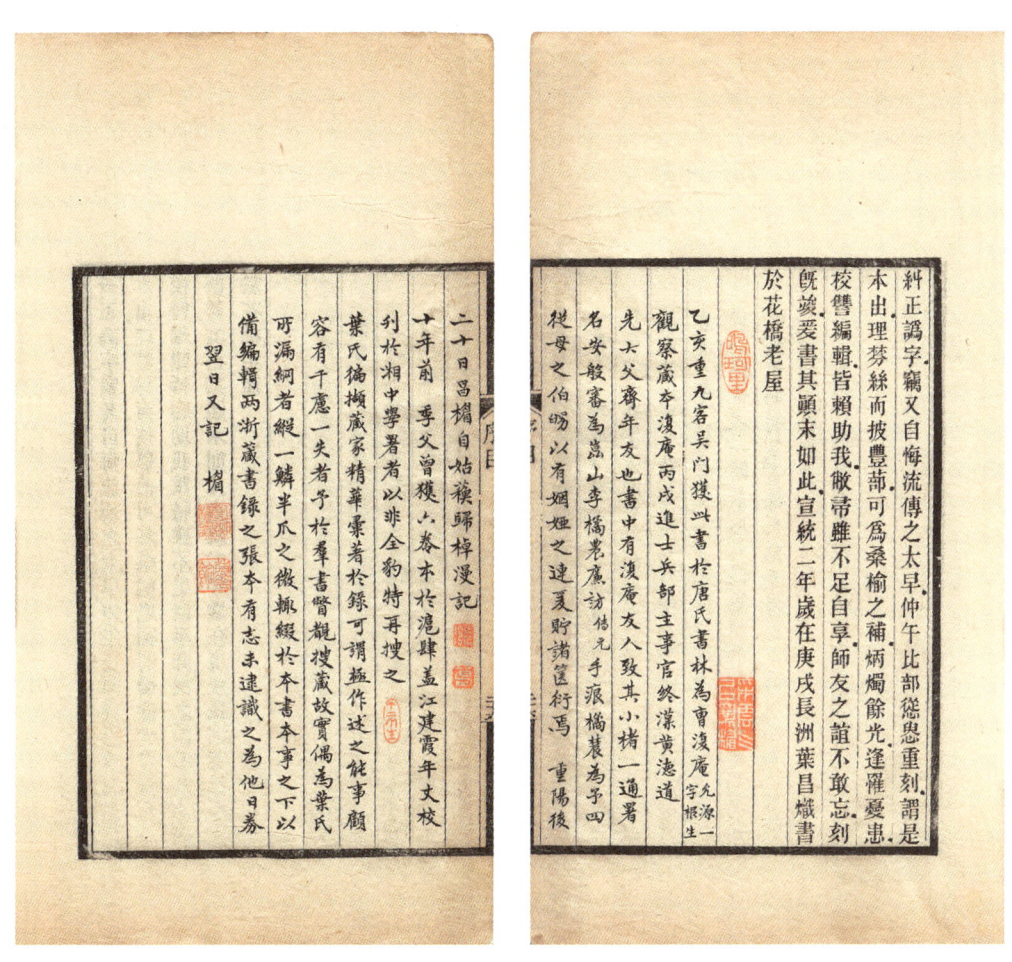

清宣统二年叶氏刻本《藏书纪事诗》葛昌楣跋语两页

志》等。

葛昌楣（1886—1964）字咏莪，号荫梧，出自浙江平湖藏书世家，素有"平湖葛氏"之称。葛氏藏书最早起自葛金烺（1837—1890），其字景亮，号系毓珊，官刑部主事，改户部郎中，博史通经，藏书处为传朴堂，另有藏画处名鸥舫。葛金烺长子葛嗣藻，助父收书、藏书，素有孝名，父丧后大恸伤身，数月后随父于地下，年仅二十九，传朴堂与爱日吟庐遂为葛金烺第三子葛嗣浵继承。葛嗣浵字稚威，一字词蔚，曾任法部主事，后弃官归里，兴文办学，创有稚川义塾。为继承父兄遗志，葛嗣浵不遗余力搜访群书，日积月累，藏书充栋，以致无可容身，遂于鸣珂里新建书楼一座，命名"守先阁"，并请姻亲张元济题额。张元济题额后跋曰："稚威亲家仰承先恩，思有以光大之，光绪岁己亥，乃建斯阁。移书庋其中，名曰'守先'，所以凿楹之训也。越三十余年，积书逾四十万卷。稚翁复与犹子荫梧学部编订藏目，将以行世，兼示后人，洵可美已。稚翁命书阁榜，谨志数言，以志钦仰。"跋中所称荫梧即葛昌楣，为葛嗣藻之子。葛嗣浵有子葛昌楹、葛昌枌，兄弟

爲作歸研圖未幾又得谷虛先生廉石研并前所藏而五

是夏又愷移歸楓橋舊居謀藏書之所惟兹樓宜乃奉先

世手澤及古今載籍收藏惟謹名其樓曰五研暇日坐樓

中甲乙校讐丹黃不去手漢學師承記袁上舍壽階明

六俊之後五研樓蓄書萬卷皆宋槧元刻祕笈糒鈔又得

洞庭山徐尚書健庵留植於金氏聽濤閣下之紅蕙種之

階前名其室曰紅蕙山房四方名流莫不繫舟過訪壽階

性好讀書不治生產坐是中落奔走江浙閒死年四十有

七、聽秋聲館詞話袁綬階性耆一介不輕與聞龍雨樵

譎戌袁湘湄典質所有集二百金以贈咋舌曰是獨不畏

寒餓乃身歿未久子若孫弗克負荷田盧斥買殆盡元和

清宣統二年叶氏刻本《藏书纪事诗》葛昌楣朱批

葛昌楣藏书印"采云气以为楣""鸣珂里"

二人另有斋名以成室、舞鹤轩、五玺阁等，善鉴赏，喜集印，辑有《传朴堂藏印菁华》。

传朴堂曾撰有《平湖葛氏书目》及《守先阁藏书目》，惜皆为写本，未曾刊印，又有《爱日吟庐书画录》，及《续录》《别录》，于宣统二年付梓。缪荃孙曾为《平湖葛氏书目》作序，称："平湖葛氏，文武世德，弁冕乡闾。户部君至性孝友，蓄志利济，博训子弟，读有用书。孝廉君禀承先志，广购书籍。词蔚法部，创建书楼，榜以守先，汇集累世之藏，约过十万之数，与犹子咏莪学部，逐日增益，同志雠校，常见者注明何本，罕见者详述指意，用《四库全书》例，分类编成廿卷，可谓富矣！可谓勤矣！"令人痛心者，传朴堂与众多江南藏书楼一样命运多

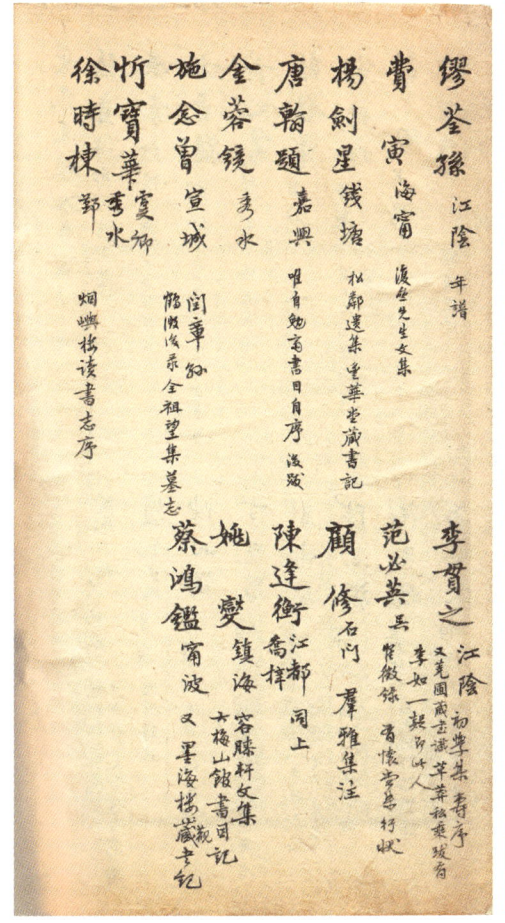 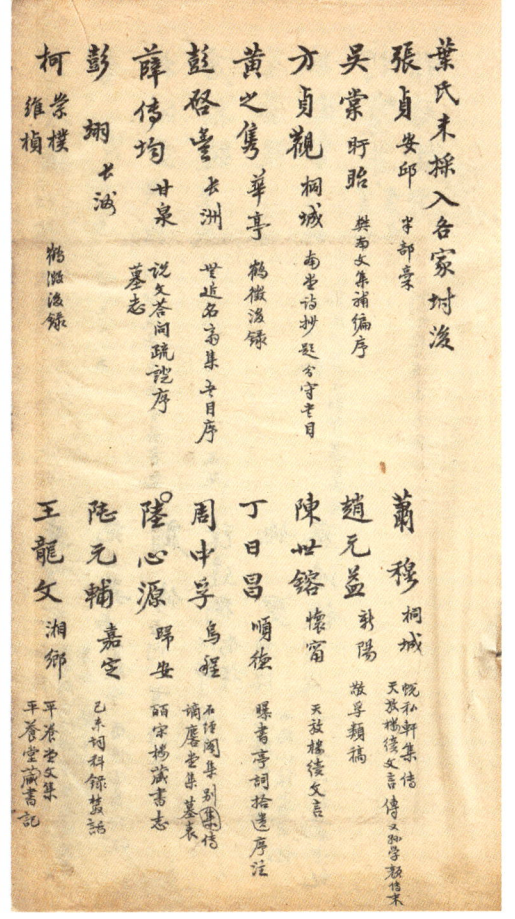

葛昌楣辑补名录

葛昌楣旧居曾为稚川学堂，藏书楼下即为教室

舛，于民国二十六年（1937）毁于日军炮火，守先阁藏书与旧宅同付一炬。

　　葛昌楣购此书于民国二十四年（1935），时江标、叶昌炽皆已作古。由题记可知，葛昌楣曾有意辑《两浙藏书录》，然最终并未成事，其原因或与两年后传朴堂毁于炮火，藏弆尽归回禄，所存资料亦付之灰烬有关。该书第六册末页有葛昌楣辑补"叶氏所漏网者"名录，计三十人，姓名之下注以籍贯，籍贯之下复以小字注明资料来源，然此三十人中，如缪荃孙、金蓉镜二人，应当非叶昌炽所漏辑，而是因为叶氏辑此书时，此二人尚在人世，而叶昌炽序中明言"旧例不录生存，断自蒋香生太守为止。"检《缘督庐日记钞》，叶昌炽与缪荃孙、金蓉镜等皆有书事往来，不可能不知道其藏书事，避而不谈生者，为叶昌炽谨慎之处。

　　宣统元年（1909）十二月十七日，叶昌炽日记载："深昏有叩户投函者，心怦然以为乞米帖也。亟视函面，署'上海新垃圾桥北长康里张缄'，仍茫然不知其来历，发而读之，则张菊生农部函也。以从亡友蒋香生十印斋遗书中得鄙人《藏书纪事诗》写本，《涉园张氏》一首即其先德，世谱有舛，开宗系一纸见示。又以搜访宋元旧椠及精钞本付石印，引为同志。见示简章二纸，可谓空谷足音知矣，非所料也。"读此即可揣知叶昌炽缘何不录生者，其纪事诗既有叙事，兼有月旦，亡者虽已盖棺，一旦有误，尚有后人代为发声，倘若被赋者尚在生，未知睹诗会作何想，又有何申诉，索性回避为是。

王大隆先生曾与叶昌炽先后同居苏州西花桥巷，似乎两家旧居相距不远，叶昌炽去世时王大隆年仅七岁，二人或许并无交游，但是对于这部前贤著述，王大隆始终不离案头，遇叶书中有所讹误者，随手记于书眉。又若干年后，上海古籍出版社出版《藏书纪事诗附补正》，其原稿即王大隆先生以宣统二年叶氏刊本《藏书纪事诗》书眉上批语整理而来。《蛾术轩箧存善本书录》中王大隆跋《藏书纪事诗》中称："盖古今群籍，浩如烟海，何能责先生之必见，况多后人所著者哉。"王大隆可谓缘督庐主人之知己也。

葛昌楣藏书印"发华馆""葛氏发华馆"　　　　　葛昌楣藏书印"曾藏当湖葛昌楣咏莪家"

鸽峰草堂钞本《秘书省续编到四库阙书》二卷

《秘书省续编到四库阙书》二卷　（南宋）秘书省编撰

清周大辅鸽峰草堂钞本　黄裳题识　鸽峰草堂黑格抄书纸

一函二册

钤印：杭州王氏九峰旧庐藏书之章（朱方）、来燕榭珍藏记（朱方）、黄裳藏本（白方）、黄裳（连珠印）、常熟周左季家钞本书（白方）

　　《秘书省续编到四库阙书》二卷，书名比较拗口，可以理解为"秘书省陆续采编到的四库原阙图书目录"，为南宋秘书省继《崇文总目》之后所编又一官修书目。靖康之后，宋高宗重建秘省，多次颁布阙书目录，搜访遗书，优赏献书，绍兴十三年（1143），秘书省采用向子固建议，于《新唐书艺文志》《崇文总目》所阙之书，下面注以"阙"字，由国子监镂版，颁行各处，作为访求阙书之依据，是为该书之始刻。该书南宋刻本今已不传，明清之际多以钞本形式流传，直至清光绪二十九年（1903）叶德辉观古堂将该书付梓，始有刻本流布士林。

　　叶德辉刊刻该书之底本，乃丁白迟云楼钞本，其刊刻序言中称："秘书省书目则自宋浙漕司摹板后，别无刻本，东南藏书家虽间有钞存，而孤本单传，海内学人无由其见。往余得丁氏迟云楼钞本，文多讹误，然于宋讳缺避及脱烂空白

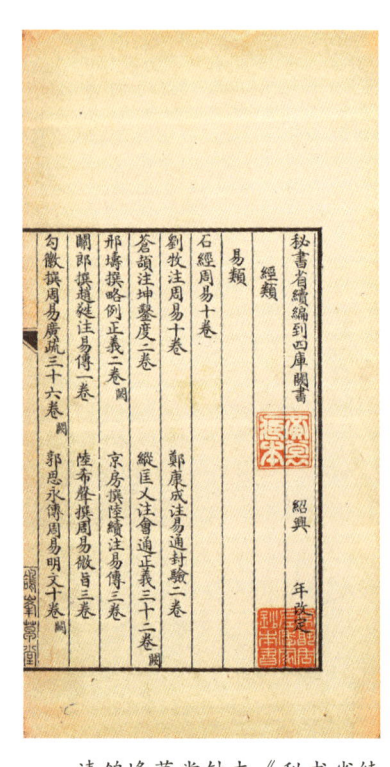

清鸽峰草堂钞本《秘书省续编到四库阙书》卷首

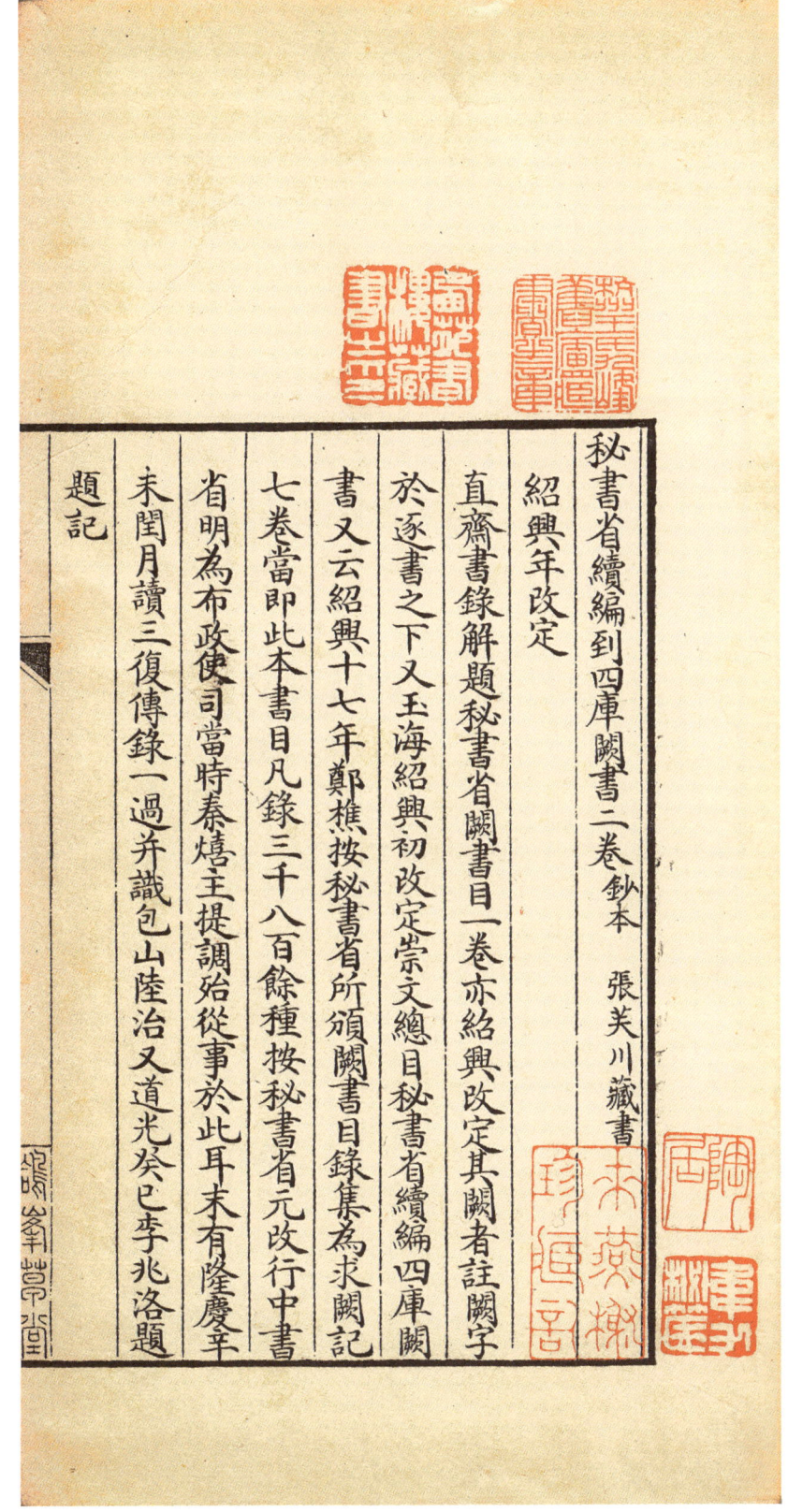

秘书省續編到四庫闕書二卷 鈔本

張芙川藏書

紹興年改定

直齋書錄解題秘書省闕書目一卷亦紹興改定其闕者註闕字

於逐書之下又王海紹興初改定崇文總目秘書省續編四庫闕

書又云紹興十七年鄭樵按秘書省所頒闕書目錄集為求闕記

七卷當即此本書目凡錄三千八百餘種按秘書省元改行中書

省明為布政使司當時秦熺主提調始從事於此耳末有隆慶辛

未閏月讀三復傳錄一過并識包山陸治又道光癸巳李兆洛題

題記

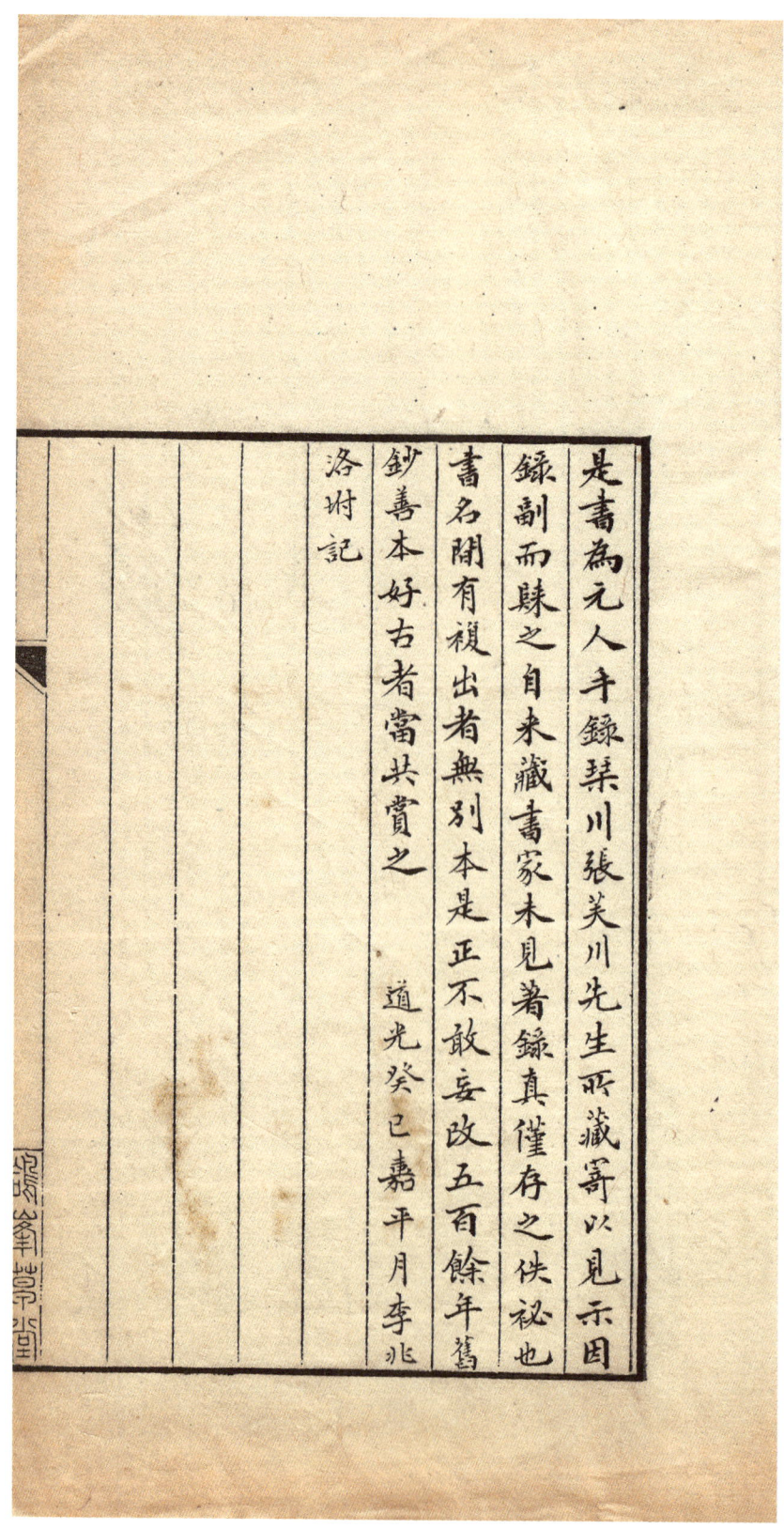

是書為元人手錄琹川張芙川先生所藏寄以見示因

錄副而賕之自來藏書家未見著錄真僅存之佚祕也

書名閒有視出者無別本是正不敢妄改五百餘年舊

鈔善本好古者當共賞之

洛圩記　　　　　　道光癸巳嘉平月李兆洛

清鸽峰草堂钞本《秘书省续编到四库阙书》卷末过录李兆洛附记

之处，皆无所改移，是知其书传授自古，必有依据。因效钱氏考证《崇文目》之例，取宋人官私书目悉录以资校刊，其书名异同，卷帙多寡，必详载之，以见古书传世之存亡。"嗣后之《丛书集成续编》、1987年现代出版社《中国历代书目丛刊》及2006年中华书局《宋元明清书目题跋丛刊》影印该目，皆以叶氏观古堂本为底本。

检各处记载，该书现存有多部钞本，其一为陆心源皕宋楼旧藏明蓝格钞本，现藏日本静嘉堂文库。其二为道光十三年（1833）李兆洛家钞本，卷中有李兆洛、丁申、丁丙跋语，此本曾经八千卷楼收藏，现藏南京图书馆。其三为张金吾旧藏，一度归瞿镛架上，现存国家图书馆。其四为倪恩福钞本，有叶德辉批校，今存湖南省图书馆。其五为佚名钞本，录有李兆洛跋语，今存青海化隆县图书馆，另郑州图书馆亦有清钞本。叶德辉所据之迟云轩影宋钞本未知现归何处。

现存南京图书馆之李兆洛钞本，吾未见原书，记载称此本李兆洛跋语云是书为元人手录，由张蓉镜所藏，寄以见示云云，又有明隆庆五年（1571）陆治题识。《美国哈佛大学哈佛燕京图书馆藏中文善本书志》亦著录有该书李兆洛钞本一部，书口下印"青云斋"，卷端有李兆洛题识一页，云："是书常熟张芙川所藏，寄以见示，因录副而归之。自来藏书家不著录，真仅存之佚秘也。苦讹字夥，又编次分类未能精审，书名间有复出者，无别本是正，不敢改也。道光癸巳六月二十一日装成，记于生云垂露之轩。养一翁。"此本后由李兆洛之子李愿于道光二十八年（1848）赠于祁寯藻。

寒斋亦藏有该书清钞本一部，一函两册，乃周大辅鸽峰草堂钞本。周大辅（1872—？）字左季，号少鹤，室名鸽峰草堂，江苏常熟人，光绪间曾就职汉阳兵工厂总工程师，民国初年曾任杭州税史，喜藏书，然家境贫寒，有所得即以购书，遇善本无力罗致时，必想方设法借来依式缮录，宁可节衣缩食，不吝抄校之资，曾辑《鸽峰草堂丛钞》存八种十四卷。因经济拮据，有时连抄书资都需向亲友借贷，日久亲友渐多拒绝，叩门不应，周大辅只好仰屋兴叹，直唤奈何，故其藏书虽富，却一贫如洗。抗战期间，杭州沦陷，鸽峰草堂被人偷窃一空，藏书因之而散。

鸽峰草堂钞本多用蓝格书纸，卷首下端有"虞山周氏抄藏"或"虞山周氏鸽峰草堂写本"字样。寒斋所藏则为乌丝栏钞本，版心下刻"鸽峰草堂"，每页左下角又刻有"常熟周左季家写本"，卷首钤有周大辅藏书印"常熟周左季家钞本书"，字体极为工整。此本首页首行题书名"秘书省续编到四库阙书二卷"，下注"钞

黄裳先生藏书印"来燕榭珍藏记""黄裳藏本"

本。张芙川藏书",次行题"绍兴年改定",次为过录李兆洛题记,末云:"按秘书省元改行中书省,明为布政使司,当时秦熺主提调,殆从事于此耳。末有'隆庆辛未闰月读三复,传录一过并识。包山陆治。'又道光癸巳李兆洛题记。"

检下册卷末,陆治识语后复有李兆洛跋语一页,与《美国哈佛大学哈佛燕京图书馆藏中文善本书志》所载大同小异:"是书为元人手录,琴川张芙川先生所藏,寄以见示,因录副而归之。自来藏书家未见著录,真仅存之佚秘也。书名间有复出者,无别本是正,不敢妄改。五百余年旧钞善本,好古者当共赏之。道光癸巳嘉平月李兆洛附记"。此段跋语署款时间为癸巳嘉平月,嘉平月即十二月,与哈佛燕京藏本署款之六月二十一日明显不同,未知何故。此段跋语字体与正文亦显然不同,未知是否周大辅有意将跋语与正文区别之,然首页过录之李兆洛题记字体却又与正文字体一致,颇为不解。

此本曾经王绶珊庋藏,以其钤有"杭州王氏九峰旧庐藏书之章"朱方。王绶珊(1873—1938)名体仁,以字行,浙江绍兴人,迁居杭州,曾馆于丁氏八千卷楼。据《九峰旧庐藏书记略》载,其有宋本百余种,明本一千余种,方志二千八百余部,其中尤多孤本,全国未收得者仅十分之一,杭州有书肆主人专程为其往北平搜求方志,捆载而去。抗战初期,王绶珊病故后,藏书陆续散出,此本于十七年后为黄裳先生所得。黄裳先生于该书钤有"来燕榭珍藏记"朱方、"黄裳藏本"白方及"黄裳"联珠印,末页末行有墨笔题"乙未正月廿日海上收。黄裳记"。

此本于千禧年现于沪上。当时博古斋尚未成立拍卖行,一直以假借上海国拍牌照与场地之形式,举行古籍专场拍卖,所拍标的均由库中挑拣而来,虽无宋元善本,然价格亦极为亲民,一部明嘉靖白棉纸本,无论册数多寡,成交价不过三四万元,彼时一场大拍成交额不过两三百万元,主办方已然十分满意。彼时稿钞校本亦未引起买家注意,以今日眼光视之,当时购买稿钞校本之所有买家,皆可谓拣漏。此本现身于博古斋借国拍牌照所举行之拍卖会,原装两册,抄写极精,且为黄裳旧藏,起拍价仅为1600元,拍到手加上佣金,亦不过2300元,可谓廉极。

今日重检此书,卷中尚夹有当年拍得是书之成交确认单,时间为千禧年六月十九日,当时佣金尚为百分之十,今时佣金早已涨至百分之十五,若及时付款,则可让利百分之二。细翻此书,卷中还贴有两张价签,一张为繁体字价签,标价为12元,另一张为简体字价签,当为实行汉字简化以后所贴,定价为35元,然而或许此书长年无人问津,书价又被人涂改为16元,可想而知,博古斋当年由黄裳先生手中

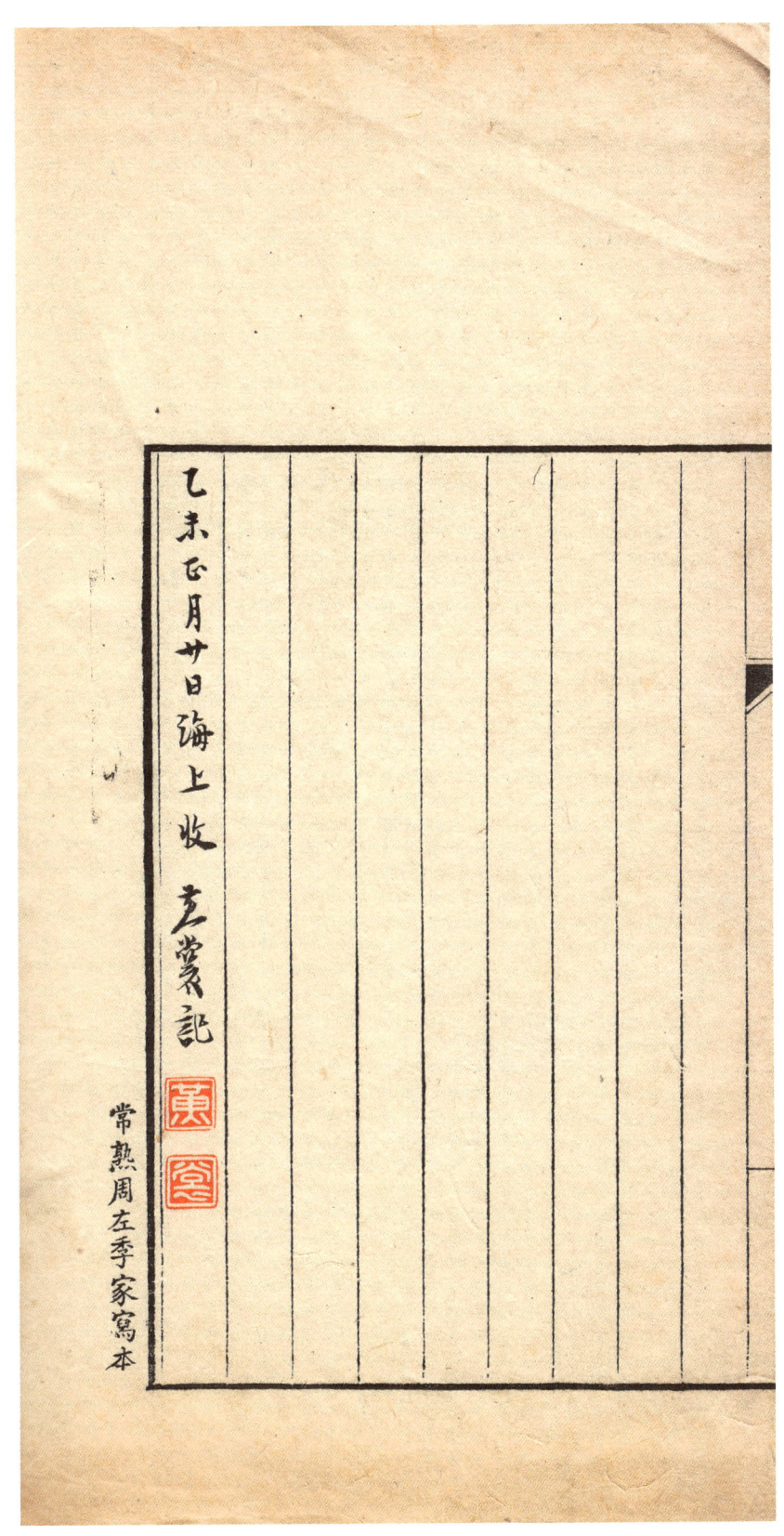

收到此书时，其价仅数元而已。则黄裳先生收得此书，价更廉矣。

　　王松泉老先生曾记王绶珊身后事，云王绶珊故去后，其家人先将宋元本及善本类珍籍，连同各省市方志陆续售予公馆收藏，1949年后，因急需钱，不得不将剩下千余种明版书，无论内容与版本，皆以五角钱一本贱价出售，另有大部头丛书及清刻本，无论经史子集，皆论斤出售，其中又有同文版《古今图书集成》全书一万卷，系上海同文书局翻印者，仅刷印一百部，用以颁赐有功之臣及驻华各使。民国二十二年（1933）王绶珊以八千银元购得此书，身后竟以废纸售予文汇堂书肆，文汇堂复以废纸秤脱，作为包装烟丝之用。古书之厄，又岂兵火水虫哉。

周大辅藏书印"常熟周左季家钞本书"

徐兆玮钞本
《兴福寺藏书目》二卷

徐兆玮钞本《兴福寺藏书目》二卷　（清）陈揆撰
民国十八年（1929）徐兆玮虹隐楼钞本　徐兆玮跋　一函
一册

　　《兴福寺藏书目》为清陈揆所撰。陈揆（1780—1825）字子准，江苏常熟人，家有稽瑞楼，藏书十余万卷，其中尤备于史部，又着意收集乡邦文献，有《稽瑞楼书目》传世。其人平生不妄交，惟与张金吾、吴卓信等往还，其妻张昭容为张金吾胞妹，出身藏书世家，自幼耳濡目染，颇识大体，常节衣缩食以省购书之资。陈揆与张金吾既为姻亲，兼为同邑同好，故后世多将二人并传。潘祖荫刻《稽瑞楼书目》入《滂喜斋丛书》时为之序："嘉庆年间陈子准先生及张氏金吾并以藏书称。张氏书及身而散，陈子准无子，殁后书亦尽散。吾师翁文端公与子准厚，既恤其身后，以重值收其藏本，仅得三、四，散失者已不少矣。今《稽瑞楼书目》荫从翁叔平假得刊之，庶可与张氏《爱日精庐藏书志》并传。"黄廷鉴《藏书二友记》亦载："吾邑陈子准、张月霄二人，家世儒学，旧有藏书，至两君而更扩大之，储藏之名，遂并甲于吴中。"

　　陈揆去世后，稽瑞楼藏书为家人所售，其中宋、元善本部分多为瞿氏铁琴铜剑楼所得，另有部分归于翁心存，余者为四方嗜书者零星购去。生前拥书万卷，身后图籍四散，似乎是藏书家之宿命，陈揆或许亦曾想过所藏图籍之未来，遂于生前将四百部邑人著述捐入当地兴福寺，以供四方学子观览，并亲自撰《兴福寺藏书目》二卷，为乡邦文献之汇总。兴福寺始兴于南齐，乃郴州刺史倪德光舍宅而建，因寺址位于破龙涧旁边，故又称破山寺。瞿凤起曾跋《兴福寺藏书目》，略述大概：

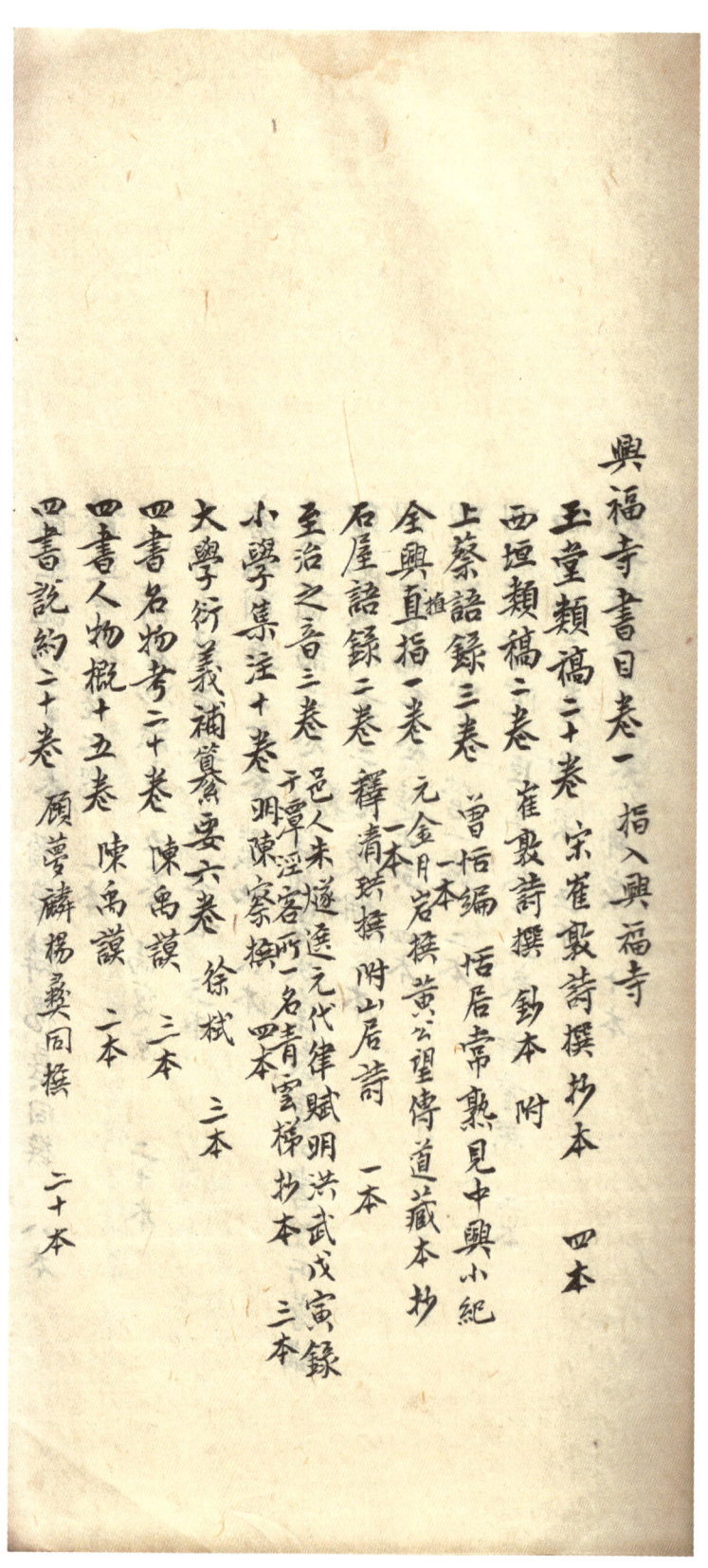

興福寺書目卷一　指入興福寺

玉堂類稿二十卷　宋崔敦詩撰抄本　四本

西垣類稿二卷　崔敦詩撰　鈔本　附

上蔡語錄三卷　曾悟編　悟居常熟見中興小紀

全興直指一卷　　元金月巖撰黃公望傳道藏本抄

石屋語錄二卷　　釋清珙撰附山居詩　一本

至治之音三卷　　邑人未遂遠元代律賦明洪武戊寅錄

小學字集注十卷　亐覃涇客所一名青雲梯抄本　三本

大學衍義補簒要六卷　明陳察撰　四本

四書名物考二十卷　陳禹謨　三本

四書人物概十五卷　陳禹謨　二本

四書說約二十卷　顧夢麟楊彛同撰　二十本

"吾邑城东子游巷陈氏子准名揆，富收藏，得宋本《稽瑞》，因以名其楼。与张氏爱日精庐并峙邑中。陈氏藏书于乡邦文献致力尤勤，积四百种。先后庋藏破山寺救虎阁，以供众览，早有今日公共图书馆之至意。编移送书目两卷，颜之曰《兴福寺书目》。兴福寺者，破山寺之别称也。首有闻筝道人序，称氏住南门内小石桥，与邑志异，未知孰是。"

《兴福寺藏书目》未曾付梓，素以钞本流行坊间，寒斋所藏为民国藏书家徐兆玮钞本，一册毛装，前有闻筝道人道光七年（1827）序："《兴福寺所藏书目》二卷，常熟陈揆编。揆字子准，常熟诸生，住南门内小石桥，卒于道光五年乙酉六月。生前酷嗜古籍，家有稽瑞楼，为贮宋元秘本之地，而于里中人著述尤加意购访，一月必游书肆数番，以故所获尤夥。积三十年心力，共得常熟人著述四百部，心恐秘之家，外人罕觌，因移庋兴福寺内之救虎阁，使学者便于观览焉。邑之人金曰：'是举也，可以识子准之用心厚矣'。因为之序。道光丁亥八月，钞毕后以红笔改正二字。"闻筝道人为常熟藏书家郑德懋（1767－1852），其字应文，一作应云，又字桐生，号闻筝道人、悔道人，博学强记，因科场风波，绝意仕途，潜心藏书，拥书万卷之多，又雅嗜版本目录之学，曾网罗汲古阁藏书、刻书资料，撰《汲古阁刻板存亡考》，辑《汲古阁校刻书目补遗》数种，又撰《汲古阁主人小传》等。然其结局与陈揆颇有相同之处：无子，殁后书亦尽散。

闻筝道人序言后，有过录瞿秉渊光绪六年（1880）题记："庚辰七月二十日，余方作《拟辑海虞诗征文征凡例》，庞伯突携此书目见示，即随笔录之。因伯兄约明早来取，限于晷刻，故字迹潦草特甚。录此作底本，方拟暇时重为抄录之。敬之记。"细翻一过，此目卷一著录邑人著述一百六十部，计四百六十一本，卷末注明由道光三年（1823）五月送入救虎阁；卷二著录二百四十部，计四百三十九本，于道光五年（1825）五月送入寺内。陈揆去世为道光五年六月，年仅四十五岁，距离第二次捐书入寺仅一月之期，可见其捐书之举，即为便于学者观览，亦为自知天不假年，为书寻一妥当去处，其意深矣。

此本虽毛装一册，却分为两部分，前半部分为《兴福寺藏书目》二卷，后半部分为《海虞艺文志备考》，未题作者，不知撰者何人，其著录方式与前略有不同。《兴福寺藏书目》不分四部，随取随录，每行记一书，每书仅记书名、卷数、作者及本数，皆不记版本。《海虞艺文志备考》略分四部，册数之前均以"刊""抄"二字别之，如"刊四册"或"抄一册"。同邑姚福均曾辑《海虞艺文志》六卷，有

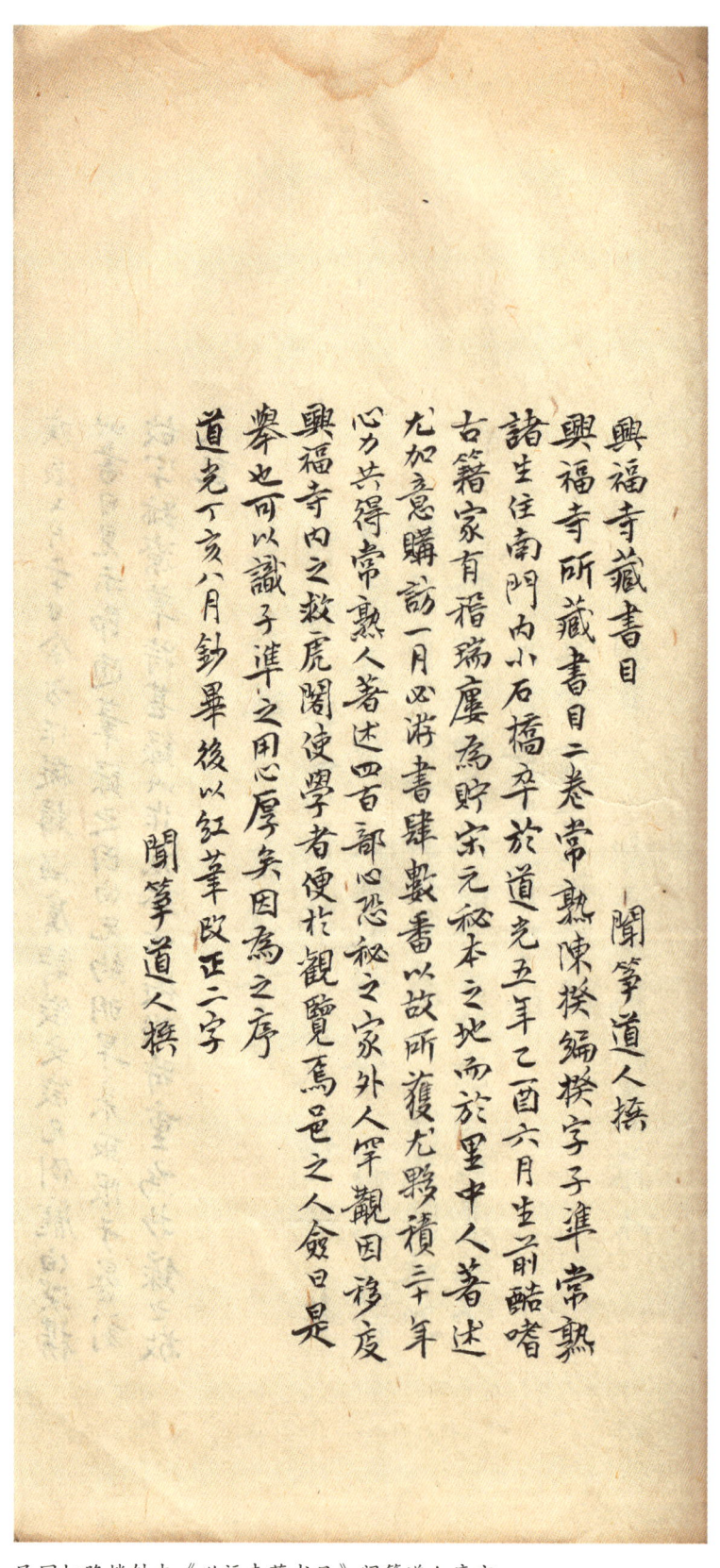

兴福寺藏书目

兴福寺所藏书目二卷常熟陈揆编揆字子准常熟　　　闻筝道人撰

诸生住南门内小石桥卒於道光五年乙酉六月生前酷嗜

古籍家有稽瑞庐为贮宗元秘本之地而於里中人著述

尤加意购前一月必游书肆鬻书以故所获尤夥积三十年

心力共得常熟人著述四百部心恐秘之家外人罕观因移度

兴福寺内之救虎阁使学者便於观览为邑之人愈曰是

举也可以识子准之用心厚矣因为之序

道光丁亥八月钞毕後以红笔改正二字

闻筝道人撰

海虞藝文志備考

經部

易闡十二卷　歸延先易民民註　刊四冊

周易通釋六卷　瞿鈺二如著　抄三冊

詩鈺質疑三十一卷　嚴虞惇博學底本　四冊

六家詩名物疏五十五卷　馮復京嗣宗著　刊十冊

春秋國華十七卷　瞿世青修齡撰　刊五冊

春妖管見四卷　陳高謨輯　刊二冊

四書人物槩十五卷　周文鼎輯　抄二冊

疊且字韻編五卷　汲古後人毛文㞧參正　抄一冊

翰林要訣附書法三昧

尚書地理今釋一卷　蔣廷錫酉君撰　刊一冊

民国虹隐楼钞本《海虞艺文志备考》

光绪二十三年（1897）常熟慕程斋刻本，张瑛为之序云："乡先辈陈子准汇萃海虞艺文藏之破山寺，咸丰庚申遭粤寇之乱，片纸无存。吾友姚君屺瞻慨伤之，爰辑自宋以来迄于明代，别其存亡，掇其大意，仿《直斋书录》例成书六卷。"由张瑛序可知陈揆捐入兴福寺之海虞文献，尽毁于咸丰十年（1869），目录所载四百部图籍无一幸免，陈揆捐书之苦心，尽化灰烬。历来藏书家多有在书上钤以佛像者，以期佛光庇护，得免四厄，陈揆捐书入寺，或许也有此心，未料人算不如天算，江南图书浩劫，几声阿弥陀佛挡不住兵甲铁蹄。然《海虞艺文志备考》与《兴福寺藏书目》同录于一册，未知是否亦陈揆当年所撰，然亦有可能是他人认为此目与《兴福寺藏书目》所载皆为海虞文征，故抄录于一册，便于备览。

　　该书最后一页尚有徐兆玮跋语两段，第一段记于光绪二十九年（1903）："此罟里瞿氏邑人著述目也，尚是子雍先生手抄本，据云书亦不全矣。良士曾以示余，后因辑《海虞艺文考》，从书贾沈镜明借录一本。镜明曾在罟里装书，能识宋元板本，即其手录此书，亦可谓勤于问学矣。其中错杂无序，悉仍其旧，癸卯九月虹隐记。"第二段记于民国十八年（1929）："己巳之夏从丁初我假读其新辑邑志艺文稿本，亦引瞿目为据，因重录一通，以备检阅。余虽有纂辑艺文考之盛心，而因循卅载，迄无所成，书以志愧。虹隐记。"第一段跋语中"子雍先生手抄本"当为徐兆玮笔误，子雍为铁琴铜剑楼第二代主人瞿镛，瞿秉渊之父，然卷前明明过录有瞿秉渊题记，称为庚辰七月抄录此目。跋语中称"据云书亦不全"，指道光六年（1826）游僧窃书一事，此事卷首有说明："遗失七种，于道光六年被游僧窃去：《明殿阁部院大臣年表》一部、《太湖新录》一部、《锦峰春游诗》一部、《游西山诗》一部、《始安略》一部、《蒋萃田集》一部、《白庵余集》一部。"

被窃书中，第一部名列禁毁，余者多不见经传，颇不解窃书者之路数，大约游僧只是随手取之，非知书雅士也。劳格曾于致友人札中谈及家中遇贼事，称有雅贼入室，遍取架上卷帙观之，称："闻此家多藏秘籍，何此皆非善本，殆移匿他处邪？"徘徊良久，不动一物而去。吾读此段甚乐，好奇既然未取一物而去，劳格何以知有雅贼来过，又何以知雅贼出此语？难道雅贼翻书时劳格在一旁窥视？想象此景颇为有趣。和尚窃书，原本亦是雅事，可惜兴福寺游僧出手毫无章法，未能锦上添花。

综合该书前后几段跋语及题记，可知该目有多个钞本。此本之源为庞伯钞本，瞿秉渊光绪六年（1880）录自庞伯，徐兆玮录自书贾沈镜明，徐兆玮称沈镜明在罟里装书，则沈镜明应当抄自铁琴铜剑楼，并过录瞿秉渊题记。而徐兆玮又先后两次抄录该书，以作备份，第一次抄录为光绪二十九年（1903），时年三十六岁，第二次为民国十八年，时年五十二岁，此为徐兆玮第二次抄录之本。徐兆玮（1867—1940.字少逵，号虹隐，光绪十五年（1889）进士，有藏书楼虹隐楼、芙蓉庄，藏书两万余册，为常熟清末民初"小藏家"之代表人物，曾师事翁同龢，民国初年曾任常熟县副民政长，与瞿启甲等当选为首届国会众议院议员，后因抵制曹锟贿选，与瞿启甲一同挂冠归田，之后一直勤于著述，整理辑佚，内容多涉及清代轶闻轶事，以及常熟地方文献。谢国桢先生曾记于常熟图书馆见到徐兆玮钞本及所编书籍一百几十种之多，又在许多民国初年出版之明末野史等书上读到其跋语，说明徐兆玮极为留心明末史乘。

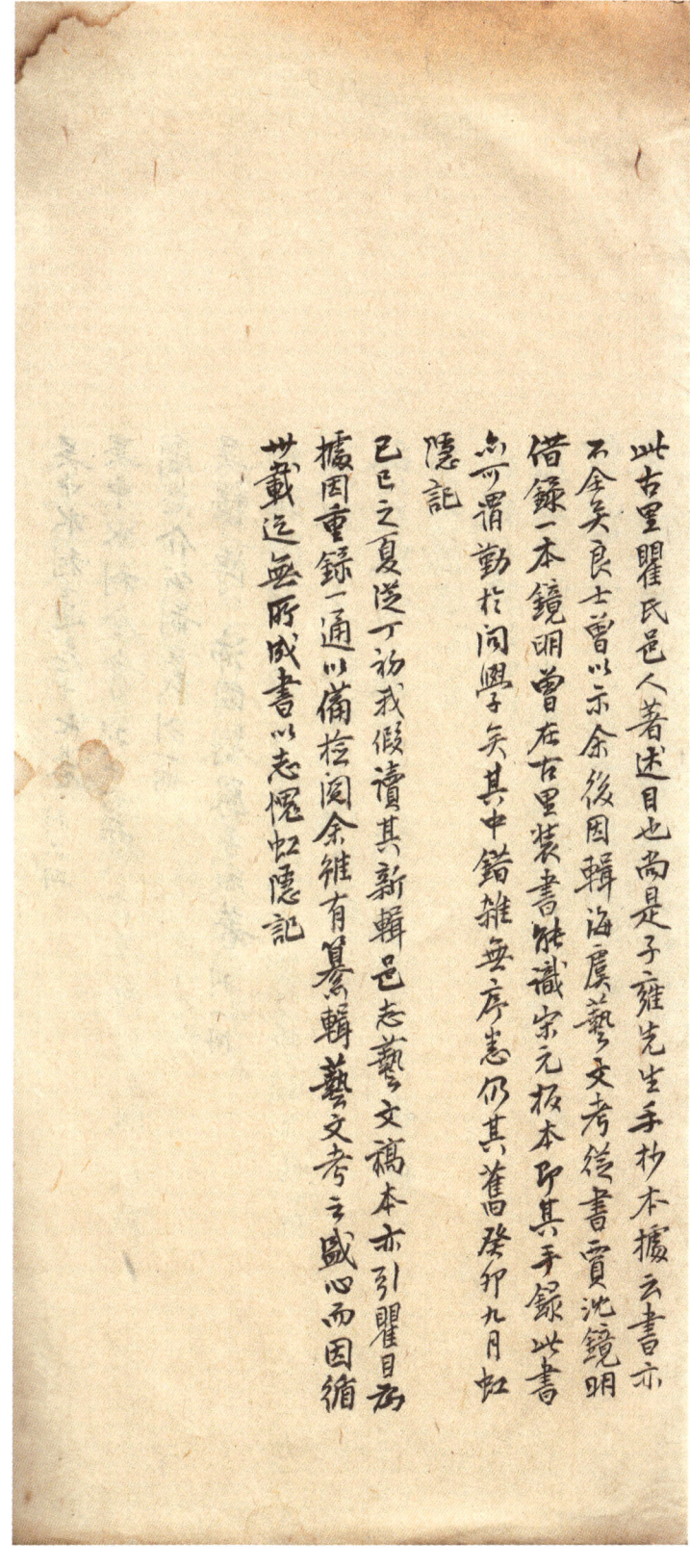

此古里瞿氏邑人著述目也尚是子雍先生手抄本據云書亦

不全矣良士曾以示余後因輯海虞藝文考終書賈沈鏡明

借錄一本鏡明曾在古里裝書舖識宗元板本即其手錄此書

尚可謂勤於問學矣其中錯雜無序志仍其舊癸卯九月虹

隱記

己巳之夏送丁初我假讀其新輯邑志藝文禍本亦引瞿目而

據閏重錄一通以備檢閲余維有纂輯藝文考之盛心而因循

世載迄無所成書以志愧虹隱記

民国虹隐楼钞本《兴福寺藏书目》徐兆玮跋语

虹隐楼

　　兴趣所在，故虹隐楼藏书多明末清初野史以及常熟地方文献，宋元珍籍并不多见，徐兆玮曾辑《虹隐楼书目汇编》以及《虹隐楼藏近刊善本书目》，由此两部书目可略知其藏书大概。虹隐楼藏书曾于1949年前捐出一部分予常熟图书馆，又散失一部分，1951年常熟文管会接收虹隐楼图书文物，清点后编有《常熟县文物保管委员会接收徐氏虹隐楼图书文物暂编目录》，其中书目部分著录经部131种1071册，史部1049种7382册，子部635种4118册，集部1259种6453册，丛书110种5156册，另有宋元残册五种。

　　壬辰夏，吾曾专程前往常熟重访藏书楼，虹隐楼亦在必访之列，其址位于常熟市支塘镇何市社区荷花大街一条小弄内，小弄名称即叫虹隐楼弄。该楼最初名招燕楼，始建于明代，清同治年间曾翻建，光绪年间曾辟出部分为桂村书院，今时所见为上世纪九十年代重修之物，两层四间砖木结构，其样式为典型藏书楼模样，所有木质部分皆漆成红色，正面悬挂有"何市图书馆"及"支塘镇何市办事处文化站"两块牌匾，"徐氏虹隐楼"的文物保护标牌反而嵌在距离地面不足半米处，极不显眼。小楼前空地上停有十余辆摩托车，却不见一丝人影，意外的是藏书楼侧面开着一扇小门，可以任人登楼。楼中亦无人影，设有简单桌椅，然观其陈设及说明，知此楼兼作围棋馆使用。由小梯登上二楼，门窗洞开，一壁白墙，连桌椅亦无，站在空空荡荡之虹隐楼中，吾竟然感觉如此空寂，比楼中有物更好，因为今人无论在楼中设置何物，皆难呈现出和谐与美感。

后　记

　　此为芷兰斋书跋第三集，所谈之书均为寒斋所藏稿钞校本。从本期开始，我试图将每一集展现一个侧重点，本集之书近半为书目类，以此作为一个小专题，这种集中式的展示可能会让本书读起来略显单调与沉闷，然对于自己藏书的系统研究则不失为一种条理与系统的方法。

　　在第二集中，有一篇章士钊所批校的《东观余论》，因笔者释读谫陋，将落款"孤桐"误读为"孙桐"，友人孟宪钧、贺宏亮先生、方继孝先生分别来电指正，在此表示我诚挚的谢意，并向读到这篇文章的师友们致歉。

　　本集稿件经过艾俊川先生的校阅，虽然他工作繁忙，仍挤出时间核对了全书，在此表示诚挚的谢意。

韦　力